D1729973

Bibliografische Information Der Deutschen Bibliothek

Die Deutsche Bibliothek verzeichnet diese Publikation in der Deutschen
Nationalbibliografie; detaillierte bibliografische Daten sind im Internet über
http://dnb.ddb.de abrufbar.

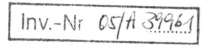
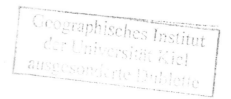
© 2005 oekom, München
oekom verlag, Gesellschaft für ökologische Kommunikation mbH
Waltherstraße 29, 80337 München
Umschlaggestaltung: Véronique Grassinger
Druck: DIP – Digital-Print Witten
Gedruckt auf holzfreiem Papier ohne optische Aufheller
Alle Rechte vorbehalten
ISBN 3-936581-42-8
Printed in Germany

Bernhard Glaeser (Hrsg.)

Küste – Ökologie – Mensch

Integriertes Küstenmanagement
als Instrument nachhaltiger Entwicklung

Edition Humanökologie: Band 2
Schriftenreihe der Deutschen Gesellschaft für Humanökologie (DGH)
Herausgegeben von Bernhard Glaeser
Wissenschaftszentrum Berlin für Sozialforschung (WZB)

Inhalt

Vorwort der Deutschen Gesellschaft für Humanökologie

Bernhard Glaeser

Deutsche Gesellschaft für Humanökologie, Berlin

Die Humanökologie ist eine junge wissenschaftliche Disziplin, deren Forschungsgegenstand die Wirkungszusammenhänge und Interaktionen zwischen Gesellschaft, Mensch und Umwelt sind. Ihr Kern ist eine ganzheitliche Betrachtungsweise, die physische, soziokulturelle, wirtschaftliche und politische Aspekte einbezieht. Der Begriff Humanökologie stammt ursprünglich von den soziologischen Arbeiten der Chicago-Schule um 1920 und verbreitete sich seitdem als Forschungsperspektive in den Natur-, Sozial- und Planungswissenschaften sowie in der Medizin. In einigen Ländern wurden universitäre Lehrstühle eingerichtet.

Die Deutsche Gesellschaft für Humanökologie (DGH) wurde 1975 gegründet. In ihren frühen Jahren war sie vorwiegend sozialmedizinisch geprägt, bis sie sich um eine thematische Ausweitung in weitere Wissenschafts- und Politikfelder bemühte. Heute ist sie ein Forum, in dem Experten aus allen Bereichen der Umweltwissenschaften zusammenkommen, um voneinander zu lernen und miteinander zu diskutieren: Hochschullehrer und Verwaltungsleute, Mediziner und Ingenieure, Studenten und Pensionäre. Ihre Internet-Hausseite ist zu finden unter http://www.dg-humanoekologie.de

Seit 1989 pflegt die DGH auf ihren Jahrestagungen das interdisziplinäre Gespräch zu ausgewählten, für die Umweltproblematik relevanten Schwerpunktthemen. Daraus entstand eine Reihe von Bänden im Westdeutschen Verlag:

- Bernhard Glaeser (Hrsg.) 1989. *Humanökologie*.
- Bernhard Glaeser und Parto Teherani-Krönner (Hrsg.) 1992. *Humanökologie und Kulturökologie*.
- Karl Aurand, Barbara P. Hazard und Felix Tretter (Hrsg.) 1993. *Umweltbelastungen und Ängste*.
- Josef Schmid (Hrsg.) 1994. *Bevölkerung — Umwelt — Entwicklung*.
- Barbara P. Hazard (Hrsg.) 1997. *Humanökologische Perspektiven in der Gesundheitsforschung*.

- Dieter Steiner (Hrsg.) 1997. *Mensch und Lebensraum: Fragen zu Identität und Wissen.*

Mit dem Jahr 2000 beschloss die Gesellschaft den publizistischen Neu-beginn mit einer neuen Schriftenreihe – der Edition Humanökologie im Oekom Verlag. Das bedurfte einiger Vorbereitungszeit, doch umso schneller wächst nun die neue Edition:

- Wolfgang Serbser (Hrsg.) 2004. *Humanökologie: Ursprünge – Trends – Zukünfte.* Edition Humanökologie, Band 1.
- Bernhard Glaeser (Hrsg.) 2004. *Küste, Ökologie und Mensch. Integriertes Küstenmanagement als Instrument nachhaltiger Entwicklung.* Edition Humanökologie, Band 2.
- Wolfgang Serbser, Heide Inhetveen und Fritz Reusswig (Hrsg.) 2004. *Land – Natur – Konsum. Bilder und Konzeptionen im human-ökologischen Diskurs.* Edition Humanökologie, Band 3.

Band 2 der Edition dokumentiert die Ergebnisse einer Jahrestagung der DGH, zu der die Gesellschaft die *scientific community* der deutschen Küstenforschung eingeladen hatte. Die Küstenforschung ist ein genuin humanökologisches Thema, denn die Küstenzone ist als System zu be-trachten, in dem natürliche Prozesse in Wechselwirkung mit gesell-schaftlichen, wirtschaftlichen und kulturellen Entwicklungen stehen. Küsten sind mehr als andere Regionen vom globalen Wandel betroffen. Das reicht vom Klimawandel bis zur Bevölkerungsverdichtung. Ozeane bedecken 72 Prozent der Erdoberfläche, an Küsten sind 50 Prozent der Weltbevölkerung zu Hause. Unter den Nationen der Erde befinden sich 43 kleine Inselstaaten, die in vielen Fällen vom steigenden Meeresspie-gel in ihrer Existenz bedroht sind. Aus diesem Grund ist das Integrierte Küstenzonenmanagement (IKZM) als Politikfeld und als Forschungsbe-reich entstanden. Hier werden widerstreitende Ansprüche an Raum und Ressourcen, somit Konflikte, thematisiert. Lösungen zur nachhaltigen, zukunftsfähigen Gestaltung erfordern zivilgesellschaftliches Engagement zur Eindämmung partikularer Nutzerinteressen. Und sie erfordern die aktive Beteiligung der betroffenen Bevölkerung und der Nutznießer.

Der vorliegende zweite Band der Edition Humanökologie präsentiert hierzu internationale Erfahrung und nationale Schwerpunkte. Zudem kommen lokale Akteure zu Wort. Ziel ist die Vorbereitung einer deut-schen Strategie für Nord- und Ostsee im Rahmen der EU-Erfordernisse und im Sinne nachhaltiger Entwicklung.

Deutsche Gesellschaft für Humanökologie   Bernhard Glaeser
Berlin, im Dezember 2004   Präsident

Die Küstenproblematik zwischen Ethos und Management – zur Nachhaltigkeitsperspektive im IKZM

Bernhard Glaeser

Wissenschaftszentrum Berlin für Sozialforschung (WZB), Reichpietschufer 50, 10785 Berlin, E-Mail: bglaeser@wz-berlin.de

Zusammenfassung. Küsten entstehen dort, wo Erde, Wasser und Luft aufeinander treffen. Ihre kulturhistorische Bedeutung, ihre biologische und wirtschaftliche Produktivität gehen einher mit ökologischer Verletzlichkeit. Vielfältige Nutzungen sind mit unterschiedlichen Interessen verknüpft und schaffen Konflikträume. Hier setzt das Integrierte Küstenzonen-Management (IKZM) ein, um zu vermitteln und nachhaltige Entwicklung zu ermöglichen. Nachhaltigkeit ist eine regulative Idee, deren normsetzende Kraft ethisch zu begründen ist. Dieser Zielsetzung ist auch der humanökologische Ansatz verpflichtet, der den Bogen schlägt von der Begründung bis zur Umsetzung von Nachhaltigkeit im Küstenmanagement. In diesem Rahmen präsentieren die Beiträge des Bandes internationale Erfahrungen, Perspektiven in Deutschland und Vorschläge zur Umsetzung der Visionen im Gespräch mit lokalen Akteuren. Auf Empfehlungen der Europäischen Union – so der Ausblick – entwickelt Deutschland seine IKZM-Strategie zur Vorlage im Jahre 2006.

Schlüsselwörter. Integriertes Küstenzonen-Management (IKZM), Nachhaltige Entwicklung, Umweltethik, Humanökologie, Nationale Strategie

El mar

Antes que el sueño (o el terror) tejiera
Mitologías y cosmogonías,
Antes qua el tiempo se acuñara en días,
El mar, el siempre mar, ya estaba y era.
¿Quién es el mar? ¿Quién es aquel violento
Y antiguo ser que roe los pilares
De la tierra y es uno y muchos mares
Y abismo y resplandor y azar y viento?
Quién lo mira lo ve por vez primera,
Siempre. Con el asombro que las cosas
Elementales dejan, las hermosas
Tardes, la luna, el fuego de una hoguera.
¿Quién es el mar, quién soy? Lo sabré el día
Ulterior que sucede a la agonía.

Jorge Luis Borges

Warum IKZM?

Das Meer erregte seit der Antike Abscheu und Angstgefühle als Ort des Chaos mit der Erinnerung an die Sintflut. Erst im 17. Jahrhundert setzte eine Umdeutung ein. Sehnsucht entstand nach dem Ort, an welchem die drei klassischen Elemente Erde, Wasser und Luft aufeinander treffen: Küste. Im 18. und 19. Jahrhundert entstand in Europa ein Verlangen nach der Meeresküste – „Meereslust" – in Literatur, Malerei, Wissenschaft, Medizin und nicht zuletzt im gesellschaftlichen Leben (Corbin 1994).

Neben die kulturhistorischen Einschätzungen und Vorlieben treten heute Bewertungen, welche die biologische Produktivität der Küste und ihre wirtschaftliche Bedeutung, zugleich ihre ökologische Verletzbarkeit in den Blick nehmen. „Klimaveränderung bedroht Millionen Menschen", titelte die Süddeutsche Zeitung (SZ) bereits am 23.1.2001 und führte dann aus: „Vom globalen Anstieg des Meeresspiegels sind auch Nord- und Ostsee betroffen: Häufige Sturmfluten, eine neue Deichlinie, das Verschwinden des Watts, das Ende der Boddenlandschaft an der Ostsee und das Wegspülen einzelner Inseln sind mögliche Folgen in diesem Jahrhundert" (SZ v. 23.1.2001: 1). Vor diesem Hintergrund ist die Notwendigkeit eines Küstenmanagements, das auch Küstenschutz einschließt, für viele unmittelbar einsichtig. Wohl hat der Küstenschutz an

Das Meer

> *Ehe der Traum (oder der Schrecken) wo*
> *Mythologien und Kosmogonien,*
> *längst ehe man die Zeit in Tage münzte,*
> *war und gab es das Meer, das immer Meer.*
> *Wer ist das Meer? Wer ist dies heftige*
> *uralte Wesen, das die Säulen der*
> *Erde zernagt, das ein Meer ist und viele*
> *und Abgrund und Glanz und Zufall und Wind?*
> *Wer es betrachtet, sieht's zum ersten Mal,*
> *immer. Mit dem Erstaunen, das die schlichten*
> *Dinge bewirken, schöne Abende,*
> *der Mond, das Feuer eines Scheiterhaufens.*
> *Wer ist das Meer? Wer ich? Ich werd es wissen*
> *am letzten Tag, dem nach der Agonie.*

---

der Nordsee einen höheren Stellenwert als an der Ostsee, doch zeigt die Küstensicherung etwa in Kühlungsborn (STAUN 1999), dass auch hier Küstensicherung in Form der Ufermauerinstandsetzung und des Buhnenbaus betrieben wird und betrieben werden muss.

Zu den Gefahren, die von der Natur ausgehen, treten die Gefahren, die der Mensch verursacht. Hierzu zählt immer mehr die Gefahr der Ölverschmutzung auch an der Ostsee. So bestand nach der Tankerhavarie am 29. März 2001 in der Kadetrinne zwischen dem Darß und dem dänischen Falster die Gefahr, dass Öl an die Ostseeküste Mecklenburg-Vorpommerns gespült wird. Die Tourismusverbände forderten zusätzliche Sicherheitsmaßnahmen, und gegen Tendenzen der Verharmlosung warnte das Institut für Ostseeforschung in Rostock-Warnemünde, dass es für Ölklumpen keine natürliche unüberwindbare geologische Barriere zwischen Falster und Rügen gebe (Frost 2001).

Warum also haben Küste und Küstenmanagement eine solche Bedeutung? Küsten gehören zu den wirtschaftlich wichtigsten, zugleich ökologisch verletzlichsten Gebieten des Globus, und zwar auf allen Kontinenten. An Küsten sind 50% der Weltbevölkerung zu Hause. In wenigen Jahren werden es nach Schätzungen der Vereinten Nationen 60% sein. Ozeane bedecken 72% der Erdoberfläche. Unter den Nationen der Erde befinden sich 43 kleine Inselstaaten, die in vielen Fällen vom steigenden Meeresspiegel in ihrer Existenz bedroht sind.

Seit einigen tausend Jahren spielen Küsten eine bedeutende Rolle im Zuge der Menschheitsentwicklung: als Zentren des Handels, bei Städtegründungen, als politische Machtzentren und für die Entstehung von Hochkulturen. Die europäische Philosophie entstand mit der vorsokratischen Naturphilosophie von Thales, Anaximandros und Anaximenes (nur diese drei Namen sind überliefert) in Milet an der Küste Kleinasiens. Milet, die älteste und reichste der ionischen Städte und Herrin über etwa 80 Kolonien, war wegen ihrer bevorzugten Küstenlage durch Seehandel und produzierende Gewerbe zu solchem Reichtum gelangt, dass sie sich – bis zu ihrer Zerstörung durch die Perser – auch wissenschaftliche Forschung leisten konnte.

Thales (624-545 v. Chr.), aus vornehmer milesischer Familie stammend, war Naturwissenschaftler und Astronom, Politiker und erfolgreicher Ökonom, vor allem aber „Ahnherr" der Philosophie (Aristoteles). Er erklärte die Weltentstehung nicht mehr mythologisch oder durch ein göttliches Wesen, sondern aus Wasser. Wasser war ihm der Urgrund der Dinge, durch welchen er ihre Vielheit auf ein einziges Sein zurückführen konnte. Seine Begründung ist nicht überliefert. Denkbar ist, dass Thales meinte, die Lebenswärme entwickle sich aus dem Feuchten, was den modernen Evolutionsrekonstruktionen nahe käme. Denkbar ist aber auch, dass das Meer als das Lebenselement seiner Heimat – der Urvater hieß okéanos – ihm die Wahl des Wassers nahe legte (Vorländer 1963: 12-16).

Küsten sind aber auch – gerade wegen ihrer Attraktivität – oft übernutzt, verletzbar und ökologisch gefährdet. Hierunter leidet die soziale Befindlichkeit der Bewohner und Nutzer. Aus diesen Gründen ist das Integrierte Küstenzonen-Management (IKZM; Clark 1996) als Politikfeld und als Forschungsbereich, auch als Disziplin an Universitäten entstanden. Hier werden widerstreitende Ansprüche an Raum und Ressourcen, somit Konflikte thematisiert. Lösungen zur nachhaltigen, zukunftsfähigen Gestaltung erfordern zivilgesellschaftliches Engagement zur abwägenden und kommunikativen Koordination von partikularen und kollektiven Interessen.

Auf internationaler Ebene ist die Politik der Küsten und Meere seit langem Bestandteil nationaler Interessen und Thema zwischenstaatlicher Vereinbarungen, IKZM ein wichtiger Teil nationaler und regionaler Entwicklung und Forschung; in den USA etwa – der *Coastal Zone Management Act* wurde 1972 verabschiedet – seit mehr als 30 Jahren. Die Anstöße der UNCED-Konferenz 1992 in Rio de Janeiro ebenso wie der Weltküstenkonferenz in Noordwijk 1993 wurden von der EU-Kommission aufgegriffen. Sie führte ein dreijähriges „Demonstrationsprogramm zum Integrierten Küstenzonenmanagement" durch, aus dessen Erfahrungen eine europäische Strategie abgeleitet wurde, die im Mai 2002 in eine EU-Ratsempfehlung mündete.

Eine der wesentlichen Ergebnisse des EU-Demonstrationsprogramms zum IKZM ist die Feststellung, dass ein erfolgreiches Management der europäischen Küstenzonen „koordinierte und aufeinander abgestimmte strategische Aktionen" auf lokaler, regionaler und nationaler Ebene erfordert. Im Zuge dieser Erkenntnis werden die Mitgliedstaaten daher aufgefordert, „in Zusammenarbeit mit den regionalen Behörden und überregionalen Organisationen ... eine nationale Strategie oder, wenn angebracht, mehrere Strategien zur Umsetzung der ... Grundsätze für das integrierte Management der Küstengebiete (zu) entwickeln" (Rat 2002: Kapitel IV (1); vgl. auch Europäische Kommission 1999b). Somit stellen sich folgende Fragen:

- Was ist eine Küste und können wir sie nachhaltig verwalten und entwickeln?
- Wer sind Akteure, Nutzer, Interessenvertreter und Betroffene?
- Wo und auf welche Weise wird „Integration" benötigt?

Von der Vision zur Problemlösung: Nachhaltigkeit im Küstenmanagement

Küstengebiete sind weltweit Regionen touristischer Aktivitäten, die zugleich unentbehrlicher Wirtschaftsfaktor und Erwerbsquelle sind. Aufgrund ihres Landschaftsbildes, ihrer Biodiversität und ihres biologischen Produktionspotentials sind sie aber auch Räume mit besonderer Schutzwürdigkeit.

Küsten und Küstenzonen werden sehr unterschiedlich definiert. Eine schlicht quantitative landseitige Definition geht oft von einem etwa 60 bis maximal 100 km breiten Streifen aus, wenn von Bevölkerungs- und Wirtschaftsentwicklung die Rede ist. Allerdings gehört die Seeseite, ausgedehnt bis zur 12 Seemeilen- oder zur nationalen Hoheitsgrenze, ebenfalls zur Küstenzone, die sich gerade erst aus der Integration beider ergibt (Schernewski 2002: 1 und 14-16). Nach Sorensen (1997: 4-9) gehören zur Küstenzone der Offshore-Bereich (offshore waters), die Küstenlinie (coastline) und der angrenzende Landbereich (shorelands). Die Teilbereiche können unterschiedlich verstanden und kombiniert werden, wodurch bereits eine definitorische Reichhaltigkeit entsteht. Dazu können, wie in dem globalen Programm „Land-Ocean Interactions in the Coastal Zone" (LOICZ), die angrenzenden Flusseinzugsgebiete treten. Die sinnvollste Lösung scheint zu sein, funktional je nach Aufgabe und Problemstellung zu definieren. So lassen sich unterschiedliche Nutzungen anführen, die sich wiederum von Funktionen wirtschaftlicher Produktion, ökologischer Regulation oder soziokulturell-ästhetischer Information unterscheiden. Nutzerbereiche sind Berufs- und Sportfischerei, Mari-, Agri- und Silvikultur, Tourismus, Industrie und Urbanisierung, Energiegewinnung, Schifffahrt und Hafenentwicklung, schließlich Natur- und Küstenschutz sowie Verteidigung. Die entsprechenden Nutzer und Akteure beanspruchen Raum und Ressourcen an Land oder im Meer. Divergierende Interessen haben Konflikte zur Folge, nicht selten mit betroffenen Anwohnern, die ihr Recht auf Heimat zu verteidigen suchen.

Küsten sind mehr als andere Regionen vom globalen Wandel betroffen (Glaeser 2002). Einerseits nimmt die Bevölkerungsverdichtung entlang der Küsten durch Siedlungsagglomerationen und Massentourismus rapide zu. Andererseits bewirken die (möglichen) Folgen eines Klimawandels, insbesondere eines steigenden Meeresspiegels und intensivierter Sturm(flut)tätigkeit, erhöhte Risiken für tief liegende Küstengebiete. Eine Zunahme des Meeresspiegelanstiegs und der Häufigkeit von Sturmfluten (Letzteres ist nach den Klimaszenarien regional sehr unterschiedlich einzuschätzen) bedeutet sowohl eine Beschleunigung von Strand-/Vorstrand-Erosion als auch eine wachsende Überflutungsgefährdung. Risikovorsorge, Lebensqualität und Erholungswert für Einwohner und Gäste spielen hierbei eine erhebliche Rolle.

Die Entwicklung des Tourismus ist für viele Küstengebiete ein wichtiger Faktor zur Stützung der regionalen Wirtschaft. Gleichzeitig bringt er allerdings auch Probleme für die Erhaltung und Attraktivität des natürlichen Ökosystems mit sich. Auf globaler Ebene hat sich in den letzten drei bis vier Jahrzehnten ein Trend zum Massentourismus vollzogen. Auch in Deutschland stellen die Küsten den Schwerpunktraum für den Binnentourismus dar, und es besteht vielerorts eine große wirtschaftliche Abhängigkeit von diesem Sektor. Dabei zeigen sich zwei Entwicklungen, eine mit ökonomischer, die andere mit ökologischer Prägung:

• Die Bedeutung der Kurzaufenthalte bzw. des Tagestourismus nimmt in den Küstenorten beständig auf Kosten der Langzeit-/Ferienaufenthalte zu. Damit einher gehen eine Veränderung des touristischen Angebots, zugleich eine zunehmende ökologische Belastung (z.B. Verkehrsballungen, Einengung der naturnahen Ökosysteme).

• Bei zunehmender Konkurrenz unter den deutschen Küstenorten spielt ein gewisses „Öko-Image" eine gewichtige Rolle als Entscheidungsfaktor für die Standortwahl der Küstentouristen. Viele Orte streben ein derartiges Image als Wettbewerbsvorteil an.

Die traditionelle Küstenforschung hat sich international in den letzten Jahren erheblich gewandelt und strebt von der sektoralen Betrachtung durch Einzeldisziplinen zu stärker inter- und transdisziplinären Forschungsansätzen mit neuen fachübergreifenden Zielen und Anwendungskriterien (Glaeser 1999). Die erforderliche Entwicklung geeigneter Forschungsmethoden mit lösungsorientierten Ansätzen hat zu einem neuen Forschungsfeld geführt, das sich zunehmend etabliert. Diese Methoden- und Verfahrensentwicklungen zielen auf ein „Integriertes Küstenzonen-Management" (IKZM). Der innovative Ansatz besteht in seiner Ganzheitlichkeit bei gleichzeitiger Flexibilität in der Prioritätensetzung. Dabei gibt es zahlreiche wissenschaftstheoretische und anwendungsorientierte Themen, die sich von der Definition von küstenzonenrelevanten Stabilitätskriterien bis zu methodischen Implementierungsverfahren erstrecken. Sektor- und Ressortgrenzen sind zu überschreiten, die Meer und Land trennende linienhafte Definition der Küste ist zu überwinden, damit ein Planungsinstrument für nachhaltige Entwicklung erarbeitet werden kann. IKZM integriert demnach: Räume (Land und Meer), Wirtschaftssektoren (über Ressortgrenzen hinweg), Verwaltungsebenen (lokal bis national), *stakeholder* (Entscheidungsträger und Betroffene), wissenschaftliche Expertise (Wirtschafts-, Sozial-, Natur- und Kulturwissenschaften).

Nachhaltiges Küstenmanagement, so lässt sich entsprechend definieren, ist ein multidisziplinärer Prozess, der staatliche und gesellschaftliche Ebenen, Wissenschaft und Management sowie partikulare und öffentliche Interessen integriert, um Programme bereitzustellen, welche Ressourcen und Umwelt der Küsten schützen und nachhaltig entwickeln (Coastal Zone Canada Association 2000). In einem „Reflexionspapier" der Europäischen Kommission heißt es ergänzend: „IKZM ist ein dynamischer, kontinuierlicher und iterativer Prozess, durch den das nachhaltige Küstenzonenmanagement gefördert werden soll" (Europäische Kommission 1999a: 16).

Nachhaltigkeit (englisch: sustainability) ist ein weitgehend normatives Konzept, welches anstrebt, drei Komponenten oder „Pfeiler" zu optimieren: soziale, ökologische und ökonomische Nachhaltigkeit. Verstehen wir mit Goodland (1995) Nachhaltigkeit als Kapitalerhaltung, dann wird soziales Kapital beispielsweise durch Toleranz, tradierte Werte, Normen und Institutionen gebildet. Eine Voraussetzung für soziale Stabilität ist es, Naturkapital zu erhalten, also ökologische Nachhaltigkeit zu fördern. Ökonomische Nachhaltigkeit hat schließlich die

Aufgabe, das wirtschaftliche Subsystem des natürlichen Oikos, also des Naturhaushalts, innerhalb biophysikalisch vertretbarer Grenzen zu halten. Der Wunsch nach sozialer Nachhaltigkeit motiviert somit ökologische Nachhaltigkeit, die ihrerseits in großen Teilen von ökonomischer Nachhaltigkeit abhängt und bestimmt wird.

Nachhaltigkeit ist als eminentes Ziel und prominentes Programm internationaler angewandter Ethikbemühungen vorgegeben. Seit dem Rio-Gipfel von 1992 wird globale Nachhaltigkeit als regulative Idee komplementiert durch konkrete Programme regionaler und lokaler Nachhaltigkeit, insbesondere durch kommunale Bemühungen im Rahmen der Lokalen Agenda 21. Eine Aufgabe ist es daher, die Nachhaltigkeitsdebatte auch unter ethischen Vorzeichen voranzutreiben und dabei den Standort Küste besonders zu berücksichtigen. „Natura sive justitia", Natur oder Gerechtigkeit, ist der Themenrahmen, der zugleich das übergreifende Konfliktfeld absteckt. Das Streben nach sozialer Gerechtigkeit fordert umfassenden Lebensraum für die Küstenbewohner vor Ort und steht im Gegensatz nicht nur zu den Ansprüchen anderer Küstennutzer, sondern – nach Ansicht Einiger – auch zu den Rechten anderer Lebewesen und der unbelebten Natur. Globale Ungleichheit, *poverty ecology* und *wealth ecology* mit Gerechtigkeitskonflikten *(equity conflicts)* sind nach wie vor Themen sozialer Nachhaltigkeit. Theorien sozialer Exklusion lassen sich anschließen, d.h. der Ausschluss von Bevölkerungsgruppen oder Teilen der Welt von Entwicklung. Redclift und Sage (1998) schlagen einen *global contract* zur Konfliktlösung zwischen Entwicklung und Umwelt vor.

Der ethische Aspekt: Welche Küste sollen wir wollen?

Jede Optimierungsentscheidung zwischen den drei Nachhaltigkeitspfeilern Ökologie, Ökonomie und Soziales stellt eine Güterabwägung dar, die letztlich nur ethisch begründet werden kann. Das Ethos der Nachhaltigkeit besteht in der inhärenten Eigenschaft eines Individuums oder einer Gesellschaft, soziales, natürliches und ökonomisches Kapital zu produzieren oder zu erhalten.

Ein neueres Beispiel für eine Ethik der Nachhaltigkeit stellt die „environmental virtue ethics" dar, die umweltbezogene Tugendlehre, die im Frühjahr 2001 in der Zeitschrift „Environmental Ethics" vorgestellt wurde (Cafaro 2001). Der Autor Philip Cafaro beruft sich auf Henry Thoreau, Aldo Leopold und Rachel Carson als Vorläufer einer solchen Tugendlehre, die er durch ein Gerüst so genannter fundamentaler Tugenden begründet:

- Die Ökonomie ist in die Gesamtheit menschlichen Lebens unter- und einzuordnen.
- Die Wissenschaften sind zwar zu pflegen und zu fördern, zugleich jedoch gilt es, ihre Grenzen zu erkennen.
- Moral und Verantwortung sind auf den Bereich der nichtmenschlichen Welt auszudehnen.
- Die Wildnis ist zu schützen.

Es handelt sich bei Cafaros Vorschlag um eines von vielen Beispielen wertorientierter Umweltethik. Umweltethik entstand als eigene Disziplin im Zuge der Umweltbewegung in den 1970er Jahren, ist also noch relativ jung. Die ersten Versuche stammen aus den USA. Unter der Bezeichnung „environmental ethics" stellte sie einen stets bedeutender werdenden Zweig angewandter Ethik dar. Die Anfangs- oder Initialphase von etwa 1975 bis 1990 war von der Absicht getragen, die als Krise der Natur verstandene Gesellschaftskrise (Glaeser 1992) in einen moralischen Kontext zu überführen, der theoretisierbar ist und von einer philosophischen Ethik behandelt werden kann. Themen des Umwelt- und Naturschutzes, aber auch des Tierschutzes wurden hier behandelt. Umweltethik (auch ökologische oder humanökologische Ethik) stellt sich den Fragen eines (normativ) richtigen Umgangs mit Natur. In Deutschland formierte sich die Umweltethik als Disziplin, trotz früher Anfänge in der Wiener Humanökologie der 1970er Jahre (Glaeser 1975, 1977; Pontius 1977; Reichardt 1975; Reichhardt/Schöndorfer 1977; Schöndorfer 1975), etwas später. Übersichten bieten Ulrich Hampicke (1993), Angelika Krebs (1996, 1997), Konrad Ott (2000). Einflussreich für den deutschen Diskurs waren außerdem die Arbeiten von Hans Jonas (1979) Dieter Birnbacher (1980, 1997), Klaus Michael Meyer-Abich (1997), Dietmar von der Pfordten (2001).

In Absetzung zur oben erwähnten Wertewahrheit, d.h. zur Begründung ethischer Wahrheit durch intrinsische Werte (die in mir, gottgegeben oder von der Natur abgeleitet, sein mögen), favorisieren Diskursethiker eine argumentative Wahrheit, d.h. eine Wahrheit, welche durch sinnvolles Argumentieren herausgefiltert wird. Werte werden zwar auch von der Diskursethik vertreten, doch die Begründung ist eine andere. Das Verbindende beider Ansätze besteht darin, dass ethische Normen allgemein gültig, also wahr sein müssen, damit sie allgemeine Verbindlichkeit, also auch globale Verbindlichkeit beanspruchen können. Die Diskursethik reflektiert im Gegensatz zur Wertethik auf die Sinnbedingungen der Wahrheit: Diese leiten sich aus den sozialkommunikativen Voraussetzungen und pragmatischen Anteilen des Argumentierens ab und werden als „pragmatische Konsistenz" bezeichnet. Die pragmati-

sche Konsistenz beschreibt die Widerspruchsfreiheit zwischen dem In-
halt einer Aussage und dem, was der Argumentierende beim Argumentieren notwendig tut und in Anspruch nehmen muss (Böhler 1982: 90).
Daher entstehen bei der Normbegründung Unterschiede zwischen
Wert- und Diskursethik, die auch den Umgang mit der Natur betreffen.
Es entsteht die diskursethische Einsicht, dass Naturvorstellungen ebenso
wie die ihnen zugeschriebenen Werte sozial konstruiert sind (Kidner
2000) und dass die Begründung und Entscheidung, welche Natur wir
schützen wollen, des praktischen, rationalen Diskurses bedarf (Honnefelder 1993: 263).

Der rationale Diskurs wird verstanden als Mittel der argumentativen
Rechfertigung des Geltungsanspruchs: des Wahren, Richtigen und
Wahrhaftigen (Einteilung nach Habermas). Angestrebt wird hier – in
der Tradition Kants (aber auch in der Abgrenzung zu ihm, denn bei
Kant fehlt das Soziale) – ein formaler Prozess der Geltungsprüfung, der
auf die Bedingungen der Argumentation und Zeichenverwendung re-
flektiert, im Gegensatz zu einer materialen Offenbarung. Ich verständi-
ge mich mit möglichst allen anderen Teilnehmern der realen Diskurs-
gemeinschaft, was genau Natur ist (Wahrheit), was ich hierzu empfinde
(Wahrhaftigkeit) und welche Handlungsaufforderungen in Bezug auf
Natur gelten sollen (Richtigkeit); denn die entsprechende Geltung ergibt sich nur durch die Verständigung mit anderen Diskursteilnehmern.
Damit wird die soziale Situation zur Grundlage der Geltung und ihrer
Rechtfertigung festgelegt. Jede Sinnverständigung ist auf die soziale Situation der Zeichenverwendung angewiesen. Sie ist unhintergehbar und
dadurch allgemein gültig, unabhängig von Historizität. Die Forderung
nach einem unabschließbaren Diskurs – und damit der notwendige Bezug auf die unbegrenzte Argumentationsgemeinschaft – ist die Konsequenz des Geltungsanspruchs: Denn dieser kann nur eingelöst werden,
wenn er gegenüber allen Einwänden argumentativ verteidigt werden
kann – also auch gegenüber allen Einwänden, die noch in der Zukunft
liegen. Dabei folgen alle Einwände festgelegten Regeln. Die Regeln des
Argumentierens gehorchen den Geboten der Verständlichkeit, der
Wahrhaftigkeit, der Offenheit, der fairen Überprüfung, der Überwindung von Beschränkungen, der Mitverantwortung, der Ergebnisorien-
tierung und der pragmatischen Konsistenz. Angestrebt wird eine theoretische „Letztbegründung" ethischer Positionen (Apel 1994).

Selbstverständlich muss Diskursethik sich an ihren eigenen strengen
Kriterien messen lassen. Hat der Anspruch auf Letztbegründung nicht
selbst einen dogmatischen Anstrich? Die Antwort ist: Der dogmatische
Gehalt bezieht sich auf die Prozeduren des Argumentierens, auf den

formalen Weg. Er berührt nicht die materialen Inhalte und somit auch nicht die Wahrheit und Gültigkeit der inhaltlichen Positionen, soweit diese nicht den Bedingungen des Argumentierens widersprechen. Ein weiterer kritischer Einwand lautet: Ist Diskursethik wirklich überhistorisch? Als Antwort: Die Gegenposition muss selbst begründet werden, wenn sie Wahrheitsgehalt beansprucht, widerspräche sich jedoch selbst.

Ist andererseits Wertethik diskurstheoretisch relevant? Ist der oberste Wert, etwa Leben, begründbar oder bezweifelbar? Werte werden gesetzt, jede Ableitung eines höchsten Wertes führt in einen argumentativen Zirkel, das von Hans Albert so genannte Münchhausen-Trilemma: Ergebnis ist entweder unendlicher Regress der Begründung; oder Zirkel der Begründung, indem das zu Begründende schon vorausgesetzt wird; oder schließlich Abbruch der Behauptung ohne hinreichende Begründung.

Alle Moralvorstellungen (zu denen auch die der Umweltmoral zählt), die subjekt- oder situationsgebunden sind, können nicht letztbegründet werden. Der Widerspruch zwischen dem Anspruch normativer Geltung einerseits und dem „Nachweis" prinzipieller Unbegründbarkeit andererseits kann diskursethisch durch die Einsicht gelöst werden, dass Begründungen nicht allein durch Ableitung, sondern durch die Reflexion auf die Bedingungen der Möglichkeit des Denkens machbar sind: Wahrheit entsteht im Diskurs, der Diskurs stellt die grundsätzliche Voraussetzung von Erkenntnis dar. Die transzendentalpragmatischen Regeln und Bedingungen des Argumentierens gehen jeder Argumentation voraus und können nicht bezweifelt werden, will man nicht in einen performativen (Selbst-) Widerspruch geraten und somit die pragmatische Konsistenz unterlaufen (Apel 1994; Gronke 1994; Kuhlmann 1985).

Somit lässt sich auch der oberste Wert, das Leben, begründen: Sofern es für das Aufrechterhalten der Argumentationsgemeinschaft notwendig ist, ist sein Sollen ohne performativen Selbstwiderspruch nicht bezweifelbar.

Ist folglich Diskursethik in diesem wertbegründenden Sinne relevant für die wissenschaftliche und gesellschaftliche Praxis? Sprachphilosophie, eine der wesentlichen philosophischen Richtungen im 20. Jahrhundert, behandelt auch Wertefragen. Aus dem Weltverständnis, das nicht hintergehbar sprachlich vermittelt ist, wird nach Apel eine ethische Letztbegründung entwickelt, die auf der Funktion der Sprache, auf deren Handlungscharakter und der intersubjektiven Kommunikation aufbaut (Apel et al. 1998: 29). Die transzendentalpragmatische Erweiterung der Sprachphilosophie – in Anlehnung und Opposition zu Kant –

hält fest, dass Werte ebenso wenig wie Welterkenntnisse aus der subjektiven Gültigkeitsannahme eines Einzelnen als begründet und allgemeinverbindlich handlungsleitend angenommen werden können. Der Richtigkeitsanspruch, den jede Wertzuschreibung zwingend erheben muss, ist an sozial-kommunikative Sinn-Bedingungen gebunden. Erkenntnis ist ein dreistelliger Prozess zwischen Subjekt, Objekt und Zeichen: Außerhalb des Argumentierens und der Zeicheninterpretation lässt sich nichts für wahr und richtig halten – auch keine intrinsischen Werte.

Zu den Sinnbedingungen und transzendentalpragmatischen Voraussetzungen (Präsuppositionen) des Argumentierens zählen auch die biophysikalischen Voraussetzungen der Kommunikationsgemeinschaft und Argumentationsteilnehmer, nämlich der Erhalt der Biosphäre. Da die objektiven Denkvoraussetzungen ebenso wie die subjektiven Interessen der Argumentationsteilnehmer an die Biosphären-Leistungen kausal gebunden sind, sind auch Forderungen nach Natur- und Umweltschutz in ihrer allgemeinen Gültigkeit unbestreitbar. Menschliches Handeln ist nur dann als rational zu verstehen, wenn nicht nur die Mittel, sondern auch die Ziele rational begründet sind. Zielrationalität wird im Diskurs aus den als gleichberechtigt anerkannten Interessen der Argumentationsteilnehmer ermittelt. Gesellschaftliche Rationalität integriert Mittel- und Zielrationalität, wozu neben den Naturwissenschaften auch Sozial- und Geisteswissenschaften benötigt werden (Seminar mit T. Reinsch im Wintersemester 2004-2005 sowie mündliche und schriftliche Kommunikation).

Auf Nachhaltigkeit übertragen heißt das etwa, dass die Berücksichtigung der Interessen künftiger Generationen, die ebenfalls potenzielle Teilnehmer der unbegrenzten Kommunikationsgemeinschaft sind, zwingend zu berücksichtigen sind. Der Zukunftbezug erstreckt sich gleichermaßen auf die drei „Säulen" der Nachhaltigkeit: Ökologie, Ökonomie und Soziales. Im offenen Diskurs werden Interessen verhandelt, zu Interessenvertretungen gebündelt (Stakeholder-Orientierung) sowie Werte gebildet und begründet. Im Zuge praktischer Maßnahmen und Projekte sind Informationsbereitstellung und Partizipation, Inter- und Transdisziplinarität erforderlich. Letztlich besteht die unabweisbare normative Forderung, in der realen Argumentationsgemeinschaft den Bedingungen der idealen Argumentationsgemeinschaft näher zu kommen.

Es geht in diesem Zusammenhang nicht um eine kritische, inhaltliche Würdigung der genannten Thesen, sondern lediglich um den Aufweis eines Begründungszusammenhanges für Nachhaltigkeitsethik (Apel et al. 1998; Habermas 2004; Ott 2001; zu Tierethik und Tierschutz

Habermas 1997), die auch im Zusammenhang mit Nachhaltigkeit im Küstenmanagement von Bedeutung sein kann. Die im Küstenkontext sich stellende Frage lautet daher: Wie übersetzt sich der ethische Entwurf, also die sinnvolle Ableitung und Begründung von Werten, Prinzipien und Handlungsmaximen, in die Problematik des Küstenmanagements, also in die konkrete Anwendung der ermittelten Normen?

Eine vermittelnde Position nimmt hierbei die Forschung ein. Hierzu stellt das amerikanische National Research Council (1995: 7-12; zum Verhältnis von „coastal science and policy" siehe sehr viel ausführlicher: National Research Council 1995a, b und 1996) fest, dass Forschung idealerweise zwei Funktionen hat:

- natürliche und menschliche Systeme zu verstehen und zu erklären;
- deren Interaktionszusammenhang auf sozial erstrebenswerte Weise zu strukturieren.

Hier sind also neben dem grundlegenden Systemverständnis normative Vorgaben vorgelegt, die ohne ethische Wertsetzungen nicht ableitbar sind.

Auf Wertsetzungen wiederum beruht Politikhandeln. Politisches Handeln, im unserem Fall Küstenpolitik, reguliert, lenkt das Handeln der Küstenakteure – des Gewerbes, der Anwohner und der sonstigen Betroffenen – im Austausch mit der Küstenumwelt, der Wissenschaftler-Gemeinschaft und den diversen Management-Organisationen und Verwaltungen auf verschiedenen politischen Ebenen. An diesen Prozessen sind deutlich unterschiedene „Kulturen" und Subkulturen beteiligt, die zur Bearbeitung der Umweltthematik (an der Küste) beitragen. Insoweit könnte man mit Michael Orbach (1995) von einer Kulturökologie des „public policy making" an der Küste sprechen.

Der humanökologische Rahmen: Ziele und Beiträge

Die Darstellung der Küstenproblematik zwischen Ethos und Management und ihre Verknüpfung mit der normativen Zielsetzung nachhaltiger Entwicklung für Küstenregionen beschreibt den Rahmen der Dritten Deutschen IKZM-Konferenz „Küste, Ökologie und Mensch: Haben sie eine Zukunft?", 10. -13. Mai 2001 in Kühlungsborn an der Ostsee. Deren Ziele seien wie folgt zusammengefasst: Es galt,

- die Nachhaltigkeitsperspektive im Zeichen holistischer Humanökologie zu verdeutlichen;

- einen Beitrag zur Küstenkooperation zwischen Bund und Ländern zu leisten;
- regionale und lokale Stakeholder einzubeziehen.

Dieser Band präsentiert einerseits internationale Erfahrung, andererseits profitiert er vom authentischen Standort Kühlungsborn an der Ostsee. Die hierin Mitwirkenden, insbesondere im Schlusskapitel, waren sich dabei der Nähe des ältesten und renommiertesten Ostseebades Heiligendamm bewusst, das seit einigen Jahren nicht frei von Konflikten wieder hergestellt wird. Die lokalen Akteure und Nutzer wie Gastronomie, Tourismusverband, Naturschutz, Gemeinden, Fischerei waren in die Konferenz einbezogen und fanden ein Forum vor, auf dem – so hofften die Veranstalter – ein Austausch lohnte. Auf dem Prüfstand standen Entwicklungschancen und Entwicklungshindernisse, Konflikte und deren Lösungen, ökologische und soziale Nachhaltigkeit der vorgeschlagenen Maßnahmen, der nationale und internationale Vergleich mit wechselseitigen Anregungen. Nicht zuletzt kam der wissenschaftliche Nachwuchs zu Wort. In allen Fällen ging es um eine humanökologische, d.h. um eine ganzheitliche, die Disziplinen verbindende und praxisorientierte Ausrichtung, die gerade im Anwendungsbereich „sustainable coastal development" ein hervorragendes Betätigungsfeld hat.

Im ersten Teil „Internationale Erfahrungen" wird der Bogen geschlagen von erfolgreichen Entwicklungs- und Forschungsprojekten im integrierten Küstenmanagement (Brasilien, Schweden) über Bürgerbeteiligung, Naturschutzakzeptanz und Küstenbilder der Beteiligten im grenzüberschreitenden Ökosystem Wattenmeer bis hin zu Risiken und Chancen, welche von den Maßnahmen der Europäischen Union für die nachhaltige Entwicklung deutscher Küsten ausgehen.

Am Beispiel der Mangrovenküste des *municipio* (Kreis) Bragança im nordbrasilianischen Bundesstaat Pará werden partizipative Planungsansätze verschiedener Institutionen verglichen. Die Diskussion thematisiert gesetzliche und sektorale Konflikte ebenso wie Zuständigkeitskonflikte zwischen Bund und Einzelstaaten. Am Beispiel Mangrovenholznutzung zeigen die Autorinnen Marion Glaser und Gesche Krause, dass das gesetzlich festgelegte Verständnis der „sozialen Funktion des Eigentums an Umwelt" gängigen Gerechtigkeitsnormen widerspricht. Als Ursache identifizieren sie hierfür die fehlende Planungsbeteiligung von Betroffenengruppen. Ressourcenmanagement müsse konsensbasierte soziale Nachhaltigkeitsbedingungen einbeziehen.

Das schwedische Forschungsprogramm „Sustainable Coastal Zone Management" (SUCOZOMA) hat in zwölf Teilprojekten Probleme und Konflikte im Management maritimer Ressourcen, im Wassermanagement und in der Entwicklung der Küstenfischerei untersucht. Karl Bruckmeier stellt Ergebnisse und Forschungserfahrungen aus der ersten Phase des Programms vor (die internationale Evaluierung erfolgte im Jahr 2000; Ackefors et al. 2000): Ansätze des Ressourcenmanagements, die mit natur- und sozialwissenschaftlichem Wissen humanökologisch begründet werden. Nutzergruppen mit ihren Interessen und Konflikten werden im Zuge des Aufbaus nationaler IKZM-Strategien mehr und mehr in den Prozess des Ressourcenmanagements einbezogen – ein deutliches Pendant zu den Ansätzen in Brasilien oder auch in anderen EU-Ländern.

Akzeptanzprobleme gegenüber Umwelt- und Naturschutz fordern eine frühzeitige Beteiligung der Bürger bei der Zielfindung und Umsetzung von Umweltmaßnahmen. Dabei sind Unterschiede und Gemeinsamkeiten der ortsansässigen Bevölkerung zu berücksichtigen. Verstärkt gilt dies für grenzüberschreitende Ökosysteme wie das Wattenmeer, das sich entlang der Nordseeküsten von Dänemark, Deutschland und den Niederlanden erstreckt. Für die gemeinsame Wattenmeerarbeit hat der World Wide Fund for Nature (WWF) eine Bevölkerungsbefragung in den drei Staaten durchgeführt, die Einblicke in die Umwelt- und Ressourcenwahrnehmung, die Einschätzung von Chancen und Risiken, die Wünsche und Zukunftsvorstellungen der Menschen in der Region gewährt. Anja Possekel und Beate Ratter stellen Ergebnisse dieser Untersuchung vor.

„Küste" hat – wie andere Naturgegebenheiten auch – einen Doppelcharakter: Sie ist eine gegenständliche, physische Größe und zugleich ein mentales Konstrukt. Zur gängigen Vorstellung von Küste gehört die Trennlinie zwischen festem Land und unfestem Meer. Die „Erscheinung" des Wattenmeers verursacht bei einem solchen Küstenkonstrukt Irritationen, weil in dieser Übergangszone eine scharfe Grenzziehung nicht auszumachen ist. Anhand der Wahrnehmungs- und Deutungsgeschichte des Wattenmeers zeigt Ludwig Fischer, dass die moderne, wissenschaftlich-technologisch begründete Haltung gegenüber dieser Küstenzone nur eines von mehreren belegten Konzepten ist. Der in ihm wirkende „Unterwerfungswille" hat frühere, autochthone Einstellungen einer eher passiven Akzeptanz von Naturvorgängen getilgt. Ein „Sieg über Naturgewalten" – man denke an die Uferbefestigung der Halligen – ist oft mit dem Untergang von Kultur(en) erkauft worden. Die hierbei zu Tage tretende Bedeutung mentaler Konstrukte im Umgang mit Küste liefert ein Beispiel für die Notwendigkeit, beim forschenden und planenden Umgang mit Küste jeweils die kulturelle Dimension zu berücksichtigen.

Die gemeinsame Fischereipolitik der EU strebt an, der Ausbeutung und Überfischung der Meere Einhalt zu gebieten. Von dieser Politik ist auch die Kutter- und Küstenfischerei in Mecklenburg-Vorpommern betroffen. Eine autoritär geprägte Umsetzung nachhaltiger Fischerei erscheint jedoch problematisch. Yvonne Schöler vertritt die These, dass die Fischereipolitik der EU die ökonomischen, ökologischen und sozialen Probleme, vor welche die Kutter- und Küstenfischerei von Mecklenburg-Vorpommern heute gestellt ist, teilweise selbst hervorruft oder verstärkt. Nachhaltige Fischerei erfordere daher eine Politik, welche die Fischer aus dem Dilemma von ökologischen Notwendigkeiten und ökonomischen Zwängen befreit, indem sie ihnen größere Eigenverantwortung zur gemeinsamen nachhaltigen Bewirtschaftung der Bestände einräumt.

Planungsbeteiligung der Bürger und Betroffenen, ihre Eigenverantwortung unter Berücksichtigung kultureller Gegebenheiten, soziale und ökologische Nachhaltigkeit im Rahmen regionaler Entwicklung sind die zentralen Themen der bisherigen Beiträge. Integriertes Küstenzonenmanagement (IKZM) gewinnt im Zusammenhang mit einer nachhaltigen Entwicklung von Küstengebieten zunehmend Aufmerksamkeit auf Seiten der zuständigen Behörden und in der Politik. Ein Meilenstein auf diesem Weg ist das Europäische Demonstrationsprogramm zum IKZM, welches anhand von 35 Fallstudien in den verschiedensten Küstengebieten der Europäischen Union Erfahrungen und Ansätze dokumentiert. Beschleunigt durch das Aufkommen neuer Raumnutzungen mit teilweise erheblichen Wachstumspotentialen – Aquakultur etwa oder Windanlagen im Offshore-Bereich – gewinnt IKZM mittlerweile auch in Deutschland an Bedeutung. Ausgehend von diesen Entwicklungen beschreibt Andreas Kannen ein Grundmodell für die Umsetzung von IKZM. Hieraus werden Ansätze für weitere Forschungsaktivitäten abgeleitet. Diese sollten die Implementierungen begleiten, um deren Erfolg langfristig zu garantieren sowie wissenschaftlich und methodisch abzusichern.

Der zweite Teil „Perspektiven in Deutschland" verweist auf die „Nutzer" und „Schützer" der Küste, insbesondere auf den „Entwicklungsmotor" Tourismus und den Naturschutz als bewahrende Instanz, dabei aber auch auf Ausgrenzungen, die eine Gefahr für nachhaltige Entwicklung darstellen. Eine globale Bedrohung für den Bestand vieler Küsten stellt der Klimawandel dar, verbunden mit dem Anstieg des Meeresspiegels. Die verschiedenen Nutzungen werden durch die Raumordnung reguliert, wobei die Kompetenzverteilung zwischen Bund, Ländern und Kommunen auf der Seeseite noch der Präzisierung bedarf.

Die zunehmende Nutzung land- und seeseitiger Ressourcen der Küstenbereiche erfordert nicht nur den Blick auf die naturwissenschaftlichen Gegebenheiten und ingenieurwissenschaftlichen Gestaltungs- und Schutzmöglichkeiten der Küstenlandschaften, sondern auch die Berücksichtigung der ansässigen Bevölkerung mit ihren Werten, Normen, Erfahrungen und Relevanzsystemen. Die Konflikte zwischen Nutzern und Schützern der Naturlandschaften sind bekanntermaßen vielfältig interessenorientiert. Zur Vermeidung derartiger Konflikte bedarf es nach Christiane Sell-Greiser einer partizipativen Entwicklungsplanung, die von Beginn an transparent, basiskommunikativ, prozessoffen und umsetzungsorientiert ist. Die Autorin stellt eigene Partizipationsmodelle hierzu vor.

Tourismus, Küstenschutz, Naturschutz und Wasserqualität stellen aus Sicht der regionalen Entscheidungsträger, der Urlauber und Medien zentrale Themen auch entlang der ländlich geprägten Ostseeküste Mecklenburgs dar. Am Beispiel der Küstenzone zwischen Warnemünde und Kühlungsborn wird deutlich, dass integriertes Küstenzonenmanagement (IKZM) diese Themen und ihre Wechselwirkungen aufgreifen muss, um eine nachhaltige Entwicklung der Region zu gewährleisten. Vor diesem Hintergrund genügt es, die Ostsee-Küstengewässer und einen schmalen Uferstreifen als Küstenzone aufzufassen. Bedauerlicherweise finden diese Küstengewässer, die in ihnen stattfindenden Nutzungen und die daraus resultierenden Konflikte noch keine ausreichende Berücksichtigung in Planung und Management, vielleicht weil sie in ihrer ökonomischen und ökologischen Bedeutung unterschätzt werden. Gerald Schernewski diskutiert Gründe und Defizite. Dabei verweist er auf Unzulänglichkeiten der aktuellen Verwaltungsstrukturen sowie der Raumordnungsprogramme als Werkzeuge für Küstenzonenmanagement in Deutschland.

An der deutsch-polnischen Grenze liegt die Nationalparkregion „Unteres Odertal" im Nord-Osten des Landes Brandenburg. Torsten Reinsch setzt sich mit den dort entstandenen Konfliktlinien zwischen Umweltschutz und Umweltnutzung auseinander und versucht Antworten auf die Frage zu geben, welchen Beitrag der Nationalpark für eine nachhaltige Entwicklung der Region als Lebens- und Wirtschaftsraum leistet. Zwei Prozesse sind für die Odertal-Region kennzeichnend. Zum einen hat der sozioökonomische Transformationsprozess Bedingungen der sozialen Ausgrenzung geschaffen. In dieser ländlich-peripheren, von hoher Arbeitslosigkeit geprägten Region ist für viele die gesellschaftliche Zugehörigkeit, Anerkennung und Teilhabe an den materiellen und sozialen Lebensgrundlagen erheblich eingeschränkt. Zum anderen be-

findet sich seit 1990 der „Nationalpark Unteres Odertal" in Planung,
der – die sterbende Industriestadt Schwedt umgebend – mit dem angrenzenden polnischen Landschaftsschutzpark Unteres Odertal ein ökologisch äußerst wertvolles Gebiet umfasst. Dessen Umsetzung wird von
vielen Menschen in der Region jedoch mit großer Sorge betrachtet.
Somit treffen die Schutzbestrebungen für großflächige Landschaften mit
der sozialen und ökonomischen Krise des Transformationsprozesses zusammen. Hieraus sind Konflikte zwischen Naturschutz und Landnutzung entstanden, die eine hohe Intensität erreicht haben. In Anlehnung
an die Debatte um „soziale Ausgrenzung" werden Kriterien sozioökonomischer Nachhaltigkeit abgeleitet als Dimensionen sozialer Integration, die als Bewertungsfolie für die Integrations- und Ausgrenzungsprozesse in der Region herangezogen werden. Auf diesem Wege lässt sich
bestimmen, welche Nachhaltigkeitsdefizite durch den Transformationsprozess und das Nationalparkprojekt hervorgebracht bzw. aufgelöst
werden. Dabei konnte Reinsch am Beispiel der Fischerei feststellen: Naturschutz ist nicht *per se* nachhaltig

Klimawandel und seine Folgen, auch für die Nordsee, sind mit den
Befunden des Intergovernmental Panel on Climate Change (IPCC) in
den Mittelpunkt wissenschaftlicher und öffentlicher Diskussionen gerückt. Eine zunehmende Gefährdung besonders der Küstenregionen ist
zu konstatieren. Achim Daschkeit und Horst Sterr stellen die wichtigsten Ergebnisse der „Fallstudie Sylt" vor, die im Rahmen des BMBF-Forschungsvorhabens „Klimaänderung und Küste" erarbeitet wurden. Na-
tur- und sozialwissenschaftliche Analysen werden zu einer Gesamtsyn-
these integriert. Die Inselgestalt ist bei einer Fortsetzung der Küsten-
schutzanstrengungen mittelfristig durch Meeresspiegelanstieg und
Sturmflutgeschehen nicht gefährdet. Auch ökologisch gravierende Folgen sind kaum zu erwarten. Aus ökonomischer Sicht gilt der finanzielle
Aufwand für Küstenschutz als vertretbar. Allerdings wird es durch den
zunehmenden Nutzungsdruck zu weiteren Konfliktverschärfungen
kommen. Zudem ist die wirtschaftlich monostrukturelle Ausrichtung
der Insel Sylt auf Tourismus wenig flexibel gegenüber veränderten
Landnutzungsstrategien. Die Gefahr besteht, dass die Symbolisierung
Sylts als „Tourismusmagnet der Sonderklasse" und die damit einhergehende Wertschöpfung flexible Mechanismen der Anpassung und Vorsorge gegenüber Sturmflut- und Erosionsrisiken kaum zulässt.

Raumplanung an Nord- und Ostsee ist für eine geregelte Nutzung
der Küsten notwendig, doch die Verteilung der Kompetenzen hierzu erscheint unklar und ist zu verbessern. Neben den traditionellen Nutzungen der Meere durch Seeschifffahrt, Fischerei oder Militär geraten mit

der Förderung von Erdöl und Erdgas in der Nordsee seit den 1970er Jahren auch küstennahe Meeresbereiche mit fest verorteten Anlagen in den Blick. Die Verflechtungen maritimer und terrestrischer Räume verdeutlichen die Notwendigkeit einer integrierten Betrachtung der Küstenzone als Raum, der Land und Meer umgreift. Detlef Krüger stellt die derzeitige Ungleichbehandlung dieser Bereiche durch die Raumordnung in Frage. Während landseitig ein ausgefeiltes System räumlicher Zuständigkeiten mit Instrumenten vorausschauender Planung etabliert ist, in dem die Bundesebene lediglich rahmengebende Funktionen wahrnimmt, kommen die Küstenbundesländer bisher ihrem Planungsauftrag in ihren maritimen Gebieten nicht nach, sondern überlassen die Regelung der bereits vorhandenen Nutzungskonflikte den sektoral ausgerichteten Fachbehörden des Bundes. Erforderlich ist eine neue Kompetenzverteilung auf der Seeseite der Küsten.

Der dritte Teil „Visionen lokal umsetzen" fasst die Gespräche mit lokalen Akteuren in und um den Ostseestandort Kühlungsborn zusammen und verdichtet sie zu Empfehlungen für das nachhaltige Küstenmanagement. Hierbei werden unter anderem Kommunikationsdefizite angesprochen, die nicht nur die Öffentlichkeitsarbeit betreffen, sondern auch die Koordination zwischen Bund, Ländern und Kommunen. Zur Behebung der Mängel werden überregionale Gesprächs- und Planungsforen vorgeschlagen. Lokales Wissen ist zu nutzen und bei der Küstenforschung zu berücksichtigen. Forschung und ihre Förderung ist den Bedürfnissen der Anwender und Nutzer anzupassen, zudem wird die integrierte Betrachtungsweise, räumlich wie fachlich, eingefordert. Internationaler Austausch zur Verbreitung der Ergebnisse des IKZM in Wissenschaft und Praxis ist zu suchen.

Ausblick: Nationale Strategie im europäischen Rahmen

Künftige Aufgaben eines integrierten Küstenmanagements werden darin bestehen, die Bedingungen zu ermitteln, unter welchen die nachhaltige Entwicklung einer Küstenregion möglich ist. Hierzu gehören die Empfehlungen und Richtlinien, die von der Europäischen Union bereitgestellt werden und nationale wie regionale Maßnahmen stimulieren.

Im Rahmen eines Forschungsprojekts des Bundesamtes für Bauwesen und Raumordnung (BBR) und des Bundesministeriums für Verkehrswesen, Bau- und Wohnungswesen (BMVBW) wurde in den Jahren 2003 und 2004 entlang der etwa 2.400 km langen deutschen Küstenlinie an Nord- und Ostsee eine Bestandsaufnahme durchgeführt, die als Grundlage für die Entwicklung erster Ansätze für eine nationale IKZM-Strategie dienen sollte (Glaeser et al. 2004; Gee et al. 2004). In dieser Bestandsaufnahme wurde deutlich, dass sich Küsten und Meere in einer Zeit des tief greifenden Umbruchs befinden. Großräumige, schnelle Veränderungen betreffen insbesondere die Küstengewässer und die Ausschließliche Wirtschaftszone (AWZ), wo die wachsende Internationalisierung und Verdichtung der Nutzungen zu einer rapide steigenden Nutzungsintensität („Industrialisierung") des Meeresraumes führt. Ein großes Interesse besteht auch am Ausbau von Häfen und zentralen Verkehrsknotenpunkten, um der wachsenden Nutzung der regionalen Meere als Verkehrs- und Transiträume entsprechen zu können. Neben ihrer wirtschaftlichen Bedeutung zeichnen sich die deutschen Küsten- und Meeresgebiete vor allem auch durch ihre ökologische Bedeutung aus. Wattenmeer (Reise 1996, 2000) und Ostseeküste sind sensible Systeme, deren internationale Bedeutung durch verschiedene nationale und internationale Schutzkategorien bestätigt wird. Seit 2004 sind sowohl Nord- als auch Ostsee als „Particularly Sensitive Sea Areas" (PSSA) ausgewiesen.

Immer deutlicher zeigt sich, dass die Abwägung verschiedener Interessen und die Entstehung einer Polykultur der Nutzungen nur mit Hilfe eines lenkenden Entscheidungsprozesses bewältigt werden kann. Die politischen Ebenen sind sich dieser Verantwortung in wachsendem Maße bewusst. Der Bund ist Ansprechpartner und Schnittstelle für eine Reihe unterschiedlicher Abkommen und für die Umsetzung diverser EU-Richtlinien und Empfehlungen verantwortlich.

Die Gestaltung von Prozessen administrativer Abstimmungen zwischen den verschiedenen Ebenen und Sektoren und informeller zivilgesellschaftlicher Beteiligungen steht im Mittelpunkt erster Zuarbeiten für eine nationale IKZM-Strategie, die derzeit (2005) aus Sicht der Raumordnung bereitgestellt wird. Nach diesen Vorschlägen dient eine IKZM-Strategie vorrangig der Klärung des Zusammenspiels zwischen Bund, Ländern und Regionen und der Bereitstellung eines „enabling environment", also eines förderlichen Umfelds, welches Transparenz im Dialog, die Teilnahme verschiedener Stakeholdergruppen am Entscheidungsprozess und Effektivität in der Umsetzung ermöglicht. IKZM selbst wird als Prozess verstanden, der eine zukunftsorientierte Entwicklung der Küstenregionen in die Wege leitet und dauerhaft unterstützt. Dieser Nachhaltigkeitsprozess zwischen Ethos und Management greift zurück auf normative Ziele, die in Handlungsvorgaben umgesetzt und systematisch überwacht und überprüft werden. Wichtige Elemente sind:

- eine Vision, die auf weit reichendem Konsens basiert, als normative Grundlage und langfristige Zielvorgabe;

- messbare Handlungsziele, die aus dieser Vision abgeleitet sind;
- eine regelmäßig aktualisierte Bestandsaufnahme und *Monitoring* auf allen Systemebenen (räumlich, zeitlich, thematisch) zur Überprüfung der Zielvorgaben;
- integrative Werkzeuge und Analysemethoden zur Umsetzung der Handlungsziele sowie systematisch strukturierte Kommunikationsprozesse zwischen den Beteiligten;
- die Berücksichtigung globaler Entwicklungsprozesse, die regional und national nicht oder kaum steuerbar sind (etwa Klimawandel).

So wie der Begriff „Natur" seine kulturgeschichtliche Eigenart vor allem dadurch zeigt, dass er immer mehr aus dem ökologischen, umwelt- und ressourcenpolitischen Dialog verschwindet, so gering ist die Resonanz, die kulturell geformte Küstenbilder bei administrativen Planungsmaßnahmen, ja selbst in der Forschung finden. Kann Kulturgeschichte ins Handeln zurückgeholt werden? Im IKZM pflegen mittlerweile Sozial- und Naturwissenschaften einen handlungs- und planungsorientierten Dialog. Vielfach endet die Interdisziplinarität jedoch dort, wo kulturwissenschaftliche Einsichten relevant wären. Ein Teil der Wahrheit ist sicher auch, dass Kulturwissenschaftler/innen vornehme Zurückhaltung pflegen, wenn Einsichten in Handeln umzusetzen sind. Dabei ist sicher, dass der inter- und transdisziplinäre IKZM-Diskurs durch kulturhistorische Reflexionen gewinnen würde. Dass Küste ein mentales Konstrukt ist, zeigt ja nicht allein das Gegensatzpaar von Schutz und Nutzung, wie es in verschiedenen Beiträgen dieses Bandes angeklingt. Neue Erkenntnisse zu „Küste als Kulturraum" (etwa in Fischers Beitrag) ergänzen die im bisherigen wissenschaftlichen und politischen Diskurs aufgegriffenen Küstenvorstellungen und Bilder. Sinnvollerweise fließen die Ergebnisse dieser Reflexionen in die Praxis des IKZM ein. Forschungen zu Identitätsbildung, zu Entstehung und Funktion alltagsgebundener Erfahrungen oder traditionsvermittelter Wahrnehmung sind in praktische Entscheidungsfindung und Planungsverfahren einzubinden. Dazu gehört, Forschungsergebnisse umsetzungsfähig zu machen – nicht nur analytisch, sondern auch konzeptionell im Sinne der sich derzeit entwickelnden „modernen" Planungsinstrumente. Das Konzept des IKZM bietet hierfür einen weitgehend abstrakten Rahmen, der auf sehr unterschiedliche Weise unter Berücksichtigung lokaler Interessengruppen und anderer Beteiligter gefüllt werden kann. Der Dialogförderung können institutionalisierte runde Tische oder Dialog- und Planungsforen auf regionaler wie nationaler Ebene dienen. Als Teilnehmer/innen sind Personen gefragt, welche die geschichtlich gewachsenen visionären Vorstellungen in die alltägliche Projektarbeit als Arbeitsperspektive einbringen können (zusammenfassend zitiert aus einem E-Mail-Diskurs im Oktober 2001 zwischen Bruckmeier, Fischer, Glaeser, Kannen).

Das zunehmende Interesse in Deutschland am integrierten Küstenmanagement wird von der Auseinandersetzung über grundlegende Aufgaben und Anforderungen begleitet. Zwei unterschiedliche IKZM-Verständnisse kristallisieren sich heraus. Zum einen wird IKZM als eigenständiges Planungs- und Entscheidungsverfahren verstanden, zum anderen als ganzheitlicher Denkansatz, welcher einen Rahmen für die Umsetzung integrativer Gesamtplanungen liefert. Aus beiden Perspektiven bleibt Integration der Schlüssel. Integration der administrativen und sektoralen Ebenen ist nicht zu erreichen, wenn Planungs- und Entscheidungsprozesse nur durch einige partizipative Elemente angereichert werden. Vielmehr sind neue Analyse- und Bewertungsverfahren nötig, welche schwerpunktmäßig die Wechselwirkungen zwischen ökologischen, ökonomischen und soziokulturellen Systemelementen integrativ beleuchten. Solche Verfahren müssen den Ökosystemansatz aus der Umweltbewertung mit den Regeln des globalen Wirtschaftssystems, den kulturellen Werten, Traditionen und gesellschaftlichen Normen sowie institutionellen Fragen (governance: s. Olsen 2003) verbinden können. Wir sprechen hier von der interdisziplinären Anforderung.

Der damit verbundene integrative und dialogorientierte Prozess verlangt eine enge Zusammenarbeit von Wissenschaftlern, regionalen Entscheidungsträgern und Interessenvertretern aller Handlungsebenen – die transdisziplinäre Anforderung. Dies erfordert Offenheit für neue Ansätze von allen Seiten: die Bereitschaft der Nicht-Wissenschaftler, sich neuen Denkweisen zu stellen; aber auch die Bereitschaft der Wissenschaftler, ihre Theoreme und Verfahren mit den Anforderungen der Praxis abzugleichen. Dies ist ein für alle Beteiligten schwieriger, aber auch herausfordernder Prozess, welcher die Voraussetzung für Innovation in sich trägt.

Literatur

Ackefors, H., P. Burbridge, H. Paerl, H. Rosenthal and K. Turner 2000. SUCOZOMA. Assessment by the Scientific Review Panel. Unpublished evaluation report. Stockholm, MISTRA (Sweden).

Apel, K. O. 1994. Die ökologische Krise als Herausforderung für die Diskursethik. In: D. Böhler (Hrsg.) *Ethik für die Zukunft im Diskurs mit Hans Jonas.* C.H. Beck, München: 369-404.

Apel, K. O., V. Hösle und R. Simon-Schaefer 1998. *Globalisierung. Herausforderung für die Philosophie. Erste Philosophie heute? Von der zeitgemäßen*

Letztbegründung der Philosophie zur Antwort der Philosophie auf die Herausforderung der „Globalisierung". Universitäts-Verlag, Hamburg.

Birnbacher, D. (Hrsg.) 1980. *Ökologie und Ethik.* Reclam, Stuttgart.

Birnbacher, D. (Hrsg.) 1997. *Ökophilosophie.* Reclam, Stuttgart.

Böhler, D. (1982): Transzendentalpragmatik und kritische Moral. Über die Möglichkeit und die moralische Bedeutung einer Selbstaufklärung der Vernunft. In: W. Kuhlmann und D. Böhler *Kommunikation und Reflexion. Zur Diskussion der Transzendentalpragmatik. Antworten auf Karl-Otto Apel.* Suhrkamp, Frankfurt/M., S. 83-123.

Borges, J. L. 1993. Die Zyklische Nacht. Gedichte 1934-1965. Zweisprachig span/dtsch., hrsg. von Gisbert Haefs. Fischer Taschenbuchverlag, Frankfurt/M.

Cafaro, P. 2001. Thoreau, Leopold, and Carson: Toward an Environmental Virtue Ethics. *Environmental Ethics, 23/1:* 3-17.

Clark, J. R. 1996. *Coastal Zone Management. Handbook.* CRC Press/Lewis Publishers, Boca Raton, Florida/New York etc.

Corbin, A. 1994. *Meereslust. Das Abendland und die Entdeckung der Küste.* Fischer-Verlag, Frankfurt/M. (Original 1988: *Le territoire du vide. L'Occident et le plaisir du rivage 1750-1840.* Aubier, Paris.)

Coastal Zone Canada Association 2000. *Baseline 2000.* Conference brochure from Coastal Zone Canada 2000. Saint John, New Brunswick (Canada), September 17-22, 2000.

Europäische Kommission 1999a. *Eine europäische Strategie für das integrierte Küstenzonenmanagement (IKZM): Allgemeine Prinzipien und politische Optionen. Ein Reflexionspapier.* Amt für amtliche Veröffentlichungen der Europäischen Gemeinschaften, Luxemburg.

Europäische Kommission 1999b. *Schlussfolgerungen aus dem Demonstrationsprogramm der europäische Kommission zum integrierten Küstenzonenmanagement (IKZM).* Amt für amtliche Veröffentlichungen der Europäischen Gemeinschaften, Luxemburg.

Frost, A. 2001. Osterurlaub gerettet? Greenpeace warnt vor Ölverschmutzung auch an der deutschen Ostseeküste – doch die Gefahr ist eher gering. *Der Tagesspiegel,* 3.4.2001: 32.

Gee, K., B. Glaeser und A. Kannen 2004. Neue Perspektiven im deutschen IKZM: Eine nationale Strategie und interdisziplinäre Forschungsinitiativen. *GAIA – Ecological Perspectives in Science, Humanities, and Economics,* 13 (4) 2004: 301-302.

Glaeser, B. 1975. Mensch-Umwelt-Beziehungen als Bedingungen praktischer und theoretischer Naturaneignung. In: *Proceedings of the International Meeting on Human Ecology.* Vienna 1975 (September 15-19), Vol. 2. St. Saphorin, Georgi: 391-396.

Glaeser, B. 1977. Möglichkeiten und Grenzen einer Umweltethik. In: *Proceedings of the Second International Meeting on Human Ecology.* Vienna 1977 (May 16-21). Wien, Archivum Oecologiae Hominis o.J. [1980]: 75-81.

Glaeser, B. 1992. Natur in der Krise? Ein kulturelles Missverständnis. *GAIA – Ecological Perspectives in Science, Humanities, and Economics,* 1 (4) 1992: 195-203.

Glaeser, B. 1999. Integrated Coastal Zone Management in Sweden: Assessing Conflicts to Attain Sustainability. In: W. Salomons, R. K. Turner, L. D. de Lacerda and S Ramachandran (eds.) *Integrated Coastal Zone Management.* Springer-Verlag, Berlin: 355-375.

Glaeser, B. 2002. The Changing Human-Nature Relationships (HNR) in the Context of Global Environmental Change. In: *Encyclopaedia for Global Environmental Change. Volume 5: Social and Economic Dimensions of Global Environmental Change (GEC).* Wiley, Chichester: 11-24.

Glaeser, B., K. Gee, A. Kannen und H. Sterr 2004. Auf dem Weg zur nationalen Strategie im integrierten Küstenzonenmanagement – raumordnerische Perspektiven. *Informationen zur Raumentwicklung* (Bundesamt für Bauwesen und Raumentwicklung), (7-8) 2004: 505-513.

Goodland, R. 1995. The Concept of Environmental Sustainability. *Annual Review of Ecology and Systematics* 26: 1-24.

Gronke, H. 1994. Epoche der Utopie. Verteidigung des „Prinzips Verantwortung" gegen seine liberalen Kritiker, seine konservativen Bewunderer und gegen Hans Jonas selbst. In: D. Böhler (Hrsg.) *Ethik für die Zukunft im Diskurs mit Hans Jonas.* C.H. Beck, München: 407-427.

Habermas, J. 1997. Die Herausforderung der ökologischen Ethik für eine anthropozentrisch ansetzende Konzeption. In: A. Krebs (Hrsg.) *Grundtexte der gegenwärtigen tier- und ökoethischen Diskussion.* Suhrkamp-Verlag, Frankfurt/M.: 92-99.

Habermas, J. 2004. *Wahrheit und Rechtfertigung.* Suhrkamp Verlag, Frankfurt/M.

Hampicke, U. 1993. Naturschutz und Ethik – Rückblick auf eine 20jährige Diskussion. *Zeitschrift für Ökologie und Naturschutz* (2) 1993: 73-86.

Honnefelder, L. 1993. Welche Natur sollen wir schützen? *GAIA – Ecological Perspectives in Science, Humanities, and Economics,* 2 (5) 1993: 253-264.

Jonas, H. 1979. *Das Prinzip Verantwortung. Versuch einer Ethik für die technologische Zivilisation.* Insel-Verlag, Frankfurt/M.

Kidner, D. W. 2000. Fabricating Nature. A Critique of the Social Construction of Nature. *Environmental Ethics,* 22: 339-357.

Krebs, A. 1996. Ökologische Ethik I: Grundlagen und Grundbegriffe. In: J. Nida-Rümelin (Hrsg.) *Angewandte Ethik.* Kröner-Verlag, Stuttgart: 346-385.

Krebs, A. 1997. Naturethik im Überblick. In: A. Krebs (Hrsg.) *Grundtexte der gegenwärtigen tier- und ökoethischen Diskussion.* Suhrkamp-Verlag, Frankfurt/M.: 337-379.

Kuhlmann, W. 1985. *Reflexive Letztbegründung. Untersuchungen zur Transzendentalpragmatik.* Alber-Verlag, Freiburg/München: 11-50 (Kap. 1: Einleitung: Transzendentalpragmatik, ein Überblick).

Meyer-Abich, K. M. 1997. *Praktische Naturphilosophie.* C.H. Beck, München.

National Research Council (NRC) 1995a. *Science, Policy, and the Coast. Improving Decisionmaking.* National Academy Press, Washington, D.C.

National Research Council (NRC) 1995b. *Improving Interactions Between Coastal Science and Policy. Proceedings of the California Symposium.* National Academy Press, Washington, D.C.

National Research Council (NRC) 1995c. *Improving Interactions Between Coastal Science and Policy. Proceedings of the Gulf of Maine Symposium.* National Academy Press, Washington, D.C.

National Research Council (NRC) 1996. *Improving Interactions Between Coastal Science and Policy. Proceedings of the Gulf of Mexico Symposium.* National Academy Press, Washington, D.C.

Olsen, S. B. (ed.) 2003. *Crafting Coastal Governance in a Changing World. Coastal Management Report # 2241.* The University of Rhode Island Coastal Resources Center, Narragansett.

Orbach, M. 1995. Social Scientific Contributions to Coastal Policy Making. In: National Research Council (NRC) *Improving Interactions Between Coastal Science and Policy. Proceedings of the California Symposium.* National Academy Press, Washington, D.C.: 49-59.

Ott, K. 2000. Stand des umweltethischen Diskurses. Konzept und Entwicklung, Konsense und Dissense, Naturwert und Argumente. *Naturschutz und Landschaftsplanung* 32 (2-3) 2000: 39-44.

Ott, K. 2001. Eine Theorie „starker" Nachhaltigkeit. In: G. Altner und G. Michelsen (Hrsg.) *Ethik und Nachhaltigkeit. Grundsatzfragen und Handlungsperspektiven im universitären Agendaprozess.* Verlag für akademische Schriften, Frankfurt/M.: 30-63.

Pfordten, D. von der 2001. Weshalb sollen wir die biologische Vielfalt retten? In: D. Czybulka (Hrsg.) *Ist die biologische Vielfalt zu retten?* Nomos Verlagsanstalt, Baden-Baden: 19-41.

Pontius, A. A. 1977. Neuro-environment and Neuro-ethics, Based on a New Model of Subject-object Determination. Toward a New System, Integrating Concepts from Kant, Philosophy of Science and Neuro-development. In: *Proceedings of the Second International Meeting on Human Ecology,* Vienna 1977 (May 16-21). Archivum Oecologiae Hominis, Wien, o.J. [1980]: 145-154.

Rat 2002. *Empfehlung des Europäischen Parlaments und des Rates vom 30. Mai 2002 zur Umsetzung einer Strategie für ein integriertes Management der Küstengebiete in Europa* (2002/413/EG). Amtsblatt der Europäischen Gemeinschaften vom 6.6.2002. Brüssel.

Redclift, M., C. Sage 1998. Global Environmental Change and Global Inequality: North/South Perspectives. *International Sociology* 13: 499-516.

Reichhardt, R. 1975. Prolegomena zu einer humanökologischen Ethik. In: *Proceedings of the International Meeting on Human Ecology,* Vienna 1975 (September 15-19), Vol. 2. St. Saphorin, Georgi: 529-543.

Reichardt, R., U. Schöndorfer 1977. „Ethics". *Colloquium Internationale,* Vol. 2, 2-4: 131-132.

Reise, K. 1996. Das Ökosystem Wattenmeer im Wandel. *Geographische Rundschau*, 48: 442-449.

Reise, K. 2000. Mehr Sand vor die Wattufer. *Wattenmeer International*, 4: 11-12.

Schernewski, G. 2002. *Integriertes Küstenzonenmanagement. Weiterbildendes Fernstudium Umweltschutz. Umwelt und Bildung.* Universität Rostock, Dezernat Studium und Lehre, Rostock.

Schöndorfer, U. 1975. Grundfragen einer humanökologischen Ethik. In: *Proceedings of the International Meeting on Human Ecology*, Vienna 1975 (September 15-19), Vol. 2. St. Saphorin, Georgi: 525-527.

Sorensen, J. 1997. National and International Efforts at Integrated Coastal Management: Definitions, Achievements, and Lessons. *Coastal Management*, 25: 3-41.

Staatliches Amt für Umwelt und Natur (STAUN) Rostock, Abteilung Küste (Hrsg.) 1999. *Küstensicherung Kühlungsborn 1998-2002.* Mecklenburg-Vorpommern: Staatliches Amt für Umwelt und Natur, Rostock.

Vorländer, K. 1963. *Philosophie des Altertums. Geschichte der Philosophie I.* Mit Quellentexten. Rowohlts Deutsche Enzyklopädie, Hamburg.

Internationale
Erfahrungen

Abbildung Zwischentitel:
Überflug der Canela Insel bei Bragança, Bundesstaat Pará, Brasilien
Foto: Dirk Schories

Integriertes Küstenmanagement im föderalen Brasilien: Institutionelle, sektorale und legale Strukturen und die Grenzen der partizipativen Planung

Marion Glaser[1], Gesche Krause[2]

[1]   Zentrum für Marine Tropenökologie (ZMT), Bremen & Mangrove Dynamics and Management Programme (MADAM), Belém, Brasilien, E-Mail: mglaser@zmt.uni-bremen.de

[2]   Zentrum für Marine Tropenökologie (ZMT), Bremen & Mangrove Dynamics and Management Programme (MADAM), Belém, Brasilien, E-Mail: gkrause@zmt.uni-bremen.de

Zusammenfassung. Anhand des Mangrovenküstensystems des *municipio* (Kreis) Bragança im brasilianischen Bundesstaat Pará werden aktuelle Veränderungsprozesse im nordbrasilianischen Küstengebiet sowie die partizipativen Planungsansätze verschiedener Institutionen verglichen. Die Diskussion thematisiert bundes- und einzelstaatliche Zuständigkeitskonflikte sowie gesetzliche, sektorale und ideologische Gegensätze zwischen den im brasilianischen Küstenmanagement agierenden Institutionen. Dies leitet über in eine Analyse gegenwärtiger Versuche, im nordbrasilianischen Bundesstaat Pará partizipative Planung im integrierten Küstenmanagement durchzuführen. Am Beispiel Mangrovenholznutzung wird gezeigt, dass sich das gesetzlich festgelegte Verständnis der „sozialen Funktion des Eigentums an Umwelt" an der Nordküste Brasiliens in gängigen Gerechtigkeitsnormen widersprechenden Ergebnissen niederschlägt. Als Hauptgrund hierfür wird die fehlende Planungsbeteiligung von Betroffenengruppen identifiziert. Es wird gezeigt, dass die Implementierung von Ressourcenmanagement ohne Einbeziehung konsensbasierter sozialer Nachhaltigkeitsbedingungen geringe Erfolgsaussichten hat. Der Artikel schließt mit einer Diskussion der Potentiale und Grenzen partizipativer Planung im Küstenmanagement des föderalen Staates Brasilien.

Schlüsselwörter. Allmende, Brasilien, Küstenmanagement, Mangrovennutzung, Partizipation

Einführung

Brasilien besitzt eine 8.500 km lange Küstenlinie und 170 Millionen
Einwohner (IBGE 2000) von denen über die Hälfte nicht mehr als 200
km von der Küste entfernt lebt. Das Land ist das bevölkerungs- und flä-
chenreichste Land Südamerikas und weist weltweit das höchste Gefälle
zwischen arm und reich auf (ebd.). In diesem Artikel liegt der räumliche
Schwerpunkt auf der Küste des Bundesstaates Pará in Nordbrasilien.

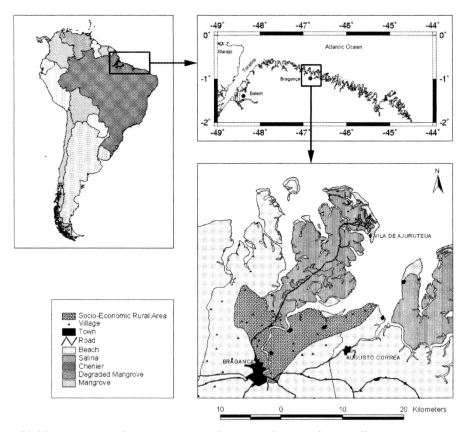

Abbildung 1: Lage des Küstenraums der Beispielregion des Landkreises Bragança,
(Bundesstaat Pará, Nordbrasilien). Schraffierte Flächen des unteren Bildes stellen das
sozioökonomische Einzugsgebiet der Mangrovenhalbinsel von Bragança dar.

Quelle: G. Krause, MADAM

Die Küste von Pará erstreckt sich über 83.000 km² mit einer Bevölkerungsdichte von 31 Einwohnern pro km². Im diesem Küstenraum wohnt auf knapp 7% der Fläche fast die Hälfte der Bevölkerung (ebd.). Anhand des Beispielraumes des *município* Bragança (Abb. 1) werden im Folgenden aktuelle Veränderungsprozesse verdeutlicht.

Das Mangrovenökosystem des *município* von Bragança an der Mündung des Caeté Ästuars gehört zum littoralen Küstenraum von Pará. Es befindet sich rund 300 km südöstlich von Belém, der Hauptstadt des Bundesstaates (Krause et al. 2001). Die Region Nordbrasiliens gehört zur Landschaftsgruppe des „Amazon Oriental" (Grabert 1991) und ist mit einer Gesamtfläche von ca. 1,38 Mio. Hektar Teil des weltweit zweitgrößten, zusammenhängenden Mangrovengebietes (Kjerfve et al. 1997).

Die Hauptwirtschaftszweige des Kreises sind Handel, Landwirtschaft und Fischerei. Die Kreisstadt (Bragança) liegt rund 25 km landeinwärts am Caeté-Fluss und ist einer der größten Anlandehäfen des Staates Pará für *Lutjanus purpuratus*[1], der von hier in andere Bundesstaaten des Landes und in das Ausland exportiert wird. Von den heute knapp 94.000 Einwohnern des *município* Bragança wohnen etwa 40% auf dem Land (IBGE 2000). Im unmittelbaren ländlichen Einzugsgebiet der Mangrovenküste beziehen über 80% der Landbevölkerung ihren Lebensunterhalt ganz oder teilweise aus dem Mangrovenökosystem (Glaser 2003). Geomorphologische Instabilitäten in der Küstendynamik führen zu geringerer Diversität von Einkommen, verminderten Investitionen und somit zu einer geschwächten sozialen und wirtschaftlichen Infrastruktur der Küstensiedlungen (Krause/Glaser 2001). Außerdem ist in diesen Gebieten für mehr als 40% der Familien der gegenwärtige nicht der ursprüngliche Wohnsitz.[2] Über 90% der im ländlichen Küstenraum zugewanderten Familien kamen aus wirtschaftlichen Gründen. Im Jahr 2000 wohnten diese Familien erst durchschnittlich acht Jahre im ländlichen Küstengebiet von Bragança, was die Aktualität des Zuwanderungstrends unterstreicht.

Die Strandgebiete von Pará sind gegenwärtig durch Tagesausflugs- und Hochsaison-Tourismus geprägt. Der Bau von Wochenend- und

---

[1]   snapper (engl.) oder pargo (port.); keine deutsche Bezeichnung

[2]   Das vergangene Jahrzehnt brachte für den brasilianischen Bundesstaat Pará die bisher höchste jemals erhobene städtische Wachstumsrate von 5.3% pro Jahr (IBGE 2000). 74% der städtischen Familienoberhäupter in Bragança sind zugewandert (Erhebung 1998, M. Glaser).

Sommerhäusern entlang der Küste nimmt kontinuierlich zu. Dies bedeutet das Auftauchen neuer Akteure (Gastronomie, Transport und Immobilienspekulation) an bisher nur von der handwerklichen Fischerei genutzten Stränden, die Verdrängung der Fischerfamilien aus ihren angestammten Strandsiedlungen, das Entstehen neuer, überwiegend saisonaler und niedrig bezahlter Erwerbsquellen (Bedienung, Hotelservice, Lieferung frischer Meeresprodukte, Verwaltung von Sommerhäusern), Überlastung, Verschmutzung und Versorgungsprobleme während der Hochsaison an den Stränden und schließlich auch die Verbesserung des Straßennetzes zur Küste und zwischen Küstenorten.

Aktuelle Prozesse im Küstenraum des Staates Pará

Die Küste des Bundesstaates Pará ist von Mangroven gesäumt. Die anthropogene Nutzung des Mangrovenökosystems erstreckt sich auf eine Vielzahl von Produkten (Glaser 2003). Die kommerzielle Nutzung konzentriert sich jedoch auf den Mangrovenkrebs *Ucides cordatus*, auf die handwerkliche Fischerei und auf die Produkte der drei Hauptmangrovenarten, *Rhizophora mangle* (rote Mangrove), *Avicennia germinans* (schwarze Mangrove) und *Laguncularia racemosa* (weiße Mangrove).

Die Fischerei

Der Mangrovenkrebs *Ucides cordatus* hat als frei verfügbares Naturprodukt eine wichtige Funktion in der subsistenzwirtschaftlichen Ernährungssicherung der ärmsten Haushalte (Glaser/Grasso 1999). Als Folge der Anbindung an das regionale Straßennetz hat sich jedoch in den letzten Jahrzehnten auch eine steigende Anzahl von Küstengemeinden in Pará auf die Produktion, Weiterverarbeitung und Vermarktung des *U. cordatus* eingerichtet. Über die Hälfte aller Familien im ländlichen Küstengebiet von Bragança lebte 1996 von Fang, Weiterverarbeitung und Verkauf der Mangrovenkrebse. Im Kontext steigender Nachfrage durch die städtischen Mittel- und Oberschichten und der Suche ärmerer Bevölkerungsschichten nach neuen Einkommensquellen ergibt sich ein steigender Druck auf die Mangrovenressourcen. Der Krebsfang und die Fischerei sind die Beschäftigungsbereiche, die in Bragança im Zeitraum 1996-2000 die meisten Neuzugänge aufwiesen. So stieg die Anzahl der Krebsfänger im Mangrovengebiet von Bragança im Zeitraum 1996-98 um 20%. Auch die Produktionssysteme für Krebse und Fische verändern sich. Der Krebsfang expandiert mit motorisierten Booten in neue, entferntere Fangareale. Der Fischfang arbeitet mit immer größeren Netzen und kleineren Maschengrößen. Die Anzeichen eines steigenden Anteils kleiner Krebse und Fische am Gesamtfang häufen sich und können als Indiz für wachsenden Ressourcendruck und mögliche Überfischung gewertet werden.

Während die Fischerei bislang keine artenbedrohende Gefahr für den Mangrovenkrebs darstellte (Diele 2000), häufen sich inzwischen die Symptome für wirtschaftliche Überfischung. Letzteres gilt sowohl in der Krebsfischerei als auch in der handwerklichen Stellnetz- und Bootsfischerei. Dies hat in den letzten Jahren auch vermehrt zu Konflikten zwischen Gruppen von Krebsfischern geführt, die sich üblicherweise gegenseitig der „Invasion" angestammter Fanggebiete und nicht nachhaltiger Fangmethoden bezichtigen.

Die Mangrovenholznutzung

Mangrovenholz wird in der Region sowohl kommerziell als auch als Subsistenzprodukt genutzt. Die kommerzielle Nutzung erfolgt durch Ziegeleien, Bäckereien, im Gerüstbau, in der Lederfärberei und in der Krebsweiterverarbeitung. Die traditionelle Holznutzung erstreckt sich auf den Haus- und Zaunbau, die Konstruktion von Stellnetzgerüsten, die Holzkohleproduktion und die Segelfärberei. Eine sozioökonomisch wichtige Funktion hat das Mangrovenholz als Brennmaterial zum Kochen für mindestens 40% der ländlichen Haushalte in Küstennähe.

Im Rahmen des steigenden unkontrollierten Holzschlages und der resultierenden Degradierung abgeholzter Flächen ergeben sich gegenwärtig Konflikte zwischen Holzfällern und anderen Ökosystemnutzern wie z.B. Krebsfischern und Honigsammlern.

Die soziale und wirtschaftliche Situation der Mangrovenproduzenten

Im Gegensatz zu anderen brasilianischen Landarbeitern fehlt Mangrovennutzern jegliche politische Vertretung. So haben die Krebsfischer weder Sozialrechte wie Altersversorgung oder Absicherung im Krankheitsfall noch Anrechte auf angestammte Fanggebiete oder Zugang zu Kapital und Kredit. Hieraus ergibt sich ein „Teufelskreis" aus Abhängigkeit von Zwischenhändlern, niedrigen Produktverkaufspreisen, Produktionssteigerungen zur Sicherung des Existenzminimums und Verfestigung von Armut für die Krebsfischer. Ein Händler kauft „seinen" Fischern nicht nur deren Produkte ab, sondern gibt auch Kredit in

Krankheits- oder anderen Notfällen. Dafür ist der einzelne Fischer verpflichtet, nur an „seinen" Händler zu liefern, auch wenn dessen Ein-
kaufspreis deutlich unter dem aktuell erzielbaren Marktpreis liegt. Dies
zwingt die abhängigen Fischer zu Produktionssteigerungen, um ihr Exis-
tenzminimum abzusichern.

Fehlende Organisation und politische Repräsentation sind der
Hauptgrund für die Abhängigkeit der Krebsfischer und anderer Mangrovenproduzenten von Zwischenhändlern. Die Nichtteilnahme der
Produzenten an der Planung ihrer eigenen unmittelbaren Lebensumstände verfestigt das Fehlen von Sozialrechten. Damit bleiben nur die
Zwischenhändler zur sozialen Absicherung. Das resultierende persönli-
che Abhängigkeitsverhältnis zwischen Produzent und Zwischenhändler
macht es den Produzenten jedoch dann unmöglich, größere Ge-
winnspannen ihrer Produktion für sich in Anspruch zu nehmen und so
der Armutsfalle zu entrinnen.

Partizipation als Lösung?

Die Partizipation ist das zentrale neue Element im integrierten Küstenmanagement (IZM[3]). Im vergangenen Jahrzehnt entstanden neue Formen der Steuerung und Verwaltung des Umgangs mit Naturressourcen,
die verschiedene Formen der Teilung von Rechten und Pflichten zwischen Staat und lokalen Nutzergruppen beinhalten. Unter dem Begriff
„co-management" wurden hier die zentralen Planungsansätze der 60er
und 70er Jahre und die späteren „community management"-Ansätze zusammengeführt (Olsen 1995).

Aufbauend auf Govan et al. (1998) unterscheiden wir hier drei Ebenen der Partizipation:

* die *passive* Beteiligung mit ausschließlich informierender Funktion,
  aber ohne Teilnahme- oder Entscheidungsbefugnise für direkt Betroffene;
* die *konsultative* Beteiligung, die Betroffene mit begrenzten Anhö-
  rungsmöglichkeiten und -rechten einbezieht;

---

[3] Die Abkürzung IZM ist bewusst an Stelle der sonst in der Literatur üblichen
     IKZM (Integriertes Küstenzonenmanagement) gewählt worden. Der Begriff
     „Zone" impliziert eine räumlich einschränkende Sicht der Küste. Tatsäch-
     lich sollen aber im Rahmen des integrierten Managements räumliche und
     sektorale Grenzen überwunden werden.

- die *aktive* Beteiligung, bei der Betroffene zur Wahrnehmung von Entscheidungs- und Handlungsfunktionen berechtigt und befähigt werden.

Die Partizipation im integrierten Küstenmanagement Brasiliens

Eine geschichtliche Besonderheit in der Entwicklung der brasilianischen Föderation ist der autoritär-zentralistische Planungsstil der Militärdiktaturen der 60er und 70er Jahre. Charakteristisch für diese Epoche war ein technokratischer Planungsstil, der oft weit entfernt von bundesstaatlichen und lokalen Realitäten agierte (Bunker 1985). Dieser Planungsstil wurde durch ein gesetzlich verankertes Allgemeininteresse begründet, bei dem das Streben nach Wirtschaftswachstum zumeist als Hauptziel galt und Verteilungsfragen geringe Bedeutung erlangten. Aus dieser Vorgeschichte heraus nimmt die Partizipation im heutigen brasilianischen Küstenmanagement einen besonderen Stellenwert ein.

Die föderale Ebene

Vor dem Hintergrund der ehemaligen zentralistischen Diktaturen des Landes wird im heutigen politischen Diskurs Brasiliens das Partizipationsziel häufig mit föderaler Dezentralisierung gleichgesetzt. Somit werden föderale Institutionen oftmals ohne eine Analyse ihrer aktuellen Beziehungen zu den direkten Ressourcennutzern zentralistisch-diktatorischer Tendenzen bezichtigt. Dies ist auch im Küstenmanagement der Fall.

Das Nationale Küstenmanagementprogramm

Das 1988 verabschiedete Küstenmanagementprogramm (Programa Nacional de Gerenciamento Costeiro, PNGC) ist die gesetzliche Basis für die Planungsprozesse in der brasilianischen Küstenzone. Es verankert die Verantwortlichkeit für das Küstenmanagement im föderalen Umweltministerium. Ein Hauptinstrument des PNGC ist die partizipative Erarbeitung von Managementplänen in Zusammenarbeit mit nichtstaatlichen Institutionen und Gruppen. Unter Beibehaltung der föderalen Koordinationsverantwortlichkeit wird beabsichtigt, Küstenmanagement dezentral zu planen und durchzuführen. Dieser Dezentralisierungsansatz wird als unverzichtbarer Beitrag zur Demokratisierung verstanden. Die Partizipation von Einzelstaat und Kreis in der Planung und Durch-

führung von Küstenmanagement gilt hierbei als wesentlicher Bestandteil.

Neue Wege der Allmende-Nutzung

Aus den Schwierigkeiten der bürokratisch-zentralistischen und wenig
auf traditionelle Nutzerbedürfnisse ausgerichteten brasilianischen Umweltpolitik der 80er Jahre erwuchs das Ressourcenmanagementmodell
der *reservas extrativistas* (RESEX). Dieser Ansatz erreichte durch den
Tod des Kautschukarbeiterführers Chico Mendes internationale Be-
kanntheit. Eine seiner Grundlagen ist der Ressourcenschutz durch eigenverantwortliche Nutzung durch die traditionelle Bevölkerung. Hierunter werden Gruppen verstanden, deren Nutzung natürlicher Ressourcen sowohl ökonomische als auch kulturelle Werte beinhaltet. Nach einem harten und gewaltsamen Kampf (Allegretti 1994) wurden die
RESEX 1990 als offizielle Schutzgebietskategorie verabschiedet. Ab
Mitte der 90er Jahre wurde der Ansatz zum Modell für die kooperative
Zusammenarbeit zwischen traditionellen Ressourcennutzern und der
brasilianischen Bundesregierung im Regenwald und damit auch zur
Konfliktzone von Hegemonie- und Zuständigkeitsansprüchen zwischen
einzelstaatlicher und föderaler Ebene. Die RESEX werden vom Zentrum für die Entwicklung traditioneller Bevölkerungen *(Centro Nacional
de Desenvolvimento Sustentado das Populações Tradicionais*, CNPT),
einer Unterorganisation der föderalen Umweltbehörde IBAMA *(Instituto Brasileiro do Meio Ambiente e Recursos Renováveis)*, gefördert. Heute
befinden sich an der Küste von Pará zehn RESEX in der Planungsphase,
darunter auch eine im *município* Bragança.

Der RESEX-Ansatz sieht sich als von den Kenntnissen und Priorität-
ten der direkten Ressourcennutzer geleitet. Deren verbesserte Lebensbedingungen und partizipative Einbindung in nationale Entwicklungsprozesse sind die Hauptziele des organisatorischen Prozesses, der wie
folgt abläuft:

In Dorfveranstaltungen werden Grundregeln der lokalen Ressourcennutzung erarbeitet und verabschiedet. Diese „dörfliche Umweltregeln" werden im Rahmen der nationalen Gesetzgebung legitimiert. Lokale Nutzer werden im Rahmen einer sozioökonomischen Diagnose
formal registriert. Durch die offizielle Verabschiedung einer RESEX auf
föderaler Ebene werden die vor Ort formulierten Umweltregeln lokal
gültiger Bestandteil der Gesetzgebung. Die Ressourcennutzer betreiben
nun selbstverantwortliches Ressourcenmanagement mit nur gelegentli-

cher Unterstützung in Extremfällen von CNPT (Allegretti 1994; Projeto Reservas Extrativistas 2000).

Der RESEX-Ansatz verankert Entscheidungs- und Handlungsrechte für lokale Nutzer, zielt also auf ihre *aktive* Beteiligung (siehe Definition in Abschnitt 3.2.2) ab. Gleichzeitig wird die Nutzerpartizipation von der Umweltbehörde IBAMA aber auch zur Kostensenkung und zur Erreichung größerer Effektivität im Ressourcenmanagement instrumentalisiert.

Die geplanten Küsten-RESEX gehören einer „zweiten Generation" von brasilianischen RESEX an (Simonian/Glaser 2001). Dies ist nicht nur aus chronologischem Grund der Fall: Das von der CNPT heute vermittelte Angebot an Ressourcennutzer, eine RESEX „einzufordern", schafft eine andere Ausgangssituation als die der ehemals aus akuten Konflikten entstandenen Forderungen nach den ersten RESEX im tropischen Regenwald Amazoniens. In dieser „ersten Generation" von RESEX beruhte die Forderung nach weitreichenderen Nutzerrechten im Ressourcenmanagement auf der Analyse von Produktions- und Machtstrukturen. Heute agieren viele Nutzer der gegenwärtig geplanten „zweiten Generation" von RESEX an der Küste eher in der Erwartung, staatlich finanzierte Kompensationsrechte für Nutzungsbeschränkungen zu gewinnen und dafür – eventuell – Naturschutz auszuüben. Diese Gruppen sehen die RESEX oft nicht primär als Chance zum selbstverantwortlichen Management lokaler Ressourcen, sondern sogar zum Teil als eine neue Form der staatlichen Kontrolle über lokale Ressourcen (Ritter 2000). Die Gefahr, dass sich die heutigen Anstöße zur Gründung von *reservas extrativista*s an der Küste Brasiliens weniger aus dem Ziel eines aktiven partizipativen Managements von Naturressourcen herleiten und eher in anderen, auch kontraproduktiven Erwartungen (Kompensation, Ruhe vor staatlichen Sanktionen, „billiges" Management auf lokaler Ebene) begründet sind, besteht also. Weitere Einschränkungen des partizipativen Potentials der RESEX sind: die unzureichende Verbreitung der RESEX-Idee, was zu Unklarheit über Ziele, Prozesse und Rechte bei den Nutzern führt; eine schwache oder nicht vorhandene soziale Organisation auf Dorf-, Kreis- und Nutzerebene sowie der Mangel an lokalen Ressourcen für das eigenverantwortliche Umweltmanagement.

Jedoch ist sich ein Großteil der Nutzer der wachsenden Anzeichen der Übernutzung von Küstenressourcen durchaus bewusst (MADAM-Felddaten 2000, in der Auswertung). In diesem Zusammenhang weist die RESEX zwei klassische Merkmale erfolgreichen Allmende-Managements auf (Blomquist/Ostrom 1985): Erstens bietet sie die Möglichkeit

der formalen Sicherung angestammter territorialer Nutzungsrechte und
zweitens erlaubt sie, zumindest in indirekter Form, die Nutzergruppe zu
begrenzen. Somit bietet die RESEX als ein für Brasilien neues Modell
der Allmendenutzung in Küstengebieten auch in den Augen der betroffenen Nutzer Lösungsmöglichkeiten für selbst erfahrene Ressourcen-
managementprobleme und -konflikte. So finden sich beispielsweise in
den dörflichen Regeln der RESEX von Bragança Ansätze, konstruktiv
mit den Problemen der Holznutzung sowie den Konflikten zwischen ri-
valisierenden Krebsfischergruppen umzugehen.

Die einzelstaatliche Ebene: Der Bundesstaat Pará

Im Rahmen des Nationalen Küstenmanagementplans (PNGC) werden
seit Beginn der 90er Jahre einzelstaatliche Küstenmanagementpro-
gramme *(Planejamento do Gerenciamento Costeiro,* GERCO) in allen
17 Küstenstaaten Brasiliens entwickelt. Dies beinhaltet im Bundesstaat
Pará als zentrale Elemente die Etablierung von Zusammenarbeit zwischen *municípios* und Bundesstaaten, die Zusammenarbeit mit ländlichen Gemeinden bei der Durchführung von Projekten und die Entwicklung von lokalen und regionalen Küstenmanagementplänen.

Hauptinstrument für die partizipative Planung im GERCO sind regionale, jeweils ein bis drei *municípios* umfassende Küstenmanagement-
seminare. Hier werden die Ziele, Aktivitäten und Ergebnisse der Küstenmanagementplanung vorgestellt sowie von den Teilnehmern eine
Problemdiagnose durchgeführt. Diese Seminare werden vom Umweltministerium des Staates Pará *(Secretaria Executiva de Ciência, Tecnologia e Meio Ambiente – Pará, SECTAM)* in Zusammenarbeit mit den
Kreisverwaltungen durchgeführt. Letztere übernehmen auch die Organisation der Seminare und bestimmen somit die Zusammensetzung der
lokalen Beteiligung. Vor Ort zeigt sich, daß die Kreisverwaltungen ihnen politisch nahe stehende Akteure beim Zugang zu den Seminaren
bevorzugen. Die im GERCO angestrebte Partizipation dieser lokalen
Bevölkerung bewegt sich ausschließlich im Rahmen der *passiven* und
konsultativen Beteiligung. Entscheidungs- und Handlungsfunktionen
sind für die lokalen Küstennutzer oder nicht vorgesehen.

Bislang ist der GERCO des Staates Pará einer der am wenigsten weit
fortgeschrittenen Küstenmanagementpläne Brasiliens. Die Küste von
Pará wurde in drei Raumkategorien (Sektoren) unterteilt. Bis Ende
2000 wurden vier partizipative Planungsseminare in einem dieser drei
Sektoren durchgeführt. Die Ergebnisse dieser Seminare beschränkten
sich zunächst auf eine Problemdiagnose durch die Betroffenen. Aktions-

oder Programmplanung fand nicht statt. Die Gründe für diese bislang eher kargen Ergebnisse werden von den Verantwortlichen im Umweltministerium des Staates Pará, SECTAM, darin gesehen, dass die föderal bestimmte methodologische Orientierung der GERCOs dem sozioökonomischen, technischen und finanziellen Süd-Nord-Gefälle Brasiliens wenig Rechnung trägt.

Die Ebene der Landkreise

Die konkurrierenden Kompetenz- und Hegemonieansprüche einzelstaatlicher (SECTAM) und föderaler Institutionen (IBAMA/CNPT) im Küstenmanagement werden auf der lokalen Ebene reflektiert. In Bragança, aber auch in anderen *municípios*, assoziieren sich jeweils verschiedene lokale Institutionen und Akteure mit den konkurrierenden föderalen oder einzelstaatlichen Küstenmanagementansätzen GERCO und RESEX. Dies verursacht eine Spaltung der lokalen Akteure im Küstenmanagement und verhindert positive lokale Synergieeffekte. Jedoch gibt es auch neutrale Gruppen wie Forscher und Verbände auf der Kreisebene, deren Versuche, lokale Belange von den überregionalen und auf Kreisebene wenig relevanten Hegemoniekonflikten zu lösen, die Möglichkeiten eines lokalen Netzwerkes erkennen lassen.

Ein Ziel brasilianischer Demokratisierungspolitik ist die Dezentralisierung zur Ebene des Landkreises im Sinne des Subsidiaritätsprinzips. Die Partizipationsziele des Umweltministeriums von Pará (SECTAM) konzentrieren in diesem Kontext nicht, wie bei der RESEX, auf die lokalen, ländlichen Mangrovennutzer, sondern auf die ihnen übergeordnete Verwaltungsebene des Kreises *(município)*. Im GERCO liegt die Hauptbetonung des Partizipationsgedankens somit auf der Befähigung der Kreisverwaltungen, *aktiv* planend und gestaltend am Küstenmanagementprozess teilzunehmen. Mit einer Anzahl von Maßnahmen (u.a. Ausbildung und Ressourcenbereitstellung) wird versucht, das Interesse der Kreisverwaltungen an der Mitgestaltung des Küstenmanagementprozesses zu stärken. Bei der im GERCO angestrebten Partizipation handelt es sich somit für die Zielgruppe Kreisverwaltungen, wie beim RESEX-Ansatz für die Zielgruppe der direkten Ressourcennutzer, um die *aktive* Beteiligung zur Wahrnehmung von Entscheidungs- und Handlungsfunktionen.

Fallbeispiel: Die Mangrovenholznutzung in Bragança

Die Mangrovenholznutzung ist weit verbreitet im Bundesstaat Pará. So arbeiten im Kreis Bragança mehr als 20 Ziegeleien, Bäckereien, mehrere kommerzielle Holzfäller und eine Anzahl von Weiterverarbeitungsmanufakturen für Krebsfleisch mit Mangrovenholz. Auch die traditionelle Fallenfischerei und die Konstruktion ländlicher Behausungen verwenden Mangrovenholz. Außerdem nutzt die Mehrheit der rund 5.000 privaten Haushalte im ländlichen Küstenraum des Kreises Mangroven als einzig verfügbares Brennmaterial zum Kochen.

Auf föderaler und einzelstaatlicher Ebene bestehen für das Landschaftselement Mangrovenwald eine Anzahl verschiedener Definitionen und Gesetze. Allen Gesetzestexten ist die Illegalität der Nutzung von Mangrovenholz gemeinsam.[4] Besonders prohibitiv ist die Umweltgesetzgebung des Bundesstaates Pará (Lei 6.194/1999), die seit 1999 die Nutzung der Hauptmangrovenarten der Region unter allen Umständen verbietet. In Pará sind außerdem die Nutzung von Mangrovenholz zur Holzkohleproduktion und der Handel mit Mangrovenprodukten vegetalen Ursprungs verboten. Es wird jedoch an mehreren Stellen der föderalen Gesetzgebung auch erwähnt, dass die Mangrovennutzung im Rahmen offiziell genehmigter Nutzungspläne möglich ist. Dies hat zu entsprechenden Initiativen in den in der Entstehung begriffenen RESEX in Mangrovengebieten geführt.

Es besteht somit ein krasser Gegensatz zwischen vom Gesetzgeber angestrebter und aktueller Realität in Bezug auf die Mangrovenholznutzung. Ähnliche Kontraste finden sich in anderen Sektoren an der Küste von Pará. In der Landnutzungsplanung wird beispielsweise das Bauverbot im Strandbereich allgemein missachtet. Weiterhin wird trotz des gesetzlich verankerten gesellschaftlichen Allgemeinanspruches auf Mang-

---

[4] Die föderale Forstgesetzgebung Brasiliens (Código Florestal 4771/65, Art. 2) definiert Wald und andere Gebiete, die dem Dünenschutz oder dem Mangrovenwachstum dienen, als ständige Schutzgebiete (áreas de preservação permanente). Der föderale Umweltrat (CONAMA, Reg. 4 Art. 1 v. 18.9.1985) erklärt die ständigen Schutzgebiete zu ökologischen Stationen oder Reserven (estações/reservas ecológicas). Auch der nationale föderale Küstenmanagementplan (PNGC Lei 7661/1988 Art. 14, 17) erklärt alle Aktivitäten, die zur Degradierung von ökologischen Stationen und Reserven führen, als strafbar.
Nach der jüngsten föderalen Umweltgesetzgebung (Lei dos Crimes Ambientais 9.605 v. 12.2.1998) ist es strafbar, ohne Erlaubnis der verantwortlichen Behörde Bäume in permanenten Schutzgebieten zu fällen.

roven- und Strandgebiete solches Land oft in Privatbesitz übertragen. Ebenso sind, trotz des Verbotes von Landbesitz in Strandbereichen, gerade dort Immobilienspekulationen üblich. Auch das Verbot der Krebsfischerei während der Paarungswanderung *(andança)*[5] wird regelmäßig von lokalen Anwohnern und sowie von kommerziell orientierten städtischen Interessengruppen missachtet.

Die Gründe solcher Gegensätze zwischen erstrebter und tatsächlich erreichter Realität werden vielfach in der staatlichen Ressourcenknappheit gesehen, welche die Implementierung von Managemententscheidungen erschwert. Ein wohl wesentlicherer Grund ist jedoch, dass viele Gesetze im Bereich Ressourcenmanagement auf generellen Verboten basieren und ausschließlich auf Naturschutzziele angelegt sind. Eine Ressourcenpolitik, die an der sozialen und ökonomischen Wirklichkeit vorbeigeht (Martins/Lana o. J.; Glaser 2003), macht es den Ressourcennutzern jedoch oft unmöglich, Nutzungsregeln bzw. -verbote einzuhalten. Solche Fehlentwicklungen beginnen typischerweise bereits in zentralisierten Planungsprozessen, von denen Ökosystemnutzer ausgeschlossen bleiben. Das Fehlen der aktiven Beteiligung Betroffener resultiert in Ökosystemplanung, die den Menschen lediglich als unschädlich zu machenden „Räuber" betrachtet. Eine solche ohne Nutzerkonsens konzipierte Ressourcenmanagementplanung ist zum Scheitern in der Implementationsphase verurteilt. Die Folge von an der betroffenen Bevölkerung vorbei entwickelten Nutzungsverboten ist üblicherweise eine „Grauzone" weit verbreiteter, illegaler Ressourcennutzung, wie hier am Beispiel Mangrovenholz aufgezeigt. Allein durch seine Illegalität verursacht der Mangrovenholzschlag vermeidbare wirtschaftliche und ökologische Schäden. So sind Waldnutzungsrhythmus und -methoden[6] eher von der Notwendigkeit, staatliche Sanktionen zu umgehen, als von Kriterien nachhaltiger Nutzung geleitet. Gleichzeitig zieht die gesetzlich verankerte Illegalität der Mangrovennutzung soziale Dysfunktionen nach sich, wie die Kriminalisierung der Ärmsten durch den sozioökonomisch bedingten gewohnheitsmäßigen Gesetzesbruch. So entzöge das Verbot des Sammelns von Feuerholz in der Mangrove, wenn es durchgesetzt würde, armen ländlichen Haushalten die einzige Kochenergie-

---

5 Für wenige Tage pro Jahr, abhängig von Mondphase und Jahreszeit, verlassen die Krebse ihre Bauten für die Partnersuche. Sie sind dann besonders leicht zu fangen (Diele 2000).

6 Kahlschlag statt „selective cutting", nächtlicher Holzschlag, Verluste durch wochenlange Lagerung in feuchten Verstecken u.a.m.

quelle. In dieser Konstellation existiert keine Möglichkeit zur nachhaltigen Waldnutzungsplanung. Es gibt folglich gegenwärtig auch keine
brasilianischen Forstwissenschaftler, die sich mit – dem ja offiziell ille-
galen – Mangrovenmanagement befassen. Dies bedeutet, dass in der aktuellen Situation expandierender und unkontrollierter Mangrovenholznutzung selbst die Forschung zur technischen Gestaltung nachhaltiger
Nutzung durch prohibitive Gesetze verhindert wird. Die restriktiven
Gesetze verursachen zudem den Aufbau von „Feindbildern" zwischen
den verantwortlichen Stellen, die mit unerfüllbaren Kontrollaufgaben
konfrontiert sind, und den Nutzern, die sich in der Illegalität ihren Lebensunterhalt zu sichern suchen.

Die in der brasilianischen Verfassung verankerte „soziale Funktion
des Eigentums an Umwelt" ist ein von Entscheidungsträgern und Juris-
ten häufig genannter Grund für den restriktiven, nur auf Naturschutz
ausgerichteten Charakter der gegenwärtigen Gesetzgebung im Küstenmanagement Brasiliens (Lara et al. 2001). Die gesetzgeberische Absicht,
die soziale Funktion der Umwelt und das nationale Naturerbe zu erhalten, führt jedoch, wie hier für den Bereich Mangrovenholznutzung gezeigt, zu sozial polarisierenden und gängigen Gerechtigkeitsnormen widersprechenden Ergebnissen. Partizipative Planungsstrukturen können
Ressourcenschutzgesetze weniger restriktiv und sozial polarisierend gestalten. Allerdings zeigen die Beispiele Landnutzung und Krebsfang
auch, dass, wenn es starke externe wirtschaftliche Akteure zu kontrol-
lieren gilt, zur Implementierung von Nutzungsbeschränkungen nicht
nur die *aktive* Partizipation armer Nutzerbevölkerungen, sondern auch
eine staatliche Präsenz vonnöten ist.

Schlussfolgerungen und Ausblick

Neuere Ansätze im brasilianischen Küstenmanagement zeigen eine
Wende hin zu partizipativen Ansätzen. Dies reflektiert nicht nur Stimmen aus der Forschung, die verstärkt dem „co-management" Chancen
für ökologisch, ökonomisch und sozial nachhaltiges Ressourcenmanagement einräumen (Jentoft et al. 1998; Johannes 1998; Van Mulekom
1999; Noble 2000), sondern auch die aktuelle Finanzsituation des Staates.

Die bundesstaatliche Umweltbehörde IBAMA versucht heute durch
die direkte Einbeziehung lokaler Bevölkerungen in die RESEX ein er-
folgreicheres Ressourcenmanagement zu erreichen. Motivation ist nicht
zuletzt die Schwierigkeit, nachhaltiges Ressourcenmanagement im be-
hördlichen Alleingang durchzuführen. Partizipation wird somit hier im

Sinne *aktiver* Entscheidungsrechte und Handlungskompetenzen für Küstennutzer interpretiert, jedoch staatlicherseits auch zur Erreichung von Effektivität und Kostenminderung instrumentalisiert. Wenn die Instrumentalisierung der Partizipation durch den Staat jedoch keine für die Nutzer erkennbaren Vorteile aufweist, verringert dies die lokale Akzeptanz dieser Managementform. Durch die Etablierung von Nutzerverantwortlichkeiten und -rechten eröffnen die in den RESEX möglichen neuen Formen der Allmendewirtschaft jedoch Lösungswege für gegenwärtige klassische Probleme wie den freien Zugang zu Mangrovenressourcen bei verstärktem demographischem Druck (Hardin 1968; Feeny et al. 1990). Es bleibt abzuwarten, ob Nutzermotivationen von einer ausreichend realistischen Einschätzung des staatlichen und lokalen Ressourcenpotentials geleitet sind und ob das lokale Bewusstsein um die Ressourcenproblematik ausgereift genug ist, eine aktive Partizipation der Nutzer im Ressourcenmanagement zu erzielen.

Im Forstbereich ist gegenwärtig auf einzelstaatlicher Ebene (SECTAM/GERCO) die verantwortliche Einbeziehung der Nutzer weitaus schwächer und die Gesetzesinhalte sind sozial und ökonomisch deutlich polarisierender als auf bundesstaatlicher Ebene (IBAMA/CNPT). Dies steht in Kontrast zur institutionellen Geschichte der beteiligten Organisationen. Während dem föderalen Bundesstaat der Ruf des zentralistischen Diktators verbleibt, sehen sich viele einzelstaatliche Institutionen, wie auch das Umweltministerium des Bundesstaates Pará, in einem Demokratisierungsprozess, der durch die verstärkte Partizipation der *municípios* gestärkt wird.

Einzelstaatliche und föderale Aktivitäten zielen somit auf die *aktive* Handlungs- und Entscheidungsbefähigung jeweils *anderer* Akteure im Küstenmanagement ab. Während das Umweltministerium des Staates Pará (SECTAM) die Partizipation der Kreisverwaltungen anstrebt, zielen die föderale Umweltagentur IBAMA und ihre Unteragentur CNPT mit dem RESEX-Ansatz auf die Befähigung der direkten Küstennutzer zu verantwortlicher und mit Entscheidungsrechten ausgestatteter Partizipation ab. Bundes- und einzelstaatliche Ansätze sind somit komplementär in ihrer Absicht, verschiedene lokale Akteure im Küstenmanagement zu *aktiver* Partizipation zu befähigen.

Die Beteiligung einer größeren Anzahl betroffener Akteursgruppen bringt eine breitere Wissensbasis und mehr Effektivität für das Küstenmanagement. Ressourcenknappheiten, auch auf lokaler Ebene, sind jedoch ernst zu nehmende Hindernisse für die aktive verantwortliche Partizipation neuer Akteure in der Küstenmanagementplanung.

Eine Schwachstelle im nordbrasilianischen Küstenmanagement ist die mangelnde Ableitung von Grundbedingungen der Nachhaltigkeit aus der Nutzerperspektive (Glaser/Berger 1999). Besonders die Definition von sozialer und politisch-institutioneller Nachhaltigkeit wird hierdurch be- oder sogar verhindert. Falls entsprechende Ressourcen zur Verfügung stehen, könnten regionale Netzwerke, die im Sinne aktiver, verantwortlicher Partizipation funktionieren, die Bestimmung konsensfähiger Nachhaltigkeitsziele in Zukunft stärker wahrnehmen.

Im Bundesstaat Pará kooperieren föderale und einzelstaatliche Institutionen mit jeweils anderen Akteuren der Ebene des *município*. Trotz identischer Zielsetzungen besteht aufgrund konkurrierender Kompetenz- und Hegemonieansprüche der föderalen und einzelstaatlichen Ebenen im Küstenmanagement wenig Kooperation. Sowohl die Geschichte als auch derzeitige Entwicklungen in Pará zeigen jedoch auch, dass sich politisch-personelle Konstellationen ergeben können, in denen eine Zusammenarbeit von Bundes- und Einzelstaat, zumindest zeitweise, gelingt. So mag es zumindest für die Dauer einer solchen zeitlich begrenzten Periode („window of opportunity") möglich sein, das Wissen und die Kapazitäten sowohl der Kreisverwaltungen *(municípios)* als auch der direkten Nutzer durch deren *aktive* Partizipation in den Küstenmanagementprozess einzubeziehen. Dies beinhaltet die Chance, dass sich während solcher Zeiträume aktive partizipative Strukturen so weit verselbstständigen und vernetzen, dass sie spätere, weniger günstige Perioden überstehen. Für benachteiligte Gruppen wie die Krebsfischer und andere Mangrovenproduzenten an der Küste von Pará bedeutet dies eine Möglichkeit für eine menschenwürdigere Zukunft.

Danksagung

Diese Arbeit entstammt der Zusammenarbeit zwischen dem Zentrum für Marine Tropenökologie (ZMT), Bremen, und der Universidade Federal do Pará (UFPa) Belém, Brasilien (Projektnummer: 03F0154A, Mangrove Management and Dynamics – MADAM). Dies ist der MADAM-Beitrag Nr. 30, entstanden unter dem brasilianisch-deutschen Regierungsabkommen zur Forschungszusammenarbeit (Bundesministerium für Bildung und Forschung, BMBF, und Conselho Nacional de Pesquisa e Tecnologia, CNPq). Wir danken Dörte Segebart, Beate Ratter und Andreas Kannen für ihre kritische Durchsicht des Artikels.

Literatur

Allegretti, M. 1994. Reservas Extrativistas: Parámetros para a política de desenvolvimento sustentável na Amazônia. In: R. Arnt et al. (coord). *O Desafio da Floresta,* Rio de Janeiro, Relume Dumará: 17-48.

Blomquist, W., E. Ostrom 1985. Institutional Capacity and the Resolution of a Commons Dilemma. *Policy Studies Review,* 5 (2): 383-393.

Bunker, S. G. 1985. *Underdeveloping the Amazon – Extraction, Unequal Exchange and the Failure of the Modern State.* The University of Chicago Press, Chicago and London.

Diele, K. 2000. *Life history and population structure of the exploited mangrove crab Ucides cordatus cordatus (L.) (Decapoda: Brachyura) in the Caeté Estuary, North Brazil.* Zentrum für Marine Tropenökologie, Centre for Tropical Marine Ecology, Bremen.

Feeny, D., F. Berkes, B. McKay, J. M. Acheson 1990. The Tragedy of the Commons: Twenty-two Years later. *Human Ecology,* 18 (1): 1-17.

Glaser, M. 1999. *Sustainability in the Management of the Mangrove Crab Ucides Cordatus.* Paper to the Annual Conference of Development Studies. University of Bath, Bath.

Glaser, M. 2003. Ecosystem, Local Economy and Social Sustainability: A Case Study of Caeté Estuary, North Brazil. *Wetland Ecology and Management.* Special Edition on Latin America. Kluwer Academic Publishers, Dordrecht (in press).

Glaser, M., M. Grasso 1999. Fisheries of a Mangrove Estuary: Dynamics and Dependencies between Economy and Ecosystem in the Caeté Bay, North-East Pará, Brazil. *Boletím do Museu Paraense Emilio Goeldi, Belém,* 14 (2): 95-125.

Glaser, M., U. Berger 1999. Social Objectives in the Model-Based Evaluation of Natural Resource Management Options. In: H. Horsch, F. Messner, S. Kabisch, M. Rode (Hrsg.). *Flusseinzugsgebietsmanagement und Sozioökonomie: Konfliktbewertung und Lösungsansätze.* UFZ-Bericht Nr. 30. UFZ – Umweltforschungszentrum Leipzig-Halle GmbH, Leipzig: 99-110.

Govan, H., A. Inglis, J. Pretty, M. Harrison, A. Wightman 1998. *Best practice in community participation for National Parks in Scotland.* Review #107. Scottish Natural Heritage, Edinburgh, Scotland.

Grabert, H. 1991. *Der Amazonas – Geschichte und Probleme eines Stromgebietes zwischen Pazifik und Atlantik.* Springer Verlag, Berlin, Heidelberg.

Hardin, G. 1968. The Tragedy of The Commons: The Population problem has no technical solution; it requires a fundamental extension in morality. *Science,* 162 (December): 1243-1248.

IBGE (Instituto Brasileiro de Geografía e Estatística) 2000. *Sinopse Preliminar do Censo Demográfico 2000.* CD-Rom. Brasilia.

Jentoft, S., B. J. McCay, D. C. Wilson 1998. Social theory and fisheries co-management. *Marine Policy,* 22 (4): 423-436.

Johannes, R. E. 1998. Government-supported, village-based management of marine resources in Vanuatu. Elsevier Science, Northern Ireland. *Ocean & Coastal Management,* 40: 165-186.

Kjerfve, B., L. D. Lacerda, S. Diop 1997. *Mangrove ecosystem studies in Latin America and Africa.* UNESCO, Paris.

Krause, G., M. Glaser 2001. Associated Patterns of Geomorphology and Socio-Economic Stability: a case study from a coastal fishing village of the Bragança Region, Pará, Brazil, *J. Estuarine Coastal Shelf Sc.* (submitted).

Krause, G., M. Glaser, C. Soares, D. Torres, L. Blandtt, F. D. Cunha 1999. Patterns of Erosion and Patterns of Socio-Economic Risk. *5th International Workshop MADAM Project.* ZMT/CNPq, Belém.

Krause, G., D. Schories, M. Glaser, K. Diele 2001. Spatial Patterns of Mangrove Ecosystems: The Bragantinian Mangroves of North Brazil (Bragança, Pará). *Ecotropica* 7: 93-107.

Lara, R., C. Slafzstein, M. Cohen, U. Berger, M. Glaser 2002. *Consequences of Mangrove Dynamics for Private Land Use in Bragança, North Brazil: A Case Study.* J. Coast. Conserv.

Martins F., P. Lana o. J. *Aspectors Jurídicos relativos a Proteção dos Manguezais da Baia de Paraguana.* Paraná, Brasil, Centro de Estudos do Mar, Universidade Federal do Paraná, Brasilien (mimeo).

Moraes, A. C. R. 1999. *Contribuções para a Gestão da Zona Costeira do Brasil – Elementos para uma Geografia do Litoral Brasileiro.* Editora da Universidade de São Paulo, Editora Hucitec, São Paulo, Brasilien.

Noble, B. F. 2000. Institutional criteria for co-management. *Marine Policy,* 24: 69-77.

Olsen, S. 1995. The skills, knowledge and attitude of an ideal coastal manager. In: B. R. Crawford, J. S. Cobb, L. M. Chou (eds.). *Educating Coastal Managers: Proceedings from the Rhode Island Workshop.* University of Rhode Island. Narragansett, RI, USA, Coastal Resources Centre. Technical Report 2089: 3-7.

Projeto Reservas Extrativistas 2000. Relatório Final da 1ra Fase 1995-1999. *Programa Piloto para Proteção das Florestas Tropicais do Brasil – PPG7* CNPT/IBAMA, Brasília.

Ritter, L. H. 2000. *Reflexões acerca do processo de Constituição de Reservas Extrativistas: O Caso de Caratateua, Município de Bragança.* Estado do Pará TCC, Ciências Agrárias, Altamira UFPA.

Simonian, L. T., M. Glaser 2001. Extractive Reserves and the Question of Sustainability: Recent Experiences in the North of Brazil. In: *Proceedings of the International SHIFT-WAVES-MADAM workshop on Brazilian-German Scientific Cooperation.* Hamburg.

Van Mulekom, L. 1999. An institutional development process in community based coastal resource management: building the capacity and opportunity for community based co-management in a small-scale fisheries community. *Ocean & Coastal Management,* 42: 439-456.

Das schwedische Forschungsprogramm „SUCOZOMA – Sustainable Coastal Zone Management" – Erfahrungen und Ergebnisse

Karl Bruckmeier

Göteborg University, Department of Interdisciplinary Studies, Human Ecology Section, Box 700, SE-405 30 Göteborg, Sweden, E-Mail: karl.bruckmeier@he.gu.se

Zusammenfassung. Das Forschungsprogramm „Sustainable Coastal Zone Management" (SUCOZOMA), gefördert von der schwedischen Umweltstiftung MISTRA, hat 1997 die Arbeit aufgenommen. An den Universitäten Stockholm und Göteborg sowie weiteren Forschungseinrichtungen wurden in zwölf Projekten Probleme und Konflikte im Management von maritimen Ressourcen in der Küstenzone, im Wassermanagement in Küstengebieten und in der Entwicklung der Küstenfischerei untersucht. Der schwedische Beitrag zur internationalen Debatte von „Integrated Coastal Zone Management" (ICZM/IKZM) entsteht, nicht unbedingt unter diesem programmatischen Namen, weitgehend aus der SUCOZOMA-Forschung. Der Text stellt Ergebnisse und Forschungserfahrungen aus der ersten Phase des Programms vor. Leitthemen sind die interdisziplinäre Forschung über Konflikte um die Nutzung von Naturressourcen und die interdisziplinäre Zusammenarbeit von Sozial- und Naturwissenschaftlern in SUCOZOMA im laufenden Forschungsprozess wie im Wissenstransfer zu den Zielgruppen und in der Anwendung der Ergebnisse. Was kennzeichnet Ansätze des Ressourcenmanagements, die mit natur- wie sozialwissenschaftlichem Wissen begründet werden und versuchen, Nutzerinteressen, Nutzungskonflikte und Nutzergruppen in den Prozess des Ressourcenmanagements einzubeziehen?

Schlüsselwörter. Interdisziplinäre Küstenforschung, interdisziplinäre Umweltforschung, Wasserqualität, Küstengewässer, Küstenfischerei, Ressourcenkonflikte, Humanökologie, Schweden

Das Forschungsprogramm SUCOZOMA

Im Forschungsprogramm „Sustainable Coastal Zone Management"
(SUCOZOMA) werden Probleme der Ressourcennutzung und des Umweltschutzes in schwedischen Küstengebieten untersucht. Die Nutzungsprobleme betreffen sowohl lebende Ressourcen (Fischerei und
Muschelzucht) wie nicht lebende Naturressourcen (Wasser und Boden).[1] Die Notwendigkeit multi- und interdisziplinärer Umweltforschung in Küstengebieten nimmt auch in Schweden zu, weil die Naturressourcen an den Küsten verstärkter Nutzung und Belastung ausgesetzt
sind, was zugleich die Möglichkeit von Konflikten zwischen alternativen Nutzungsarten und verschiedenen Nutzergruppen erhöht (Glac-
ser/Grahm 1998: insbes. 161ff.). An den skandinavischen Küsten steigt
nicht so sehr die Flut, wie in Abwandlung einer expressionistischen
Verszeile von Jakob van Hoddis formuliert werden könnte.[2] Wohl aber
treten anthropogene Verunreinigungen der Küstengewässer und Nutzungskonflikte in Situationen der Vielfachnutzung natürlicher Ressourcen auch hier auf. Ausmaß und Intensität der Probleme sind geringer als
in den meisten anderen Ländern, die im letzten Jahrzehnt Anlass zur internationalen Verbreitung von Projekten des integrierten Küstenzonenmanagements (IKZM) in der europäischen Umweltpolitik gaben.[3]
Die folgende Vorstellung des Forschungsprogramms SUCOZOMA geht

---

[1]   Die „Stiftung für umweltstrategische Forschung „MISTRA" hat das Pro-
       gramm mit zwölf Forschungsprojekten für vier Jahre gefördert (1997-
       2000). Nach positiver Evaluation wurde von 2001 bis 2003 eine weitere
       dreijährige Forschungsphase bewilligt. MISTRA hat davor und parallel Pro-
       gramme zur Meeres- und Wasserforschung gefördert, jedoch mit SUCO-
       ZOMA zum ersten Mal ein interdisziplinäres Programm, dessen Schwer-
       punkt in Küstengewässern liegt.

[2]   Die skandinavische Landmasse hebt sich, mit Ausnahme des südlichen Süd-
       schweden (Norrman 1992: 28; Boverket 1994: 33).

[3]   IKZM wurde ursprünglich für einzelne Küstengebiete in den USA und in
       Australien formuliert, erfuhr in den 1980er Jahren jedoch hauptsächlich
       Anwendung und Verbreitung in Ländern der südlichen Hemisphäre im
       Rahmen der Entwicklungszusammenarbeit (siehe dazu die Ausgaben der
       Zeitschrift „Ambio" vom Dezember 1995 und Dezember 1998) und kehrte
       im Lauf der 1990er Jahre in die nordamerikanische und europäische Um-
       weltpolitik zurück – Parallelen zur Karriere des ähnlich gedachten Konzepts
       „integrierte ländliche Entwicklung" sind nicht zu übersehen.

von den Forschungsthemen aus und berücksichtigt nur am Rand die politische und praktische Umsetzung von IKZM.

Der Projektverbund SUCOZOMA trat unter der Vision an, in 20 Jahren ließe sich ein Zustand erreichen, in dem

> "management of coastal ecosystems will be based on their real and sustainable contribution to society, including flows of goods, such as fish and shellfish, and ecological services, like removal of pollutants and excess nutrients, provision of suitable conditions for fishing, aquaculture and recreation, and maintenance of the genetic diversity of marine organisms".

Die Forschungsziele von SUCOZOMA beinhalten dementsprechend,

> "to promote a management of marine coastal ecosystems based on their real and sustainable contribution to society",

was voraussetzt,

> "that a multidisciplinary approach must underlie sustainable coastal zone management, and that the immense value of the coastal zone for quality of life must be fully recognised in economic and political decision-making."

(SUCOZOMA 1996: 3, 2)

Die allgemein gehaltenen Ziele fügen sich in den politischen und wissenschaftlichen IKZM-Diskurs ein. Gleichwohl stellt IKZM nicht das Schlüsselkonzept von SUCOZOMA dar. Vielmehr wird davon ausgegangen, dass IKZM zur Anpassung an regionale und lokale Ökosysteme kontinuierlicher Weiterentwicklung und Ausdifferenzierung von Managementregeln unter dem Leitbild nachhaltiger Entwicklung bedarf, dessen Anwendungsbedingungen auf regionaler Ebene bisher kaum geklärt sind. Sollen die Ideen des integrierten oder nachhaltigen Managements von natürlichen Ressourcen an der Küste nicht zu normativer politischer Rhetorik verfallen, so werden sie historisch und räumlich konkretisiert werden müssen. Die Forschung in SUCOZOMA ist in dieser Hinsicht spezifisch, nicht nur den Themen, auch dem Raumbezug nach: Untersuchungsgebiete sind die Schärenküsten in Westschweden (Bohuslän) und in der Ostsee (im Umkreis von Stockholm). Auf der Grundlage der Untersuchung von gegenwärtigen Problemen und Konflikten der Ressourcennutzung sollen Managementansätze und -methoden entwickelt werden um (1) die Eutrophierung der Küstengewässer zu bekämpfen, (2) eine nachhaltige Küstenfischerei zu entwickeln, (3) eine bessere Konfliktregelung und Einbeziehung der Bevölkerung und der Ressourcennutzer bei planerischen, rechtlichen und politischen Beschlüssen in den Küstengemeinden aufzubauen. Diese drei Themen entsprechen den Teilprogrammen von SUCOZOMA (Beschreibung der Themenstruktur und der Projekte in SUCOZOMA: siehe Anhang).

In der schwedischen Umweltforschung ist SUCOZOMA das erste große Forschungsprogramm, das sich mit Problemen der Ressourcennutzung an der Küste befasst, eine deutlicher interdisziplinäre Ausrichtung unter Einbeziehung von Sozialwissenschaften in einem traditionell von Naturwissenschaften beherrschten Themenbereich aufweist und mit der Hervorhebung des Themas Nutzungskonflikte einen innovativen Akzent in der Debatte über IKZM setzt.[4] Nutzungskonflikte wurden zwar in der bisherigen Literatur zu IKZM angesprochen, jedoch allgemein und ungenau, so als ob bereits aus der Konfliktforschung in anderen Bereichen ausreichendes Wissen zur Verfügung stünde, das nur auf den Bereich der Ressourcennutzung übertragen werden müsste. Dabei wurde die Eigenart von Konflikten um Naturressourcen übergangen. In SUCOZOMA wird hingegen zunächst die lokale und regionale Konfliktdynamik analysiert, bevor Ansätze des Konfliktmanagements oder der Konfliktlösung erarbeitet werden. Auf letztere richtet sich das Interesse der unter Reform-, Handlungs- und Entscheidungsdruck stehenden politischen und administrativen Managementinstanzen hauptsächlich, manchmal verkürzt und unter Missachtung der Notwendigkeit vertiefter Interessen-, Akteurs- und Konfliktanalyse und unter ungenauer Identifizierung von Konflikten zwischen wirtschaftlichen Sektoren oder als Folge vielfacher Nutzung von Naturressourcen.[5] Infolge solcher Verkürzung kommt es zu der auch in der IKZM-Literatur und in vielen Fallstudien und Projekten des IKZM vorherrschenden Auffassung, zur Konfliktlösung einen unklaren und unrealistischen, „politisch aufgesetzten" Partizipationsanspruch eines ungenau abgegrenzten Kreises von In-

---

[4] „Innovativ" ist hierbei weniger im Sinn der Ausarbeitung einer neuen Theorie oder Methode der Konfliktforschung zu verstehen. Vielmehr geht es um die Anpassung der Konfliktanalyse an das Thema Naturressourcen an der Küste, um genauere Untersuchung von Konflikten bei gleichzeitiger themenbezogener Begrenzung und Konkretisierung der Konfliktforschung.

[5] Ein Beispiel für diese Art der abstrakten Konfliktbetrachtung ist das Dokument der schwedischen Naturschutzbehörde zur Umsetzung der nationalen schwedischen Umweltqualitätsziele (Naturvårdsverket 1999): Die Konfliktanalyse wird auf vier Vorschläge zur Verbesserung der Zusammenarbeit zwischen spezialisierten Behörden reduziert, ohne weiter der Frage nachzugehen, wie weit die sektorielle Zersplitterung des Ressourcenmanagements eine Quelle der Konflikte ist.

teressengruppen („stakeholders") vorzusehen. Die Einbindung von Interessengruppen in Entscheidungsprozesse wird zumeist als Beitrag zur Regelung oder Vermeidung von Konflikten durch Angebote zur Zusammenarbeit verstanden, beruht jedoch selten auf ausreichender Analyse von Konfliktursachen und -verläufen.

Die nachfolgende Beschreibung von Ergebnissen und Erfahrungen aus der bisherigen Forschung in SUCOZOMA geht vom Konfliktthema aus und erfasst die anderen Forschungsgebiete unter dieser besonderen Perspektive.

SUCOZOMA – Erste Ergebnisse

Nutzungskonflikte und Partizipation

Die Ergebnisse der bisherigen Konfliktstudien in SUCOZOMA (Carlberg et al. 1998; Ellegård 1998; Ellegård/Ungfors 1999; Bruckmeier 1999; Granberg 2000) werden nachfolgend in Hinblick auf die Art der Konflikte und den Umgang mit Konflikten zusammengefasst.

(a) Konflikte um die Nutzung natürlicher Ressourcen: Lokale Konflikte zwischen einflussreichen Gruppen von Ressourcennutzern (unterschiedlichen Gruppen von Berufs- und Freizeitfischern, Muschelzüchtern, Einwohnern der Küstengemeinden, Touristen, Grundbesitzern, Sommerhausbesitzern, Inhabern von Eigentumsrechten an Küstengewässern) an der schwedischen Küste haben andere Dimensionen und Verläufe als die in der Forschung über Umweltkonflikte thematisierten Streitfälle. Die großmaßstäblichen, politisch dimensionierten, grenzüberschreitenden, teilweise gewaltsam ausgetragenen Umweltkonflikte, denen sich die politikwissenschaftliche Umwelt- und Konfliktforschung im letzten Jahrzehnt verstärkt gewidmet hat (Bächler 1993; Ohlsson 1999: 25ff.; Homer-Dickson 1999), können nicht den Maßstab für örtliche Konfliktdynamik an der schwedischen Küste abgeben. Die örtlichen Konflikte sind nicht einfach Ausdruck einer besonderen schwedischen Kultur des Umgangs mit Konflikten, über die mehr wissenschaftliche und journalistische Stereotype gepflegt werden, als solide Erkenntnisse vorliegen. Vielmehr sind Konflikte und Konfliktverläufe durch zwei Hauptaspekte geprägt – die lokale Begrenztheit der Ereignisse und die biologisch-ökologische Qualität der jeweiligen Naturressourcen. Letztere äußert sich in kontinuierlich veränderlichen Rahmenbedingungen der Ressourcennutzung, die von der biologisch-ökologischen sowie ressourcenökonomischen Forschung untersucht werden. Diese Forschung geht jedoch kaum auf aktuelle Konflikte ein.

Bei den lokalen und regionalen Konflikten um Naturressourcen, die in den westschwedischen Fallstudien rekonstruiert wurden (siehe die Fallstudien zu Konflikten um Muschelzucht und Küstenfischerei in Ellegård 1998; Ellegård/Ungfors 1999), handelt es sich um Konflikte zwischen Fischern oder Muschelzüchtern und anderen Ressourcennutzergruppen, zwischen Fischern und Behörden oder lokalen Einwohnern, zwischen einzelnen Gruppen von Fischern, schließlich um Konflikte, in denen sich Vorstellungen über die Nutzung lokaler Ressourcen mit grundlegend unterschiedlichen Auffassungen von Umweltproblemen und Entwicklungsprozessen verbinden. Nur die letzte Konfliktgruppe stellt Konflikte dar, wie sie auch in der allgemeinen umweltpolitischen Konfliktdebatte auftauchen: als Konflikte, die auf unterschiedliche Weltanschauungen und Wertorientierungen verweisen. Solche Konflikte können auf lokaler Ebene im Zusammenhang mit kontroversen politischen und administrativen Entscheidungen auf höheren Ebenen entstehen, etwa im Fall der Ausweisung von Schutzgebieten und Meeresschutzgebieten (Ellegård/Ungfors 1999: 18). Die verschiedenen Konflikte haben ihre Besonderheiten bereits wieder verloren, wenn sie in den oben genannten Konfliktgruppen zusammengefasst werden. Sie zeigen die örtlichen Besonderheiten auch nicht mehr deutlich, wenn sie entlang der folgenden Dimensionen beschrieben werden, aus denen Kriterien des Konfliktmanagements hergeleitet werden können:

1. Unterschiedliche Wertorientierungen und Weltbilder, die Konflikten zugrunde liegen (nutzungs- oder konservierungsorientiert),
2. Machtverteilung und Einflussbereiche einzelner Akteure in den Konflikten (Ein- und Ausschluss bestimmter Interessen und Gruppen),
3. Größenordnung von Konflikten (Öffentlichkeitsgrad, Sichtbarkeit, Dauer, beteiligte Akteure),
4. Ansatzpunkte der (Ausweitung von) Entscheidungsteilnahme von Ressourcennutzern und Bürgern,
5. Ansatzpunkte für Konfliktmanagement (nach dem Prinzip des „geringsten Interventionsgrades"),
6. Ansatzpunkte für die Schaffung von Netzwerkstrukturen zwischen den Ressourcennutzergruppen (als Gegengewicht gegen zentralisierte und hierarchische ressourcen-, umwelt- und fischereipolitische Entscheidungsstrukturen),
7. Rolle und Beteiligung der Forschung in Konfliktanalyse und Konfliktmanagement.

Worin besteht nun die Eigenart der SUCOZOMA-Forschung über lokale Konflikte um Naturressourcen, wenn sie nicht den gewohnten Begriffen und Perspektiven sozialwissenschaftlicher Konfliktanalyse folgt? Zunächst besteht sie darin, dass Konfliktentstehung und Möglichkeiten zur Konfliktlösung einzelfallbezogen oder „kasuistisch" untersucht werden. Sodann besteht sie in einem besonderen (im Anhang beschriebenen) Ansatz der „Stakeholder- und Konfliktanalyse", der ermöglichen soll, einzelne Konflikte im größeren Zusammenhang der vielen ressourcenbezogenen Nutzungsinteressen innerhalb eines Untersuchungsgebietes zu verorten. Schließlich verweisen die oben genannten Konfliktdimensionen auf eine prozessorientierte und -interessierte, nicht in erster Linie ergebnisorientierte Analyse und Lösung von Konflikten (um die Unterscheidung von Davos/Lajano 2001 aufzugreifen).

(b) Konfliktlösung, Kooperation und Partizipation: Das Interesse an der Zusammenarbeit zwischen Nutzergruppen, an Prozessbetrachtung, an individuellen und informellen Lösungen ohne Einbindung formeller politischer und administrativer Instanzen ist nicht mit SUCOZOMA entstanden. Nicht erst seit, aber hauptsächlich mit dem politischen und wissenschaftlichen Interesse an neuartigen informellen Konfliktlösungsverfahren im Sinne von Mediation und ähnlichen Ansätzen (zusammenfassend siehe statt anderer: Schnell 1993; Bush/Baruch 1994) ist eine Hinwendung zu prozess- und beteiligungsorientierten Verfahren zu beobachten. Zwei inzwischen weit verbreitete Erkenntnisse aus der Konfliktforschung werden hierbei genutzt:

- In vielen Fällen ist es nicht nötig, Konflikte formell zu lösen, eventuell ist überhaupt keine auf Konfliktlösung zielende externe Intervention erforderlich.
- Es ist wichtiger, auf informelle Beteiligung und Zusammenarbeit verschiedener Nutzergruppen bei den Entscheidungen über Ressourcennutzung zu setzen, als auf formelle Konfliktlösungsverfahren (auch dadurch, dass ein Konflikt als Konflikt behandelt und formalisiert wird, können bestimmte einseitige Lösungen unterdrückt und andere erzwungen werden).

Ansatzpunkte von Konfliktregelung durch Partizipation auf lokaler Ebene sind die vorhandenen – aber schlecht betriebenen und genutzten – Verfahren der kommunalen Übersichts- und Detailplanung sowie Verfahren der direkten Interessenabstimmung und Konfliktregelung zwischen einzelnen Gruppen außerhalb der normierten Planungsverfahren und ohne externe Vermittlung. Diese beiden Arten der Konfliktbehandlung verhalten sich spiegelbildlich zu den zwei Varianten der Zusammenarbeit von „stakeholders", die in der IKZM-Debatte mehr oder weniger unverändert aus dem umfassenderen umweltpolitischen Diskurs wiederkehren: die zwischen autoritativer „top-down"-Kooperation, die durch staatliche und öffentliche Entscheidungsverfahren erzwungen wird, und freiwilliger, auf die Einigung zwischen lokalen Kontrahenten zielender Kooperation (Davos/Lajano 2001).

Zur ersten Variante der Interessenabstimmung im Rahmen kommunaler Planungsverfahren ist nach der bisherigen SUCOZOMA-Forschung zu fordern, dass die traditionellen Ansätze der kommunalen Bau- und der Landnutzungsplanung sich zu ökologischen Ansätzen der Ressourcenplanung entwickeln. Dazu ist zunächst die Ausdehnung der Planungsgebiete auf die küstennahen Gewässerzonen erforderlich. Unter der Perspektive von Interessen- und Nutzungskonflikten um lokale Ressourcen kann kommunale Planung sowohl Konflikte vorausgreifend zu lösen versuchen oder bereits aufgetretene Konflikte aufzulösen versuchen – Erstes entspricht mehr der herkömmlichen Rationalität des Planungsdenkens, Letzteres setzt sich immer mehr als praktisch Anforderung an Planungsverfahren durch. Die Fallstudien zur kommunalen Planung ergaben, dass in der Planung selbst Konflikte nicht nur nach örtlicher Gegebenheit, sondern in teilweise unklarer Selektivität thematisiert und verhandelt werden. Die Anhörungs- und Beteiligungsverfahren gleichen dies nicht unbedingt im Sinne einer besseren und gerechteren Beteiligung aller lokalen Nutzergruppen aus. Vielmehr tragen die Verfahren teilweise zu ungleicher Interessenvertretung bzw. sozialer Ausschließung bestimmter Gruppen bei, verstärken ungewollt die Artikulations- und Durchsetzungsmacht dominanter Gruppen. Ein weiterer Fall von Selektivität in der Beteiligung und Einflussnahme auf ressourcenpolitische Entscheidungen entsteht durch einflussreiche Interessenverbände auf nationaler Ebene, die örtliche Probleme in ihrer Politik „umgehen".[6] Aus der Untersuchung kommunaler Planungsprozesse ergibt sich (neben vielen Einzelergebnissen zur Entwicklung der Planungs- und Beteiligungsverfahren) als entscheidender Punkt die Frage nach den Kriterien für den Aus- und Einschluss bestimmter Nutzer lokaler Ressourcen in Planung und Beschlussfassung: Wer soll das Recht haben, über die lokalen Ressourcen mitzuentscheiden: die vielen sich kurzzeitig an der Küste aufhaltenden Touristen und Sommerhausbesitzer ebenso wie die das ganze Jahr über an der Küste lebenden und arbeitenden

---

[6] Etwa im Fall der nationalen Organisation der schwedischen Fischer, die nicht auf kleine, küstennahe, spezialisierte und lokale Fischereiarten und -gruppen, sondern auf ein abstraktes gemeinsames Interesse im Sinn der Berufsfischer ausgerichtet ist, das jedoch immer weniger den Gegebenheiten entspricht.

Menschen, die Grundeigentümer oder diejenigen, die die Ressourcen der Küste nutzen wollen?

Die zweite Form der Partizipation sind innovative oder experimentelle Formen der informellen Konfliktlösung durch Verhandlung oder Ansätze zur lokalen Mit- und Gemeinschaftsverwaltung von Ressourcen. Diese Verfahren, die von einer umfassenden internationalen Forschung über Möglichkeiten und Grenzen lokalen Ressourcenmanagements gestützt werden (durch Ostrom, McCay, Jentoft und andere) und die Eigenschaft der Freiwilligkeit bzw. freiwilliger Vereinbarungen aufweisen, sind in der schwedischen umwelt- und kommunalpolitischen Diskussion noch wenig angekommen. Hier – wie in der EU-Politik – gewinnen Ansätze im Sinn von „voluntary environmental agreements" (VEA, vgl. Karamanos 2001) nur langsam an Einfluss. Innerhalb einer zentralstaatlichen politischen Organisation wie der des schwedischen Staates muss sich die in föderativen Systemen etablierte Vorstellung einer „Autonomie der lokalen Politikebene" erst ausprägen, was weniger von staatlichen Dezentralisierungsbemühungen abhängt als vom Engagement und der Initiative lokaler politischer Gruppen.[7]

Management der Wasserqualität

Konfliktanalyse und ein Konflikte einbeziehendes Ressourcenmanagement waren nicht die originäre Perspektive der überwiegend naturwissenschaftlichen Projekte zum Management von Küstengewässern und zur nachhaltigen Küstenfischerei in SUCOZOMA. Diese Projekte setz-

---

[7] Die Aktivierung der lokalen Politikebene im Umwelt- und Ressourcenschutz geschah bisher oft im Alleingang (wie die frühe musterhafte Planung der westschwedischen Kommune Lyseskil) oder in informellen und oft nicht konsequent zu Ende gebrachten politischen Veränderungsprojekten und Initiativen, deren Veränderungsenergie vom etablierten politisch-administrativen System absorbiert wurde. Während der SUCOZOMA-Forschung wurden an der schwedischen Westküste zwei paradigmatische Fälle informeller Art bekannt: (1) die Auflösung der jahrelang blockierten und unlösbar scheinenden Konfliktkonstellation um die Ausweisung eines Schutzgebietes in den Gewässern der Koster-Väder-Inseln durch ein informelles Übereinkommen über umweltschonende Fischerei zwischen Fischern und regionalen Behörden und (2) die Idee einer Gruppe von Küstenfischern im nördlichen Boshuslän, unter Ausnutzung der durch die EU geschaffenen Möglichkeit lokaler Produzentenorganisationen einen Vorschlag der lokalen Mitverwaltung von Fischbeständen zu entwickeln, der, falls er realisiert würde, einer „local management area" nahe käme.

ten vor oder nach der Stakeholder- und Konfliktanalyse an: entweder
bei der Problemanalyse (überwiegend im Fall der Wasserqualitätsfor-
schung) oder bei der Managementtechnik (überwiegend im Fall der Fischereiforschung). In der Struktur des Forschungsthemas zeichnet sich
die Sequenz von Problemanalyse (natur- und sozialwissenschaftlich),
Nutzungs- und Konfliktanalyse (sozialwissenschaftlich) sowie Manage-
mentanalyse (administrative und technische Problem- und Konfliktlösung) ab.

Das Thema „Management der Qualität von Küstengewässern" ist in
SUCOZOMA in drei Forschungskomplexe aufgeteilt: (a) ökonomische
Bewertung der Wasserqualität, (b) Muschelzucht, (c) Algenbildung und
Wasserreinigungstechnologien (die überwiegend in Teilprogramm 2
und, was die ökonomischen Untersuchungen angeht, in Teilprogramm 1
durchgeführt wurden).

(a) Bewertung der Wasserqualität in Küstengewässern ist ein um-
weltökonomisches Forschungsthema. Dabei wird davon ausgegangen,
dass die Verursacher von Umweltschäden gleichzeitig auch Geschädigte
sind – das ist bei der Verunreinigung von küstennahen Gewässern durch
die Küstenbewohner deutlich. Das Ausmaß der Verunreinigungen, deren Effekte und (Reinigungs-)Kosten sollen identifiziert, quantifiziert
und bewertet werden. Gegen Ende des vierjährigen Forschungszeit-
raums lagen Ergebnisse der Untersuchung des Himmerfjärd-Fjords als
Stickstoffsenke und eine Schätzung des Rekreationswertes des Stock-
holmer Schärengartens vor. Die umweltökonomischen Untersuchungen
lassen als Schlussfolgerungen zu, dass eine Verbesserung der Qualität
von Küstengewässern, die sich in einer Verbesserung der Sichttiefe der
Gewässer zeigt, in den Augen von Bewohnern und Besuchern so hoch
bewertet wird, dass Investitionen in qualitätsverbessernde Maßnahmen,
die erhebliche Kosten verursachen, von der Bevölkerung akzeptiert
würden (SUCOZOMA 2000: 13). Konflikte, die im Rahmen dieser Be-
wertungsforschung sichtbar werden, sind keine real ablaufenden, sondern solche, die vermutet werden können, wenn Investitionsentschei-
dungen auf der Grundlage solcher Berechnungen erfolgen würden. Die
Forschung zieht sich auf die Ermittlung möglicher Konfliktschwellen
zurück und erweist ihren Nutzen darin, dass sie der Politik Erkenntnis-
angebote über gesellschaftlich akzeptierte umweltpolitische Maßnahmen macht.

(b) Muschelzucht wird an der schwedischen Westküste in experimen-
teller Form betrieben, um Erkenntnisse über die Effektivität von Muscheln als Biofilter zur Reduzierung der küstennahen Eutrophierung zu
gewinnen. Die Forschung beruht auf der Annahme, dass die Kapazität

von Muscheln zur Wasserfilterung die Algenmengen und dadurch die Nährstoffmenge in Küstengewässern reduzieren kann. Jedoch kann Muschelzucht nicht allein um des Reinigungseffekts betrieben werden; zugleich müssen marktgängige und konsumierbare Muscheln auf rentable Art produziert werden. Viele Hindernisse müssen überwunden werden, bevor an der schwedischen Westküste in größerem Umfang Muscheln auf konkurrenzfähige Art gezüchtet werden können. So tauchte das Problem auf, dass Muscheln aus dem Plankton, das sie filtern und konsumieren, Algengifte (hauptsächlich DST – „diarrheic shellfish toxin") aufnehmen (SUCOZOMA 2000: 14). Bei der Untersuchung der Muschelzucht werden Konflikte sowohl auf innerwissenschaftlicher Ebene (die Forschung zur Biofilter-Funktion von Muscheln wird in der einschlägigen Forschung kontrovers diskutiert) als auch im Verhältnis zwischen Muschelzucht und anderen Nutzungsformen der Küstengewässer sichtbar. Nur die zweiten, direkt nutzungsbezogenen Konflikte wurden in SUCOZOMA untersucht – hinsichtlich der wissenschaftsinternen Konflikte, die sich in Expertenkontroversen äußern, stehen die beteiligten Forscher in eigener Verantwortung.

(c) Die Verbesserung des Managements der Wasserqualität wurde an der schwedischen Ostküste nach 1970 verstärkt eine wissenschaftliche und praktische Frage, als in verschiedenen Ländern an der Ostsee Reinigungswerke mit der Planung der Beseitigung von Nährstoffen begannen. Dabei ging es darum, welche Stoffe entfernt werden sollten (Elmgren 2001: 227; Elmgren/Larsson 2001: 24f.). In der Reinigungstechnologie ergibt sich das Problem der Optimierung von Reinigungseffekten bei mehreren belastenden Stoffen. An der schwedischen Ostseeküste erfordert diese Optimierung eine Abwägung der Wirkungen von Stickstoff- und Phosphorreinigung, denn Stickstoffreinigung ohne gleichzeitige Phosphorreinigung kann zur Verstärkung der sommerlichen Blüte schädlicher, Stickstoff fixierender Cyanobakterien („blaugrüne Algen") führen. In dem Projekt wurden die Folgen der fast vollständigen Stickstoffreinigung (Reduzierung um 90%) im Sommer 1997 durch das Reinigungswerk am Himmerfjärd-Fjord südlich von Södertälje beobachtet und berechnet. Ein reduzierter Stickstoffeintrag ergab eine im Durchschnitt deutlich geringere Algenbiomasse, jedoch war die Reduzierung der Algen während des Sommers gering, nachdem sich die Menge Stickstoff bindender Cyanobakterien im Rezipienten wie erwartet erhöhte. Hingegen trat eine geringere Verbesserung der Sichttiefe ein als erwartet. Die temperatur- und wettermäßig unterschiedlichen Jahre 1998-2000 zeigten prinzipiell vergleichbare Resultate. Auch wurde erkannt, dass die Stickstoffbindung in der Ostsee größer war als bis-

her angenommen und ein lang in die Geschichte zurückreichendes Phänomen darstellt (SUCOZOMA 2000: 14; Elmgren 2001: 227). Konflikte um die Gewässernutzung tauchen in der Forschung nur undeutlich auf. Am ehesten verweisen die umweltökonomischen Untersuchungen über die Bewertung erhöhter Wasserqualität und die damit verbundenen Fragen (wie: „Bis zu welchem Kostenumfang würden umweltpolitische Maßnahmen von der Bevölkerung akzeptiert?") auf „virtuelle Konflikte", die in politischen Entscheidungsprozessen erwogen werden können.[8]

Der Archetypus eines schwedischen Planungs- und Managementmodells für Küstengewässer, das die Anforderungen von integriertem Management aufgreift, ist die Wasserplanung der Kommune Lyseskil an der schwedischen Westküste in Bohuslän (Johansson 1995; Ackefors/Grip 1995: 57ff.). Diese Ebene des kommunalen Managements von Küstengewässern wird von den Forschungen über Muschelzucht und Reinigungstechnologien für Küstengewässer nur punktuell berührt. Erst in der zweiten Forschungsphase von SUCOZOMA wird das Thema

---

[8] Sowohl an dem experimentellen Muschelprojekt an der schwedischen Westküste wie an der Forschung zur Optimierung der Reinigungseffekte in der Klärtechnologie, die im Himmerfjärd angewandt wird, fällt auf, wie sich moderne oder innovative Techniken mit überkommenen, nicht ursachenorientierten, vielmehr korrektiven Lösungsansätzen im Sinn von „end-of-the-pipe technologies" verbinden. Aus der Einbindung in unzulängliche und veraltete Managementansätze kommt diese Forschung nur unter Schwierigkeiten und unter Zuhilfenahme von noch nicht ausreichend operationalisierbaren und praktizierbaren Konstrukten wie dem der Kreislaufwirtschaft heraus. Im Fall der westschwedischen Muschelzucht wurde die Argumentation eines „neuen Agra-Aqua-Kreislaufs der Lebensmittelproduktion" bemüht, die mit den Plänen des schwedischen Parlaments für nachhaltige und Kreislaufwirtschaft vereinbar ist (Haamer et al. 1999: 6, 8). In der Reinigungstechnologie an der Ostküste werden neue Interpretationen und Erkenntnisse über die Stickstoffdynamik der Ostsee bemüht, um die Stickstoffdynamik von Küstengewässern nicht nur als Folge anthropogen verursachter Eutrophierung in der Neuzeit erscheinen zu lassen, sondern als eine besondere ökologische Eigenschaft des Brackwassermeers Ostsee – Stickstoff bindende Cyanobakterien traten nach paläo-ökologischen Untersuchungen fast seit Beginn der Bildung der Ostsee auf (Elmgren 2001: 227). Dies lässt Auswirkungen auf die von den Anliegerstaaten der Ostsee beschlossene Restaurierung denkbar werden, etwa im Sinn von Verlangsamung; auch mögen der empfundene Handlungsdruck und die empfundene Verantwortung geringer werden, wenn sich Entscheidungsträger (missverständlich oder nicht) auf diese wissenschaftliche Aussage berufen können.

Wasserqualitätsmanagement verstärkt im Hinblick auf die Anforderungen eines integrierten territorialen Wassermanagements erforscht, nunmehr unter dem Zwang, dass Schweden die neue Rahmenrichtlinie Wasser der EU umsetzen muss.

Nachhaltige Küstenfischerei

(a) Bioökonomische Modelle und die Bewertung von Bestandsverwaltungsansätzen für Küstenfische werden unter der Zielsetzung erarbeitet, eine optimale Fischereitechnik zum bestandsschonenden Fang von Kaisergranat (nephrops norvegicus) an der schwedischen Westküste zu entwickeln. Für ein optimiertes Bestandsmanagement sollen neben fangtechnischen Maßnahmen (die auf fischereibiologische Erkenntnisse der Bestandsberechnung zurückgehen), auch ökonomische und soziale Komponenten in das Managementmodell einbezogen werden. Ein Teil der Forschung besteht in der Analyse von Einkommens- und Kostendaten bei unterschiedlichen Fischereitechniken (Schleppnetz oder Käfige), die mit biologischen Parametern zu Bestandsentwicklung und Mortalität kombiniert werden. In diesen Untersuchungen wird darauf aufmerksam gemacht, dass die Fischer nur langsam bereit sind, ihre Gerätschaft und ihre Technik zu ändern, auch wenn sich die Bedingungen der Fischerei und ihre Erträge geändert haben. Weiterhin werden allgemeinere Fragen des Managements von Naturressourcen an der Küste erarbeitet, ausgehend von Fragen der Nutzungs- und Eigentumsrechte an Fischen (SUCOZOMA 2000: 13).

(b) Die Entwicklung einer nachhaltigen Küstenfischerei spielt in SUCOZOMA unter verschiedenen Fragestellungen eine Rolle (schonende und selektive Fangtechnologien für Lebendfang, bessere und gezielte Nutzung von zu wenig genutzten Fischbeständen, Markteinführung neuer Fischarten und genetisches Management von Fischbeständen). Die fischereitechnische Forschung wurde, nicht ganz überraschend, aber doch im Zeitpunkt unvorhersehbar, in einen Ressourcenkonflikt hineingezogen, der kaum dauerhaft zu lösen ist: in den Konflikt zwischen Küstenfischerei und Robbenschützern. Die Schäden, die den Fischern dadurch entstehen, dass Robben in ihren Fanggeräten Fische suchen, wurden in den letzten Jahren in der schwedischen Küstenfischerei immer größer, sodass das Projekt „Verbesserung des Lebendfangs" in seiner Endphase einen Teil der Forschung auf dieses Thema konzentrierte. Der aktuelle Konflikt konnte durch eine verbesserte Konstruktion von Fangfallen für Lachs und Felchen teilweise entschärft werden. Darüber hinaus werden jedoch Fragen berührt, die in der um-

weltpolitischen Debatte für heftige Kontroversen sorgen – Forderungen nach Jagderlaubnis auf Robben, die von wachsenden Robbenbeständen und den Schäden, die diese der Fischerei zufügen, ausgehen oder nach ökonomischer Kompensation von Fischern für ihre Schäden (Ersteres wurde von Organisationen der Fischer gefordert, Letzteres abgelehnt). Hierbei zeigten sich u.a. große Unsicherheiten in der Bestandsschätzung (vgl. Bruckmeier 1999: 19ff.).

(c) Biologisches und genetisches Management von Fischbeständen ist ein herkömmliches Forschungsthema der Meeres- und Fischereibiologie, das zum naturwissenschaftlichen Kern der Forschung über Ressourcenmanagement gehört und am wenigsten durch interdisziplinäres Wissen beeinflusst ist. Für bestimmte Fischarten (Barsch, Hecht, Zander) wurden die Laichgebiete in der Ostsee, die stark von Eutrophierung und anderen Umweltveränderungen beeinflusst sind, untersucht, um die Entwicklung der Laichbedingungen (etwa bei Planktontrübung der Gewässer) zu erkennen. Auch wurden verschiedene Arten der Erhaltung und Restaurierung von Laichgebieten bewertet und teilweise weiterentwickelt. Mit einem weiteren Thema, dem der bestandsstützenden Fischzucht („supportive breeding") von frei lebenden Fischbeständen, liegt SUCOZOMA in einem von ökonomischen Interessen und Erwartungen an eine zukunftsträchtige Fischerei überfrachteten Bereich – wie weit sind unter Gesichtspunkten der Erhaltung und nachhaltigen Nutzung von Fischbeständen Fischzuchttechniken vertretbar und ökonomisch effektiv, welche erhalten die Eigenschaften wild lebender Fischpopulationen? Dieses wenig interdisziplinäre Projekt in SUCOZOMA findet bezeichnenderweise stärkeres Interesse in naturwissenschaftlichen Kreisen und bei potentiellen Nutzern verbesserter Zuchttechniken, auch außerhalb Schwedens. Dieses Interesse beruht auf der Erwartung, irgendwann über effektive, bestandserhaltende und -verbessernde Zuchttechniken zu verfügen, die es erlauben, wilde bzw. frei lebende Fischbestände durch die Kombination von Fischfang und Fischzucht gezielt zu verändern und zu vergrößern, was erneute Nutzungsmöglichkeiten für gefährdete und übernutzte Bestände zu bieten scheint. Gleichzeitig scheinen sich hierdurch Alternativen zur stationären Fischzucht mit Wasser verschmutzenden Fischfarmen in offenen Küstengewässern zu eröffnen (Laikre et al. 2000).

Der IKZM-Diskurs

Der IKZM-Diskurs stellt den wissenschaftlichen und politischen Kontext dar, in dem sich SUCOZOMA mit seinen Themen und Fragestellungen entwickelt. Verschiedene Fragen in den Projekten entstammen mehr den politischen Themen des IKZM-Diskurses und können nicht allein durch Forschung bearbeitet werden, bedürfen außerdem der wissenschaftlichen *und* politischen Debatte. Dazu gehören Fragen

1. der partizipativen Planung von Land- und Gewässernutzung,
2. der partizipativen (Mit-)Verwaltung lokaler Ressourcen,
3. der Dezentralisierung des Managements von Naturressourcen,
4. der Umsetzung von Umweltschutzzielen in Küstengewässern (u.a. durch Ausweisung von Meeresschutzgebieten),
5. der Umsetzung internationaler Umweltprogramme in Küstengebieten (u.a. der Rahmenrichtlinie Wasser der EU).

Die Diskussion in SUCOZOMA hat zu diesen Fragen im Bereich des Wissenstransfers und der Anwendung wissenschaftlicher Erkenntnisse in umwelt- und ressourcenpolitischen Programmen Annäherungen erbracht. Allerdings können hierzu keine definitiven Forschungsergebnisse erwartet werden, denn die Fragen unterliegen politischer Wertung und Stellungnahme. Über mehr Partizipation in kommunalen Planungsverfahren ist in Forschung und Politik leicht Einigkeit zu erzielen. Weniger einig ist man sich hingegen über weiter gehende Partizipation und Mitverwaltung von Naturressourcen durch lokale Nutzergruppen sowie über die damit zusammenhängende Dezentralisierung der Verwaltung von Naturressourcen.[9] Die Umsetzung von Umweltzielen in Küstengewässern hat durch die vor kurzem formulierten nationalen Umweltqualitätsziele des schwedischen Parlaments eine Aktualisierung erfahren (Naturvårdsverket 1999). Unter den fünfzehn nationalen Zielen betrifft eines das Management von Ressourcen an der Küste und ist weniger als die meisten anderen von einer naturwissenschaftlichen Sicht geprägt, die soziale Umsetzungsbedingungen nicht beachtet. Die Umsetzung von internationalen Regelungen gewinnt durch die anstehende Einführung der Rahmenrichtlinie Wasser der EU, die eine verstärkte Suche nach integrierten Managementansätzen auslöste, für SUCOZOMA an Bedeutung.

Solche politisch-wissenschaftlichen Fragen müssen über lokale Fallstudien und Forschung zur Umsetzung von Zielen und Programmen hinaus stärker durch politischen Diskurs und Kommunikation mit und

---

[9] Hier stoßen unterschiedliche politische, rechtliche und ökonomische Auffassungen und Interessen aufeinander, auch verändern sich die institutionell verkrusteten Bereiche der Fischerei-, Agrar- und Regionalpolitik nur langsam.

zwischen Nutzern und Akteuren geklärt werden. Die Unterstützung der politischen Debatte über IKZM durch SUCOZOMA geschieht in zwei Formen, (a) durch Synthese bzw. Zusammenstellung von praktisch nutzbarem Wissen und Forschungsergebnissen und (b) durch Transfer von wissenschaftlichem Wissen in verschiedene Formen der Zusammenarbeit mit Forschungsnutzern.[10] Zur Verbesserung der Zusammenarbeit mit Forschungsnutzern sind bestimmte Formen des Wissenstransfers erforderlich, etwa direkte Zusammenarbeit mit lokalen Nutzergruppen, „Zielgruppenbeiräte" und spezielle Publikationsformen der Forschungsergebnisse für einzelne Nutzergruppen. Hierbei entwickelt sich in SUCOZOMA langsam eine transdisziplinäre Praxis, die sowohl den Bereich der Wissensproduktion (Forschung und Synthese) wie den der Wissensanwendung (Transfer und Management) umfasst; beides sind Schwerpunkte der gegenwärtig laufenden zweiten Forschungsphase.

Schlussfolgerungen aus der Konfliktforschung in SUCOZOMA

Der SUCOZOMA-Ansatz kann unter Einbeziehung von Erkenntnissen aus der neueren umweltpolitischen Konflikt- und Mediationsforschung beschrieben werden als „situative Konfliktanalyse und situatives Konfliktmanagement". Dabei wird von der Erfahrung ausgegangen, dass die Nutzungskonflikte unerwartet und unplanbar auftreten und verlaufen; die Interventions-, Management- und Lösungsversuche sind mithin nur in begrenztem Maß planbar. In dieser Sicht verlieren theoretische oder empirisch begründete Typisierungen von Konflikten (etwa durch die beteiligten Parteien, die Konfliktthemen, Ursachen u.Ä.) an Bedeutung. Die zweite und entscheidende Erkenntnis der SUCOZOMA-Forschung über Konflikte und Konfliktmanagement, auch sie einer prozessorientierten Konfliktbetrachtung geschuldet, bedarf eher innerhalb der „scientific community" der Anerkennung und Durchsetzung als bei den Nutzergruppen. Die Rolle der Forscher selbst muss in die Konfliktanalyse einbezogen werden, da sich die Forscher trotz klar definierter Re-

---

[10] Allein durch Forschung können die genannten Fragen kaum beantwortet werden. Die Bestätigung von bereits verfügbaren Erkenntnissen durch lokale Fallstudien (etwa über die Möglichkeiten lokaler und partizipativer Ansätze des Ressourcenmanagements, worüber bereits umfangreiche empirische Erkenntnisse aus vielen Ländern vorliegen; zusammenfassend: Becker/ Ostrom 1995) ist nicht weiter sinnvoll, erleichtert auch nicht unbedingt die Umsetzung von Forschungsergebnissen.

geln und Methoden wissenschaftlicher Forschung nicht in der Idealsituation neutraler Konfliktbeobachter befinden. Noch eher vereinbar mit der herkömmlichen Rolle von Wissenschaft und Forschung in Kontroversen über Ressourcennutzung ist die ethisch begründete Debatte über die Verantwortung der Wissenschaftler und die Vorsicht in fischereipolitischen Entscheidungen, die auch in SUCOZOMA diskutiert wurde (Buhl-Mortensen 1999). Die Schlussfolgerung, dass Konfliktanalyse und noch mehr Konfliktmanagement nicht rein wissenschaftlich betrieben werden können, geht jedoch über diese ethische Debatte hinaus und verweist darauf, dass die Forschung in Konfliktsituationen nicht selbstverständlich und unbestritten die Rolle der schiedsrichterlichen oder neutralen, nur gültiges Wissen produzierenden und bereitstellenden Instanz vertritt. Das wissenschaftliche Expertenmonopol auf Erkenntnis gegenüber politischen Entscheidungsträgern wird damit problematisch. Nutzungsprobleme und daran anschließende Konflikte können nicht mehr einfach der Unfähigkeit oder dem Unwillen der politischen Entscheidungsträger, wissenschaftliche Erkenntnisse zu beachten, zugeschrieben werden. Die Forschung kann nicht an den Handlungsbedingungen und -zwängen der politischen Entscheidungsträger vorbeisehen. Die Kommunikations- und Interaktionsformen zwischen Wissenschaft und Politik (wozu es seit langem differenzierte Modelle gibt; siehe statt anderer: Weiss 1978) bedürfen verstärkter Aufmerksamkeit in der Forschung.

In den Konfliktbereichen, in denen die Forschung unmittelbar anwendbare Lösungen organisatorischer oder technischer Art erbringen muss, wie etwa bei den immer wieder verschärften Auseinandersetzungen zwischen Küstenfischerei und dem Schutz der Robben (die den Fischern einen Teil des Fangs abjagen), zeigt sich im Rahmen von SUCOZOMA deutlich, dass auch naturwissenschaftliche, fischereibiologische und -technische, Forschung unentrinnbar und unentwirrbar in wissenschaftliche und politische Konflikte hineingezogen wird. Dabei wird die Trennlinie zwischen wissenschaftlicher Erkenntnis und normativer Haltung in einem politischen Konflikt unscharf, löst sich fast auf. Seitens der Forschung finden sich Argumente für die verschiedenen politisch vertretenen Lösungsvorschläge („Schutzjagd" auf Robben ebenso wie Nichtstun oder Aufrechterhalten des Robbenschutzes; Bruckmeier 1999).

Als erste und wichtigste Voraussetzung aussichtsreichen Konfliktmanagements erscheint es notwendig anzuerkennen, dass Forschung selbst Teil konfliktschaffender Situationen sein kann und Forscher ebenso „stakeholder" in einem von Interessen geleiteten Prozess des Ressourcenmanagements sind wie andere Akteure auch. Forscher unterstützen bestimmte Akteure mit ihren Argumenten und andere nicht und befinden sich damit in einem durch unterschiedliche Interessen definierten Handlungsfeld. Damit sollen nicht die Gültigkeit wissenschaftlicher Methoden und die Akzeptanz wissenschaftlicher Erkenntnis- und Handlungsinteressen geleugnet werden. Gegenüber den Nutzergruppen ist jedoch eine entscheidende Voraussetzung für Konfliktmanagement die Notwendigkeit, Vertrauen zwischen Forschern und Nutzern zu schaffen und aufrechtzuerhalten. Solches Vertrauen ist etwa durch eine jahrzehntelang im Dienste bürokratischer und politischer Entscheidungen der staatlichen Institutionen arbeitenden Forschung zerstört worden. Solches Vertrauen entsteht am ehesten dadurch, dass die Forschung sich auf die gleiche Ebene der Teilnahme begibt wie andere Akteure im politischen und Umweltdiskurs und ihre Interessen, Methoden und Resultate nachvollziehbar offen legt. Eine herkömmliche Begründung für Probleme und Konflikte um Ressourcennutzung lautet: „Politiker hören nicht ausreichend auf die Wissenschaft, die z.B. im Fall der Sicherung von Fischbeständen wiederholt auf kurz- oder längerfristige Fangverbote für bedrohte Bestände erkannt hat." Daneben wird sich in der IKZM-Debatte eine eher ungewohnte Anforderung an die Wissenschaft verbreiten, die allgemein formuliert selbstverständlich klingt, jedoch auch in der interdisziplinären Forschung kaum befolgt wird: „Die Forschung soll über ihre soziale Rolle, ihre Werte und Interessen sowie über ihr Verhältnis zu den Wissensanwendern Rechenschaft ablegen und darüber offen kommunizieren."

Bevor mit SUCOZOMA das Thema Konflikte an der Küste auf die Agenda der Forschung kam, gab es Ideen und Ansätze zur Konfliktlösung oder Konfliktvermeidung, die weder an den Begriff Konflikt noch an den der Konfliktlösung gebunden waren und von den beteiligten Forschern nicht als Beiträge oder Methoden zur Konfliktlösung angesehen wurden. Auch in der SUCOZOMA-Forschung finden sich weiterhin solche „indirekten" Erkenntnisse zur Konfliktlösung – so kann vor allem die fischereitechnische Forschung zur Verbesserung von Fangmethoden, Erträgen und Nachhaltigkeit der Bestandsnutzung als Konfliktforschung aufgefasst werden, da sie viele direkte oder indirekte Beiträge zur Lösung von Konflikten in der Küstenfischerei liefert. Ebenso lässt sich ein Teil der umweltökonomischen Forschung in SUCOZOMA als indirekte Erkenntnis über Konfliktlösung nutzen. Auch sind die nunmehr als Ansätze zur Konfliktlösung erscheinenden Ideen, die in und durch die Konfliktperspektive der Ressourcennutzung entstanden sind, ursprünglich nicht immer so gedacht worden. So waren etwa die in der

Planung erwogenen Partizipationsformen nicht unbedingt auf Konfliktlösung hin konzipiert, sondern eher auf konfliktlose oder neutrale Interessenabstimmung. Schließlich ist es keinesfalls selbstverständlich, dass
die Beteiligung von Ressourcennutzern und die bessere Berücksichtigung von deren Interessen in politischen und administrativen Manage-
ment- und Entscheidungsprozessen zur Konfliktvermeidung oder -min-
derung führt. Es können genauso gut Konflikteskalationen entstehen
und Partizipationsverfahren können sich im weiteren Verlauf als ungeeignet zur Konfliktaustragung erweisen. Partizipation kann zur Patholo-
gisierung, Eskalation, Funktionalisierung von Konflikten im Versuch
der Konfliktlösung beitragen, ebenso aber zur Unterstützung eines sozialen oder ökologischen Wandlungsprozesses, der die Transformation zu
nachhaltiger Ressourcennutzung beschleunigt. Aufgrund solcher kom-
plizierter Handlungssituationen kann davon ausgegangen werden, dass
das mit SUCOZOMA ein wenig mehr Aufmerksamkeit erfahrende
Thema Ressourcennutzungskonflikte noch lange nicht alltäglicher Er-
kenntnisbesitz in Forschung und Praxis ist. Die Bereitschaft in Forschung und Politik, dieses Thema zu verdrängen, trägt auch dazu bei,
praktisch bedeutsame Erkenntnisse über Konfliktmanagement zu ent-
werten.

Erfahrungen aus der inter- und transdisziplinären Forschung über Ressourcennutzung

Über die empirischen Forschungsergebnisse sowie die durch die Beteili-
gung am IKZM-Diskurs entstandenen Erkenntnisse hinaus wurden in
SUCOZOMA Erfahrungen über die Bedingungen und die Praxis interdisziplinärer Forschung gesammelt. Inter- und transdisziplinäre Verbundprojekte und Forschungsprogramme wie SUCOZOMA haben eine
Hürde zu nehmen, die bei akuten Umweltproblemen mit dringlichem
Handlungsbedarf über den Forschungserfolg entscheiden kann – das
Gelingen der Zusammenarbeit von Natur- und Sozialwissenschaftlern.
Ein zweites Problem bereitet der Umgang mit unterschiedlichen wissenschaftlichen und nichtwissenschaftlichen Wissensarten, die im Ressourcenmanagement und bei der Einbeziehung von Nutzergruppen in Forschung und Management eine Rolle spielen. Weiterhin wirft der Umgang mit Problemveränderungen während eines laufenden Forschungsprogramms Schwierigkeiten auf. Anwendungsnahe Forschungsprogramme sind verstärkt der Dynamik von sozialen und politischen Prozessen ausgesetzt, wobei ein ursprünglich gewähltes wissenschaftliches
Untersuchungsprogramm unter Umständen nicht konsequent zu Ende

gebracht werden kann. Manchmal werden in Reaktion auf neue Erkenntnisse, auf Änderungen in politischen und sozialen Diskursen un-
erwartete Anpassungen von Thema, Ansatz und Untersuchungsprogramm erforderlich – „adaptive management" scheint auch anpassungs-
bereite Forschung zu erfordern. Mit „adaptive management" ist ein aus
der naturwissenschaftlich-ökologischen Forschung entstandener Ansatz
des Ressourcenmanagement gemeint, der, verkürzt gesagt, „treats poli-
cies as hypotheses, and management as experiments from which managers can learn" (Holling et al. 1998: 358). Solches Ressourcenmanagement ähnelt in verschiedener Hinsicht traditionellen, auf lokalem Wissen basierenden Formen der Ressourcennutzung und wirft für die Forschung und ihre Rolle andere Fragen auf als die der Produktion von
gültigem Wissen, nämlich Fragen zur Einbeziehung von Nutzergruppen
und deren praktischem oder lokalem Wissen in transdisziplinäre Ansätze des Ressourcenmanagements. Die Fragen der Zusammenarbeit zwischen Natur- und Sozialwissenschaftlern, der Inter- und Transdisziplinarität erweisen sich für SUCOZOMA als permanente Herausforderungen, die nur auf lange Sicht befriedigend gelöst werden können.

(a) Zusammenarbeit von Sozial- und Naturwissenschaften: Die begrenzte Kommunikationsfähigkeit bei gleichzeitigem Zwang zu erfolgreicher Zusammenarbeit von Sozial- und Naturwissenschaftlern im Interesse der Adressaten der Forschung ist ein allgemeines Problem interdisziplinärer Forschung. Die Schwierigkeiten weisen zurück auf die he-
terogenen Erkenntniskulturen der Natur- und Sozialwissenschaften, die
etwa von Michael Redclift (1998) beschrieben wurden. Darüber hinaus
findet die Zusammenarbeit in einer personenabhängigen Gruppendy-
namik statt. Heutige Natur- und Sozialwissenschaftler haben in der Regel wenig Erfahrung mit einer Forschungszusammenarbeit, in der die
Grenzen zwischen Natur- und Sozialwissenschaften überschritten werden, denn es mangelte an Möglichkeiten, interdisziplinäre Zusammenarbeit in den Universitäten zu lernen. Das muss jetzt unter forciertem
forschungspolitischen Druck und kurzfristig erfolgen, was an nicht vereinbarten Erwartungen und mangelndem wechselseitigen Verständnis
scheitern kann. Die „zweite Generation" der zusammenarbeitenden Na-
tur- und Sozialwissenschaftler leidet voraussichtlich nicht mehr unter
solchen Anfangsproblemen der Interdisziplinarität, welche die Umweltforschung der letzten Jahrzehnte erschwerte. Nach den begrenzten Erfahrungen aus der ersten Phase von SUCOZOMA entwickelt sich interdisziplinäre Zusammenarbeit entweder ausgehend von bereits (erkennt-
nis-)theoretisch entwickelten Forschungsfeldern, die aus der spezialis-
tisch-disziplinären Zusammenarbeit entstehen (etwa durch Zusammen-

arbeit von Biologen und Ökonomen bei der Konstruktion von bioöko-
nomischen Modellen) oder aus einer bereits bestehenden Interdisziplin
heraus, wenn ein Thema in erweiterter und kritisch-reflektierender Perspektive untersucht wird (wie im Fall der hier vorgestellten Konfliktanalyse in SUCOZOMA). In der Zusammenarbeit zwischen Natur- und
Sozialwissenschaften erweist sich die Entwicklung von interdisziplinären Methodologien als besonders schwierig. Vorerst arbeiten alle
Forschungsprojekte in SUCOZOMA mit Methoden oder Methoden-
kombinationen, die ihre disziplinäre Herkunft deutlich zeigen: qualitative und quantitative Methoden der empirischen Sozialforschung in den
Projekten des ersten Teilprogramms, biologisch-ökologische Analysemethoden in den Projekten der weiteren Teilprogramme.[11]

(b) Interdisziplinarität: SUCOZOMA vertritt keine in der Pro-
grammformulierung geklärte und verbindliche Auffassung von Interdisziplinarität, und so finden sich in der Forschungspraxis und in den einzelnen Projekten unterschiedliche Auffassungen über die mit SUCOZO-
MA verfolgte interdisziplinäre Forschung.[12] Nach den Forschungserfahrungen der ersten Phase liegt die Schlussfolgerung nahe, weniger von
den disziplinären Ausgangspunkten und Orientierungen der beteiligten
Forscher her die Zusammenarbeit zu organisieren, als von Themen und
gemeinsamen Problemformulierungen her. Diese selbstverständlich lau-

---

[11] Die Zusammenarbeit zwischen Natur- und Sozialwissenschaften in SUCO-
ZOMA ist durch den gemeinsamen Anwendungszwang unter der Konzeption strategischer Umweltforschung und eine vermittelnde Rolle der Humanökologie geprägt. In der Humanökologie – die sich aus interdisziplinären
Perspektiven mit der Interaktion zwischen Mensch und Natur und mit
Umweltproblemen befasst – liegen bereits Erfahrungen in der Zusammenarbeit zwischen Natur- und Sozialwissenschaftlern vor. In SUCOZOMA
fällt den Humanökologen jedoch nicht nur die in der Synthesearbeit kon-
kretisierte vermittelnde Rolle zu, sondern auch die Forschung über Konflikte in der Nutzung von Naturressourcen.

[12] Die Vorstellung eines gerichteten Ausbaus und Fortschritts der Interdisziplinarität in der Abfolge von Mono-, Pluri-, Inter-, Transdisziplinarität,
mit kontinuierlicher Annäherung an die externen oder „realen Probleme",
die durch wissenschaftliche Forschung lösbar werden sollen (und den Maßstab für die zunehmende Interdisziplinarität eines Forschungsprogramms
bilden), ist idealistisch. Sie kann in der Forschungspraxis, wo ständiges
Wechseln zwischen diesen Ebenen zu beobachten ist, nicht aufrechterhalten
werden. Die Form der möglichen Zusammenarbeit hängt vom konkreten
Wissensgebiet wie von den wissenschaftlichen und sozialen Kontexten eines
Forschungsprojekts ab.

tende, im Programm von SUCOZOMA nur in allgemeiner Form und in MISTRAs Anforderungen an Forschungsprogramme enthaltene Vorstellung muss erst als Erfahrung in der Forschungspraxis nachvollzogen werden, bevor die damit verbundenen Schwierigkeiten sichtbar werden. Im Fall von SUCOZOMA zeigte sich, dass während der Formulierung des Forschungsprogramms weiterhin eine Spaltung zwischen natur- und sozialwissenschaftlichen Problemformulierungen bestand, die im Lauf der Forschung nur langsam durch Brückenkonzepte und -themen überwunden werden kann. Dieses Phänomen ist allgemeiner Natur und bezieht sich darauf, dass die Problemformulierungen und die daraus abgeleiteten Forschungsthemen und -fragen, wie sie auch für SUCOZOMA kennzeichnend sind, keineswegs in inter- und transdisziplinärer Zusammenarbeit entstanden sind. Dabei dominieren vielmehr weiterhin disziplinäre Forschung, deren Problemsichten und Erkenntnisinteressen. Es kommt in der Regel nicht zu kritischen Reflexionen darüber, wie begründbar, gerechtfertigt und erforschungsbedürftig ein Problem aus der Sicht fachlich nicht „zuständiger" Disziplinen und der Praxis ist; so wird z.B. das Problem der Eutrophierung nach wie vor aus naturwissenschaftlich-ökologischer Sicht definiert und bewertet. Eine weitere Schwierigkeit bereitete der interdisziplinären Forschung ein Formulierungsproblem, das in der Umweltforschung wie in der Sozialforschung der letzten Jahrzehnte immer deutlicher hervorgetreten ist: die Vagheit, Unabgeschlossenheit, Offenheit von Problemformulierungen, die entweder mit der diffusen, komplexen und rasch veränderlichen Natur der von der Forschung aufgegriffenen Probleme zu tun haben oder mit einer zunehmenden Insuffizienz von wissenschaftlicher Diagnostik, Analytik und Methodik, die Probleme exakt zu beschreiben (was wiederum mit der wachsenden Komplexität und Veränderlichkeit von Umweltproblemen zusammenhängt). Wenn Anwendungsbezug und Praxisnähe die Forschung zunehmend prägen, so muss in dieser Annäherung an die Realität gleichzeitig auch eine derartige Veränderlichkeit von Problembeschreibungen anerkannt werden. Über Probleme ist oft nur Ungenaues zu sagen und die für interdisziplinäre Forschung maßgebliche Vorstellung, dass Probleme der wissenschaftsexternen Wirklichkeit und Praxis entstammen, sagt wenig über die Art der wissenschaftlichen Analysierbarkeit und Lösbarkeit von Problemen aus. Nach dieser Problematisierung der Problembeschreibung erscheint ein linearer oder kausaler Zusammenhang zwischen Problem und Lösung, sei es in der wissenschaftlichen Erkenntnis, sei es im praktischen Handeln, als Ausnahme und größere Unbestimmtheit im Verhältnis zwischen Problem und Lösung wird zur Regel.

(c) Transdisziplinarität und strategische Umweltforschung: Das
SUCOZOMA-Programm weist neben seiner Vision einen normativ begründeten Praxisbezug auf, der in der forschungspolitischen Idee „strategischer Umweltforschung" liegt. Diese Idee entstammt der Managementphilosophie der Forschungsstiftung MISTRA und hat ihre Wurzeln
in Debatten der achtziger Jahre, wonach Forschung sich an Interessen
bestimmter, hauptsächlich ökonomischer Anwender ausrichten sollte.[13]
Eine derartige Orientierung hat für SUCOZOMA nur indirekt, auf dem
Umweg über die Entwicklung nachhaltiger Formen der Ressourcennutzung und deren ökonomischer Rechnungslegung, Bedeutung. Für dieses
Forschungsprogramm sind die Adressaten überwiegend politische Institutionen und Gruppen, staatliche und nichtstaatliche Akteure, sowie
Bürger und lokale Interessengruppen. Diese Akteure äußern sich nur im
Ausnahmefall im Sinne eines ökonomischen Interessen- und Rationali-
tätsverständnisses, obwohl ökonomische Interessen einen Teil ihrer
Handlungspraxis ausmachen. Mit der Einbeziehung dieser Adressaten
wird zugleich das Problem der Einbeziehung nichtwissenschaftlichen
Wissens in die Forschung, eine wichtige Frage transdisziplinärer Forschung, hervorgerufen.

Ein Merkmal von SUCOZOMA ist die Einbeziehung von Adressaten
und Nutzergruppen bei der Analyse von Nutzungsproblemen und Nutzungskonflikten über Naturressourcen an der schwedischen Küste. Küstenbewohner, „Wirtschaftssubjekte", organisierte Interessengruppen,
Kommunen, Politiker und politische Organisationen sowie staatliche
Behörden und Verwaltungen sind in die Beschreibung und Bewertung
von Konflikten einbezogen. Dabei wird nicht die Fähigkeit der Wissenschaft in Frage gestellt, Ressourcennutzungsprobleme und -konflikte
ausreichend zu analysieren, wohl aber das Wissensmonopol der Wissen-

---

[13] Unter Anwendern wurden hauptsächlich organisierte wirtschaftliche Interessenten und Wissensnutzer verstanden; in erster Linie sollte die schwedische Wirtschaft in ihrer Konkurrenzfähigkeit gestärkt werden. Diese Idee
scheint auf interdisziplinäre Umweltforschung wie auf das Themengebiet
der Küstenforschung nur in geringem Maß anwendbar zu sein. Allgemein
lässt sich nach der neueren Umweltökonomie nur darauf verweisen, dass es
offensichtlich Grenzen für die Internalisierung von Umweltschäden in der
wirtschaftlichen Produktion und Rechnungslegung gibt. Die Entwicklung
der Produktivitätskomponenten unter marktwirtschaftlich-kapitalistischen
Bedingungen ist ungleich: Während sich die Arbeitsproduktivität im säkula-
ren Trend stark erhöht hat, ist die direkt umweltwirksame Material- und
Energieproduktivität in den meisten Ländern kaum gestiegen (vgl. Renner
2000: 22 für das Beispiel USA).

schaft, die für lokale Probleme, Konflikte und deren Lösung oder Min-
derung keine ausschließliche Wissens- und Bewertungsinstanz darstellt.
Die Forschung ist in diesem Themenbereich transdisziplinär, nicht nur
in Hinsicht auf praktisch durchführbare Lösungen, sondern auch im
Sinn einer Beteiligung von Praxis und Nutzergruppen an der Forschung
– obwohl „Transdisziplinarität" in der Formulierung des Forschungsprogramms SUCOZOMA nicht vorkommt und auch nicht zum gemeinsamen Verständnis der an der Forschung beteiligten Wissenschaftler
und Praktiker gehört.[14]

Ausblick und Perspektiven

Während des Verlaufs des SUCOZOMA-Programms haben sich sowohl
Veränderungen der Ausgangsprobleme wie Veränderungen in den wissenschaftlichen Diagnosen und Deutungen der erforschten Probleme
ergeben. Gewöhnungsbedürftig ist der pragmatische Umgang mit Konzepten, Theorien und Methoden, der von einer Haltung geprägt ist, die

---

[14] Mit den neueren Ideen von Transdisziplinarität wird ein umfassender An-
wendungs- und Praxisbezug in Aussicht genommen, der nur schwer zu verwirklichen ist, vor allem hinsichtlich der Verbindung zwischen wissenschaftlichem und praktischem Wissen der Ressourcennutzer und Adressaten. Es geht um die direkte Einbeziehung von praktischem Wissen in die
wissenschaftliche Analyse. Aus der naturwissenschaftlichen Forschungsperspektive scheint dies hauptsächlich ein Problem der sozialwissenschaftlichen
Forschung bei Themen wie Konflikten, Planungs- und politischen Entscheidungsprozessen, wo die Trennlinie zwischen wissenschaftlichem und praktischem Wissen als nicht sehr scharf erscheint; das entspricht einer populären, aber nicht unproblematischen Auffassung. Auch wird die konventionel-
le Form der Einbeziehung nichtwissenschaftlichen Wissens durch Bürgerbe-
fragung und Meinungsforschung diesem Problem einer adäquaten Verbindung von wissenschaftlichem und praktischem Wissen nicht gerecht (sofern
sie sich der Frage überhaupt stellt und nicht die Befragungsergebnisse nur
so versteht wie Politiker Meinungsumfragen: als Spiegel der Bürgermeinun-
gen, an denen man sich orientieren kann oder nicht, die man umdeuten
kann etc.). Wenn Wissenschaft mit Adressaten zusammenarbeitet, muss sie
auch ihre Interessen und Werte aufdecken und zur Diskussion stellen, und
dabei handelt es sich keineswegs nur um die Regeln wissenschaftlicher Erkenntnis – viel wichtiger ist die Kenntnis und Bewertung der Bedingungen
der Produktion und Anwendung wissenschaftlichen Wissens (für welche
Akteure und Nutzer?), auf die sich anwendungsorientierte Forschung ein-
lassen muss.

dem Lernmodell des „adaptive management" aus der ökologischen Forschung nahe kommt: Problemdiagnose, Lösungsvorschläge, Interpretation von Forschungsresultaten verändern sich im Lauf der Zeit ebenso
wie „issues" und Problemformulierungen in der Umweltpolitik. Wohl
gibt es einen Kernbestand von Problemen und Forschungsfragen, die
SUCOZOMA kontinuierlich bearbeitet, wie am Thema jedes beteiligten
Projekts erkennbar ist. Unterhalb dieser Ebene jedoch haben die einzelnen Projekte zwischen der ersten und zweiten Forschungsphase erhebliche Verränderungen der Problemstellung zu verzeichnen, die im positiven Fall Ausdruck des Erkenntniszugewinns durch die bisher durchgeführte Forschung sind, in manchen Fällen auch unterschiedliche Anforderungen und Interessen seitens der Adressaten und Nutzer erkennen
lassen.[15]

Themen und Fragen in der zweiten Programmphase

Die zweite Forschungsphase von SUCOZOMA ist deutlicher als die erste auf Synthese, Umsetzung der Ergebnisse und Handlungsorientierung
im Sinne von transdisziplinärer Forschung ausgerichtet. Auch ist eine
Verstärkung der Forschung zum Thema Wasserqualitätsmanagement zu
verzeichnen, die nicht zuletzt aus der Notwendigkeit rührt, die Rahmenrichtlinie Wasser der EU in nationales Recht umzusetzen. Die
Struktur der Forschungsprojekte hat sich stark verändert, jedoch nicht
im sozialwissenschaftlichen Teilprogramm, das durch den Aufbau eines
neuen, planungs-, rechts- und politikwissenschaftlich ausgerichteten
Projekts zum Management von Küstengewässern ergänzt wurde.

Obwohl das Thema Landnutzung sowie die Wechselwirkungen von
Wasser- und Landnutzung an der Küste dabei stärker berücksichtigt
werden (und damit eine entscheidende Anforderung von IKZM aufgegriffen wird), obwohl ein regionalisierter Ansatz des Wassereinzugsge-
bietsmanagements (am Beispiel des Gullmarfjords an der schwedischen
Westküste) ausgearbeitet wird, bleiben in SUCOZOMA wie in vielen

---

[15] Manche Situationen sind in diesem Sinn doppeldeutig, z.B. in der für
SUCOZOMA maßgeblichen Konfliktforschung: In der zweiten Phase wird
die Forschung über rechtliche und andere Formen des Konfliktmanagements oder der Konfliktlösung deutlich verstärkt gegenüber der ursprünglich im Programm vertretenen „Stakeholder- und Konfliktanalyse". Dies
entspricht einerseits dem Fortschritt der Forschungsarbeit, drückt jedoch
gleichzeitig ein gesunkenes Interesse einzelner Adressaten am Konfliktthema aus.

anderen Projekten des IKZM mehrere Problembereiche, die langfristig
zum Erfolg von IKZM beitragen, unterbelichtet:

(1) Die Interaktion zwischen Küste und Hinterland stellt aufgrund
der ökonomischen Verflechtungen mehr ein soziales und ökonomisches
als ein ökologisches Problem der nachhaltigen Bewirtschaftung von
Küstenressourcen dar. Die territoriale und räumliche Betrachtung
nimmt hier andere Züge an als in der auf den Begriffen „Küstenökosysteme" und „Küstenzone" beruhenden naturwissenschaftlich-ökologischen Betrachtung. Es geht um regionalökonomische, um wirtschafts-
und sozialräumliche Problem- und Verflechtungsanalysen, die als
grundlegende Untersuchungen in IKZM-Projekten kaum durchgeführt
werden.

(2) Die Vorstellungen über eine gesellschaftliche Zukunft der Küstengebiete spielen in den IKZM-Debatten eine geringe Rolle, gehen
nicht über utopisch anmutende Visionen hinaus. Ergebnisse der neueren
sozialwissenschaftlichen Forschung über ländliche Räume, die stärker
genutzt werden könnten, zumindest Erkenntnisse darüber, wie sich
neue Formen ländlicher Entwicklung um die traditionelle Primärpro-
duktion herum bilden, fließen kaum in IKZM-Ansätze ein. Dort wird in
der Regel eine von naturwissenschaftlich-ökologischer Sichtweise aus-
gehende Problemformulierung in verkürzter Begründung mit normativen politischen Konzepten der Integration und Partizipation vereint.
Küstengebiete stellen trotz ihrer vergleichsweise dichten Besiedelung zu
großen Teilen ländliche Räume dar, deren Entwicklung nach wie vor
auf Primärressourcen (für Fischerei, Land- und Forstwirtschaft) orientiert ist. Diese stellen weiterhin die Ressourcenbasis ländlicher Räume
und Küstengebiete dar, obwohl die ökonomische Bedeutung der Pri-
märproduktion in Wertschöpfungs- und Beschäftigungsgrößen stark ge-
sunken ist. Bevor sich Küstengebiete aus Produktions- in Reprodukti-
onslandschaften verwandeln, deren soziale und ökonomische Entwicklung nurmehr durch Erholungs- und Freizeitaktivitäten bedingt ist oder
mit unklaren Zielen und Ideen der integrierten ländlichen Entwicklung
überzogen wird, sollte Übereinstimmung zwischen Wissenschaft, Politik
und Zivilgesellschaft erzielt werden, welche Entwicklungen in Küstenräumen als zukunftsweisend akzeptiert werden.

(3) Eine Klärung des Verhältnisses von Forschung und Praxis, die
über Visionen, symbolische Bekundungen, einzelne Projekte und Expe-
rimente sowie die Bereitstellung einer von den Entscheidungsträgern
selten genutzten „Werkzeugkastens" (im Sinn von „decision support
systems", Modellen etc.) hinausgeht, wäre zur Verbesserung von IKZM-
Ansätzen erforderlich. Die Anlegung von „Datenfriedhöfen" war bereits

ein Problem der traditionellen empirischen Sozial- und Umweltforschung und braucht im Bereich transdisziplinärer Umweltforschung
nicht wiederholt zu werden. Im Themenbereich von IKZM liegt allerdings ein kaum allgemein lösbares Problem vor. Praxis und Realität des
Ressourcenmanagements sind komplexer und schwieriger, als die wissenschaftliche Analyse und Erkenntnis bewältigen kann. Auch die Annäherung an diese Komplexität durch inter- und transdisziplinäre sowie
ganzheitliche Forschungsansätze lässt sich selten in Punkt-für-Punkt-
Entsprechung von wissenschaftlichem Wissen und Managementwissen
übersetzen. Gerade die ökologische Forschung verstärkt eher die Einsicht in die Nichtsteuerbarkeit von Ökosystemen und stellt Ressourcenmanagement vor immer kompliziertere Fragen.

(4) Ein Hauptargument von naturwissenschaftlich-ökologischer Seite
zu nachhaltigem Ressourcenmanagement ist in der kritischen Einlassung
zusammengefasst, dass gegenwärtige Politiken und Praktiken des Ressourcenmanagements „nicht mit den Regeln der Natur übereinstim-
men" (vgl. Falkenmark et al. 1999: 50ff.). So sehr dies den Ausgangspunkt für nachhaltige Formen des Ressourcenmanagements darstellt, so
idealistisch, politisch verkürzt und unrealistisch muten die daraus gezo-
genen Schlussfolgerungen an, wenn sie darauf hinauslaufen, die Regeln
der Natur in Gebote und Verpflichtungen der Gesellschaft zu übersetzen und den Gesellschaftsmitgliedern zu erklären. Die Eigengesetzlich-
keit der Entwicklung sozialer Systeme, die in der Regel eine lange und
komplizierte Geschichte der Auseinandersetzung mit Ökosystemen auf-
zuweisen haben, bleibt dabei weitgehend unbeachtet. Solange IKZM-
Konzepte keine vertiefte Rekonstruktion der Interaktion zwischen Ökosystemen und Sozialsystemen aufweisen, bleiben ihre Chancen für dauerhafte Umsetzung gering.[16]

---

[16] SUCOZOMA erbrachte zu solchen vernachlässigten Fragen einige weiter-
führende Überlegungen, welche die Forschungs- und Synthesearbeit in der
laufenden zweiten Forschungsphase strukturieren:
(1) Eine Integration aller wichtigen Nutzungsformen (Wasser und Land,
Fisch und Schalentiere) in der Küstenzone erfordert die Beteiligung von lokalen Nutzergruppen an der Ressourcenverwaltung, weil diese Gruppen das
erforderliche und routinemäßig verfügbare Wissen besitzen und mit ihnen
zugleich einfache, unbürokratische und organisatorisch wenig aufwendige
Lösungen möglich werden (was freilich oft nicht dem herrschenden Recht
genügt). Die Einbeziehung lokalen Wissens ist nach aller Diskussion über
nachhaltige Entwicklung ein Kernpunkt nachhaltigen Ressourcenmanagements.

Ein schwedisches Konzept von IKZM

Vorarbeiten zu einem schwedischen Konzept von IKZM sind nur rudimentär vorhanden. Die häufig angesprochene Arbeit von Ackefors/Grip (1995) nimmt kaum Erkenntnisse aus der neueren IKZM-Forschung auf und verbleibt im Rahmen einzelnen lokaler Fallbeispiele. Resultate von SUCOZOMA, die zur Ausarbeitung eines schwedischen Modells von IKZM beitragen können, entwickelten sich gegen Ende der ersten Forschungsphase ziemlich deutlich in Abgrenzung gegen frühere schwedische Forschung und gegen die Standardmethoden des IKZM nach der internationalen Literatur. Ausgehend von den thematisch und geographisch auf besondere Küstenregionen begrenzten Projekten in SUCOZOMA entsteht kein standardisiertes und verallgemeinerbares Modell, in dem alle Daten und Forschungsergebnisse zusammenfließen. Schrittweise, in einzelnen Modulen und unter Verzicht auf die ungeprüfte Übernahme von bereits theoretisch ausgearbeiteten IKZM-Konzepten und Modellen, entsteht ein Ansatz, der auf folgenden Prämissen beruht:

(1) Ein rein wissenschaftliches Modell von IKZM gibt es nicht. Jedes aus empirischer Forschung abgeleitete Modell muss nach seiner Kapazität bemessen werden, wissenschaftliches, politisch-administratives und praktisch-lokales Wissen zusammenzubringen und den Prozess des Wissenstransfers und der Wissensanwendung in die Forschungskonzeption mit einbeziehen. Statt der herkömmlichen Dichotomie zwischen Forschung und Anwendung entsteht so ein Kontinuum, und Forschung muss immer mehr Transfer- und Anwendungsfragen aufgreifen.

(2) In der anschwellenden Literatur zu IKZM finden sich, trotz zersplittertem, unvollständigem, überwiegend nur in Form von lokalen bzw. regionalen Fallstudien vorliegendem empirischen Wissen, unrealis-

---

(2) Biologische Voraussetzungen des lokalen Ressourcenmanagements sind nicht deckungsgleich mit politischen, ökonomischen, rechtlichen, sozialen Voraussetzungen und Normen, aber sie können mit diesen kompatibel gemacht werden durch die Konstruktion von territorialen, sozial und ökologisch abgegrenzten Ressourcennutzungsregimen.
(3) Umweltrecht und -politik (einschließlich der Eigentums- und Nutzungsrechte) übernehmen Funktionen der Grobsteuerung von Ressourcennutzungsaktivitäten in weiten Grenzen, innerhalb derer genauere Feinsteuerungsregeln nötig sind (vgl. z.B. die genannten Prinzipien von Becker und Ostrom 1995 für den Aufbau nachhaltiger Institutionen, die in ganz unterschiedlichen Rechts- und Eigentumsstrukturen verwirklicht werden können). Dennoch ergeben sich manchmal aus den Eigentumsrechten direkte Folgen für lokale ökologische Nutzungsregime wie im Fall des Privateigentums an Gewässern an der schwedischen Ostküste.

tische und erwartungsvolle Annahmen über die Möglichkeiten von IKZM als Entwicklungsansatz in Küstengebieten. Idealisiertes IKZM-Denken findet sich etwa bei Ökonomen, u.a. in der Hypothese von Turner und Bower (1999: 19), dass sich IKZM umso besser realisieren lässt, je mehr Ziele, Akteure, Interessen integriert, koordiniert und abgestimmt werden. Ein solcher kaum von empirischer Forschung über das Funktionieren komplexer Handlungssysteme abgesicherter Anspruch mutet mehr normativ als praktisch brauchbar, in Hinsicht auf die Koordinationserfordernisse als unrealisierbar an. Die Integration von Interessen, Akteuren und Institutionen, wird sie nicht lokal und regional aufgebaut und begrenzt, leidet unter der Hyperkomplexität der zu koordinierenden Ziele, Akteure und Strukturen. Ferner ist verwunderlich, dass trotz jahrzehntelanger Debatte die entscheidenden Integrationsprozesse gerade dort kaum in Gang gekommen sind, wo sie durch politische Entscheidungen durchgesetzt werden könnten – im staatlich-administrativen Handlungsbereich, der in Schweden wie in fast allen EU-Ländern weiterhin durch sektorielle Abkapselung und Zersplitterung geprägt ist. Als Konsequenz daraus wäre im Rahmen von IKZM nicht immer erneut zuerst das zu fordern, was selbstverständlich ist (die stärkere Integration der Verwaltungssektoren und -institutionen), sondern mit IKZM außerhalb und unterhalb der Verwaltungsebene anzusetzen: vor Ort, bei den beteiligten und betroffenen Nutzergruppen direkt. Daraus entsteht ein pragmatisches IKZM-Konzept in den nachfolgend genannten Konturen.

Kernpunkte des SUCOZOMA-Beitrags zu einem schwedischen IKZM-Konzept

(1) Ein von SUCOZOMA her begründbares Konzept zu IKZM hat begrenzte Ansprüche, ist auf die lokale und regionale Anpassung von Ressourcenmanagement gerichtet. Es gilt für die Probleme und Konflikte an den schwedischen Schärenküsten und hinsichtlich der untersuchten Fragestellungen von Wasser- und Landnutzung sowie Fischerei und Muschelzucht.

(2) Das Konzept entsteht „von unten nach oben", durch Zusammenführung und Abstimmung der lokalen Nutzerinteressen, beruhend auf lokalem Wissen ebenso wie auf Forschung, angepasst an lokale Küstenökosysteme ebenso wie an lokale und kommunale Politik-, Verwaltungs- und Sozialsysteme. Dadurch soll versucht werden, die lokalen und regionalen Ebenen der Entwicklung mit nationalen und internationalen Politik- und Entwicklungsebenen so zu verbinden, dass die Funk-

tionsfähigkeit und Eigendynamik lokaler Entwicklungsprozesse auch in Zukunft aufrechterhalten wird oder wieder zurückgewonnen wird.

(3) Die lokalen IKZM-Ansätze entstehen in schrittweisem Aufbau, geleitet von der Dringlichkeit von Problemen und Konflikten, die durch IKZM zu lösen sind und sich einem integrierten territorialen Ansatz des Ressourcenmanagements entgegenstellen. Problemdiagnosen sind zunächst unvollständig und lückenhaft, entwickeln sich kontinuierlich im Sinne „rollender Reform" und Selbstverbesserung. Forschung kann initiierende und gelegentlich praktisch unterstützende Funktion haben. An den schwedischen Schärenküsten werden sich deutliche Differenzen zwischen lokalen IKZM-Ansätzen bereits aus der zwischen Ost- und Westschweden unterschiedlichen Normierung und Handhabung der Nutzungsrechte an Küstengewässern ergeben.

(4) Die lokalen IKZM-Ansätze beruhen auf einer genaueren Beurteilung der Bedeutung von Forschung für die praktische Umsetzung von IKZM. Es ist nicht nötig, dass alle beteiligten Disziplinen und Forscher sich auf die unwahrscheinliche Vorstellung einer gemeinsamen wissenschaftlichen Problemsicht und Perspektive einigen, schließlich bringen sie auch unterschiedliches und inkompatibles Spezialwissen ein. Das Wissensmodell für IKZM kann ausgehend von der Idee einer „Wissensplattform" entwickelt werden, in der nicht fertige Konzepte und Modelle verwendet werden, sondern ein fortlaufender Bearbeitungs- und Abstimmungsprozess zwischen verschiedenen Wissenskomponenten stattfindet (das heißt jedoch wiederum nicht, dass jederzeit und in allen Phasen die aktive Beteiligung von Wissenschaft und Forschung erforderlich ist).

(5) IKZM, soll es praktiziert werden, braucht viel deutlicher und detaillierter, als in allen vorliegenden Fallstudien und Phasenmodellen zum Ausdruck kommt, ein Prozessmodell und eine nach Phasen, Akteuren und Beteiligungsformen differenzierte Zeitperspektive der Umsetzung. Wie weit dieses Prozessmodell (a) Forschung in verschiedenen Entwicklungsphasen erfordert, wie weit (b) Organisationsentwicklung in einzelnen beteiligten Institutionen und interorganisatorische Koordination, wie weit (c) Bildung von kulturellem und sozialem Kapital unter der vagen Zielgröße von „capacity building", wie weit (d) politische Verhandlungsprozesse zwischen verschiedenen staatlichen, kommunalen und nichtstaatlichen Akteuren, wie weit (e) öffentliche und private Investitionen, wie weit (f) strukturverändernde Maßnahmen in den nationalökonomischen und rechtlichen Systemen erforderlich werden, ist in den ungenauen und oberflächlichen „Lektionen" aus dem Europäi-

schen Demonstrationsprogramm für IKZM kaum angesprochen (siehe Gee et al. 2000: 40ff.).

(6) Die von SUCOZOMA aus entwickelten IKZM-Ideen richten sich nicht an den gewöhnlich berücksichtigten Adressaten- und Akteurskreis mit bereits artikulierten und organisierten Interessen (wirtschaftliche Akteure und lokale Eliten) und politisch bzw. rechtlich zuständigen Akteuren, die mit Hilfe der Forschung zusammengeführt werden sollen. Die Zielgröße der (ökonomisch, ökologisch, soziokulturell, politisch) funktionierenden lokalen Küstengesellschaft mit neuen umweltethisch begründeten Nutzungs- und Eigentumsregimen an Naturressourcen verweist auf mehr Teilnehmer, als in IKZM-Projekten berücksichtigt werden.[17]

(7) Unbeachtete, nicht verhandelte, unvermittelte Konflikte tragen ungewollt zum Ausschluss einzelner Ressourcennutzergruppen aus der Ressourcenplanung, -verteilung, -nutzung und -verwaltung bei und verstärken so bereits vorhandene soziale, ökonomische, politische und ökologische Entscheidungsdefizite, können die Entwicklung zu nachhaltiger Ressourcennutzung untergraben. Interessenabstimmung und Konfliktmanagement bei lokalen Nutzergruppen gehen von zwei grundlegenden Handlungsmustern aus,

• der kommunalen Ressourcenplanung und -verwaltung (verwaltungsgebundene Verfahren),
• der direkten Zusammenarbeit zwischen Ressourcennutzergruppen („verwaltungsfreie", eher innovative Verfahren).

Diese sieben Kernpunkte eines möglichen schwedischen Beitrags zu IKZM aus der Forschung in SUCOZOMA sollten durch folgende Kontextfaktoren ergänzt werden, die für eine Verankerung der Konzeption auf lokalen, regionalen, nationalen und internationalen Entwicklungsebenen erforderlich sind.

(1) Rechtliche Rahmenbedingungen: Wasserrecht, Fischereirecht, Planungsrecht und Umweltrecht sind die wichtigsten Rahmenbedingun-

---

[17] Im schwedischen „Nationalen Strategischen Aktionsprogramm für Schärengärten" (Glesbygdsverket 1997) wird unter der Idee „Lebender Schärengarten" („levande skärgård") die zukünftige lokale Küstengesellschaft von den Defiziten her indirekt ausformuliert. Nun ist es an der Zeit, die Vorbilder einer lokal integrierten, ganzheitlichen und der Ressourcenverwendung nach geschlossenen „lokalen Ökonomie" in den Küstengemeinden unter den aktuellen Bedingungen der Globalisierung hinreichend zu verwirklichen.

gen und Steuerungsfaktoren von komplexen ökosozialen Entwicklungsprozessen (Gipperth 2001).

(2) Wirtschaftliche und soziale Rahmenbedingungen: Die Bedeutung
von Wirtschaftssektoren im Küstenbereich (Schifffahrt, Fischerei, Muschelzucht, Tourismus, Land- und Forstwirtschaft, Industrie, Dienstleistungen) wird ebenso zu untersuchen sein, ohne in sektorielles Denken
zurückzufallen, wie die Bedeutung und entwicklungsprägende Wirkung
einzelner Sektoren, woraus sich unterschiedliche Entwicklungsdynamiken für bestimmte Küstengebiete ergeben (z.B. industriell, urban, touristisch, land-, forst- und fischereiwirtschaftliche geprägte regionale Ent-
wicklungsmodelle).

(3) Politisch-administrative Rahmenbedingungen: Die Zusammenarbeit auf regionaler und lokaler Ebene, zwischen politischen, administrativen, ökonomischen und sozialen Akteuren und Institutionen, die an
der Umsetzung von IKZM beteiligt werden müssen, erfordert eine Erarbeitung verschiedener Instrumente und Verfahren der Kooperation
und Koordination, rechtlich erzwungener und freiwilliger Kooperation
(Davos/Lajano 2001).

(4) Vertikale Koordination: Die Abstimmung zwischen lokaler, regionaler, nationaler und internationaler (EU-)Politik wird der letzte Eng-
pass einer konsequenten Verwirklichung von IKZM. In der EU-Initia-
tive von 1996 zu einem Europäischen Demonstrationsprogramm für
IKZM, die in der Nachfolge vorausgehender Anregungen der OECD zu
einer integrierten Entwicklungspolitik für Küstengebiete steht, wurden
diese Fragen nur punktuell angesprochen (Europeiska Kommissionen
1999: 19ff.).[18]

(5) Leitkonzept „nachhaltige Entwicklung“: Das Konzept von nachhaltiger Entwicklung ist in der Anwendung auf Ressourcenmanagement
(vor allem unter Konzepten wie „ecosystem management“ und „adaptive management“) unklar in seinen Steuerungsleistungen für Entwicklungsprozesse auf den verschiedenen unter Punkt (3) und (4) genannten
Entwicklungs- und Politikebenen, weil die Nachhaltigkeitsdiskussion
sich bisher vornehmlich auf ökologisch begründete Prinzipien und
normative Leitideen konzentrierte, kaum aber auf regional differenzierte, empirisch begründete Transformationsstrategien zu nachhaltigen
Produktions- und Lebensweisen. Eine regionale und lokale Differenzie-

---

[18] Die Konzipierung von ökologisch-ökonomischen Managementansätzen für
die Ostsee (Gren et al. 2000) liefert für das schwedische IKZM partielle Er-
gänzungen im Hinblick auf großräumliche Koordination, bleibt jedoch ohne Unterbauung durch lokale und regionale IKZM-Ansätze unpraktizierbar.

rung und Konkretisierung von nachhaltiger Entwicklung im Sinn solcher sozialer und ökologischer Transformationsstrategien wäre erforderlich.

Anhang

Thematische Struktur von SUCOZOMA

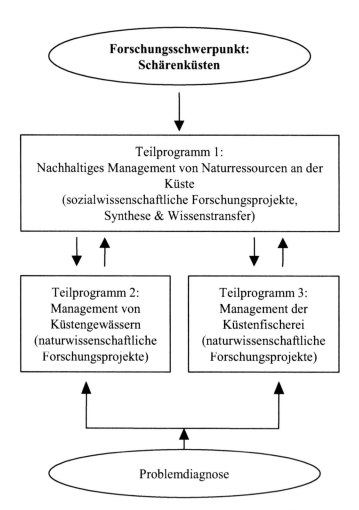

Quelle: eigene Darstellung

Forschungsprojekte in SUCOZOMA

Teilprogramm 1 – Integriertes Management von Küstenzonen

1. Projekt „Konkurrierende Interessen und Bedingungen der Konfliktlösung" (Universität Göteborg, Sektion Humanökologie) – interdisziplinäre Orientierung: Humanökologie
2. Projekt „Ökonomische Bewertung von Veränderungen der Sichttiefe von Gewässern und toxische Algenblüte" (Beijer Institut für Ökologische Ökonomie, Königlich Schwedische Akademie der Wissenschaften, Stockholm) – interdisziplinäre Orientierung: ökologische Ökonomie
3. Projekt „Ressourcenmanagement, bioökonomisches Modell für Küstenfischerei" (Nationale Fischereibehörde, Institut für Meeresforschung und Universität Göteborg, Institution für Nationalökonomie) – interdisziplinäre Orientierung: Umweltökonomie
4. Projekt „Entwicklung von Managementinstitutionen" (Hochschule Stockholm Süd) – disziplinäre Orientierung: Politikwissenschaften

Teilprogramm 2 – Bekämpfung der Eutrophierung

5. Projekt „Recycling von Nährstoffen vom Meer zum Land durch Muschelzucht" (Universität Göteborg, Klinische Bakteriologie) – subdisziplinäre Orientierung: maritime Biologie und Toxikologie
6. Projekt „Management von Nährstoffablagerungen in der Küstenzone: Modelle und Vorhersagen" (Universität Stockholm, Institution für Systemökologie) – disziplinäre Orientierung: Ökologie
7. Projekt „Vorhersage und Prävention von schädlichen cyanobakteriellen (Algen-)Blüten" (Universität Stockholm, Abteilung für Botanik) – disziplinäre Orientierung: Ökologie

Teilprogramm 3 – Nachhaltige Küstenfischerei

8. Projekt „Techniken des Lebendfangs" (Nationale Fischereibehörde, Institut für Küstenforschung, Göteborg) – subdisziplinäre Orientierung: Fischereibiologie
9. Projekt „Entwicklung neuer Fischerei" (Universität Göteborg, Meeresbiologisches Laboratorium Tjärno) – subdisziplinäre Orientierung: Fischereibiologie

10. Projekt „Verbesserung von Laich- und Aufwuchsgebieten für Raubfische" (Nationale Fischereibehörde, Institut für Küstenforschung, Öregrund) – subdisziplinäre Orientierung: Fischereibiologie

11. Projekt „Bestandsverbesserung der Seeforelle, salmo trutta (L.), in der Ostsee" (Universität Stockholm, Systemökologie, und Hochschule Gotland) – subdisziplinäre Orientierung: Fischereibiologie

12. Projekt „Genetische Auswirkungen von bestandsschützender Fischzucht" (Universität Stockholm, Institution für Populationsgenetik) – subdisziplinäre Orientierung: Genetik

Quelle: „Revised Programme Plan 1999" – SUCOZOMA
(unveröffentlichtes Dokument)

Konfliktforschung in SUCOZOMA

SUCOZOMA geht von aktuellen und potentiellen Nutzungskonflikten in den untersuchten Küstengebieten aus, wobei verschiedene Konfliktformen und -ebenen in der Ressourcennutzung eine Rolle spielen – nicht nur Konflikte zwischen alternativen Nutzungsarten (wie Fischerei, Muschelzucht, Aquakultur, Tourismus), auch Konflikte innerhalb einzelner Nutzungsarten um Art und Umfang der Nutzung; nicht nur auf ökonomische Interessen zurückgehende, auch politisch überformte Konflikte; nicht nur Konflikte zwischen Organisationen und Verbänden auf nationaler Ebene, auch die „akteursnäheren" Konflikte auf regionalen und lokalen Ebenen. Die stärkere Beteiligung der Sozialwissenschaften in einem interdisziplinären Forschungsfeld ist von daher verständlich, denn Konfliktforschung wird vorwiegend mit sozialwissenschaftlichen Ansätzen, Erkenntnisinteressen und Methoden betrieben (Imbusch/Zoll 1999). Auch die Ausweitung des Themenhorizonts von sozialen zu ökologischen Konflikten erfolgte von sozialwissenschaftlicher Seite (Homer-Dixon/Blitt 1998; Homer-Dixon 1999; Gleditsch 1998; Ohlsson 1999: 34ff. mit weiteren Nachweisen), allerdings erst lange nachdem die Konflikthaftigkeit der ökologischen Knappheit von Ressourcen im Umkreis der Umweltbewegungen politisch thematisiert wurde (verstärkt in der Folge der Studie des „Club of Rome" zu den „Grenzen des Wachstums": Meadows 1972) und die Nutzung von Naturressourcen längst ein interdisziplinär erforschtes Thema mit den darin eingeschlossenen sozialen, ökonomischen und politischen Problemen war. Die erste umfassende Auswertung von Konfliktanalysen und Konfliktlösungsversuchen in IKZM-Projekten wurde gerade veröffentlicht (McCreary et al. 2001).

Die disziplinäre Begrenztheit der Konfliktforschung und ihre selektive Inanspruchnahme durch politische Institutionen und Entscheidungsträger zieht wachsende Kritik nach sich, die IKZM als Ausweg erscheinen lassen. „Lokalität" bezieht sich auf die Besonderheiten einer sozialen Konfliktdynamik auf örtlicher Ebene – die eigenartigen Ressourcennutzungskonflikte an der schwedischen Küste spielen sich nicht in den wohldefinierbaren politischen Arenen der nationalen und sachlich abgegrenzten Politikfelder etwa der Fischerei-, Umwelt-, Agrarpolitik, oder im parlamentarischen und medienöffentlichen Raum ab, nicht in küstenfernen Orten und politischen Zentren, wo die zugrunde liegenden Interessen bereits sozial aggregiert und politisch organisiert, die Konflikte bereits von politischen Verhandlungs- und Entscheidungsregeln überformt und im Ablauf routiniert sind (sofern sie dann politisch nicht lösbar erscheinen, bleibt als letzte Instanz die rechtliche und gerichtliche Regelung). Wenn Konflikte um Naturressourcen bis zur lokalen Ebene zurückverfolgt werden, treten andere Aspekte zutage – es handelt sich nicht unbedingt um kurzfristige, aber um rasch veränderliche, informelle, wenig oder nur punktuell politisierte Konflikte mit einer geringen Anzahl von Beteiligten, und häufig werden die Konflikte nicht als Ressourcennutzungskonflikte bewusst und ausgetragen. Gleichwohl nimmt langsam ihre Schärfe zu. Im Sommer 2001 trat zum ersten Mal ein Konflikt zwischen schwedischen Fischern und der Küstenwache auf, in dem es zu Gewaltanwendung kam.

Wenn es sich weniger um gewaltsame und formalisierte Konflikte handelt, schien es unergiebig, in der SUCOZOMA-Forschung das ausgearbeitete theoretische, konzeptionelle und verfahrensorientierte Wissen über Umweltkonflikte systematisch auf den Küstenbereich zu übertragen. Hierbei würden unnötig viele und in lokalen Konflikten kaum systematisch anwendbare Regeln und Verfahren des Konfliktmanagements formuliert. Vielmehr ist eine vertiefte Konfliktanalyse auf örtlichen und regionalen Ebenen nötig. Die auf große, grenzüberschreitende und militärisch-gewaltsame Konflikte in internationalen Konfliktarenen hin konzipierten Umweltkonfliktanalysen (Bächler 1993; Biermann 1998; Gleditsch 1998) in den Ansätzen des „Environment and Conflicts"-Project (ENCOP; vgl. Bächler 1993) und der Forschung über „Syndrome des globalen Wandels" lassen sich wenig nutzen für eine regionale und lokale, akteursorientierte Konfliktanalyse. Auch sind die zugrunde liegenden Ursachenanalysen von Konflikten – zusammengefasst in der Hypothese „environmental conflicts are structurally based on global human-ecological transformation" (Bächler 1993: Abstract) – zu ungenau für eine Anwendbarkeit auf spezifische Konflikte um küstennahe Ressourcen. Das vorhandene Wissen über größere ökologische und umweltpolitische Konflikte kann allenfalls „nach praktischem Bedarf" in die Vorschläge zur Zusammenarbeit, Partizipation und Konfliktregelung einbezogen werden; es stellt zwar einen Überschuss an Erkenntnissen über Verfahren der Konfliktregelung bereit, allerdings viele grobschlächtige und unangemessene. Selbst die unter Gesichtspunkten des wohl abgewogenen Interessenausgleichs, der Beteiligung aller Konfliktparteien und aufwendiger Konfliktvermittlung feinfühligen Methoden der Mediation sind bei vielen der Konflikte zu aufwendig oder nicht anwendbar. Auch haben die meisten Konfliktlösungsansätze zur Voraussetzung, dass Interesse und Bereitschaft zur Beilegung von Konflikten seitens der im Konflikt verwickelten Akteure vorliegt oder sich erreichen lässt – was bei Konflikten, die nicht im öffentlichen und politischen Rampenlicht stehen, keineswegs der Fall sein muss, da es auch ein stillschweigendes Einverständnis der Konfliktparteien geben kann, Konflikte nicht beizulegen (aus keineswegs irrationalen, oft klar interessengeleiteten Gründen). Um die Eigenarten der oft schwer fassbaren kleinen Konflikte in schwedischen Küstengemeinden zu erkennen, war es erforderlich, zuerst die Bedeutung und den Verlauf von Konflikten, ausgehend von den involvierten Gruppen und Organisationen oder „stakeholders", zu beschreiben. Dies wurde in einer komplexen Methode der kombinierten „stakeholder"- und Konfliktanalyse (SKA; vgl. unten) versucht, die sich nach erstmaliger Anwendung als zu aufwendig und komplex erwies und bei weiteren lokalen Konfliktstudien vereinfacht werden muss. Nur exemplarisch konnte in zwei Fallstudien diese Methode angewandt werden – im Fall der Studie über Muschelzucht die „stakeholder"-Analyse, im Fall der Studie über westschwedische Küstenfischerei die Konfliktanalyse.

Die Absicht der SKA war, die Macht- und Einflussformen der lokalen Akteure in der Ressourcennutzung und im Ressourcenmanagement zu erkennen. Probleme und Konflikte sollten nicht nur den formalen Organisationsstrukturen, rechten. Eigentumsverhältnissen und politischen „cleavages" nach, also in den offiziellen Lesarten oder in ihren „institutionellen Grobformen" beschrieben werden. Vielmehr sollten die mikrosozialen und informellen Prozesse vor Ort zur Kenntnis genommen werden. Möglich wurde dies durch eine Kombination von quantitativen und qualitativen Analysemethoden, wie exemplarisch in einzelnen Fallstudien durchgeführt (Ellegård 1998; Ellegård/Ungfors 1999). Dabei ergab sich ein kompliziertes Bild vieler und gleichzeitig auftretender und ganz unterschiedlich einzustufender Mikrokonflikte, die sich in einer unübersehbaren Dynamik ähnlich chaostheoretischen

Mustern entwickeln, überlagern, gegenseitig verstärken oder neutralisieren. Die meisten dieser Konflikte sind in die Alltagsroutinen von beruflichem, ökonomischem, administrativem und politischen Handeln der lokalen Akteure eingespannt, sodass sie kaum einer herausgehobenen Konfliktregelung zugänglich sind. Es wäre kontraproduktiv, einen Konflikt zwischen verschiedenen Fischereiinteressen einzelner organisierter Fischergruppen, der sich überwiegend in persönlichen Anfeindungen bei öffentlichen politischen Veranstaltungen und Auftritten äußert, mit Mitteln der Konfliktmediation beilegen zu wollen, wenn der Konflikt außerhalb der politisch formalisierten Diskussion, im Arbeitsalltag der Beteiligten, völlig andersartig verläuft, eventuell auch keine Verankerung in konkreten Interessen und Nutzungsproblemen hat und sich nur bei öffentlichen Auftritten zeigt. Durch die Rekonstruktion der Rand- und Verlaufsbedingungen von Konflikten sollte es möglich werden, sowohl die Eigenarten der Konfliktentstehung und -lösung wie auch die Möglichkeiten und Grenzen einer stärkeren Einbindung aller wichtigen lokalen Nutzergruppen in Entscheidungen über die Verwendung lokaler Ressourcen genauer auszuloten. Die nicht weiter begründbare Globalhypothese, dass Partizipation (immer) hilft, Konflikte zu lösen bzw. durch Zusammenarbeit einzudämmen, wurde in diesen Untersuchungen „situativ relativiert", eingeschränkt auf subjektive Bedingungen erfolgreicher Partizipation (Bereitschaft und Einstellung der Ressourcennutzer) und institutionelle Voraussetzungen (Planungs-, Verwaltungs- und Rechtssysteme die Konfliktlösung und Partizipation präformieren: Morf 1999). Die SKA in SUCOZOMA umfasste folgende Analyseschritte:

1. vorläufige Stakeholder-Analyse: Identifikation von „stakeholders";
2. erweiterte Stakeholder-Analyse: „Kartierung" von Interessen und Interessengruppen;
3. vorläufige Konfliktanalyse: Identifikation von Konflikten;
4. erweiterte Konfliktanalyse: „Kartierung" von Konflikten;
5. Zusammenfassung und Integration der SKA-Ergebnisse;
6. Analyse des institutionellen (administrativen und politischen) Kontextes lokaler Konflikte;
7. Erarbeitung von Ansätzen und Methoden der Konfliktlösung;
8. Wissenstransfer und Zusammenarbeit mit Adressaten und Ressourcennutzergruppen;
9. Aufbau und Begleitforschung eines integrierten Managementsystems unter Einschluss von Konfliktmanagement.

Während der ersten Phase von SUCOZOMA konzentrierte sich die Konfliktforschung auf die ersten fünf Analyseschritte, die weiteren stehen in der laufenden zweiten Forschungsphase im Vordergrund. Vom zeitlichen Ablauf her ist vorherzusehen, dass der letzte Analyseschritt nicht mehr in die laufende SUCOZOMA-Forschung fällt, vielmehr in die anschließende Übernahme von IKZM durch verschiedene staatliche und nichtstaatliche Akteure fällt.

SUCOZOMA im Vergleich mit der europäischen IKZM-Debatte

Schweden hat nicht aktiv und mit eigenen Demonstrationsprojekten an dem Demonstrationsprogramm der EU zu IKZM teilgenommen, ist jedoch gleichwohl an EU-Programmen beteiligt, die IKZM-Komponenten aufweisen, etwa in dem INTERREG-Projekt NORCOAST (siehe NORCOAST Project Secretariat 1999). Ein Vergleich zwischen den bisherigen Erkenntnissen aus SUCOZOMA und den Schlussfolgerungen und Empfehlungen aus dem EU-Programm zeigt, dass sich letztere an der Oberfläche der politischen Forderungen bewegen und wenig wissenschaftlichen Einfluss verraten (vgl. Gee et al. 2000: 40-45). Im EU-Programm haben weder die Problem- und Defizitanalyse noch die daraus abgeleiteten Forderungen zum Aufbau von IKZM die analytische Genauigkeit, Differenziertheit und Konkretheit erreicht, die es ermöglichen, systematisch mit dem Aufbau von IKZM von lokalen bis internationalen Ebenen zu beginnen. In der Tradition von Managementphilosophie werden vielmehr im Rahmen der EU-Politik normative und abstrakte Prinzipien und Anforderungen an das Handeln von Akteuren und sozialen Gruppen formuliert, die den Nachteil von „proverbs of administration" (H. A. Simon) haben: sie können beliebig interpretiert, operationalisiert, konkretisiert werden, verpflichten alle, aber niemanden zu konkretem Handeln, stellen keine Verantwortlichkeiten klar, geben den „stakeholders" keine klare handlungsleitende Orientierung, geraten in Gefahr, zu einer politischen Rhetorik von Integration und Partizipation zu verkümmern, wie es bereits in ähnlichen EU-gestützten Entwicklungsprogrammen geschah. Wie man sich gegen einen solchen Verfall von IKZM-Projekten sichern kann, geben die gesammelten Erfahrungen aus dem EU-Demonstrationsprogramm nicht preis. Burbridges Auswertung verweist nur an den zwei allgemeinen Punkten auf wohl begründete Erfahrung, dass der Aufbau von IKZM-Prozessen beträchtliche Zeit erfordert und eventuell an überhöhten Ansprüchen (wie sie häufig aus der wissenschaftlichen IKZM-Literatur herausklingen) scheitern kann

(Gee et al. 2000: 42). Es scheint unumgänglich, dass nachhaltiges Ressourcenmanagement im Rahmen von IKZM aus lokal verankerten Ansätzen aufgebaut werden muss. Eilfertige Verallgemeinerungen und Prinzipien eines richtigen Weges sind dabei wenig nützlich.

Literatur

Ackefors, H., K. Grip 1995. *The Swedish Model for Coastal Zone Management.* Swedish Environmental Protection Agency, Report 4455, Stockholm.

Bächler, G. 1993. *Conflict and Cooperation in the Light of Global Human-Ecological Transformation.* Environment and Conflicts Project. ENCOP, Occasional Paper No. 9, October 1993, Zürich, Bern.

Becker, C. D., E. Ostrom 1995. Human ecology and Resource Sustainability: The Importance of Institutional Diversity. *Annual Review of Ecology and Systematics*, Vol. 26: 113-133.

Biermann, F. 1998. Syndrome des Globalen Wandels als Typologie für die Friedens- und Konfliktforschung. In: A. Curtius, K. M. Lietzmann (Hrsg.). *Umwelt und Sicherheit – Herausforderungen für die internationale Politik.* Springer Verlag, Berlin etc.: 137-153.

Boverket 1994. *Kust och hav i översiktsplaneringen. Sammanställning av metoder och kunskap.* Karlskrona.

Bruckmeier, K. 1999 (ed.). *The "Seals Conflict" in Swedish Coastal Fishery.* Göteborg University, Human Ecology Section, HERS-SUCOZOMA Reports, no. 6, 1999, Göteborg.

Buhl-Mortensen, L. 1999. *The Scientist's Responsibility in Attaining a Precautionary Approach in Fisheries Management.* Göteborg University, Human Ecology Section, HERS-SUCOZOMA Reports, no. 1, 1999, Göteborg.

Bush, R. A., F. J. P. Baruch 1994. *The Promise of Mediation. Responding to Conflict Through Empowerment and Recognition.* Josey-Bass Publishers, San Francisco.

Carlberg, A., K. Bruckmeier, A. Ellegård 1998. *Konflikter längs kusten.* Ideella Föreningen Västerhavet, Göteborg.

Davos, C. A., R. P. Lajano 2001. Analytical perspectives of cooperative coastal management. *Journal of Environmental Management*, vol. 62: 123-130.

Ellegård, A. 1998. *Mussel Culture at Stake.* Göteborg University, Human Ecology Section, HERS-SUCOZOMA Reports, no. 4, 1998, Göteborg.

Ellegård, A., A. Ungfors 1999. *Coastal Conflicts – Stakeholders and Conflicts in Coastal Fisheries on the Swedish West Coast.* Göteborg University, Human Ecology Section, HERS-SUCOZOMA Reports, no. 5, 1999, Göteborg.

Elmgren, R. 2001. Understanding Human Impact on the Baltic Ecosystem – Changing Views in Recent Decades. *Ambio*, vol. 30, no. 4-5: 222-231.

Elmgren, R., U. Larsson 2001. Eutrophication in the Baltic Sea Area: Integrated Coastal Management Issues. In: B. v. Bodungen and R. K. Turner (eds.). *Science and Integrated Coastal Management*, Dahlem University Press, Berlin: 14-35.

Europeiska Kommissionen 1999. *Mot en europeisk strategi för integrerad förvaltning av kustomraden. Allmänna principer och strategiska alternativ.* Byran för Europeiska gemenskapernas officiella publikationer, Luxembourg.

Falkenmark, M., et al. 1999. *Water – a reflection of land use.* Swedish Natural Science Research Council, Stockholm.

Gee, K., A. Kannen, H. Sterr 2000 (eds.). *Integrated Coastal Zone Management: What Lessons for Germany and Europe?* Universität Kiel, Forschungs- und Technologiezentrum Westküste, Bericht, Nr. 21, Büsum

Gipperth, L. 2001. Lagstiftning eller självreglering i miljörätten. *Svensk Jurist Tidning*, vol. 86: 280-292.

Glaeser, B., J. Grahm 1998 (eds.). *On Northern Shores and Islands. Human Well-Being and Environmental Change.* Göteborgs Universitet, Humanekologiska skrifter 16, Göteborg.

Gleditsch, N. P. 1998. Armed Conflict and the Environment: A Critique of the Literature. *Journal of Peace Research*, vol. 35, no. 3: 381-400.

Glesbygdsverket 1997. *Nationellt strategiskt handlingsprogram för skärgarden.* Östersund.

Granberg, K. 2000. *Konflikter inom fisket i Bohuslän – vad kommer fram i pressen?* Göteborg University, Human Ecology Section, HERS-SUCOZO-MA Reports, no. 2, 2000, Göteborg.

Gren, I.-M., K. Turner, E. Wulff 2000 (eds.). *Managing a Sea. The Ecological Economics of the Baltic.* Earthscan Publications, London.

Haamer, J., et al. 1999. *Strategisk musselodling för att skapa kretslopp och balans i ekosystemet – kunskapsöversikt och förslag till atgärder.* Fiskeriverket, Rapport no. 6, 1999, Göteborg.

Holling, C. S., F. Berkes, C. Folke 1998. Science, sustainability and resource management. In: F. Berkes and C. Folke (eds.). *Linking Social and Ecological Systems – Management Practices and Social Mechanisms for Building Resilience*, Cambridge University Press, Cambridge etc.: 342-362.

Homer-Dixon, T. F., J. Blitt 1998 (eds.). *Ecoviolence: Links among Environment, Population, and Security.* Rowman and Littlefield, New York.

Homer-Dixon, T. F. 1999. *Environment, Scarcity, and Violence.* Princeton University Press, Princeton, NJ.

Imbusch, P., R. Zoll 1999 (Hrsg.). *Friedens- und Konfliktforschung.* Verlag Leske + Budrich, Opladen (2. Auflage).

Johansson, L. 1995. *Coastal Area Management in Sweden* – Report on comprehensive coastal planning in the Municipality of Lyseskil. Swedish Environmental Protection Agency and SWEDMAR, A Unit within the National Board of Fisheries, Göteborg.

Karamanos, P. 2001. Voluntary Environmental Agreements. Evolution and Definition of a New Environmental Policy Approach. *Journal of Environmental Planning and Management*, 44, no. 1: 67-84.

Laikre, L., et al. 2000. *Genetiskt uthållig fiskevård* – en fallstudie av havsöring i Gotland. Stockholms Universitet; Fiskeriverket, Sötvattenlaboratoriet, Stockholm och Drottningholm.

McCreary, S., et al. 2001. Applying a mediated negotiation framework to integrated coastal zone management. *Coastal Management*, vol. 29, no. 3: 183-216.

Meadows, D. 1972. *Tillväxtens gränser.* Ekonomi och samhälle, Stockholm.

Morf, A. 1999. *Planning And Participation along the Bohuslän Coast.* Göteborg University, Human Ecology Section, HERS-SUCOZOMA Reports, no. 3, 1999, Göteborg.

Naturvårdsverket 1999. *Samordning och målkonflikter. Sektorintegreringens möjligheter och Problem.* Naturvårdsverket Förlag, Rapport 5008, Stockholm.

Neuman, E., L. Píriz 2000: *Svenskt smaskalig kustfiske* – *problem och möjligheter.* Fiskeriverket, Rapport, no. 2, 2000, Göteborg.

NORCOAST Project Secretariat 1999. *NORCOAST Review of national and regional planning processes and instruments in the North Sea regions.* County of North Jutland, Aalborg.

Norrman, J. O. 1992. Ett hav bildas och lever vidare – Östersjöns fysiska geografi. *Naturvetenskapliga forskningsrådets årsbok,* 1992: 21-28.

Ohlsson, L. 1999. *Environment, Scarcity, and Conflict: A study of Malthusian Concerns.* Göteborg University, Department of Peace and Development Research, Göteborg.

Redclift, M. 1998. Dances with wolves? Interdisciplinary research on the environment. *Global Environmental Change,* vol. 8, no. 3: 177-182.

Renner, M. 2000. *Working for the Environment. A Growing Source of Jobs.* Worldwatch Paper 152. Worldwatch Institute, Washington, D.C.

Schnell, K.-D. 1993. *Neue Formen demokratischen Verwaltungshandelns am Beispiel von Mediationsverfahren bei Konflikten im Umweltbereich.* Universität Konstanz, Politikwissenschaftliche Magisterarbeit, Konstanz.

SUCOZOMA 1996. *Sustainable Coastal Zone Management* – Program Work Plan, December 1996. Göteborg.

SUCOZOMA 2000. *Årsrapport 2000 Forskningsprogrammet SUCOZOMA,* Bärkraftig förvaltning av kustresurser. Ideella Föreningen Västerhavet, Göteborg.

Turner, R. K., B. T. Bower 1999. Principles and Benefits of Integrated Coastal Zone Management (ICZM). In: W. Salomons et al. (eds.). *Perspectives on Integrated Coastal Zone Management,* Springer-Verlag, Berlin etc.: 13-34.

Weiss, C. H. 1978. Improving the Linkages Between Social Research and Public Policy. In: L. E. Lynn (ed.). *Knowledge and Policy – The Uncertain Connection.* National Academy of Sciences, Washington, D.C.: 23-81.

Partizipation beim grenzüberschreitenden Umweltschutz – oder: Was denken die Bürger vom Wattenmeer?

Anja K. Possekel[1], Beate M. W. Ratter[2]

[1] Gilcherweg 22a, 22393 Hamburg, E-Mail: anja.possekel@gmx.de

[2] Geographisches Institut der Universität Mainz, Beckerweg 21, 55099 Mainz, E-Mail: ratter@uni-mainz.de

Zusammenfassung. Die Akzeptanzprobleme des Umwelt- und Naturschutzes fordern eine frühzeitige Beteiligung des Bürgers bei der Zielfindung und bei der Umsetzung von Umweltschutzmaßnahmen. Eine Voraussetzung hierfür ist die Berücksichtigung der Unterschiede und Gemeinsamkeiten der ortsansässigen Bevölkerung. Bei grenzüberschreitenden Ökosystemen wie dem Wattenmeer, das sich entlang der Nordseeküsten in Dänemark, Deutschland und den Niederlanden erstreckt, gilt dies ganz besonders. Hier ist die Berücksichtigung der regionalen Ebene zusätzlich von Bedeutung. Für die gemeinsame Wattenmeerarbeit hat der World Wide Fund for Nature (WWF) eine Bevölkerungsbefragung in den drei Staaten durchgeführt, die Einblicke in die Umwelt- und Ressourcenwahrnehmung, die Einschätzung von Chancen und Risiken, die Wünsche und Zukunftsvorstellungen der Menschen in der Region gewährt. Ergebnisse dieser Untersuchung werden hier vorgestellt.

Schlüsselwörter. Wattenmeer, Partizipation, regional orientierte Bevölkerungsbeteiligung (ROPP), trilaterale Wattenmeerzusammenarbeit

Einleitung

Beim Integrierten Küstenzonenmanagement (IKZM) handelt es sich um eine sektorübergreifende und im Falle des Wattenmeeres auch um eine länder- und staatenübergreifende Zusammenarbeit mit dem Ziel, Umwelt- und Naturschutz mit einer nachhaltigen Wirtschaftsentwicklung zu kombinieren. Es geht darum, das natürliche Ökosystem zu schützen und den Lebensraum des Menschen an der Küste auch für zukünftige Generationen zu erhalten und lebenswert zu gestalten. Hier möchten wir einen besonderen Aspekt herausgreifen: Die Rolle des Bürgers im IKZM.

Die Beteiligung des Bürgers am Umweltschutz kann auf mehreren Wegen demokratietheoretisch begründet werden. So ist beispielsweise die Legitimationskette von den Vertretungskörperschaften der repräsentativen Demokratie bis zur umsetzenden Behörde immer wieder Gegenstand politiktheoretischer Erörterungen. Mag diese Kette auch ununterbrochen sein, kommen sich die betroffenen Bürger dennoch oft nicht als Subjekte der Umweltpolitik, sondern nur als deren Unterworfene vor. Dies widerspricht zumindest dem Geiste, wenn auch nicht den Buchstaben der Verfassung.

Doch neben dem demokratietheoretischen Argument, das nicht unbedingt zwingend ist, gibt es ein Effizienzargument für Partizipation. Es folgt gewissermaßen aus der Sache selbst, nämlich aus den Systemeigenschaften der Mensch/Natur-Interaktion, und ist daher nicht abzuweisen (vgl. Heiland 2000; Ratter 2001). Die Interaktion von Mensch und Natur, also das Wechselspiel der Subsysteme Gesellschaft und Umwelt, trägt etliche Eigenschaften so genannter komplexer Systeme. Darunter fallen nach heutigem Verständnis solche Systeme, in denen das wiederholte Zusammenspiel mehrerer Elemente (Agenten) unvorhersehbare Effekte erzeugt. In ihrer Entwicklung treten Situationen auf, in denen irreversible Entscheidungen gefällt werden. So entsteht eine Pfadabhängigkeit. Charakteristisch für das Systemverhalten als Ganzes ist allerdings die Überraschung, also der plötzliche Phasenübergang des Systems (Nichtlinearität) – das können Epidemien, Naturkatastrophen, extreme Populationsdynamiken oder auch wirtschaftlich-kulturelle Umwälzungen und Umbrüche im Umweltbewusstsein sein. Umweltschutz und Naturmanagement, die solchen Überraschungen flexibel begegnen wollen, brauchen ein hohes Maß an Informiertheit und Reaktionsschnelligkeit – also erstens Frühwarnsysteme und sensibles Monitoring und zweitens eine hohe Motivation möglichst vieler Akteure. Die erforderliche Informationsdichte und die Handlungsbereitschaft sind nicht mit Umweltschutzkonzepten zu erreichen, die nach dem Prinzip „top-down" verfasst sind (vgl. Possekel 1999).

Neben dem Demokratieargument gibt es also ein Effizienzargument, das sich aufspalten lässt in ein Informations- und ein Handlungsargument. Vor diesem Hintergrund gewinnt dann auch das viel benutzte Akzeptanzargument einen anderen Charakter: Partizipation soll nicht dazu führen, dass Umweltschützer ihre Politik besser verkaufen können, sondern dazu, dass die Bürger und Betroffenen zu Eignern der Umwelt-schutzpolitik werden. Freilich bedeutet dies auch, dass die Politik dann etwas anders ausfallen kann, als es die Planer ursprünglich wollten. Wenn diese darin einen Lernprozess sehen und nicht bloß eine Störung ihrer Kreise, dann haben alle Seiten gewonnen (vgl. Ratter 2001).

In Europa gibt es bezüglich IKZM und Partizipation erheblichen Nachholbedarf. Das zeigte unter anderem auch das EU-Demonstrations-programm IKZM (vgl. Kannen 2000). Ganz besonders gilt das für Küs-tenökosysteme, die sich über mehrere Staaten ausdehnen. Unser Bei-spiel ist das europäische Wattenmeer, dessen Schutz sich die drei Wat-tenmeer-Anrainerstaaten Dänemark, Deutschland und die Niederlanden teilen. Seit über 20 Jahren haben sie sich mit trilateralen Vereinbarun-gen dem Schutz dieses Ökosystems verpflichtet.

Im Folgenden werden die bisherigen Umwelt- und Naturschutzbe-mühungen im Wattenmeer dargestellt. Danach sollen die Notwendig-keit und die Umsetzungsbedingungen für ein partizipatives IKZM ver-deutlicht werden. Dabei steht die Frage im Zentrum: Was denken die Bürger im Wattenmeer?

Das Wattenmeer – was ist das Besondere?

Das Wattenmeer ist weltweit eines der größten zusammenhängenden Wattgebiete. Es erstreckt sich entlang der Nordseeküste Dänemarks, Deutschlands und der Niederlande. Es ist ein sehr dynamisches Ökosys-tem mit Platen und Prielen, Wattflächen, Sandbänken, Stränden, Salz-marschen, Dünen, Ästuaren und einer Übergangszone zum Offshore-Meeresbereich. Das gesamte Gebiet ist insgesamt rund 13.500 km² groß und erstreckt sich entlang einer ca. 750 km langen Küste.

Neben den Alpen ist das Wattenmeer eines der letzten großräumigen naturnahen Ökosysteme Europas. Über 250 Tierarten haben hier ihren Lebensraum, insbesondere Vögel, Seehunde, Schalen- und Krustentiere und verschiedene Fischarten. Die Bioproduktivität der Watten ist ver-gleichbar mit der eines tropischen Regenwaldes. Diese hohe Produktivi-tät macht das Wattenmeer zur Kinderstube für Nordseefische und be-gründet auch die Funktion des Wattenmeeres als internationale Dreh-scheibe des Vogelzuges. Das Wattenmeer ist in ein beinahe weltum-spannendes Migrationsnetz eingebunden, das Verbindungen von Sibi-rien und Ostkanada bis nach Südafrika und in die Antarktis umfasst. Mehr als 10 Mio. Vögel leben im Wattenmeer oder nutzen es als „Tankstelle" – im Frühjahr und im Herbst – vor ihrem Weiterflug in die Brut- oder Überwinterungsgebiete (Dittmann 1999, Gätje/Reise 1998).

Das Wattenmeer selbst ist ein sehr dynamisches System. Als Übergangsbereich zwischen Land und Meer erfährt es immerzu Veränderungen. Nicht selten kommt es dabei auch zu unerwarteten Veränderungen wie beispielsweise die plötzlichen Populationsschwankungen beim Seehundsterben Ende der 1980er Jahre.

Doch nicht nur Vögel, Seehunde und Fische leben hier. Seit Jahrhunderten ist die Wattenmeerregion auch ein Kulturraum, in dem Menschen leben, arbeiten und kulturelle Werte schaffen. Seit langer Zeit ist das Wattenmeer erheblichen Einflüssen des Menschen ausgesetzt. Nähr- und Schadstoffeinträge, Fischerei, Baggeraktivitäten, Öl- und Gasförderung, Schiffsverkehr, Tourismus und Küstenschutz stellen zum Teil erhebliche Belastungen dar, die direkt oder indirekt auf das Ökosystem wirken. Immer wieder kommt es zu deutlichen Anzeichen, die diese Gefährdungen anzeigen; das Eiderentensterben im Winter 2000, immer wieder auftauchende Algenblüten und schwarze Flecken. Dabei sind diese Ereignisse nur ein sichtbarer Ausdruck langfristiger Veränderungen (Lozán et al. 1994).

Der Schutz des Wattenmeeres ist ein vielfach erklärtes umweltpolitisches Ziel. Bereits zu Beginn des 20. Jahrhunderts wurden Teile der Inseln als Schutzgebiete für Vögel ausgewiesen. Und in den 1970er Jahren wurde klar, daß der Schutz des gesamten Gebietes notwendig ist. 1982 verpflichteten sich die drei Länder zum Schutz des Wattenmeeres als eine ökologische Einheit. In diesem Kontext waren verschiedene Umweltorganisationen, unter anderem auch der WWF, ein entscheidender Motor. Heute ist das gesamte Gebiet geschützt – als Nationalparke, durch Naturschutzgebiete und Wildlife Reserves.

Die Ausweisung als internationales Feuchtgebiet unter der Ramsar-Konvention und als Schutzgebiet unter der EU-Fauna-Flora-Habitat- und der EU-Birds Directive trägt der überregionalen Bedeutung des Wattenmeeres Rechnung. Außerdem ist es ein UNESCO „Man and Biosphere Reserve", wofür Konzepte für nachhaltige Nutzung und Entwicklung erarbeitet werden. Zurzeit gibt es Überlegungen, das gesamte Wattenmeergebiet als Weltnaturerbe bei der UNESCO zu nominieren.

Die trilaterale Zusammenarbeit zum Schutz des Wattenmeeres

Die Koordination der Umweltschutzaktivitäten der drei Länder begann 1978. Seither gab es insgesamt neun trilaterale Umweltministerkonferenzen zum Schutz des Wattenmeeres. Die Kooperation wurde zunehmend intensiviert. Wesentliche Resultate des Prozesses sind eine gemeinsame Absichtserklärung der drei Länder von 1982; die Gründung einer trilateralen Arbeitsgruppe (Trilateral Working Group TWG) und eines gemeinsamen Wattenmeersekretariats (Commom Wadden Sea Secretariat CWSS) 1985; die Entwicklung von gemeinsamen Managementprinzipien (Guiding Principles) 1991; die Abgrenzung des Gebietes und die Entwicklung von ökologischen Zielen 1994; die Verabschiedung des trilateralen Wattenmeerplans 1997 (vgl. Common Wadden Sea Secretariat 1998). Anknüpfend an den Wattenmeerplan wurde auf der letzten Wattenmeerkonferenz 2001 in Esbjerg die Einrichtung eines Wattenmeerforums für eine verstärkte Beteiligung der Bürger beschlossen.

Die Wattenmeerkonferenz von Stade 1997 war der Ausgangspunkt für eine neue Phase der Wattenmeer-Kooperation – sie zielte darauf, Naturschutz und Nutzung im Sinne der Nachhaltigkeit in Einklang zu bringen. Die Beteiligung aller Betroffenen in diesen Prozess war laut der Erklärung von Stade die große Herausforderung für die folgenden Jahre: „Unsere Bemühungen um einen nachhaltigen Schutz und eine nachhaltige Entwicklung des Gebietes werden nur dann von Erfolg gekrönt sein, wenn all die Menschen, die dort arbeiten und leben, sich für die Erreichung der Ziele einsetzen ..." (Common Wadden Sea Secretariat 1998: 5).

Dieses Statement und die aktuellen Bemühungen hinsichtlich des Wattenmeerforums sind eine gute Voraussetzung für ein integratives und partizipatives Küstenzonenmanagement. Und sicherlich lässt sich sagen, dass im Rahmen der trilateralen Kooperation vieles in den letzten beiden Jahrzehnten erreicht werden konnte. Doch trotz des Wattenmeerplans und der darin festgeschriebenen guten Absichten gibt es Probleme, mit denen wir immer wieder konfrontiert werden. So ist der trilaterale Wattenmeerplan vor allem von den Umweltministerien entwickelt worden, ohne Beteiligung anderer Ministerien. Dies widerspricht nicht nur der Integration der Sektoren, sondern führt auch im täglichen Geschäft immer wieder zu Kompetenzstreitigkeiten und Umsetzungsproblemen. Wirtschaftliche Nutzung und die Beeinträchtigung der Natur durch menschliche Aktivitäten werden nur unzureichend integriert betrachtet. Dies wird besonders deutlich, wo die Interessen des Naturschutzes auf die des Umweltschutzes stoßen, etwa in der aktuellen Diskussion über die Installation von Windkraftanlagen im Offshore-Bereich. Das Resultat dieser Mängel des Wattenmeerplans: Er wird sowohl bei Fachplanungen als auch von der ortsansässigen Bevölkerung nicht ernsthaft akzeptiert.

Dabei gibt es für die Umsetzung des Planes in allen drei Ländern rechtlich vorgegebene Partizipationsverfahren. Ergänzungsanträge des Naturschutzgesetzes in Dänemark, der Planungsverordnung der Niederlande sowie die Novellierung der deutschen Nationalparkgesetze werden mit der Bevölkerung in Anhörungen diskutiert. Darüber hinaus gibt es in den Niederlanden regelmäßig Gespräche zwischen den Inselbewohnern, regionalen Behörden, Nichtregierungsorganisationen und dem Wadden Advies Raad. In Niedersachsen gibt es einen trilateralen Gesprächskreis und in Schleswig-Holstein Nationalpark-Kuratorien, Zusammenschlüsse der wichtigsten Interessengruppen, die sich dreimal im Jahr treffen. Und im Nationalpark Hamburg gibt es beinahe eine Komplett-Beteiligung, denn fast alle Bewohner Neuwerks – der bewohnten Insel im Nationalparkgebiet – treffen sich hier regelmäßig zu Inselgesprächen mit der Nationalparkverwaltung und diskutieren zukünftige Entwicklungen. In Dänemark wird die Umsetzung der Erklärung von Stade auf Basis der dänischen Regionalplanungsverfahren mit der Bevölkerung diskutiert.

Die genannten Beispiele machen allerdings deutlich, dass die bislang praktizierte Bevölkerungsbeteiligung im Wesentlichen im Rahmen der nationalen Planungsverfahren erfolgt. Die Anhörung ist die zentrale Methode. Anhörung kann aber allenfalls der Beginn einer Bevölkerungsbeteiligung sein. Das zeigt derzeit auch die Diskussion um die Nominierung des Wattenmeeres als UNESCO-Weltnaturerbe. Diese im Grunde sehr positive Idee scheint derzeit am Widerstand der Bevölkerung zu scheitern. Denn die Bevölkerung in den drei Ländern wurde erst konsultiert, als eine gemeinsame Nominierung des Wattenmeeres durch die drei Staaten schon beschlossen schien.

In vielen trilateralen Bemühungen fehlt es an einer regionalen, gebietsumfassenden Betrachtungsweise des Wattenmeeres. Auch in der Welterbe-Diskussion zeigt sich, dass der Bevölkerung die Gesamtregion als einzigartiges, grenzüberschreitendes Gebiet nicht deutlich wird. Es mangelt an einem Partizipationsansatz, der die unterschiedlichen räumlichen Ebenen integriert, die Bewohner der Region in ihrer Unterschiedlichkeit akzeptiert und sie ernsthaft an den Umweltschutzbestrebungen beteiligt. Kurz gesagt, in diesem grenzüberschreitenden Ökosystem muss auch die Bevölkerungsbeteiligung eine regionale Komponente bekommen und kann nicht an den administrativen Grenzen halt machen.

Regional orientierte Bevölkerungsbeteiligung – ROPP

Im Rahmen der trilateralen Zusammenarbeit hat der WWF gemeinsam mit Partnerorganisationen in den Niederlanden Schritte eines regionalen Ansatzes erarbeitet und die Vorschläge in die trilaterale Diskussion eingebracht. Die Prinzipien der regional orientierten Bevölkerungsbeteiligung (Regional Oriented Public Participation, ROPP) sollen hier kurz vorgestellt werden. Eine regional orientierte Bevölkerungsbeteiligung soll Folgendes beinhalten:

- Bevölkerungsbeteiligung sollte als ein sich langsam entwickelnder Prozess verstanden werden, in dem alle Beteiligten ständig ermutigt werden, ihre Fähigkeiten einzubringen.
- Die Einleitung eines solchen Prozesses setzt das Verständnis der regionalen und kulturellen Hintergründe der Menschen in dem jeweiligen Gebiet voraus, um nicht zuletzt auch geeignete Methoden für ein nachhaltiges Management zu finden.
- Gemeinsam mit den Menschen sollte eine Vision entwickelt werden, wie die Region in Zukunft aussehen soll.
- Die Einbeziehung der unterschiedlichen organisierten Interessengruppen ist nur Teil einer Partizipation. Auch die nicht organisierten Interessen müssen berücksichtigt werden.
- Die Identifikation der Bevölkerung mit der Gesamtregion, nicht nur mit ihren Heimatorten, muss gefördert werden.
- Die Entwicklung eines anpassungsfähigen, flexiblen Managements ist bei einem so dynamischen System wie dem Wattenmeer von besonderer Bedeutung.
- Weil sich die Umwelt immer wieder wandelt, ist es nötig, permanent die ökologischen und sozialen Indikatoren zu beobachten, um ein flexibles, adaptives Management zu ermöglichen (vgl. Possekel/Ratter 2000).

Für jede dieser Aufgaben gibt es aus dem internationalen Planungsalltag bereits geeignete Instrumente. So kann man Zukunftsworkshops organisieren, um Visionen zu entwickeln. Stewardship-Programme, Patenschaften, Co-Management oder Wettbewerbe können helfen, der betroffenen Bevölkerung ein nachhaltiges Management ihrer Umwelt näher zu bringen. Natursymbole, Flagship-Species sowie eine regionale Marketingstrategie können helfen, die Identifizierung mit der Gesamtregion zu fördern. Doch zu Beginn dieser verschiedenen Aktionen muss die Aufgabe gelöst werden, die Menschen, ihre Werte, Interessen und Ideen besser zu verstehen. Die Art und Weise, wie die Bürger ihre Umwelt wahrnehmen, und ihr Verständnis der Natur bilden den Nährboden, auf dem alle Aktivitäten sich zu entwickeln haben. Ohne ein Verständnis dieser Grundvoraussetzungen lassen sich keine weiteren Schritte in Richtung eines lebensfähigen Umweltmanagements mit einer breiten Akzeptanz gestalten. Denn die Menschen schützen nur, was sie als schützenswert erachten (Ratter 2001).

Für die gemeinsame Wattenmeer-Arbeit hat der WWF eine Bevölkerungsbefragung in den drei Staaten durchgeführt, die uns diese Einblicke gewähren soll. Es ging im Sinne der qualitativen Sozialforschung insbesondere darum, nicht bekannte Vorstellungsbilder über das Wattenmeer aus der Perspektive der Alltagserfahrung der dort lebenden und arbeitenden Menschen kennen zu lernen. Zu diesem Zweck haben wir einen Fragebogen entwickelt, der darauf zielt, die Umweltwahrnehmung, die Einschätzung von Chancen und Risiken, die Wünsche und Zukunftsvorstellungen der Menschen in der Wattenmeerregion besser kennen zu lernen.

Was denken die Bürger vom Wattenmeer?

In Kooperation mit Universitäten in der Region wurden 755 Personen in Küstengemeinden Dänemarks, Deutschlands und der Niederlande befragt. Die Befragung fand in der jeweiligen Landessprache zwischen September 2000 und Februar 2001 statt. Die Auswahl der Befragten erfolgte vor Ort nach dem Zufallsprinzip unter der Maßgabe, möglichst gleich viele Frauen und Männer sowie verschiedene Alters- und Berufsgruppen der ortsansässigen Bevölkerung zu berücksichtigen, um die unterschiedlichen Sichtweisen in ihrer ganzen Breite erfassen zu können. Der Fragebogen enthielt insgesamt 42 mehrheitlich offene Fragen. Die Gespräche dauerten ca. eine Stunde und erlaubten gezieltes Nachfragen und eine Vielzahl von Antworten für eine rein qualitative Analyse. Einige Fragen wurden darüber hinaus bewusst so gestaltet, das auch quantitative Verteilungen berücksichtigt werden konnten, wenngleich nicht vergleichbar mit der Genauigkeit repräsentativer Umfragen. Diese Fragen stehen hier im Mittelpunkt.

Die Analyse enthält eindeutige Hinweise auf unterschiedliche Sichtweisen und Perspektiven in den drei Staaten. Dabei ist es ebenso interessant, dass sich die beiden Länder Niedersachsen und Schleswig-Holstein mindestens genauso weitgehend voneinander unterscheiden wie die Staaten Deutschland und die Niederlande oder Dänemark. Eine gemeinsame Umweltschutzarbeit ist ohne Berücksichtigung dieser Grundvoraussetzungen nur schwer umsetzbar. Für diesen Beitrag haben wir einige wenige Beispiele herausgegriffen, um dies zu verdeutlichen (vgl. WWF 2001).

Die Perzeption des Wattenmeeres

An erster Stelle stand die Frage: *„Was ist für Sie das Wattenmeer?"* (Abb. 1). Es zeigte sich, dass bis auf die Angaben in den deutschen Küstenstädten alle anderen Befragungsregionen die Einzigartigkeit und Schönheit des Wattenmeeres betonten. In den deutschen Küstenstädten standen das Meer und die Gezeiten an erster Stelle der Nennungen (26,1%). Zählt man die Kategorien „Einzigartigkeit und Schönheit", „Natur und Umwelt", „Pflanzen und Tierwelt" und „Meer und Gezeiten" zusammen, dann zeigt sich, dass die Bewohner der Wattenmeerregion überwiegend einen positiv belegten, natürlich belassenen Naturraum mit seiner Einzigartigkeit und Schönheit als Kennzeichen für das Wattenmeer im Sinn haben: in den Niederlanden 44,7%, in Niedersachsen 33,1%, in Schleswig-Holstein 41,0%, in den deutschen Küstenstädten 48,3% und in Dänemark 36,6%. Auf ablehnende Antworten oder solche, die auf Desinteresse hindeuten, stießen wir nur in den Niederlanden (8,2%) und in Dänemark (9,5%).

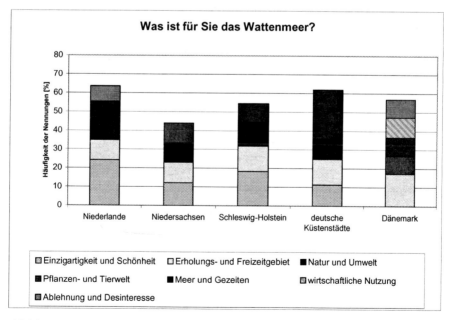

Abbildung 1: Ergebnisse der Frage 7 *„Was ist für Sie das Wattenmeer?"*

Quelle: WWF (2001)

Auch Frage 8 „*Was ist für Sie einzigartig oder symbolisch für das Wattenmeer?*" (Abb. 2) unterstreicht diese Einschätzung. „Einsamkeit, Weite und Ruhe", „Natur und Umwelt", „Pflanzen und Tierwelt", „Meer und Gezeiten", „Schlick und Watt" und „Klima und Wind" sind hier die häufigsten Antwort-Kategorien.

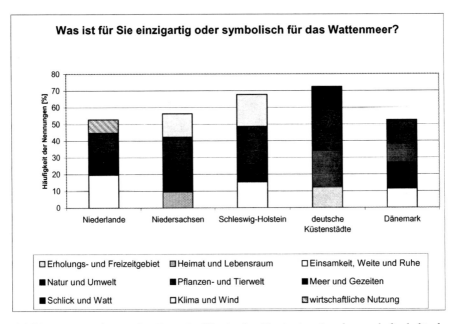

Abbildung 2: Ergebnisse der Frage 8 „*Was ist für Sie einzigartig oder symbolisch für das Wattenmeer?*"

Quelle: WWF (2001)

Ressourcenwahrnehmung und wirtschaftliche Bedeutung

Wir haben auch untersucht, welche Ressourcenwahrnehmung vorherrscht und welche Wirtschaftsinteressen in der Wattenmeerregion zu finden sind. Dazu befragten wir die Bürger in der Region zuerst ganz allgemein und gingen später noch auf die Vor- und Nachteile der drei wichtigsten Wirtschaftszweige Tourismus, Landwirtschaft und Fischerei ein.

Die Frage 15 „*Was sind Ihrer Meinung nach die natürlichen Ressourcen der Wattenmeerregion?*" (Abb. 3) ergab große regionale Unterschiede. Im Bewusstsein der Befragten in den Niederlanden dominiert die Windkraft mit 24,0%, gefolgt von Meer 14,0% und Erdgas/Erdöl 11,8% sowie Landwirtschaft 11,4%. Nur in Schleswig-Holstein hatte die Windkraft einen annähernd hohen Stellenwert mit 13,0%. Hier führten die Landwirtschaft 18,4%, das Meer 15,7% und es folgte der Tourismus mit 12,7%. In Niedersachsen haben wir eine relativ ausgeglichene Einschätzung zwischen Landwirtschaft 15,9%, Fischerei 14,0% und Tourismus 13,0%. Allein das Meer als Ressource mit 12,7% tauchte noch unter den vier Spitzenreitern auf. In Dänemark wurden die Fischerei mit 19,3% und die Landwirtschaft mit 17,7% als die beiden wichtigsten Wirtschaftsressourcen der Wattenmeerregion angegeben. Spitzenreiter war die Natur an sich mit 21,0%, das Meer kam mit 10,5% auch noch in die Gruppe der vier am häufigsten genannten Ressourcen.

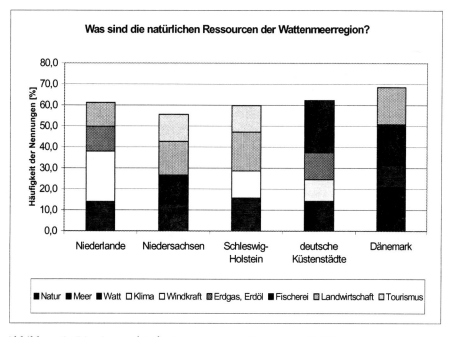

Abbildung 3: Die vier am häufigsten genannten Ressourcen (in %)

Quelle: WWF (2001)

Aber erst der Vergleich mit der Bewertung unterschiedlicher Wirtschaftszweige durch die Befragten lässt Rückschlüsse auf deren subjektive Bedeutung zu. So befragten wir die Bewohner der Küstenregion jeweils nach den Vor- bzw. Nachteilen der Wirtschaftszweige Tourismus (Frage 19), Fischerei (Frage 18) und Landwirtschaft (Frage 17) für die Entwicklung der Region.

Tourismus wird in allen drei Staaten von der Bevölkerung am eindeutigsten als wirtschaftliche Kraft und wichtigste Einkommensquelle eingestuft. Allerdings ist hier das Bewusstsein für eine Bedrohung der

Natur durch den Tourismus (z.B. durch übermäßige Bebauung, Zersiedlung, Massentourismus, Naturzerstörung, Verkehrsaufkommen etc.) am größten. Den genannten negativen Auswirkungen des Tourismus stehen positive Auswirkungen wie Arbeitsplätze, Infrastrukturausbau und Ideenimport gegenüber (vgl. Abb. 4).

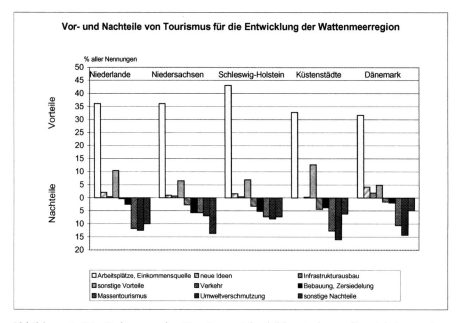

Abbildung 4: Die Bedeutung des Tourismus (abgebildet sind nur die wichtigsten Antwortkategorien)

Quelle: WWF (2001)

Die Frage nach der Landwirtschaft zeigt, dass die wirtschaftliche Bedeutung dieses Sektors vor allem nach Meinung der Bevölkerung in Dänemark und Niedersachsen stark nachgelassen hat. Die Vorteile der Landwirtschaft übersteigen bei den Befragten in den Niederlanden und Schleswig-Holstein die Nachteile. Nicht nur in der Bewertung als Einkommensquelle, sondern auch in der Versorgung der Bevölkerung mit landwirtschaftlichen Produkten aus der Region sehen die Befragten einen positiven Aspekt. Auch die Erhaltung der Kulturlandschaft durch die Landwirtschaft oder die touristischen Möglichkeiten von „Ferien auf dem Bauernhof" werden als positive Effekte der Landwirtschaft in der Region betrachtet. Demgegenüber stehen die häufig genannten Nachteile der Umweltverschmutzung, des Pestizid-Eintrags, der Überdüngung und der Verschmutzung der Flüsse (vgl. Abb. 5).

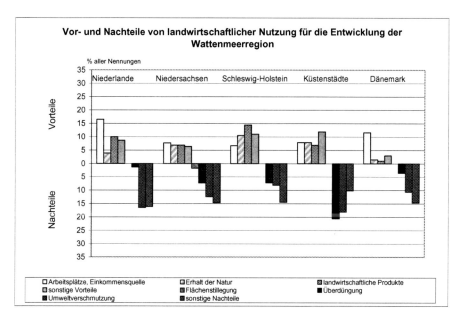

Abbildung 5: Die Bedeutung der Landwirtschaft

Quelle: WWF (2001)

Zur Fischerei äußern sich die Bewohner von Den Helder bis Esbjerg positiv, wenn es um Einkommensquelle oder Arbeitsplatzbereitstellung in diesem Sektor geht. Die übermäßige Ausbeutung des Meeres wird in fast allen Teilregionen – mit Ausnahme von Dänemark – als gravierender Nachteil der Fischerei genannt. Die Anzahl der nachteiligen Nennungen von Fischerei übertrifft allerdings in den Niederlanden, den Küstenstädten und in Dänemark die Zahl vorteilhafter Antworten. Und in Dänemark sagen sogar 20,4% der Befragten, die Fischerei sei völlig unbedeutend (vgl. Abb. 6). Gerade bei den Fragen nach der Einschätzung der wirtschaftlichen Sektoren zeigen sich Unterschiede zwischen den Befragungsregionen. Während in Dänemark bei der Bevölkerung im Wattenmeer die Fischerei subjektiv kaum eine Rolle spielt, scheint dieser Sektor gerade in Niedersachsen eine herausgehobene Bedeutung zu haben. Auch in Schleswig-Holstein gab es bezüglich Fischerei mehr positive Antworten als negative. Der Tourismus wird in allen Befragungsgebieten als überwiegend positiv eingestuft, wobei den Befragten der damit verbundene Druck auf die natürlichen Ressourcen durchaus bewusst ist. Der Beitrag der Landwirtschaft wird regional unterschiedlich gesehen. Bemerkenswert ist hier die Aussage der dänischen Befragten. Zu fast gleichen Anteilen werden der Landwirtschaft in Dänemark

Nachteile (28,8%) oder Bedeutungslosigkeit (21,7%) zugemessen oder keine Angabe (21,2%) gemacht.

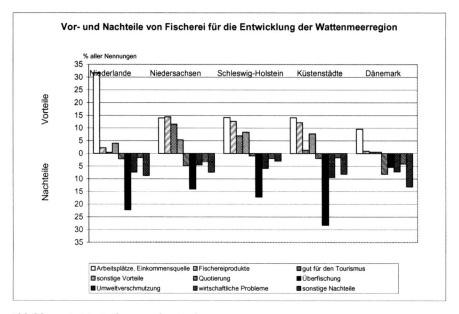

Abbildung 6: Die Bedeutung der Fischerei

Quelle: WWF (2001)

Was denkt der Bürger über seine Nachbarn?

Von besonderem Interesse war für uns auch die gegenseitige Einschätzung der drei Bevölkerungsgruppen entlang der europäischen Wattenmeerküste. Dazu haben wir die Frage gestellt (Frage 14): *„Was, denken Sie, sind die Unterschiede zwischen den Menschen in Dänemark, Deutschland und den Niederlanden?"* Als Antworten erhielten wir interessante Einschätzungen, die den Beobachter teilweise bedenklich stimmen. Dänen werden von anderen als gelassen, freundlich, frei angesehen, aber auch als schlampig und gleichgültig. Sie selbst bezeichnen sich als weniger umweltbewusst, stolz und auch brummig. Die Deutschen bezeichnen sich selbst als stur, pflichtbewusst, verschlossen und heimatverbunden, deutsche Städter erwähnen auch das Umweltbewusstsein. Von den Dänen und den Niederländern werden die Deutschen als dominant, geizig, kulturlos, verschlossen, arrogant, autoritär, humorlos bezeichnet und ihnen wird ein großes Maul zugesprochen. Die Niederländer dagegen sind im Vergleich beliebter. Sie werden als locker, modern, offen und bescheiden eingestuft. Dabei scheinen sie auch selbstkritisch zu sein, denn sich selbst bezeichneten die Niederländer als bärbeißig, ökonomisch und stur.

Gerade wenn man eine intensivere Zusammenarbeit auf trilateraler Ebene unter Einschluss der ortsansässigen Bevölkerung anstrebt, stehen solche Einschätzungen behindernd im Wege. Angesichts der unterschiedlichen kulturellen Werte, Verhaltensweisen und Wahrnehmungen ist eine fruchtbare gleichberechtigte Kooperation sehr schwierig. Diese wird durch die unterschiedlichen Einschätzungen der Bevölkerungsgruppen noch zusätzlich erschwert.

Was bleibt zu tun für ein erfolgreiches IKZM im Wattenmeer?

Die Bevölkerungsbefragung im Wattenmeer ist sehr aufschlussreich und sie wird uns weiterhelfen, die Bevölkerung in der Region, ihre Wahrnehmung vom Wattenmeer als Naturraum und als Lebensraum des Menschen zu verstehen. Diese Grundeinsichten helfen, in der Region ein IKZM im Sinne einer nachhaltigen Entwicklung unter Einschluss der Bevölkerung beim Umweltmanagement voranzutreiben. Ein nächster Schritt muss nun die Entwicklung einer gemeinsamen Vision davon sein, wie die Wattenmeerregion in 25 Jahren aussehen soll. Diese Vision müsste gemeinsam mit organisierten Interessengruppen und der Bevölkerung in allen drei Ländern entwickelt und diskutiert werden. Eine derartige Initiative könnte man im zurzeit diskutierten Wattenmeerforum sehen.

Bis zur nächsten Regierungskonferenz im Jahre 2005 sollte ein konkretes Arbeitsprogramm für die folgenden fünf Jahre entwickelt werden. Im Rahmen der trilateralen Wattenmeerarbeit könnte es die Aufgabe einer Task Force von 10 bis 15 Vertretern aller drei Staaten sein, die notwendigen Schritte, die Finanzierung und Entscheidungskompetenzen für ein solches Wattenmeer Forum festzulegen. Gleichzeitig wäre es wichtig, unabhängige Agenturen mit Moderations- und Mediationserfahrungen für die Zusammenarbeit zu gewinnen.

Einer solchen Entwicklung steht noch eine Reihe von Hemmnissen im Wege. So müssten unter anderem auch die Behördenvertreter ein neues Selbstverständnis von Umweltschutzarbeit und Bevölkerungsbeteiligung entwickeln. Sie müssen den Mut und die Motivation haben, als eine Interessengruppe unter anderen zu agieren. Ihre Rolle als hoheitlicher Allein-Entscheider ist überholt, gelegentliche Anhörung verschiedener Interessengruppen sind nicht ausreichend.

Darüber hinaus sollten sich die drei Staaten dazu verpflichten, den bisherigen auf Umweltschutz konzentrierten Auftrag der Zusammenarbeit stärker als bisher um sozioökonomische und soziokulturelle Themen zu ergänzen. Dieser Ansatz erlaubt es, endlich auch solche Probleme des Wattenmeerschutzes zu berücksichtigen, die bislang nicht im Rahmen der Kooperation behandelt wurden. Das umfasst beispielsweise den geplanten Tiefwasserhafen in der Deutschen Bucht, die Planung von Offshore-Windenergieanlagen, den Abbau von Sand in nationalparknahen Gebieten, das Emssperrwerk u.v.a.m. Um diese Integration von Umwelt, Sozioökonomie und Kultur zu erreichen, müssten wir das bestehende Kooperationsgebiet land- und seewärtig erweitern.

Außerdem ist eine engere Kooperation der betreffenden Behörden und Ministerien notwendig, um ein wirklich integratives Vorgehen zu entwickeln. Um die sektoralen Interessen der Behörden und Ministerien zu mindern und die Kooperation zu fördern, wäre eine unabhängige IKZM-Institution nötig. Das bereits bestehende Wattenmeersekretariat in Wilhelmshaven könnte diese IKZM-Institution als Koordinationsinstanz für das Wattenmeer sein und den Prozess organisieren. Natürlich müsste es entsprechend finanziell und personell ausgestattet werden, da vor allem dringend Aufgaben der Öffentlichkeitsarbeit und der Werbung für die trilaterale Arbeit in der Region in ihr Arbeitsprogramm aufgenommen werden müsste.

Ein partizipativer Prozess ist langwierig und kostet Geld. Aber hier bestehen durchaus Möglichkeiten, sich der finanziellen Förderung eines solchen Prozesses durch die EU zu bedienen. Eines bleibt essentiell: Bevölkerungsbeteiligung ist eine Lebensweise. Sie kann nicht durch eine Einmalaktion abgehandelt werden, sondern verlangt nach einem grundsätzlichen Umdenken im Handeln. Umweltschutz ohne den Bürger geht nicht – wie er mit dem Bürger funktioniert, kann in den nächsten Jahren im Wattenmeer überprüft werden.

Literatur

Common Wadden Sea Secretariat (CWSS) 1998 (Hrsg.). *Erklärung von Stade. Trilateraler Wattenmeerplan* (Ministererklärung der Achten Trilateralen Regierungskonferenz zum Schutz des Wattenmeeres, Stade, 22. Oktober 1997). Wilhelmshaven.

Dittmann, S. 1999 (ed.). *The Wadden Sea Ecosystem: Stability, Properties, and Mechanisms*. Springer Verlag, Berlin.

Gätje, C., K. Reise 1998 (Hrsg.). *Ökosystem Wattenmeer – Austausch-, Transport- und Stoffumwandlungsprozesse*. Springer Verlag, Berlin.

Heiland, Stefan 2000. Sozialwissenschaftliche Dimension des Naturschutzes. Zur Bedeutung individueller und gesellschaftlicher Prozesse für die Naturschutzpraxis. *Natur und Landschaft*, 6: 242-249.

Kannen, Andreas 2000. *Analyse ausgewählter Ansätze und Instrumente zu Integriertem Küstenzonenmanagement und deren Bewertung*. Berichte, Forschungs- und Technologiezentrum Westküste, Nr. 23, Büsum, Kiel.

Lozán, J., E. Rachor, K. Reise, H. von Westernhagen und W. Lenz 1994 (Hrsg.). *Warnsignale aus dem Wattenmeer*. Blackwell Wissenschafts-Verlag, Berlin.

Possekel, Anja 1999. *Living with the Unexpected – Linking Disaster Recovery to Sustainable Development in Montserrat*. Springer Verlag, Berlin.

Possekel, A., B. Ratter (Wadden Sea Team) 2000. *Regional Oriented Public Participation* (Contribution to the 9th Governmental Conference in October 2001, Esbjerg by the NGO-Observer). Bremen.

Ratter, Beate M. W. 2001. *Natur, Kultur und Komplexität – Adaptives Umweltmanagement am Niagara Escarpment in Ontario, Kanada*. Springer Verlag, Berlin.

WWF (A. Possekel, B. Ratter, R. Wyrwinski) 2001. *Was denkt der Bürger vom Wattenmeer? – Bilanz einer Befragung der Bevölkerung in der Wattenmeerregion von Dänemark, Deutschland und den Niederlanden*. WWF-Deutschland, Frankfurt/Bremen.

Naturbilder und Naturverhältnisse: Deutungen der Küste im Wattenmeerraum als Herausforderungen für „sustainable development"

Ludwig Fischer

Universität Hamburg, Institut für Germanistik II, Von-Melle-Park 6, 20146 Hamburg, E-Mail: fischu.benkel@t-online.de

Zusammenfassung. „Küste" hat – wie alle so genannten Naturgegebenheiten – stets einen Doppelcharakter: Sie ist eine gegenständliche, physische Größe und zugleich ein mentales Konstrukt. Jeder Umgang mit Küste, ob ein forschender, ein planender oder ein kontemplativ-genießerischer, beruht auf affektiven Haltungen und konzeptionellen Zuschreibungen gegenüber dem Wahrgenommenen, was sich häufig auch in den Naturwissenschaften in der gewählten Metaphorik ausdrückt. Solche „Voreinstellungen" werden unter Umständen zu Selbstverständlichkeiten des Erkennens und Mitteilens. Zur gängigen, auch wissenschaftlich elaborierten Vorstellung von Küste gehört die Trennlinie zwischen festem Land und unfestem Meer.

Die „Erscheinung" des Wattenmeers verursacht bei einem solchen Küstenkonstrukt Irritationen, weil in dieser Übergangszone eine scharfe Grenzziehung zwischen Festem und Flüssigem historisch und aktuell nicht auszumachen ist. Das hat in der Geschichte und in den gegenwärtigen Konstellationen zu unterschiedlichen Strategien der Umdeutung und Verlagerung geführt.

An der Wahrnehmungs- und Deutungsgeschichte des Wattenmeers lässt sich zudem mit seltener Deutlichkeit erkennen, dass die moderne, wissenschaftlich-technologisch begründete Haltung gegenüber dieser Küstenzone nur eines von mehreren belegten Konzepten ist. Der in ihm wirkende „Unterwerfungswillen" hat auch frühere, autochthone Einstellungen einer eher passiven Akzeptanz von Naturvorgängen getilgt. Ein „Sieg über Naturgewalten" (z.B. mit der Uferbefestigung der Halligen) ist, wie fast immer, auch mit dem Untergang von Kultur(en) erkauft worden.

Die an der Wahrnehmungs- und Deutungsgeschichte des Wattenmeers zutage tretende Bedeutung der mentalen Konstrukte im Umgang mit Küste liefert ein Beispiel für die Notwendigkeit, beim forschenden und planenden Umgang mit Küste jeweils die kulturelle Dimension zu berücksichtigen.

Schlüsselwörter. Kulturwissenschaft, mentale Konstrukte, Wahrnehmungsgeschichte, Küste als Grenze, Naturverständnis, Nachhaltigkeit, soziale Positionen, Lebenspraxis

Einleitende Überlegungen

Es ist längst angesagt, zwei zentrale Begriffe der Debatten um das Integrierte Küstenzonenmanagement kulturwissenschaftlich genauer zu betrachten, nämlich den des *management* und den der *sustainability*. Kulturwissenschaftlich – das meint zunächst: ideen- und mentalitätsgeschichtlich. Dabei ließe sich darauf hinweisen, dass der eine der Begriffe – *management* – sich aus dem mentalen Fundus der Machbarkeitsvorstellungen speist und zumindest unter dem Verdacht steht, jenes Naturverhältnis forciert auszudrücken, dessen Gewaltförmigkeit schon Ernst Bloch im „Prinzip Hoffnung" anprangerte, längst bevor allgemeine ökologische Fortschrittszweifel einsetzten (Bloch 1973, Bd. 2: 778ff.). Der andere Begriff – *sustainability* – ist zu einem Zauberwort ökonomisch, sozial und ökologisch sensibilisierter Politik geworden und scheint wesentliche Gehalte aus Vorstellungen zu beziehen, die „der Natur" eine selbstregulative Tragfähigkeit und unendliche Reproduktion der lebendigen Prozesse unterstellen. Solche Naturvorstellungen, die sich etwa in den lange maßgeblichen Kreislauf- und Gleichgewichtsmodellen, unter anderem in systemtheoretischer Fassung, ausdrückten, haben inzwischen an Erklärungskraft verloren. Für konkurrierende Modelle wie das der Prozessdynamik spielen Naturkonzeptionen eine wichtige Rolle, in denen gerade die mittel- und langfristige „Instabilität" der natürlichen Entwicklungen hervortritt. Wenn man die kulturwissenschaftlichen Untersuchungen dann noch auf die Erkundung gesamtgesellschaftlicher Ursachen für solche mehr oder weniger weit reichenden „Paradigmenwechsel" ausweitet, kann es ziemlich aufregend werden. Zum Beispiel dürfte die ganze Brisanz der ideologischen Auseinandersetzungen, die sich um die Entwicklungslogik eines „deregulierten Globalisierungskapitalismus" erst anbahnen, auch die Frage nach der zeitbedingten Entsprechung zwischen der Schwächung systemtheoretischer Regulierungsvorstellungen in aktuellen Naturkonzeptionen und den sozioökonomischen Leitbildern erfassen. Wir sind noch weit davon entfernt, solche verborgenen, letztlich normativen Deutungen unserer gesellschaftlichen

Verhältnisse in wissenschaftlichen Naturauslegungen eingehender zu erörtern, von Ausnahmefällen abgesehen (Eser 1999).

Man gelangt bei näherer Betrachtung sehr schnell zu fundamentalen Spannungen, ja Widersprüchlichkeiten in unserem neuzeitlich-abendländischen Naturverständnis – so zwischen der verlässlichen, menschenunabhängigen, nahezu unüberschaubar fortdauernden Naturbasis allen Seins und der unberechenbaren, übermächtigen, willkürlich-rücksichtslosen Naturgewalt. Die aktuelle Konjunktur bestimmter Naturkonzepte, wie sie im Begriff der Sustainability impliziert sind, nimmt sich in der historischen Perspektive dann eher als eine neuerliche Verschiebung, eine Gewichtsverlagerung in dem grundlegenden Gefüge unseres durch und durch widerspruchsvollen Naturbezugs und seiner Denkformen aus.

Man könnte also einiges an notwendiger reflexiver Verständigung gewinnen, wenn man dem latenten inneren Spannungsverhältnis der beiden zentralen Begriffe *management* und *sustainability* und der mit ihnen verbundenen Konzepte nachginge, aber ich will hier nicht die Richtung auf solche ideen- und mentalitätsgeschichtlichen Analysen von den Begriffsgehalten her einschlagen. Ich möchte vielmehr mit einigen Hinweisen auf sehr gut fassbare, in historischen Dokumenten eingeschlossene Küstenvorstellungen dazu anregen, über die mentalen Konzepte nachzudenken, die in unsere Entwürfe und Pläne für „nachhaltiges und integriertes Küstenmanagement" eingehen. Und ich behaupte, dass wir uns viele dieser grundlegenden Vorstellungen gar nicht mehr klar machen, sie nicht methodisch mit reflektieren, weil sie als so selbstverständlich erscheinen, so sehr zur kollektiven Grundausstattung unserer vorbewussten Argumentationsmuster gehören, dass sie selbst in die Axiome der so genannten exakten Wissenschaften eingehen.

Die Wattenmeerküste als mentale Provokation

Zu diesen Selbstverständlichkeiten unseres forschenden, planenden und verwaltenden Umgangs mit Küste gehört das Bild einer klaren und gesicherten Trennlinie zwischen Land und Wasser. (Bekanntlich wird ja in der Informatik gerade dieses Bild dazu benutzt, um die potentielle, digital generierbare „Unendlichkeit" einer Küstenlinie als Musterbeispiel für die mathematisch-theoretisch deutbare Virtualisierung von Realität zu demonstrieren [Frankenhauser 1994]. Die Küstenlinie als digital definierbare Verbindung unendlich vieler Punkte zu begreifen, bis hin gewissermaßen zur Umrundung des einzelnen Sandkorns, verbannt aber die lebensweltliche Erscheinung Küste endgültig aus dem Bewusstsein.)

Ich lege wert auf die beiden Adjektive, die ich dem Bild von der Küste als Trennlinie zwischen Land und Wasser beigegeben habe: „klar und gesichert". Denn meine Hypothese ist, dass von den unhinterfragten Konzepten der tendenziell scharfen, gefestigten und verlässlichen Scheidung, besonders der Scheidung des Meers vom festen Land, unsere maßgeblichen Entwürfe eines „nachhaltigen und integrierten Küstenmanagements" gedacht sind und dass diese Konzepte auf der Verdrängung elementarer Naturerfahrungen beruhen. Allerdings hoffe ich andeuten zu können, dass – wie es die psychoanalytische Füllung der Metapher von der Verdrängung nahe legt – das Nichtzugelassene in unserem Naturverhältnis sozusagen hinterrücks am Werke ist und uns zu schaffen macht.

Um diese Hypothesen in der hier zu Gebote stehenden Verkürzung plausibel zu machen, lasse ich einige Streiflichter auf die Kultur- und Wahrnehmungsgeschichte des Wattenmeers fallen. Weshalb das Wattenmeer – hier: das Küstenareal der südlichen Nordsee, insbesondere im nordfriesischen Abschnitt? Weil das Wattenmeer, stellvertretend für die Flachwasserzonen an den Küsten mit größerem Tidenhub, seit jeher eine mentale Provokation der dominanten Küstenvorstellungen bildet und erhellende Aufschlüsse über innere Spannungen in unseren Küstenbildern erlaubt.

Geophysikalisch und geomorphologisch wird Küste als eine Linie gesehen, die Festland und Meer trennt, die das Feste und das Flüssige klar voneinander scheidet.[1] Der Frankfurter Kultur- und Wahrnehmungsgeograph Jürgen Hasse hat mehrfach darauf hingewiesen, dass „Küste" auch ganz anders verstanden werden kann (Hasse 1997: 181f.). Schon Friedrich Ratzel hat am Ende des 19. Jahrhunderts in seiner „Anthropogeographie" einen Gedanken entwickelt, der heute in veränderter Form eine immer bedeutungsvollere Rolle spielt: dass nämlich „Küste" auch ein „geistiger Raum" ist, ein mentales Konstrukt, und dass diese „mentale Küste" als ein unsere Wahrnehmungen und Herangehensweisen leitendes inneres Bild einen bis zu 20 km und mehr tiefen Saum meint, in dem „Land" einen axiomatischen Bezug auf das angrenzende Meer hat – und in dem von See her übrigens „Meer" sich entsprechend in eminentem Maße als breite Zone vom Bezug aufs Land her definiert.

Für den „geistigen Küstenraum" des Wattenmeers ist nun charakteristisch, dass gerade die geophysikalische „Unschärfe" der Trennlinie zwischen Land und Meer eine eminente, andauernde mentale Provoka-

---

[1] Das Folgende entspricht weitgehend den Ausführungen in Fischer (2000: 626ff.).

tion darstellte und darstellt. Dem Wattenmeer eignet eine räumlich mit
einiger Schärfe fassbare, verlässliche Grenzlinie nicht. In zweifacher
Weise zeigt sich der Übergang von Land zu Meer unbeständig und unscharf: Zum einen fluktuiert er für die alltägliche Wahrnehmung im
Wechsel der Gezeiten, zum anderen verschob er sich bis fast in unsere
Tage sowohl kontinuierlich als auch abrupt in zum Teil gewaltigen „Katastrophen" durch Abbrüche und Überflutungen ebenso wie umgekehrt
durch natürliche Aufschlickungen und menschliche Landgewinnungs-
maßnahmen. Was die letztgenannten Prozesse angeht, so überwiegt in
der historischen Bilanz im nordfriesischen Küstengebiet für das zu Ende
gehende Jahrtausend der Verlust an „festem Land"; für andere Wat-
tenmeerregionen, etwa Dithmarschen oder Nordholland, dominiert der
Zuwachs an mehr oder weniger „trockener" Landfläche.

Die Wahrnehmung des Gezeitenwechsels kann schon wichtige Hinweise auf die Art der Provokationen liefern, um die es geht, wo das
gängige Küstenbild durch die unbezweifelbaren „Naturphänomene" im
Wattenmeer irritiert wird. Um das zu zeigen, gehe ich kurz auf Dokumente ein, die fast zwei Jahrtausende voneinander entfernt entstanden
sind.

Im ersten nachchristlichen Jahrhundert beschrieb der Römer Cajus
Plinius Secundus in seiner „Naturgeschichte" auch den west- und ost-
friesischen Küstensaum, den er aus eigener Anschauung kannte. Die be-
rühmte, für uns wesentliche Stelle lautet: „Hier überflutet der Ozean
zweimal binnen Tag und Nacht in ausgebreiteter Flut einen unermeßli-
chen Landstrich und verursacht einen ewigen Streit der Natur, so daß
man nicht weiß, ob diese Gegend zum festen Lande oder zum Meere
gehört. Ein armseliges Volk wohnt dort auf hohen Hügeln oder mit
Händen gemachten Erdhaufen, welche die höchste bekannte Flut über-
ragen. Wenn das Wasser die umliegenden Gegenden bedeckt, sehen die
Leute in ihren auf den Hügeln errichteten Häusern wie Schiffahrer aus,
und wenn es sich wieder verläuft, scheinen sie Schiffbruch gelitten zu
haben" (zit. nach Müller 1917: 140).

Zwei Wahrnehmungs- und Beschreibungskomplexe erscheinen für
meine Betrachtung bedeutsam. Zum ersten: Der „ewige Streit der Natur", den Plinius im Gezeitenwechsel sich vollziehen sieht, ist ein Bild
für die Verunsicherung im mentalen Konzept Küste. Wo „man nicht
weiß, ob diese Gegend zum festen Lande oder zum Meere gehört", ist
das gängige Bild von Küste unscharf geworden, das Konzept der Trennlinie zwischen Festem und Flüssigem wird ein Stück weit außer Kraft
gesetzt. Deshalb muss, zum zweiten, in der mentalen Verarbeitung des
Beobachteten gleichsam eine Ersatzkonstruktion gesucht werden – das

Konzept Küste verschiebt sich zum Konzept Seefahrt: Die Bewohner
werden mit „Schifffahrern" bzw. „Schiffbrüchigen" verglichen, weil es
nicht in das bereitstehende mentale Konstrukt Küste passt, dass jemand
nicht auf „festem Boden" wohnt. In dem Bild für die Lebenswelt der
Wattenmeerregion weicht gewissermaßen das Konzept Küste weiter
zum höheren, festen Land mit klarer Trennlinie zurück und an die Stelle des „Küstenbildes" tritt das Vorstellungsmuster „Schiff auf dem
Meer", einschließlich gestrandetem, d.h. auf den Küstenboden gewor-
fenem Schiff.

Es ist nur auf der ersten Blick erstaunlich, dass eine strukturell ganz
ähnliche Umdeutung der Küstenlinie des Wattenmeers sich in Texten
aus der Gegenwart findet, nämlich in vielen Dokumenten über die bri-
santen regionalen Kontroversen zum Nationalpark Schleswig-Holsteinisches Wattenmeer. In den jahrelang enorm aufgeheizten Auseinandersetzungen argumentierte der massive regionale Block der Gegner jeder
„Ausdehnung" des Naturschutzgedankens vor allem dort, wo es um die
Wirtschafts- und Freizeitnutzung des Wattenmeers ging, unter anderem
mit dem „faktographisch" abgesicherten Verweis darauf, dass der größte Teil der heutigen „naturlandschaftlichen" Fläche des Wattenmeers
eigentlich „kulturlandschaftlicher" Boden sei. Die Befunde sprechen da
eine deutliche Sprache: Überall im nordfriesischen Wattenmeer zeigen
Flugaufnahmen, Grabungen und Materialfunde, dass mit Sicherheit die
gesamte Wattfläche mit Ausnahme einiger Prielsysteme noch vor vier-
bis sechshundert Jahren relativ „trockenes", bewohntes und genutztes
Land war. Ein großes archäologisches Forschungsvorhaben, das so genannte Norderhever-Projekt, hat in den letzten Jahren eine Fülle neuer
Erkenntnisse über die Siedlungs- und Nutzungsniveaus, die Landbear-
beitung, die Siedlungsweisen und Regulationssysteme sowie über die
Wechselbeziehungen zwischen natürlichen und anthropogenen Faktoren für das „Schicksal" heute regelmäßig überfluteter Wattenareale erbracht (vgl. Müller-Wille 1988).

Aus solchen wissenschaftlich abgesicherten Erkenntnissen im Verein
mit lokalen Wissens- und Erfahrungstraditionen wurde von National-
parkkritikern die Folgerung abgeleitet, dass schon die Begründung für
das Etablieren des Nationalparks – der Schutz einer der letzten großflächigen „Naturlandschaften" Mitteleuropas – auf falschen Prämissen be-
ruhe, noch viel mehr die ökologisch-naturwissenschaftliche Legitimie-
rung erweiterter Schutzmaßnahmen. Ich will in diesen Auseinandersetzungen nicht Partei ergreifen, beide Seiten können viele stichhaltige Argumentationen in die Debatte werfen.

Mit der schon stereotyp gebrauchten Argumentationsfigur, die „Naturareale" des nordfriesischen Wattenmeers seien in Wahrheit Bestandteile einer „Kulturlandschaft", verschiebt sich nun die „geistige Küstenlinie" bis zur Kante des Wattsockels, also eigentlich noch vor die Linie der Außensände (Süderoog-Sand, Japsand, Kniepsand, Sylt usw.). Zumindest diejenigen Wattflächen, die bei regulären Ebbewasserständen trocken fallen, liegen dann hinter dieser argumentativ beanspruchten Küstenlinie – die Gezeitenzone gehört nach diesem Konzept historisch und kulturell und damit dem Nutzungsanspruch nach nicht zum Meer, sondern zum gewissermaßen unfesten Land. Dadurch tritt die geographisch und planungspolitisch festgestellte, relativ scharfe Küstenlinie in ein Spannungsverhältnis zur „mentalen" und politisch-strategisch veranschlagten Küste.

In den politischen Scharmützeln um den Nationalpark lässt sich aber auch gewissermaßen eine Gegenrichtung erkennen, wo Küste veranschlagt wird: Gestritten wurde und wird ja unter anderem sehr heftig über den Umfang und die Art von Küstenschutzmaßnahmen vor den Deichen, also um die Sicherung des Vorlands und die Arbeiten zur Förderung der Vorlandbildung. Die Gegner der regierungsamtlichen Nationalparkpolitik weisen an einigen Küstenabschnitten deutliche Vorlandverluste nach und prangern die Reduktion der traditionellen Vorlandarbeiten an. Ins Feld geführt wird dabei immer die geschichtliche Erfahrung, dass Vorlandsicherung und -gewinnung entscheidende Faktoren für die allemal relative Sicherheit der Deiche bei schweren und schwersten Sturmfluten seien. Die Verminderung oder Umstellung von Vorlandarbeiten gilt bei dieser Argumentation als potentielle Gefährdung der ersten Deichlinie. Was heißt das für die „mentale Küstenlinie"? Es gibt, wo die Deichsicherheit berührt scheint, sozusagen eine Risiko-Küstenlinie, die mehr oder weniger weit im Binnenland liegt. Sie wäre das mögliche Ergebnis neuer Sturmflutkatastrophen.

Das heißt: In den Vorstellungen und Argumentationen vieler Marschenbewohner geben die aktuellen Konflikte um den Nationalpark gewissermaßen eine doppelte hypothetische, mental hochwirksame Küstenlinie zu erkennen: eine fast bis an die Wattkante in den Seebereich vorgeschobene und eine weit ins Festland zurück verlagerte. Erneut zeigt sich also, wie in der Wattenmeerregion für das Bewusstsein weiter Kreise die Küste nicht eine Grenzlinie ist, sondern ein bis zu 50 und mehr Kilometer breiter Grenzraum, in dem die Dominanz von Land als menschlich bewohntem bzw. bewohnbarem Boden und flutendem Meer als wenigstens potentiell unbestimmt gilt und wo die historische Fluktu-

ation einer sichtbaren „Kante des festen Landes" den entscheidenden
Erfahrungsgrund für das angeführte Konzept Küste abgibt.

Beide Konzepte bzw. Argumentationsstrategien – das des antiken Autors Plinius und das der gegenwärtigen Nationalparkkritiker – antworten auf die mentale Provokation, die sich aus der naturräumlichen und
historisch-kulturellen Wahrnehmung der Wattenmeerzone für ein gän-
giges Küstenbild ergibt. Beide Konstrukte entwerfen eine bildliche oder
begriffliche Antwort auf die Wahrnehmung, dass sich in der Wattenmeerregion – einerseits bis hin zu den höheren Geest- oder Moorrän-
dern, andererseits bis zur untermeerischen Kante des Wattsockels – aufgrund der täglich erfahrbaren und der geschichtlich ablesbaren Veränderungen in der Küstenzone eine geophysikalisch oder kulturhistorisch
klare, relativ stabile und mental abgesicherte Grenze zwischen Festem
und Flüssigem, zwischen eindeutig „menschenfreundlichem" Land und
eindeutig „menschenfeindlichem" Meer kaum ziehen lässt.

Was ist aus solchen mentalitätsgeschichtlichen und kultursoziologi-
schen Beobachtungen nun für die aufgeworfenen Fragen eines „sustainable and integrated coastal zone management" zu folgern? Prinzipiell
gilt zunächst, dass „Küste" immer auch ein mentales Konstrukt ist, eine
historisch und soziokulturell je besondere, zeitabhängige, also veränderliche und auch interessenbestimmte Vorstellung vom Grenzraum zwischen Meer und Land. Und diese Entwürfe unterscheiden sich nicht nur
für verschiedene Küstenabschnitte je nach den geomorphologischen
Voraussetzungen und den geschichtlichen Erfahrungen der Anwohner
bzw. der „fremden" Betrachter. Sie konkurrieren auch innerhalb eines
überschaubaren historischen Abschnitts – wie das oben angeführte Beispiel zum Nationalpark schon andeutet – und eines Kulturraums, weil
sie in den „symbolischen Kämpfen" (Bourdieu 1982, 1985; Schwingel
1995) der um Macht und Geltung ringenden gesellschaftlichen Gruppierungen eingesetzt werden. Das heißt: Die mentalen Konstrukte sind
erfahrungsabhängig – wobei „Erfahrung" einen heute zunehmend prob-
lematischen Wissenstypus meint (Fischer 2001) –, sie sind zumeist habi-
tuell verfestigt (Bourdieu 1974, 1997) und sie sind in hohem Maße
handlungsleitend. Auch dort, wo Küstenvorstellungen und darauf aufbauende Handlungskonzepte mit den Erkenntnissen „harter", so genannter exakter Wissenschaften unterfüttert werden, handelt es sich um
zeit- und interessenbedingte Entwürfe. Mit anderen Worten: Jede fach-
wissenschaftliche, jede inter- oder transdisziplinäre Konzeptentwicklung
für ein „Integriertes Küstenzonenmanagement" hat es nicht nur mit Daten und empirisch ermittelten Untersuchungsergebnissen zum physischen Küstenraum und dem Geschehen in ihm zu tun, sondern mit der

Deutung von Daten und Untersuchungsergebnissen entsprechend bestimmten Vorstellungen von Küste, von deren „Eigenart" und „Schicksal". Wenn die beteiligten Wissenschaften diesen unhintergehbaren Konstruktcharakter von Küste – auch in ihren eigenen Entwürfen – nicht mit reflektieren, laufen sie Gefahr, sozusagen blind in die Auseinandersetzungen hineinzugehen, die in der einen oder anderen Form jede Strategie eines „Küstenzonenmanagements" mit sich bringt. Ein Stück weit ist das z.B. bei der Planung, Umsetzung und Weiterentwicklung der Nationalparks Schleswig-Holsteinisches Wattenmeer geschehen und fordert eine Aufarbeitung heraus (PRONIK 2001).

Ich will im Folgenden beispielhaft und verknappt andeuten, welcher Art im Fall des nordfriesischen Küstenraums solche mentalen Konstrukte der Wattenmeerküste innerhalb der letzten 200 Jahre waren und wie sie in Konkurrenz zueinander traten bzw. treten. Ich konzentriere mich dabei auf die Wahrnehmungsgeschichte der Halligen, der unbedeichten Inseln im nordfriesischen Wattenmeer. Sie stellten und stellen in ganz besonderem Maße eine „mentale Provokation" dar, an der gewissermaßen der Deutungszwang überdeutlich aufscheint, der von ihrer Erscheinung und von ihrer Geschichte ausgeht.

Zur Natur- und Kulturgeschichte des nordfriesischen Wattenmeers

Die Halligen bilden ja die letzten Reste, genauer gesagt: die erdgeschichtlich zwar ganz jungen, kulturgeschichtlich aber „überholten" alten Relikte einer urtümlichen Marschlandschaft, die ungeschützt gegenüber der See dalag. Solch eine Landschaft hatte Plinius vor Augen, als er vor 2.000 Jahren die Häuser auf den Warften mit Schiffen im offenen Meer verglich.

Bevor ich am Fallbeispiel der Halligen die mentalitätsgeschichtlichen Konkretionen und Auswirkungen dieses Konstrukts von Küste anzugeben versuche, möchte ich einige natur- und zivilisationsgeschichtliche Informationen liefern, damit die Befunde näherungsweise zu fassen sind, auf die mit den dann zitierten Texten verwiesen wird.[2]

Man kann, ganz stark vereinfachend und lokale wie chronologische Differenzierungen übergehend, drei geophysikalische bzw. landschaftsgeographische Phasen benennen, in denen der Raum der heutigen nord-

---

[2] Die folgenden Passagen sind wieder aus FISCHER (2000: 630ff.) übernommen.

friesischen Wattenmeerregion über mehr oder weniger lange Perioden besiedelt bzw. von Menschen genutzt war. Diese Phasen wurden durch großflächige, in zum Teil katastrophalen Schüben erfolgte Verschiebungen in der Land-Meer-Relation voneinander geschieden:

Erstens ist zu nennen die vor- und frühzeitliche Besiedelung der Geestinseln und hohen Geestkerne, die eine gegenüber dem heutigen Küstenstreifen weit vorgeschobene Landbarriere zum Meer hin bildeten. Wie lange genau die dahinter liegenden sandigen und zum Teil schon moorigen Flächen vor dem höheren Geestrand dem Meer entzogenes, womöglich besiedeltes Land waren, kann hier offen bleiben. Sicher ist, dass mit der Litorina-Transgression die Nordsee zumindest bei häufigeren Überflutungen zwischen den durchbrechenden Geestwällen bis zum hohen Geestrand vordrang (bis ca. 2000 v. Chr.) und dann, nach einem erneuten, leichten Absinken des Meeresspiegels, zwischen den verbliebenen Dünenketten bzw. Nehrungen und dem eigentlichen Geestrand große Sumpf- und Moorgebiete entstanden. Tief einschneidende Fluss-Systeme bildeten gleichsam potentielle Eintrittswege für das Meerwasser, das in dieser Phase seine regelhafte Begrenzung aber noch an der Nehrungsbarriere hatte.

Dadurch ergab sich ein besiedelungsgeschichtlicher Einschnitt, mit dem eine zweite Phase der Natur- wie der Kulturgeschichte der nordfriesischen Küste markiert ist (Borger 1997; Meier 1997). Anders als für Dithmarschen und das südlichere Eiderstedt, wo bereits aufgeschlickte Marschflächen vor dem Geestrand bzw. restliche Geestkerne und hoch aufgelandete Uferwälle schon in der römischen Kaiserzeit streckenweise dicht besiedelt waren, geht man für den größten Teil des nordfriesischen Gebiets davon aus, dass die ausgedehnten Moore, Sümpfe und Bruchwälder über viele Jahrhunderte „ein siedlungsfeindliches Milieu" bildeten (Kühn 1997: 68). Die im Gebiet verbleibenden Menschen wohnten auf den höheren Geeststreifen im Westen nahe dem eigentlichen Meeressaum und nutzten das Hinterland wohl nur sporadisch. Dieses weithin vermoorte Gebiet schlickte durch Überflutungen auf und bildete die „alte Marsch". Sie wurde im eigentlichen nordfriesischen Raum zumeist erst ab ca. 800 n. Chr. von friesischen Einwanderern besiedelt, wo diese Marsch „über stabilem Untergrund" lag (Kühn 1997: 68).

Man muss sich das flache Grasland, das gegen die Nordsee von den Dünenketten und Nehrungen noch über große Abschnitte geschützt war, zu dieser Zeit als eine von Prielen durchzogene, weitgehend sturmflutsichere Ebene vorstellen. Die Siedler wohnten zum Teil noch ebenerdig. Erst mit dem weiteren, langsamen Meeresspiegelanstieg und daher häufigeren und schwereren Überflutungen wurden ab dem 11. Jahrhundert Warften als sturmflutsichere Wohnhügel und dann auch Ringdeiche um größere Nutzflächen nötig.

In diese Zeit gehören die ziemlich unzuverlässigen Berichte von der noch weitgehend zusammenhängenden Landfläche im Raum des heutigen nordfriesischen Wattenmeers – etwa jene Überlieferung, die besagt, dass der Baumeister der drei großen Kirchen auf Pellworm, in Nieblum (auf Föhr) und in Tating (auf Eiderstedt) noch im ersten Drittel des 12. Jahrhunderts in fast gerade Linie „trockenen Fußes", also allenfalls über kleinere Priele hinweg, von einer Baustelle zur anderen gelangen konnte (Busch 1980: 45ff.). Historische Karten über das Gebiet müssen gutteils als Phantasie-Entwürfe gelten, und neuere Karten liefern denn auch nicht mehr als grobe, hypothetische Skizzen (Panten 1997).

Im 13. und massiv dann im 14. Jahrhundert brach die Nordsee zwischen den immer weiter reduzierten Geestinseln von Westen hier in die Marschflächen ein. Man kann mit diesen Entwicklungen eine dritte Phase der geomorphologischen und besiedlungsgeschichtlichen Veränderungen ansetzen. Die berüchtigte „Rungholt-Flut" von 1362 ist nur eine der sehr schweren Sturmfluten gewesen, die von den großflächigen, nur allmählich zu Inseln gewordenen Marscharealen lediglich verstreute Reste übrig ließen. Die alte Insel Strand blieb bis 1634 der einzige große Marschenkomplex im Wattenmeer. Dieser siedlungsgeschichtliche Einschnitt – bis Anfang des 15. Jahrhunderts mussten rund 60 Kirchen aufgegeben werden (Quedens 1983: 19f.) – präparierte nur manche der heutigen Halligen heraus, wahrscheinlich Oland, vielleicht auch Hooge, und die inzwischen ins Festland einverleibten alten Halligen Ockholm, Fahretoft, Dagebüll, Galmsbüll und Horsbüll. Viele der anderen Halligen sind aber erst danach entstanden durch Aufschlickungen bei Sturmfluten über der älteren, verwüsteten Marsch (Bantelmann 1967; Harth 1990).

Eine bislang letzte, markante Periode von Verlusten des unbedeichten und auch des bedeichten Marschlandes im nordfriesischen Raum setzte nach 1600 ein. Herausragendes Datum ist die Allerheiligen-Flut von 1634. Sie ließ zwei Drittel der alten Insel Strand zu Watt werden und riss z.B. mehr als drei Viertel der Hallig Südfall fort. Mehr als ein Dutzend Kirchspiele mussten dem Meer überlassen werden. Über die hohen Verluste an Menschen, Vieh, Häusern und Ländereien haben wir zum ersten Mal in der nordfriesischen Geschichte ziemlich zuverlässige Angaben (Reinhardt 1984; Hinrichs 1984). Auch wenn nach 1720 größere Landverluste der bedeichten Areale nicht mehr zu verzeichnen waren, so ist doch die Zeit zwischen etwa 1700 und 1900 für die verblie-

benen Halligen durchweg die Phase von immer noch drastischen Flä-
chenreduktionen, über die wir nun genauere Nachrichten haben (Müller 1917: 275ff.; Bantelmann 1967; Quedens 1983: 26ff.) Die ab dem
frühen 18. Jahrhundert durchgeführten Vermessungen rührten unmittelbar aus den Konsequenzen der „Abspülungen" her: Die Halligleute
drängten darauf, die Abgaben für die verloren gegangenen Flächen er-
lassen zu bekommen (Müller 1917: 275ff.).

Die vorliegenden Angaben verdeutlichen die teilweise immensen
Verminderungen der Landflächen innerhalb weniger Jahrzehnte. Die
größte Flächenreduktion verzeichnete die bei Gröde gelegene kleine
Hallig Habel. Vor den Marschenlandzerstörungen des 14. Jahrhunderts
war „Habelde" eine größere Gemeinde mit Kirche und Friedhof – er
kam mit den Landabbrüchen zu Beginn unseres Jahrhunderts tief unter
der heutigen Halligoberfläche wieder zutage. Dieser Befund und die
von Albert Bantelmann im Watt nördlich und östlich der Hallig doku-
mentierten Kulturspuren – „Salztorfabbau-Stätten, Entwässerungsgrä-
ben und Siedlungsreste", einschließlich Tuffsteinen vermutlich aus einem Kirchenbau – „beweisen, daß Habel über mittelalterlichem Kultur-
land neu aufgewachsen ist, und zwar um etwa 3 Meter" (Quedens
1983: 92; Bantelmann 1967).

Bei Habel wird besonders deutlich, wie Auflandung und Kantenab-
bruch als gegenläufige Prozesse gegenüber der spätmittelalterlichen und
frühneuzeitlichen, flächigen Zerstörung des Kulturlandes zwar den
Aufbau einer erhöhten, erneut besiedelbaren Inselfläche hervorbrach-
ten, zugleich aber, und verstärkt nach 1600, die ständige Verminderung
der nutzbaren Fläche, sodass Habel bei der Uferbefestigung 1934 wahrscheinlich nur noch höchstens ein Zwanzigstel seiner Größe im 17.
Jahrhundert besaß.

Vier Deutungen der Halligen und des Wattenmeers

Praktische Akzeptanz

Was sich im nordfriesischen Wattenmeer abspielte, welche Naturprozesse sich dort manifestierten und welche Lebensbedingungen dort
herrschten, gelangte selbst bei den Schreckensberichten über die „Jahrhundertfluten" kaum ins Bewusstsein der küstenfernen Bevölkerung.
Die deutsche Nordseeküste abseits der großen Flussmündungen war für
die breite Öffentlichkeit lange Zeit eine ziemlich unbekannte Region.
Erst mit dem beginnenden Bädertourismus am Ende des 18. Jahrhunderts – das erste Nordseebad auf Norderney wurde 1797 gegründet –

rückten zunächst einige Inseln ins Bewusstsein der gebildeteren Schichten, und im 19. Jahrhundert vermittelten dann Reiseschriftsteller literarisch aufbereitete „länderkundliche" Vorstellungen auch vom Wattenmeer und von den Halligen. Den Reisenden, Angehörigen der urbanen Kultureliten, erschienen insbesondere die Halligen als geradezu exotische Enklaven, isolierte Zeugnisse für eine altertümliche Lebenswelt unglaublicher Rückständigkeit, Entbehrung und ein Ausgeliefertsein an die Naturgewalten.

Mit das Unbegreiflichste an dieser Existenzform sah man in der „Schicksalsergebenheit", mit der die Halligbewohner augenscheinlich das Schwinden ihrer Lebensbasis durch den rapide fortschreitenden Verlust der Landfläche hinnahmen. Einer der bekanntesten Reiseschriftsteller jener Zeit, der viel gelesene Johann Georg Kohl, fasste etwa in seinem voluminösen Buch „Die Marschen und Inseln der Herzogthümer Schleswig und Holstein" (Kohl 1846) seine Beurteilung so zusammen:

> „Die ganze Thätigkeit der Halligenbewohner ist mehr defensiver als offensiver Natur und beschränkt sich darauf, das Ungemach auszuhalten, welches Natur und Wellen ihnen bereiten. Ihre träge und energielose Stimmung ist eine ganz natürliche Folge ihrer Lage. Verstand und Kraft sind ihnen unnütz. Sie haben dem Meere gegenüber nur das Bewußtsein ihrer Ohnmacht. Ergebung ist ihr Loos. Man findet diesen Zug auf allen unbedeichten und dem Meere preisgegebenen Inseln wieder. ...
>
> Früher ... war dieß wohl der Hauptcharakterzug aller Marschbewohner, bis die Deichkunst erfunden und geübt wurde und der Mensch nun den Kampf mit dem Meere auf sich nahm. Da entwickelte sich umgekehrt um so mehr Rührigkeit und Energie auf diesen Marschen. Es scheint mir daher auch, als wenn die Freiwerdung und Unabhängigkeit aller friesischen Küsten und Marschrepubliken sehr innig mit dem Fortschritte des Deichbaus zusammenhänge."
>
> (Kohl 1846: 333f.)

Die Bewertung, mit der der durchreisende Binnenethnograph die merkwürdige Alltagskultur der Halligen auslegte – ohne dabei genaue Kenntnis zu verraten –, machte die erkundete Lebensform ausdrücklich zu einem bedauernswerten Relikt aus beinahe vormittelalterlicher Zeit, wenn Kohl die Dominanz solcher Haltung zum Meer in die Antike des Plinius zurückverlegte, dessen Qualifizierung einer „misera gens" zitierend.

Dennoch scheint es, als habe der mit Vorurteilen eingefärbte Blick des Reiseschriftstellers tatsächlich ein charakteristisches Moment der lange andauernden „Halligmentalität" erfasst: eben eine wesentlich passive Grundeinstellung zu den Naturvorgängen, deren entscheidender die stete Verminderung nutzbaren Landes durch das Meer war.

In der Wahrnehmungs- und Ideologiegeschichte des Wattenmeers und insbesondere der Halligen sehe ich mit der zugeschriebenen „Schicksalsergebenheit" ihrer Bewohner einen entscheidenden Hinweis auf eine lange Zeit charakteristische „einheimische" Einstellung zu dieser Küstenformation. Ich möchte diese Haltung als „praktische Akzeptanz" bezeichnen. Damit ist gemeint, dass der Lebensvollzug von einem wenn auch notgedrungenen Einverständnis mit den „Naturgegebenheiten" getragen wird, gerade indem diesen Gegebenheiten mit extremen Formen einer so genannten Mangelwirtschaft die Existenzermöglichung „abgetrotzt" wird. An den vormodernen Praktiken der Heugewinnung oder der Wasserversorgung oder der Verfertigung von Brennmaterial aus Kuhdung könnte man die Mühsal des Überlebens auf den alten Halligen erläutern (Quedens 1983; Lengsfeld 1998; Fischer 1988), eine Mühsal, von der der Reisende Kohl kaum etwas wahrgenommen zu haben scheint. Aber die aus einem lange akkumulierten Erfahrungswissen gesteuerte Handhabung der verfügbaren Ressourcen bezeugt eben jene Akzeptanz, die den schon von der bürgerlichen Modernisierungsdynamik erfassten Betrachtern wie ein bemitleidenswertes Verharren auf einer altertümlichen Stufe statischer „Naturergebenheit" vorkam.

Es mag so aussehen, als hätten wir es bei der Beobachtung dieser Grundlegung eines „autochthonen Konstrukts Küste" bloß mit einer Auslegung durch „Fremde" zu tun, mit einem eher bildungsbürgerlichen Interpretationsmuster, das sich einer populär-völkerkundlichen, vorwissenschaftlichen Psychologie verdankt.

Aber die wenigen Schriften, die wir von Halligbewohnern selbst über das traditionale Leben auf diesen Inseln besitzen, bestätigen mittelbar den von auswärtigen Betrachtern formulierten Eindruck. Die bedeutsamste dieser Schriften ist ohne Zweifel Lorenz Lorenzens „Genaue Beschreibung der wunderbaren Insel Nordmarsch" von 1749 (Lorenzen 1982). Der als Theologe ausgebildete, aber als „authentischer Halligbewohner" schreibende Verfasser beklagt zwar den steten Landverlust seiner heimatlichen Insel, konstatiert ihn aber mit genau jener „Gottergebenheit", die das dominante Verstehensmuster noch der fürchterlichsten Sturmfluten bis ins 18. Jahrhundert, ja für weite Bevölkerungskreise bis ins 19. Jahrhundert abgab (Jakubowski-Tiessen 1992: 79ff.).

In dem Kapitel „Von einigen Besonderheiten und merkwürdigen Sachen der Insel Nordmarsch" schrieb Lorenzen:

„Und erzehlet man eine Historie, dass ein Insulaner einsmahl vom Untergange der Welt habe nachdrücklich predigen hören, welches er aber

für unglaublich gehalten, und gesagt haben soll: Daß die Halligen vergehen werden, will ich glauben, denn sie nehmen jährlich ab, und spühlet
allezeit etwas hinweg; aber dass die gantze Welt vergehen werde, solches
kann ich nicht begreifen. Doch dieses Abspühlen des Landes vermindert
nicht nur unsere Wiesen, sondern führet noch eine andere große Be-
schwerlichkeit mit sich. Denn wenn das Ufer einem Warff nahe kommt,
so müssen die Einwohner mit großen Unkosten weiter ins Land hinein-
rücken, eine Höhe oder Warff auf dem platten Lande aufführen, und
mit Schubkarren zusammen häufen. Hernach ihre alten Häuser abbre-
chen, und auf die bemeldete Höhe wieder aufbauen. Solches haben bey
Mannes Gedenken schon 5 Warffen mit ihren Häusern thun müssen, wo
sie anders der Überschwemmung entgehen wollten. Wenn aber Leute
auf einem solchen Warff befindlich sind, welche hier keine oder nur
wenige Ländereyen haben, so verlassen sie ihr Vaterland, und ziehen
anderwärts hin zu wohnen, da denn auch unsere Insel in Absicht auf die
Einwohner immer compendieuser wird."

(Lorenzen 1982: 44f.)

Das Umsetzen von Häusern, deren Warftenstandort von der wandern-
den Abbruchkante erreicht wurde, ist bis weit ins 19. Jahrhundert hin-
ein verbürgt. Auch das Versetzen der Kirchen wurde den Halligbewohnern über die Jahrhunderte hin immer wieder aufgezwungen; die Kirche der Hallig Gröde musste insgesamt siebenmal wieder aufgebaut und
dabei mehrere Male versetzt werden (Lorenzen 1983: 81). Zum letzten
Mal wurde 1890-94 eine Warft neu aufgeworfen, um ein Haus von einer durch die See schon halb abgetragenen Warft umzusetzen (Lorenzen 1992: 81ff.; Müller 1917: 38ff.).

Gerade dieser gut dokumentierte Vorgang zeigt, dass die Bewohner
zwar verschiedene Sicherungsmaßnahmen an der bedrohten alten Warft
vornahmen – Abflachungen, „Besticken" der frei gespülten Böschung
mit Stroh, dann sogar eine hölzerne Spundwand –, die aber von vorn-
herein nur als Verzögerung der fortschreitenden Zerstörung verstanden
worden sein können (Müller 1917: 39). Rechtzeitig, bevor der Wohn-
platz unhaltbar wurde, indem der Abbruch das Süßwasserreservoir in
der Mitte des Kleihügels erreichte, begann man mit dem mühsamen
Aufwerfen einer neuen, weiter landeinwärts gelegenen Warft.

So bezeugt diese letzte Verlagerung eines Siedlungsplatzes nach tra-
ditionellem Muster, dass die Halligbewohner ihre Existenz tatsächlich
in einer „defensiven" Weise zu sichern suchten. Denn Ende des letzten
Jahrhunderts waren von anderer Seite längst Pläne entwickelt und erör-
tert worden, den weiteren Abbruch der Halligen durch „offensive
Maßnahmen" – Uferbefestigungen, Buhnen, Lahnungen – endgültig zu
stoppen. Die Verlagerung der Peterswarft auf Nordmarsch ist damit ein

spätes Monument jener Einstellung, die nicht nur Lorenz Lorenzen belegt.

Die langen Beschreibungen schwerer Überflutungen und katastrophaler Jahrhundertfluten enthalten bei Lorenzen zwar immer wieder eine Klage, den Text prägt aber die Wiedergabe der „passiven" Schutz- und Rettungsmaßnahmen der Halligbewohner. Nirgends werden konstruktiv-aktive Vorkehrungen auch nur gedacht, wie sie den Halligschutz des 20. Jahrhunderts ausmachen. Gegenüber der Prophezeiung einer unvorstellbar zerstörerischen Sturmflut kann Lorenzen nur die Hoffnung äußern, „dass der Himmel uns damit verschonen werde" (Lorenzen 1982: 58).

Die Sprache eines theologischen Diskurses formulierte nur in spezifischer Weise, was als eine Denk- und Verhaltensnorm für die Halligbewohner wenigstens in vormoderner Zeit unterstellt werden muss: Es ist ein „Konzept Küste", das von heroischem Widerstand gegen die „Naturgewalten" und von einem gezielt operativen „Kampf mit den Elementen" kaum etwas enthielt. Wenn wir das zugrunde liegende Naturverhältnis richtig deuten, dann ist hier eine Akzeptanz selbst von Naturvorgängen zu erkennen, die die menschlichen Lebensgrundlagen bedrohen oder zerstören. Die von neueren Ideologieproduzenten unterstellte „bedingungslose Verbundenheit mit der heimatlichen Scholle" ist dabei gerade nicht gegeben – die Halligbewohner gaben immer wieder ihre Wohnplätze und ihre Beheimatung dann auf, wenn das Verbleiben ökonomisch und organisatorisch nicht mehr erträglich schien.

Die von Kohl unterstellte Differenz zwischen den deichbauenden Bewohnern der Festlandsmarschen und den „fatalistischen" Halligbewohnern benennt, bei aller zeitgebundenen Überformung des Deutungsmusters, tatsächlich einen fundamentalen Unterschied im Konzept Küste und seinen Folgen für Wahrnehmung und Verhalten.

Über Jahrhunderte hin hatte offenbar ein Verständnis von „Küste" für die Halligleute gegolten, das den scheinbar ganz natürlichen Prozess der steten Landverminderung, d.h. das Zurückweichen der Kante der durch menschliche Nutzung definierten Marschenareale, als elementaren Bestandteil der Lebensform mit einem Einverständnis akzeptierte, aus dem sich ganz reaktive Praktiken für den Alltag ergaben. Eine der bedeutsamsten Folgerungen will ich wenigstens kurz erwähnen: die Vergesellschaftung der Landnutzung. Auf den Halligen galt bis fast noch zur Mitte des 20. Jahrhunderts ein extrem kompliziertes, durch Selbstverwaltung minutiös geregeltes gemeinschaftliches Eigentum am nutzbaren Grasland. Im jährlichen Wechsel wurden den einzelnen Halligbauern einer Nutzungsgemeinschaft bestimmte Flächen zur Gräsung oder Heugewinnung zugewiesen. Dadurch kam jeder nach einem regelmäßigen Turnus dazu, schlechtere Flächen nutzen zu müssen bzw. bessere nutzen zu können (Harth 1990: 194ff.; Rieken 1982: 23ff.; Traeger 1892: 55ff.). Vor allem konnte mittels der ständig neuen Festlegung der Nutzungsanteile und -verteilungen der fortschreitende Verlust an nutzbaren Flächen so lange umverteilt werden, bis die Eigentümer- und Nutzergemeinschaft einer Warft nicht mehr über genügend Landfläche verfügte, um die Existenzgrundlage ihrer Mitglieder zu sichern. Das heißt: Das Eigentums- und Bewirtschaftungssystem hatte die ständige Abnahme des Küstenlandes so in seine Logik und kulturell verankerte Handhabung eingebaut, dass in dieser systematischen Koppelung von vergesellschaftetem Landverlust und „basisdemokratischer" Regelungstradition vermutlich eines der entscheidenden Hemmnisse für die Akzeptanz von Schutzmaßnahmen lag (Traeger 1892: 47). Denn den Halligleuten war natürlich klar, dass das küstenschutztechnische Ende der Landverminderung auch den Anfang vom Ende für die besondere Form einer Allmendewirtschaft bedeuten musste. Wenige Jahrzehnte nach der Durchführung effektiver Schutzmaßnahmen wurde denn auch in einer Art „Flurbereinigung" das Halligland in Privateigentum der Bewohner verwandelt. Es sei hier nur angemerkt, dass damit nicht zuletzt das Tor geöffnet wurde für eines der zentralen Probleme der heutigen Halligverfassung: den marktwirtschaftlich geregelten Verkauf von Halligland insbesondere an Auswärtige.

Die Halligen waren in Deutschland eine der letzten Landschaftsformationen, in denen vormoderne Lebens- und Wirtschaftsweisen sich gehalten hatten. Nur eine unreflektierte Betrachtung kann darin einfach Restbestände von „Mangelwirtschaft" erkennen (Fischer 1988: 333ff.). Für unsere Thematik ist es wichtig festzuhalten, dass sich in dem traditionellen „Fatalismus" der Halligbewohner und ihrer zähen Abwehr selbst gegen Neuerungen, die mit der Uferlinie auch die Lebensgrundlagen sichern sollten, ein zum modernen ziemlich konträres Naturverhältnis manifestiert. Dieses Naturverhältnis regelt ein „Konzept Küste", das von einer nur scheinbar „notgedrungenen" Akzeptanz der unsicheren, letztlich auch die menschlichen Existenzen gefährdenden Küstenverläufe und ihrer Verschiebungen ausgeht und bis in Details der Wirtschaftsverfassung wie der alltagspraktischen Regelungen die Hinnahme auch heftig beklagter Natureinwirkungen einschließt. Derartige vormoderne Küstenverständnisse erscheinen unserer modernen, technologisch-naturwissenschaftlich unterfütterten mentalen Konzeption von Küste nicht nur „traurig" – dies eben eine der Formeln für die Auswirkungen der vormodernen Einstellungen –, sondern unakzeptabel.

Unterwerfungswillen

Es entspricht daher sozusagen der Logik der historischen Entwicklung, dass mit dem Hervortreten aufklärerischer Programme und der Durchsetzung wissenschaftlich-technischer Sichtweisen in den Wirtschaftsprozessen bzw. rationalistischer Prinzipien auch im staatlichen Handeln, nach Vorüberlegungen zu Anfang des 18. Jahrhunderts, dann mit Beginn der 19. Jahrhunderts planmäßige Überlegungen zum Halligschutz angestellt wurden, die ausdrücklich als Gegenmaßnahme zu „Lethargie und Fatalismus" der Bewohner deklariert waren (Müller 1917: 332). Es erschien jenseits einer bloßen Hilfe für die Halligleute, vor allem nach der katastrophalen Sturmflut von 1825, schlicht nicht hinnehmbar, dem „Zerstörungswerk der See" nicht aktiv zu begegnen.

Das zweite der hier zu erwähnenden Küstenkonstrukte wurde also politisch und regelrecht didaktisch gegen das autochthone Verhaltensmodell eingesetzt: Es besteht in der Konkretion des „Ausbeuter- und Beherrscher-Standpunkts" gegenüber der Ressource Natur, so wie er für die moderne Wissenschaft, Technik und Ökonomie kennzeichnend ist (Bloch 1973, Bd. 2: 767ff.). Aus dieser vorgeblich einzig zeitgemäßen und legitimationsfähigen Einstellung ergibt sich ein Konzept Küste, das den „Kampf mit der See" in dem prekären Küstenbereich des Wattenmeers aktiv und planmäßig-strategisch aufzunehmen verpflichtet.

Kennzeichnend ist denn auch, dass in den gründlicheren Überlegungen zum Halligschutz während des 19. Jahrhunderts gegenüber einer zunächst in den Vordergrund gerückten Fürsorge für die Bewohner und der Sicherung ihrer Lebensgrundlagen immer mehr der naturwissenschaftlich belegte und auch ökonomisch kalkulierte Effekt ihrer Sicherung, eben die „ingenieurmäßige", staatlich-politisch verantwortete „Rettung der Halligen" gerechtfertigt werden sollte. Eines der entscheidenden Argumente für erwogene und geplante Schutzmaßnahmen war die Funktion eines „Bollwerks", die den Halligen zugeschrieben wurde und wird: Sie sind bedeutsame „Wellenbrecher" vor der bedeichten Festlandsküste.

Kurz vor der Jahrhundertwende erreichte ein in Berlin und dann in Frankfurt arbeitender Akademiker, Dr. Eugen Traeger, durch einen unermüdlichen politisch-organisatorischen Einsatz, dass die effektiven Schutzmaßnahmen begannen. Traegers Schriften und Eingaben im letzten Jahrzehnt des 19. Jahrhunderts hatten nicht zuletzt deswegen schließlich Erfolg – auf seine Vorschläge hin wurden 1896 1,32 Mio. Reichsmark für Damm- und Lahnungsbauten sowie Steinbefestigungen der Uferkanten genehmigt (Rieken 1982: 37ff.; Harth 1990: 56ff.; Müller 1917: 300ff.) –, weil er mit großem Nachdruck die Funktionen der Halligen für den Bestand „der großen Inseln Pellworm und Nordstrand sowie für die Festlandsküsten" herausstrich. Er entwarf sogar noch offensivere Strategien: „Die Erhaltung der Halligen ist eine der Grundbedingungen für die Rückeroberung der Husumer Wattenbucht!" (Traeger 1892: 115)

Dieses „technologische" Konzept Küste für den Wattenmeerbereich, das bis vor kurzer Zeit nahezu allein bestimmend war für politisches und administratives Handeln wie für die bewusstseinsgeschichtliche Ablösung der anderen Konzepte, war nicht nur bestrebt, die „mentale Provokation" der unscharfen und ungewissen Küste im Wattenmeer-Bereich zu beseitigen. Mit der technisch bewerkstelligten Fixierung der Küstenlinie auch bei den Halligen geht es ebenso um einen vorgeblich endgültigen „Sieg über die Elemente", mit dem die früher entworfene Subjekthaftigkeit der Natur in diesem „Kampf" durch den praktischen Beweis konzeptionell erledigt sein soll. Ich will dieses Konzept hier das eines „Unterwerfungswillens" nennen.

Es ist nun ganz wichtig sich klarzumachen, wer die maßgeblichen Vertreter dieses Verständnisses der Wattenmeerküste waren: vorrangig Angehörige der technisch-wirtschaftlichen und der politisch-administrativen Eliten. Ihr mentalitätsgeschichtliches „Sendungsbewusstsein", jenseits eines bloßen Macht- oder Bereicherungswillens, speiste sich ja aus eben jenem „Unterwerfungswillen", der die eine Basislinie des neuzeitlich-abendländischen Naturverhältnisses bildet (unter anderem Zimmermann 1982; Weber 1989; Schäfer 1993; Wilke 1994; Thurn 1990). Sozialgeschichtlich betrachtet, gehörten (und gehören) diese Eliten zu den „Gewinnern" des von ihnen forcierten Modernisierungsprozesses.

Verstehende Trauer

Es ist deshalb überhaupt nicht verwunderlich, dass unter den „Verlierern" der historischen Entwicklungen – gemessen an der Teilhabe an politischer und ökonomischer Macht – sich ein völlig anderes Verständnis der Wattenmeerküste und insbesondere der Halligen herausbildete. Parallel zur schließlich erreichten Umsetzung von Sicherungsmaßnahmen für die Halligen formulierten Vertreter bildungsbürgerlicher Schichten ein „pessimistisches" Szenario. Am ausführlichsten legte es der Lehrer, Fotograf und „Heimatschützer" Theodor Möller dar. Möller war einer der wichtigsten „Foto-Dokumentaristen" Schleswig-Holsteins im ersten Drittel des 20. Jahrhunderts. Er gehörte in den Umkreis der Baupflege- und Heimatkunst-Bewegung und hat eine ganze

Reihe von Text-Bild-Bänden veröffentlicht, aus denen unverkennbar Impulse der „Agrarromantik" sprechen und die Anklänge an eine völkisch tümelnde Regionalliteratur nicht verbergen können (Möller 1912, 1919, 1924, 1929, 1931, 1933).

1924 brachte Möller den Band „Die Welt der Halligen" heraus. Das Vorwort des Bandes enthält folgende Passage.

> „Sie [die Halligen] haben es mir besonders angetan von jenem Tage an, da ich vor vielen Jahren zum ersten Mal meinen Fuß auf ihren Boden setzte (…). Seit jenen Sommertagen des Jahres 1906 war ich oft dort. Immer deutlicher erkannte ich sie als ,eine Welt für sich, die nicht mehr ihresgleichen hat' und deren Schicksal es ist, dem Untergange geweiht zu sein. Heute sind sie nur noch Trümmer, ein schwaches Abbild dessen, was einst war. Aber auch alles, was auf ihnen erwachsen ist, was wir unter dem Namen ,Halligkultur' zusammenfassen könnten, ist nur noch in Trümmern vorhanden. Allen Schutzmaßnahmen zum Trotz waltet über ihnen ein unerbittliches Schicksal. Die Inseln selbst lassen sich halten; es hat aber noch keiner den Weg weisen können, wie die einst reiche Kultur, die sich in Siedlung, Hausbau und Wohnungseinrichtung, in Wirtschaftsweise, Sitte, Sprache und Tracht ausdrückt, vor dem drohenden Untergange zu retten sei. Da gilt es zunächst in Bild und Wort festzuhalten, was noch ist, und Teilnahme und Verständnis zu wecken für diese ,sinkende Welt'."
>
> (Möller 1931: Vorwort, o. S.)

Möllers Interesse für die Halligen reiht sich ein in die auffällig intensivierte Befassung mit diesen „zurückgebliebenen" Inseln seit Ende des 19. Jahrhunderts. Um 1900 begannen die gezielten volkskundlichen Sammlungen von „Kulturgut" auf den Inseln, zum Teil durch engagierte Laien (Lengsfeld 1998). Seit 1880 wurden die Halligen immer wieder auch von namhaften Fotografen bereist, die ihre Aufnahmen auch als Postkarten vertrieben – die Kulmination dieser kulturkundlichen Ablichtung der Halligen und des Alltagslebens auf ihnen war zweifellos Alfred Renger-Patzschs Bildband „Die Halligen" (Renger-Patzsch 1927). Es erschien eine ganze Reihe von „unterhaltungsliterarischen" Romanen und Erzählungen über die Halligen bis hin zu Berte-Eve Mindens Buch „Heike von Habel. Eines Halligsommers wundersame Geschichte" (Minden 1941).

Stets war es bei diesem auffällig intensivierten Interesse für die unbedeichten Inseln im nordfriesischen Wattenmeer eine „von außen" kommende Betrachtung, und es dominierte in der Wahrnehmung jener scheinbar anteilnehmend konstatierende, in Wahrheit romantisierend aufgeladene Blick, jener elegische Ton, in dem eben nicht nur Möllers zitierte Sätze gehalten waren.

Möller sieht die Halligen als eine besondere Formation, „deren Schicksal es ist, dem Untergange geweiht zu sein" (Möller 1931: Vorwort, o. S.). In dieser Formel, die nicht nur er gebraucht, erscheint die geschichtliche Erfahrung kondensiert, dass noch in einem der direkten mündlichen und schriftlichen Überlieferung zugänglichen Zeitraum der Zerstörungsprozess an der Landfläche im nordfriesischen Wattenmeer insgesamt, vor allem aber an den unbefestigten und unbedeichten Halligen, zu enormen Landverlusten geführt hatte und somit auch das endgültige Verschwinden der noch verbliebenen Grasinseln vorauszusehen war. Darin konzentriert sich eine dritte „mentale Küstenformation" im Zuge der Deutung des Wattenmeers: die einer „verstehenden Trauer" über das angeblich unabwendbare „Schicksal" der noch bewohnbaren Reste einst ausgedehnter Landflächen im Wattenmeer-Bereich.

Einem solchen Verständnis der durch die Halligen repräsentierten, ungeschützten Flachküste des Wattenmeers entsprach seit jeher die Interpretation des Meeres, konkret: der Nordsee, als einer „Naturgewalt", die mit ihrem Zerstörungsdrang nicht nur metaphorisch Subjektcharakter annahm. In vielen, streckenweise angestrengt literarisch überhöhten Texten des 19. und 20. Jahrhunderts wird das Handeln der mit Subjekteigenschaften versehenen Nordsee an der Marschenküste, und unvergleichlich dramatisch eben an den Halligufern, als Essenz eines unwiderleglichen historischen Wissens ausgemalt (vgl. Allmers 1858). Hier sei nur einer dieser Texte kurz angeführt, das früheste der „Halligenbücher", die in einer langen Reihe bis in unsere Tage „einen Einblick in die Verhältnisse einer immer kleiner werdenden Inselwelt an der Westküste des Herzogtums Schleswig gewähren." (Johansen 1889: Vorwort, o. S.) Es erschien zuerst 1866 und stellte auf den ersten Seiten die Halligen sozusagen als ein Zwischenergebnis, einen nur noch auf Zeit bestehenden Rest an Marschland in dem unaufhörlichen „Vernichtungswerk" der Nordsee dar.

> „Die Nordsee wird häufig von den Bewohnern ihrer Küsten eine Mordsee und diese Küste selbst eine Schiffbruchküste genannt, und nicht mit Unrecht. Denn die vom wilden Sturme gepeitschten, aus den kalten Tiefen der Nordsee herauffahrenden Wogen kennen kein Erbarmen und wissen nichts von Schonung. Sie schonen weder das Menschenleben noch die Werke von Menschenhand.
>
> Nicht genug, dass die Nordsee diese nicht schont; vergreift sie sich doch an ihren eigenen Werken und Gebilden. Sie selbst zerstört und zerreißt die Sandbänke, die Watten und Marschen, die sie gebildet hat; denn Verderben und Zerstören, Auflösen und Verschwindenlassen scheint nun einmal ihr Leben und ihre Lust zu sein. (...)

Sie sagt: Wartet nur, ihr Dünen und ihr Marschen, ihr sollt mein
werden; wo du Hirte deine Herde weidest, wo du Pflüger deine Furchen
ziehst, – da, eben da soll der Seehund sich sonnen auf der abgeplatteten
Sandbank, und mein Flut- und Ebbstrom soll dort den Boden furchen;
denn bin ich erst fertig geworden mit dem Zerstören der Dünenwand,
so wird mir auch das Abnagen des Rasens und das Auflösen und Fort-
schwemmen der Thonmassen gelingen, damit der Sand des Marsch-
grundes mir bleibe als mein unbestrittenes Eigentum."

(Johansen 1889: 1-3)

Für unsere Fragen nach dem „Konzept Küste" lässt sich aus dem Text
zweierlei herauslesen: Zum einen müssen die regelmäßig von den Gezeiten überfluteten Wattflächen in das Küstenbild einbezogen werden,
sie sind gewissermaßen nur oberflächlich umgewandeltes, den Menschen verfügbares Land. „Ein Watt ist ja nichts anderes als eine nackte
Insel, eine Hallig, der die böse Sturm-, Wasser- und Eisflut das aus grünen Gräsern und buntem Klee gewirkte Kleid ausgezogen und nichts als
eine dünne Schlammdecke wiedergegeben hat" (Johansen 1889: 12).
Die Wattflächen werden deshalb als „Dokumente" für das Schicksal
begriffen, das auch den verbliebenen Halligen bevorsteht.

Zweitens: Mit der populären Redensart „Die Nordsee ist eine Mord-
see" erhält das Meer eine dynamische Subjektivität, sodass die hoch sti-
lisierte Personifizierung im zitierten Textabschnitt nur die Ausschmü-
ckung einer grundlegenden Denkfigur bildet. Indem die See zur gewalt-
tätigen, zerstörerischen, mordlustigen Subjektgröße wird, kann sie erst
eigentlich den Menschen gegenübertreten – hier wird also das Natur
konzipierende Basisprinzip jenes Küstenbildes fassbar, das „Küste" gar
nicht zuerst als geophysikalische oder geomorphologische Grenzzone
fasst, sondern als Konfrontationsraum zwischen Menschensubjekt und
Natursubjekt (vgl. Renger-Patzsch 1927: XIVf.). Ein solches Konzept
ermöglicht erst jene Kampf-Metapher, die ich schon als Erklärungsste-
reotyp für die Vorgänge an Küsten generell und ganz herausgehoben im
Wattenmeer benannt hatte.

Man kann die Wirksamkeit dieses Küstenkonzepts – die Wattenmeerzone, in extremer Weise eine „Schlachtlinie" zwischen vergesell-
schafteten Menschen und subjektivierter Natur – gar nicht hoch genug
veranschlagen für die Selbstinterpretation der Küstenbewohner noch
heute und für ihr auch politisch konkretisiertes Denken und Handeln.

Die Halligen waren und sind aber für eine bezeichnende Ausfor-
mung des Küstenkonzepts nun der unwiderlegbare Beweis, dass die
„Schlacht" für die Menschen verloren ist. Die Halligen, auf denen und
mit denen menschliches Handeln Gestalt gewonnen hat, „sterben" unweigerlich, wie es bei Möller (1931: 117ff.) heißt.

Solche aus geschichtlicher Rekonstruktion und faktographischem Befund gewonnene Erkenntnis setzt die Subjekte, die sich über die von den Halligen gebildete Küstenzone äußern, in ein ganz bestimmtes Verhältnis zu dem Prozess, in dessen Verlauf die Menschen vor der subjektivierten Natur zurückweichen müssen. Ich habe diese Haltung „verstehende Trauer" genannt. Was meint dieser Ausdruck für das zur Debatte stehende Konzept Küste?

Der Verlust, dem die „Trauer" gilt, hat nun interessanterweise eine gedoppelte Dimension. Zum einen bezieht er sich auf den auch kartographisch ablesbaren „Untergang" von Siedlungsland und damit auch von „Heimat" – nicht ohne Grund verwies Möller (1931: Vorwort, o. S.) auf einen „Heimatschriftsteller", der ihm „zuerst die Sehnsucht nach diesen stillen Inseln weckte". „Trauer" über derartigen Verlust stünde aber eigentlich nur den Einheimischen zu, die tatsächlich ihr angestammtes Siedlungsareal verlieren.

Es ist jedoch charakteristisch für das hier erörterte Küstenbild der Wattenmeerzone, dass gerade die „Fremden", die in der Rolle von Besuchern „diese stillen Inseln" wahrnehmen, in hohem Maße eine elegische Anteilnahme am augenscheinlich unvermeidlichen Schwinden dieses „Kulturraums" bekunden. Möller (1931) hatte in seinem zitierten Vorwort ja betont, dass eben die „Halligkultur" allen Schutzmaßnahmen zum Trotz untergehen werde. Was den „Trauernden" dann noch übrig bleibt, ist das Dokumentieren. Das also ist die zweite Dimension des wahrgenommenen Verlustes: die Auslöschung der besonderen „Kultur der Halligen".

Nur zu deutlich wird damit die physische „Korrektur des Küstenverlaufs", die Jahrhunderte lang in der Abnahme des Halliglands bestand, transformiert in einen kulturgeschichtlichen Prozess: Betrauert wird das Verschwinden einer vormodernen Lebensweise, die sich auf den Halligen in einer äußerst konzentrierten und ungewöhnlichen Form länger als anderswo erhalten hatte. Möllers Anteilnahme wird somit verständlich in ihrem ideologiegeschichtlichen Stellenwert: Sie ist Ausdruck jener bürgerlichen, verklärenden Hinwendung zum „einfachen Leben", wie sie sich in der agrarromantischen und zum guten Teil auch in den lebensreformerischen Bewegungen artikuliert hatte. Darin wird ja vorrangig von bildungsbürgerlichen „Verlierern" des von den Wirtschaftsbürgern forcierten Modernisierungsprozesses dasjenige zum entschwindenden Ideal eines „besseren Lebens", was eben die bürgerliche Gesellschaft unbarmherzig auflöste, insbesondere die traditional-bäuerlichen Lebenswelten (Mecklenburg 1982, 1986; vgl. Laslett 1988; Imhof 1984; Brüggemann/Riehle 1986).

Bei diesem Blick auf die Halligen als Lebenswelt verwandelt sich der
„naturgeschichtliche" Prozess der Verminderung ungeschützter Landflächen im Wattenmeer eben wegen der augenfälligen physischen Ver-
ursachung zu einem anrührenden Musterfall für das Vergehen der
„heimischen" vormodernen Kulturen. Den deutlichsten Hinweis liefert
Möllers Feststellung, auch die zu seiner Zeit bewerkstelligten, aufwendigen Schutzmaßnahmen könnten das „Schicksal" der Halligen nicht
abwenden:

> „... sie sind dem Tode geweiht. Sollte es endlich gelingen, mit allen Mit-
> teln einer hochstehenden Technik der fortschreitenden Zerstörung rest-
> los zu gebieten, so werden, wenn dieses Werk gelungen ist, es nicht
> mehr die Halligen von gestern und heute sein. Sie werden ein ganz an-
> deres Gesicht haben, und Wirtschaft und Kultur ihrer Bewohner werden
> sich nicht minder ändern und sich allmählich der auf den großen Mar-
> scheninseln und in der Festlandsmarsch angleichen. Die Rettung der
> kleinen Inselscholle bedeutet noch keineswegs die Rettung ‚der Hallig',
> d.h. alles dessen, was wir heute mit dem Begriff dieses Wortes verbin-
> den. Sie ist und bleibt eine ‚sinkende Welt', sei es, dass die kleinen Insel-
> brocken von der Nordsee oder ihre Kulturwelt von der Flut der alles
> gleichmachenden Zivilisation verschlungen werden."

(Möller 1931: 33)

Zwar können diese Zeilen im Rückblick wie eine erstaunliche Vorhersage gelesen werden – Möller konnte in den zwanziger Jahren nicht ohne Weiteres ausrechnen, dass tatsächlich die verbliebenen Reste vormodernen Halliglebens mit der endgültigen Sicherung der Existenzmög-
lichkeiten aufgelöst würden; das geschah in umfassenderem Ausmaß,
mit einem ziemlich abrupten Schub technischer Maßnahmen und prak-
tisch-organisatorischer Modernisierung, erst nach den massiven Zerstö-
rungen der Flut von 1962 (Rieken 1982; Petersen 1981; Quedens
1983). Aber wichtiger für unsere Betrachtung ist die Gleichung, die
Möller zwischen dem „Zerstörungswerk" der See und dem „gleichma-
chenden" Fortgang der „Zivilisation" aufmachte, der die verklärte alte
Halligkultur auslösche.

Das Bild der Küsten transformierte sich in der „Trauer" zu einem
Konzept innergesellschaftlicher, kulturgeschichtlich interpretierter Vorgänge auf dem ideologischen Nährboden regressiver Verklärungen der
im Modernisierungsprozess „versinkenden" Welten.

Das ist nun, wie gesagt, ein spezifisch bildungsbürgerliches Konstrukt. Entsprechend der soziokulturellen Stellung, aus der sich die bildungsbürgerlichen Eliten mit den Halligen befassten, transformierten
sie den geomorphologischen Prozess einer für das Bewusstsein heraus-

fordernden Verschiebung der Küstenlinien im Wattenmeerbereich in ein „kulturmorphologisches" Untergangsszenario.

Ökologische Fürsorge und apokalyptische Schuld

An dieser Deutung des Wattenmeerraums mit den Halligen wird in ungewöhnlicher Weise deutlich, wie das vorgetragene wahrnehmungs- und handlungsleitende Konstrukt Küste mit der soziokulturellen Position, mit der gesellschaftlichen Erfahrung derer, die es formulieren, verknüpft ist. Eine solche Verbindung gilt auch für das vierte und letzte Deutungsmuster, das ich kurz benennen will. Es konkretisiert den Zweifel am natur- und zivilisationsgeschichtlichen Erfolg des „Unterwerfungswillens" in einem neuerlichen, nicht mehr kulturell zentrierten Untergangsszenario.

Der technologische Optimismus, der sich als Konsequenz des technologisch-rationalistischen Blicks auf das Wattenmeer weit über die nationalsozialistischen Landgewinnsprogramme an der schleswig-holsteinischen Westküste hinaus noch bis in die Küstenschutzstrategien und Eindeichungspläne der siebziger Jahre ausdrückt, ja bis hin zu ganz neuen Projekten von Sicherungsmaßnahmen für das gesamte nordfriesische Wattenmeer (etwa ein riesiger, vorgeschobener unterseeischer Brandungswall; Taubert 1986) auf dem Grunde eines schier unbegrenzten „Machbarkeitswahns" – dieses Hochgefühl aus überlegener Ingenieurskunst hat von mehreren Erfahrungslinien und Diskursschüben her in den letzten 20 Jahren eine Brechung erfahren.

Die alte regionale Tradition eines „Misstrauens" gegenüber dem technisch im Zaume gehaltenen Meer, das überlieferte Wissen von der Unberechenbarkeit der Elemente, das nur den Zeitpunkt, nicht aber das Kommen neuer Sturmflutkatastrophen offen lässt, diese „volkstümliche" Überzeugung vom Sieg auf Zeit in der Auseinandersetzung mit der See gibt der alten Kampf-Metaphorik durchaus einen anderen Akzent. Wie schon erwähnt, wird in den aktuellen Auseinandersetzungen um Natur- und Küstenschutz an der Westküste solches Erfahrungswissen, zum Teil vordergründig instrumentalisiert, als das dem Verwaltungs- und Technikwissen eigentlich überlegene geltend gemacht. Die kriegerische Bildlichkeit verrät, dass es sehr wohl mit dem rationalistischen Muster des „Unterwerfungswillens" zusammengebunden ist, aber dessen Optimismus erscheint gebrochen: Ins Feld geführt wird der Zwang zu „Wachsamkeit" und „Verteidigung", Küstenschutztechnik und -arbeit werden um ihre angestammte „aggressive" Komponente gekappt und erhalten den Charakter der bloßen Vorbeugung. So wenig defensiv im eigentlichen Sinn diese Haltung auch ist, so geht doch eine Erinnerung an die Begrenztheit menschlicher Naturbeherrschung in sie ein.

Inzwischen hat jedoch die Erfahrung von so genannten Umweltkrisen – von Gefährdungen der zuträglichen Lebensbedingungen durch menschengemachte Veränderungen lokaler, regionaler und globaler Milieus – auch die öffentlichen Debatten um die Konzepte von Küste im Wattenmeerraum grundlegend beeinflusst. Bereits die ökologische Neudefinition des Wattenmeers („eine der letzten naturnahen Großlandschaften Europas") signalisiert eine wesentliche konzeptuelle Verlagerung: Entscheidend wird nun die Dynamik der – möglichst „ungestörten" – natürlichen Prozesse (CWSS 1998: 22; Prokosch et al. 1991). Das hat Konsequenzen auch für die Grenzziehung zwischen Flüssigem und Festem, für die technisch-konstruktiven und für die bildlich-mentalen Entwürfe einer Scheidelinie oder Übergangszone zwischen Meer und Land. Zum ersten Mal werden in die wissenschaftlichen und politischen Erörterungen Vorschläge eingebracht, bestehende Deichlinien, vor allem junge Deichbauten, „zurückzunehmen", d.h. die Überflutungsareale und damit die Gezeitenzone wieder zu vergrößern (Lozán et al. 1994: 346ff.). Dass überhaupt – eine unerhörte Provokation hergebrachten Küstenschutzdenkens – „solche landseitige Flutraumerweiterung" (ebd.: 346) erwogen und propagiert werden kann, verdankt sich zwei zunächst getrennten Diskursentwicklungen: Zum einen wird die Öffnung abgedeichter Gezeiten- und Überschwemmungsareale als Folgerung aus Katastrophenerfahrungen ins Spiel gebracht, konkret zur Reduktion extrem hoher Sturmflutwasserstände, vor allem in gezeitenabhängigen Fluss-Systemen (ebd.: 347). Ohne dass dies immer ausgesprochen wird, handelt es sich um vorgeschlagene „Korrekturen" am wissenschaftlich-technischen Konzept Küste, dessen „unbeabsichtigte Folgen" nun in die Kalkulationen einbezogen werden sollen. Ein ausdrücklich defensiveres, sozusagen weicheres Küstenschutzkonzept ändert aber nichts an der Verpflichtung derartiger Vorschläge für ein nur wenig abgewandeltes Muster des „Unterwerfungswillens".

Die andere Begründung für Rückdeichungsmaßnahmen gibt sich strenger ökologisch: Wenn eingedeichte Areale ganz oder phasenweise den Gezeiten wieder geöffnet würden, entstünden Salzwiesen- und Brackwasserbiotope nach einiger Zeit neu, so dass „verlorene Lebensgemeinschaften" sich wieder bildeten (Lozán et al. 1994: 347). Hier legitimieren sich die Vorschläge also aus Naturschutzzielen: Wiederherstellung zu stark zurückgedrängter, mehr oder weniger „natürlicher" Lebensräume.

Auf den ersten Blick kommen sich der traditionelle „Fatalismus" im vormodernen Halligleben und die ökologische Priorisierung möglichst „ungestörter Naturvorgänge" ziemlich nahe: im Zulassen auch der Zerstörung vom Menschen genutzter oder ehemals bewohnter Landflächen. Ökologisch und geophysikalisch begründete Forderungen, bestimmte Vordeichungen wieder zurückzunehmen, könnte man so interpretieren.

Die kulturgeschichtliche Analyse macht aber die fundamentale Differenz dieser beiden Einstellungen zur Unbestimmtheit der Wattenmeerküste offenkundig: Die Halligleute, die noch in einer vormodernen Lebensweise verwurzelt waren, mussten die Akzeptanz zerstörerischer Naturvorgänge sozusagen in ihre leibhaftige Existenz integrieren. Sie mussten sogar mit dem Verlust von Leib und Leben rechnen, und wir können den Dokumenten entnehmen, dass sie dies mit einer erstaunlichen Klarsicht und defensiven Haltung auch taten.

Dagegen gründet eine moderne, primär ökologisch fundierte „Akzeptanz" von Naturvorgängen, die auch zu „Verlusten" im Wattenmeerraum führen können, auf die Sicherheit, in der man aufgrund der technologisch-industriellen Zivilisation zu Hause ist. Kein Ökologe oder Naturschützer, kein Planer oder Küstenmanager muss die Gefährdungen, die von „möglichst ungestörten Naturvorgängen" im Wattenmeer ausgehen können, auf seine eigene Existenz beziehen. Ich übernehme mit einem solchen Hinweis gerade nicht Argumentationen von Naturschutzgegnern, die gegen eine angebliche Vernachlässigung von Küstenschutzmaßnahmen polemisieren.

So sehr also ökologisch begründete Strategien ein Gegenmodell zum „Unterwerfungswillen" anzeigen und beanspruchen, bleiben sie ihm doch in dialektischer Weise verhaftet: Die Schutzzonen für möglichst „ungestörte Natur" gehen von einer räumlichen und kausalen Trennung von „eigentlicher" Natur und menschlich bearbeiteter Natur aus. Beim aktuellen Stand der technischen Entwicklungen, der Art und Gewalt unserer gesellschaftlichen Praktiken scheint Schutz von „Restnatur" gar nicht anders denkbar, geschweige denn machbar. Aber dass diese räumlichen und kausalen Trennungen eine Fiktion bleiben müssen, zeigt sich gerade an den Wattenmeer-Konzepten: Die Vernetzung dieser Gezeiten-Areale sowohl mit dem tieferen Meer als auch, über die Fluss- und Entwässerungssysteme, mit landfesten Einflussquellen ist so stark, dass ein Schutzziel, Wattenmeergebiete großräumig „sich selbst zu überlassen", höchstens sehr eingeschränkt formuliert werden kann.

Ein ausformuliertes ökologisches Konzept Küste für den Wattenmeerraum, das eine Konturierung und Geschlossenheit erreicht hätte, die es neben die bisher erörterten zu stellen erlaubte, lässt sich (noch?) nicht ausmachen. Zwar wird unter anderem immer wieder von der „natürlichen Dynamik" gesprochen, der man das Wattenmeergebiet soweit wie irgend vertretbar überlassen wolle. Doch lässt man im Unklaren, was dies für die Küstenlinien, auch die unbefestigten der Halligen und Vorländer, bedeuten könnte und vor allem sollte (vgl. SDN 1996). Das Bild eines großräumigen „Naturprozesses", dessen ständig weiter entwickelte Ergebnisse für eine Grenze zwischen Flüssigem und Festem ja in der zu großen Teilen intensiv genutzten Küstenzone von eminenter, auch politischer Bedeutung sind, gibt offensichtlich die Fläche für eine Wunschprojektion ab: dem „Schauspiel der Natur" interessiert, aber in strikter Enthaltsamkeit von praktisch eingreifendem Handeln zusehen zu können. Solche Zielvorstellungen artikulieren sich deutlich in den „Wildnis"-Konzepten des Naturschutzes, die derzeit hohe Konjunktur haben (Trommer 1992; ANL 1999).

Nur ist eben von solchen „Qualitätszielen" des Naturschutzes aus noch kein fassbares Konzept Küste herausgebildet worden. Wohl aber zeichnet sich am Horizont der nur tagespolitisch ein wenig zurückgetretenen Ökologie-Diskurse ein anders eingebundenes, ein viertes „Modell" für das Verstehen der Küstenzone des Wattenmeers ab, das die früheren zum Teil kontrapunktisch belehnt.

Von einem Wissen über angebliche oder tatsächliche Klimaveränderungen her werden seit einigen Jahren Untergangsszenarien nicht nur für den Wattenmeerbereich selbst, sondern auch für weite Teile der norddeutschen Marschen entworfen (Sterr 1996; Brandt-Odenthal 1989). Der so genannte Treibhauseffekt gibt Anlass, Meeresspiegelerhöhungen sogar von mehreren Metern in wenigen Jahrhunderten zu errechnen. Träten sie ein, wären mit den Halligen auch die nordfriesischen Inseln verschwunden, und die Küstenlinien lägen am hohen Geestrand (GEO 1987: 100ff.). Ganz gleich, für wie wahrscheinlich man solche Prognosen und Hochrechnungen hält – sie zeigen eine neue Verunsicherung über die Schärfe und Sicherheit der Trennlinie von Meer und Land an.

Die alte Verunsicherung, die sich am Verstehen der unscharfen Grenze zwischen Land und See im Wattenmeer erkennen ließ, ist als globale Verunsicherung ungleich mächtiger wiedergekehrt. Noch muss man die Wirkkraft der Abschätzungen und Rechenmodelle sehr vorsichtig ansetzen.

Mit dem vierten der hier knapp umrissenen Konzepte von Küste – es sei vorläufig mit dem Titel „apokalyptische Schuld" belegt – könnten die Halligen aber auf erneuerte Weise zum Symbol eines vorgeblich unabwendbaren Untergangs werden, der wiederum mehr meint als das Verschwinden der physischen Areale von Inseln und Marschland, vielmehr das Memento mori für eine weltumspannende Zivilisationsform abgibt.

In dieser Hinsicht kann man von einer Homologie zu jenem Konzept der „verstehenden Trauer" sprechen, das den unabwendbaren Untergang nicht der physischen Landformationen ungeschützter Salzwieseninseln im Wattenmeer, sondern der gelebten Kultur eines verklärten „einfachen Lebens" meinte: Wiederum ist es nicht entscheidend, ob gemäß der ökologischen Katastrophen-Szenarien die Halligen oder gar die Marschlande tatsächlich in der See verschwinden. Konstitutiv für das Konzept der „apokalyptischen Schuld" ist das Bewusstsein eines zivilisationsgeschichtlichen Untergangs (vgl. Heuermann 1994: 118f.; Horstmann 1983; Fuller 1993; Pinna 1996; Herman 1998).

Die Strukturanalogie zwischen den Handlungsfeldern und Aktionsformen, in denen bzw. mit denen diejenigen operieren, die damals wie heute in den Halligen und dem Wattenmeerraum eine „symbolische Küstenformation" für kultur- und nun weltgeschichtliche Verläufe sehen, besteht in Folgendem: Dass beide sich kritisch zu dem durch Wissenschaft, Technik und Ökonomie beherrschenden Denk- und Praxissystem des Naturbezugs verhalten, ist Folge wie Ausdruck der „beherrschten Position", die von den diese Diskurse führenden Fraktionen in Relation zu den Feldern der wirtschaftlichen und politischen Macht eingenommen wird (Bourdieu 1982). Da zugleich aber eben diese Fraktionen die kulturell normierenden zu sein beanspruchen, formulieren sie jeweils ihr Konzept Küste mit der Gültigkeit der „höheren Einsicht" in die innere Logik des Geschichtsprozesses. In beiden Fällen wird ein kultureller Auftrag reklamiert, der für das Deutungsmuster der „verstehenden Trauer" (in regressiver Verklärung vormoderner Lebenswelt) das Dokumentieren des Untergehenden verlangt, für das Deutungsmuster der „apokalyptischen Schuld" nun die zukunftsorientierte Mahnung und Aufklärung mittels Szenarien möglicher Desaster. Beide Sichtweisen interpretieren die Eigenart jener Küstenzone, die ihre verdichtete Anschauung an den Halligen inmitten der Wattflächen findet, auf dem Substrat eines allgemeineren Geschichtsverständnisses, sodass der „eigentliche Gehalt" der erkannten bzw. prognostizierten Naturvorgänge im Symbolischen liegt.

Herausforderungen durch kulturhistorische Rekonstruktion

Ich komme zum thesenförmigen Schluss. Erstens: Am Wattenmeerraum lässt sich mit aller wünschenswerten Deutlichkeit ablesen, dass „Küste" immer auch ein mentales Konstrukt ist, eine wahrnehmungs- und handlungsleitende Interpretation der „Naturgegebenheiten". Dieser „Vorstellungsraum Küste" ist ganz stark von der Spannung zwischen Küste als Grenze und Küste als breitem Übergangsraum zwischen Meer und Land geprägt. Modernem, technologisch-rationalistisch orientiertem Denken erscheint aber eine faktische, lebenspraktische Akzeptanz der Küste als einer ungesicherten Übergangzone – wie sie in singulärer Form das Wattenmeer repräsentiert – nicht hinnehmbar. Basis unserer vorherrschenden ist Küstenkonzepte bis heute die artifiziell garantierte, stellenweise buchstäblich betonierte Sicherung einer festen, scharfen Küstenlinie, hinter der, von einer absoluten existentiellen Sicherheit aus, dann Entwicklung und Management betrieben werden können – übrigens eben auch Natur-Management, das dann vor der gesicherten Küste seine Wirkung entfalten soll.

Wie stark der Zwang ist, eine feste und gesicherte Küstenlinie als Apriori aller Nachhaltigkeitsziele und Naturschutzbestrebungen zu erhalten oder herzustellen, demonstrieren die – inzwischen abgelegten – Überlegungen, eine gigantische unterseeische Befestigung der Sockelkante des Wattenmeers zwischen Sylt und Eiderstedt vorzunehmen. Denn es darf als unzweifelhaft gelten, dass dieser Sockel der Flachwasserzone im nordfriesischen Abschnitt seit langem kontinuierlich zum Land hin abgebaut, also die Breite der Wattenmeerzone unaufhaltsam vermindert wird – und dass dieser Abbau als erstes die Außensände sowie die Inseln Sylt und Amrum weit nachhaltiger gefährden wird als die oberflächlichen Strandabspülungen durch Sturmfluten (Taubert 1986: 242ff.).

Zweitens: Der für uns unhintergehbare Zwang zur Bewerkstelligung einer klaren, festen Küstenlinie auch dort, wo die „natürlichen Prozesse" eine scharfe Grenzziehung negieren – dieser Zwang muss kulturell alle Lebensformen eliminieren, die auf einer passiven Akzeptanz von unfester, fluktuierender Küstenzone beruhen. Diese kulturhistorische Logik ist strukturell die gleiche, die z.B. eine „schonende Nutzung" von Regenwäldern unausweichlich mit der Usurpation von indigenen, im eigentlichen Sinn angepassten Lebensweisen verkoppelt.

Schon in den sechziger Jahren ist darauf hingewiesen worden, dass eine entsprechende Logik auch die Grundstruktur des modernen Tourismus bildet (Enzensberger 1962): Er ist nur darin zu verwirklichen, dass er überformt und auslöscht, was er wesentlich zu suchen vorgibt, z.B. den Rest einer „natürlichen Küstenformation" bzw. eines „autochthonen" kulturellen Ensembles.

Für den nordfriesischen Wattenmeerabschnitt drückt sich die Unerbittlichkeit einer solchen Dialektik – man könnte sie „rettende Tilgung" nennen – im historischen Verlauf darin aus, dass die Befestigung der Halligen, also die Umwandlung ihrer instabilen Küstenlinie in ein festes, relativ gut gesichertes Ufer, notwendig mit dem Verschwinden der spezifischen Lebens- und Kulturform dieser Inseln verbunden war.

Drittens: Uns dämmert längst allen, dass die ungewollten Effekte jener Denk- und Handlungsmaximen, die auch Küste nur als eine mit aller technologischen Macht gesicherte zulassen können, nicht mehr beherrschbare Gefährdungen im globalen Maßstab produzieren könnten, vor denen jede Sicherung „riskanter" Küstenareale versagen müsste. Seit den siebziger Jahren muss ein ökologisch eingefärbtes Bewusstsein gerade den traumatischen Verlust jener existentiellen Sicherheit verarbeiten, die die technologisch-industrielle Zivilisation zu bieten schien. Und wiederum gelten die Küstenmarschen des Wattenmeers, allen voran die Halligen, als das beispielhafte Areal für Szenarien für katastrophale Folgen von „Naturvorgängen". Nur dass jetzt die alte, romantische Vorstellung von der „sich selbst überlassenen Natur" überholt wird von der Gewissheit, dass die Naturvorgänge von den Menschen womöglich ins Katastrophische gewendet werden.

Welche Herausforderungen lassen sich aus einer kulturhistorischen Rekonstruktion, wie sie hier für den nordfriesischen Wattenmeerraum entworfen wurde, an Konzepte eines Integrierten Küstenzonenmanagements richten, das programmatisch am politisch-ökologischen Ziel der „Nachhaltigkeit" ausgerichtet werden soll? Zentral erscheint mir die Notwendigkeit, die „existentiellen Bezugspunkte" unserer Vorstellungen von Küste als Natur- und Lebensraum weit gründlicher zu reflektieren, als dies in naturwissenschaftlich und planerisch unterfütterten Entwicklungskonzepten gemeinhin geschieht. Zunächst müssen wir als Wissenschaftler, als Planer, als Naturschützer, als politische Verwalter realisieren, welcher „Gewaltförmigkeit" unsere Küstenentwürfe aufsitzen: Auch wo sie noch so sehr für „Natur als solche" Partei ergreifen und ihr Raum geben wollen, sind sie von der existentiellen Sicherheit aus gedacht, die unsere abendländisch-neuzeitliche Naturbeherrschung zu bieten scheint.

In der lebenspraktischen Distanz zu den „natürlichen" Vorgängen an der Küste, um deren sozioökonomische und kulturelle Entwicklung es selbst bei Naturschutzvorhaben gehen soll, ist die Gewissheit eingeschlossen, dass nicht nur die erwünschten, sondern auch die denkbaren Veränderungen nicht wirklich die Basis der eigenen Lebensform berühren. Deshalb scheint es, dass wir vom Zwang befreit sind, das existentielle „Ausgesetztsein" gegenüber der Natur in unsere Konzepte hineinzunehmen, das die alten Halligleute in ihre Lebensform integriert hatten. Anders formuliert: Unsere Vorstellungen von „Nachhaltigkeit" setzen eine notfalls gewaltförmige Beherrschung von Natur voraus, indem die Abhängigkeit von ihr nicht wirklich an unseren „Lebensnerv" rührt. Dass umgekehrt Effekte unserer Naturbeherrschung anderen, fernen Existenzweisen die Basis entziehen können, nehmen wir gegebenenfalls bedauernd hin. Die rührend hilflosen Appelle der kleinen Inselstaaten des Pazifik an die internationale Staatengemeinschaft, nicht mit der Verzögerung von Klimaschutzmaßnahmen die geophysikalische Auslöschung der Inselareale zu riskieren, sind das derzeit vielleicht sprechendste Beispiel dafür.

Dabei holt uns die ganze Dialektik eines im Kern gewaltförmigen Naturverhältnisses inzwischen nur zu deutlich ein: Was als das Wirken von „Naturgewalten" erfahren wird, steht längst in vielen Bereichen unter dem Verdacht, zumindest mittelbar unbeabsichtigtes Resultat menschlicher Naturbearbeitung zu sein. Damit begegnet uns das Gewaltförmige der eigenen Praxis sozusagen in der Naturform – das gezielte ökologische Desaster durch die militärisch „missbrauchten" Ölquellen im Golfkrieg wäre dann als die verwerfliche Umkehrung („Perversion") der Effekte einer grundsätzlich gültigen Zweckrationalität in der Verfügung über Naturpotentiale zu begreifen.

Wir können hinter die erreichte Form der Ablösung von unserer Naturbasis nicht einfach zurück: Einen „Rückzug" vor dem Wirken der so genannten Naturgewalten etwa an Flachwasserküsten können wir uns nur als Ergebnis von „Katastrophen" vorstellen. Ein Akzeptanzdenken, das den „natürlichen" Verlust von einmal erreichten bzw. bewerkstelligten Lebensmöglichkeiten in das wirtschaftliche, soziale und kulturelle Gefüge integriert, wie es das alte Halligleben ein Stück weit vermochte – ein Einverständnis also mit den Ergebnissen von „Naturprozessen", die unsere existentielle Sicherheit tangieren könnten – steht uns auch dann nicht zu Gebote, wenn wir „für die Natur" eintreten.

Dies sollten wir nüchtern bedenken, wenn wir von „Nachhaltigkeit" sprechen. Dem üblichen Verständnis nach ist in ihr vorausgesetzt, dass die „Rücksicht auf die Tragfähigkeit der natürlichen Prozesse" dort ihr Ende findet, wo elementare Bedingungen des Lebens menschlicher Gruppierungen gefährdet erscheinen. Wie solche elementaren Bedingungen definiert werden, ist in höchstem Maße von historisch entwickelten, kulturellen Normen abhängig. Wir in unserer global durchgesetzten, wissenschaftlich-technisch operierenden Zivilisation haben Definitionen aufgerichtet, nach denen die zum Teil außerordentlich gewaltförmige Absicherung noch riskantester Lebenspraxen – die Bebauung lawinen- und erdrutschgefährdeter Berglagen ist ein ziemlich harmloses Beispiel – und die Befriedigung hochgezüchteter Bedürfnisse gewissermaßen als ein „Recht" gegenüber einer widerständigen Natur verstanden wird.

Dazu gehört eben auch, dass wir uns „Küste" nur als eine notfalls technologisch abgesicherte, scharfe Trennlinie zwischen Flüssigem und Festem vorstellen können. Wo eine solche Selbstverständlichkeit aufgrund geomorphologischer Gegebenheiten nicht vorzufinden ist – wie beispielsweise in den Flachwasserzonen des Wattenmeers –, muss sie unserem Verständnis nach technologisch durchgesetzt werden. Eben diesen Prozess der „Modernisierung" von Küste kann man an der Kulturgeschichte des Wattenmeers illustrativ aufzeigen. Und deshalb kann die konzeptionelle Grenze, die das *sustainable coastal zone management* mit der Vorstellung von Küste erreicht, an diesem Beispiel reflexiv bearbeitet werden.

Zu den gewonnenen Einsichten gehört auch, dass operative „Sicherung" von Küste, indem Naturvorgänge „in ihre Schranken gewiesen werden", zugleich historisch entwickelten Lebensformen die Grundlage entzieht, die sich auf mehr oder weniger ungesicherte Küste eingestellt haben. „Modernisierung" von Küste im Hinblick auf die Absicherung der Trennlinie zwischen den Elementen bedeutet immer auch, dass ältere, in bestimmter Weise angepasste Praxen in den Status von „vormodernen Existenzweisen" gerückt und ausgelöscht werden. Intensivierte Naturbeherrschung erzeugt nicht nur unbeabsichtigte Nebeneffekte „an der Natur", etwa in Form so genannter Umweltbelastungen, sondern unweigerlich auch soziokulturelle Auswirkungen einer Entwertung und Auflösung vorgefundener menschlicher Lebensformen. Das gilt sogar dort, wo eine „Grenzziehung" gar nicht der Sicherung nutzbaren Landes dient, sondern der „Bewahrung von Natur", wie die Geschichte der US-amerikanischen Nationalparks lehrt (Schama 1996: 16ff.; Olwig 1995).

Alle Überlegungen zum Integrierten Küstenzonenmanagement sollten die Erkenntnis einschließen, dass jede Form der „Sicherung" von Küsten – auch die einer zukunftsfähigen sozioökonomischen Entwicklung – mit dem Verlust gewachsener Lebenspraxen verkoppelt ist. Das krasseste Beispiel liefert heute der Küstentourismus: Nicht nur dort, wo man auf seine intensiven Formen gesetzt hat, um den Küstentraum vor allem ökonomisch zu sichern, sind die soziokulturellen Formen von Küste als regional spezifische Lebensweisen weitgehend getilgt worden. Diese Logik kann man nur abmildern, nicht aussetzen – und etwa die quasi museale Erhaltung einer kleinen Küstenfischerei oder einer Halligbeweidung ist solch ein Ausdruck abgemilderter oder schwach kompensierter Modernisierungseffekte, jener Entwicklungsdynamiken also, die auf die Sicherung von Küste als Lebensraum zielen.

Und als Letztes sei ein Hinweis auf die Positionsabhängigkeit von Küstenentwürfen gegeben. An der Kultur- und Wahrnehmungsgeschichte des Wattenmeers kann man besonders deutlich ablesen, wie sehr das Verständnis von Küste bei denen, die es artikulieren und als handlungsleitend propagieren, von der jeweiligen Stellung im soziokulturellen Gefüge abhängt. Gerade Wissenschaftler neigen dazu, dies systematisch auszublenden, weil sie vorgeblich eine „objektive Erkenntnis" anstreben. Die interpretativen Vorannahmen, die den wissenschaftlich zu elaborierenden Küstenkonzepten zugrunde liegen, sind jedoch weitgehend von den Positionierungen im „sozialen Feld" abhängig – hier dem akademischen (Bourdieu) –, wie bei den Entwürfen anderer Akteure auch. Die daraus entstehenden Konkurrenzen unterschiedlicher Küstenkonzepte lassen sich auch durch partizipative Praktiken, etwa „transdisziplinäre" Ansätze unter Einbeziehung der heute so genannten *stakeholder,* nicht aufheben. Im besten Fall erscheinen „Gewinne" – ökonomische, soziale, symbolische – durch die Adaption von Konzepten in die Kräfteverhältnisse des eigenen Feldes möglich. Die „Nähe" solcher Konzepte zum Feld der ökonomischen und politischen Macht wird dabei immer ein entscheidender Faktor sein.

Um beispielhaft auf die vorher skizzierten Küstenverständnisse für den Wattenmeerraum zurückzukommen: Jenes Konzept einer „verstehenden Trauer", das die Halligen einem unaufhaltsamen kulturellen Untergang ausgesetzt sah, ist zwar historisch „beglaubigt" worden, es war aber, gebunden an die Position von Verlierern des Modernisierungsprozesses, in keiner Weise „anschlussfähig". Das Gegenkonzept des „Unterwerfungswillens", auf die physische Rettung der Halligen um den Preis der Negierung vorgefundener Lebensformen ausgerichtet, bezog seine Kraft aus der Affinität zu den Logiken im Feld der politischen und ökonomischen Macht. In beiden Fällen ist der Zusammenhang nicht zuletzt an der Metaphorik zu erkennen, in der die Konzepte formuliert wurden.

Kulturwissenschaftliche Erkundungen wie die hier vorgestellten können dazu beitragen, bei dem unerlässlichen *management,* das eine integrierte und angepasste Küstenentwicklung verlangt, jene reflexiven Brechungen nicht zu versäumen, die der Optimismus des Machbaren braucht.

Nachtrag: Was könnte die kulturwissenschaftliche Reflexionsarbeit erbringen?

Es mag scheinen, als münde die vorstehende Studie in eine allgemeine, kulturhistorisch fundierte Reflexion, deren „Ertrag" für die allemal anwendungsbezogenen Überlegungen zu einem Integrierten Küstenzonenmanagement höchst fraglich ist. Was – außer einer prinzipiellen, daher nicht „praktikablen" Relativierung vorherrschender, wissenschaftlich-technischer und politisch-administrativer Einstellungen zur Küstenentwicklung – könnte IKZM durch kulturwissenschaftliche Erkundungen gewinnen?

Es ist hier nicht der Ort für grundsätzliche Überlegungen dazu und auch ein bunter Fächer von Demonstrationsfällen hat hier keinen Platz. Deshalb möchte ich nur mit einem ganz bescheidenen, auf den ersten Blick irrelevanten Beispiel einen Hinweis geben.

Als das Wattenmeer-Monitoring-Zentrum in Tönning, eine publikumswirksame Vermittlungsstelle von Forschung, Anschauung und Öffentlichkeitsarbeit, geplant und gebaut wurde, wunderten sich manche der Verantwortlichen über heftige Proteste aus der einheimischen Bevölkerung. Die gelegentlich schrillen Töne erklärten sich zu einem Teil aus den extrem eskalierten Konflikten um den Nationalpark Schleswig-Holsteinisches Wattenmeer – das „Multimar" mochte vielen als eine einseitig ausgerichtete Meinungsmachungsanstalt erscheinen.

Aber in den Protesten artikulierten sich massiv Stimmen, die eine für Auswärtige befremdliche Argumentation aufboten: Der Ort für das Monitoring-Zentrum sei eine unglaubliche Provokation für alle Küstenanwohner, weil das Gebäude vor dem Hauptdeich, im Vorland der Eidermündung errichtet werde.

Nun ist dieses Vorland am Fuß des Mündungstrichters längst von der offenen See abgeriegelt, und zwar durch den Bau des großen Eidersperrwerks. Um „offenes" Vorland handelt es sich also nicht mehr, auch wenn Ebbe und Flut in gezügelter Weise noch unweit des Baus zum täglichen Schauspiel gehören. Dennoch empfanden viele Einheimische ein massives Bauwerk außerhalb der Deichlinie als eine schlimme Missachtung ihrer in Jahrhunderten gewachsenen Einstellungen.

Wären kulturwissenschaftliche Erkenntnisse bei diesem Planungs- und Entwicklungsvorhaben berücksichtigt worden, hätte man nicht nur

„taktisch klüger", öffentlichkeitswirksam bedachter vorgehen können. Man hätte sich von Seiten der diversen Verantwortlichen fragen müssen, ob man die absehbaren Proteste und Konflikte in Kauf nehmen wollte. Planer, Entscheider und Macher waren offenbar „kulturell" in erschreckender Weise ahnungslos, so wie es sich immer wieder bei „sachlich gebotenen", gut gemeinten und politisch angesagten Vorhaben zeigt.

Das kleine Beispiel verdeutlicht auch: Kulturwissenschaftliche Reflexionsarbeit „stört" tatsächlich oft bei effektiven, „zielorientierten" Planungs- und Entscheidungsprozessen. Sie macht aber entstehende Konflikte unter Umständen nicht nur verstehbar, sondern vorhersehbar. Sie erlaubt im günstigen Fall, „fremde" Argumentationen – etwa von Seiten Einheimischer – zu begreifen und womöglich aufzugreifen. Das könnte, hypothetisch, bis zur Stornierung von Vorhaben aus besserer „kultureller Einsicht" reichen. Freilich wäre das wirklich ein Novum.

Um Missverständnissen vorzubeugen: Kulturwissenschaftliche Einsichten lösen die Konflikte zwischen Beteiligten bei Planungs- und Entwicklungsprozessen nicht auf. Sie eröffnen aber eine Dimension des Verstehens und (vorgängigen) Nachdenkens, die auch durch eine Partizipation der so genannten stakeholder nicht ersetzt werden kann. Historische Tiefenstudien, die z.B. auch das Selbstbild verschiedener beteiligter Fraktionen zur Debatte stellen, sind nicht durch Meinungsaustausch zu gewinnen. Aber manche „unnötige" Provokation aus Unwissenheit könnte unterbleiben, wenn kulturwissenschaftliche Erkenntnismöglichkeiten mit genutzt würden.

Und noch ein Letztes: Kulturwissenschaftlich fundierte Reflexionsarbeit spricht zunächst einmal die Wissenschaftler, Planer, Politiker, Macher (in der Mehrheit männlich) an. Ihnen ist es, weit mehr als den so genannten Betroffenen und Laien, aufgegeben, sich über die Implikationen ihres Tuns klar zu werden. Dazu gehört auch der Versuch einer konzeptionellen Selbstprüfung, die verantwortlich kaum anders als durch kulturwissenschaftliche Erkundung zu haben ist.

Im Naturschutz beginnt jetzt gerade eine grundlegendere, vermutlich ziemlich schmerzhafte historisch-kritische Rekonstruktion der leitenden Bilder, Wertsetzungen und mentalen Konzepte. Sie könnte zu einer tiefgreifenden Revision „selbstverständlicher" Betrachtungsweisen und Leitvorstellungen führen. Diese Rekonstruktionsarbeit erfolgt im Nachgang zu vielen, mancherorts unerbittlichen Konflikten um Naturschutzvorhaben. Es wäre zu wünschen, dass eine vergleichbare nachholende Anstrengung sich für IKZM ein Stück weit vermeiden ließe, indem rechtzeitig auf die Chancen geachtet würde, die kulturwissenschaftliche

Erkundungen eröffnen können, mögen sie zunächst auch noch so wenig „anwendungsbezogen" erscheinen.

Literatur

Allmers, Hermann 1858. *Marschenbuch. Land- und Volksbilder aus den Marschen der Weser und Elbe* (hg. Bernd Ulrich Hucker). H. Th. Wenner Verlag, Osnabrück 1979 [Neudruck nach der Erstausgabe Gotha 1858].

ANL (Bayerische Akademie für Naturschutz und Landschaftspflege) 1999 (Hrsg.). *Schön wild sollte es sein ... Wertschätzung und ökonomische Bedeutung von Wildnis.* ANL, Laufen/Salzach.

Bantelmann, Albert 1967. *Die Landschaftsentwicklung an der schleswigholsteinischen Westküste, dargestellt am Beispiel Nordfriesland.* Karl Wachholtz Verlag, Neumünster.

Bloch, Ernst 1973. *Das Prinzip Hoffnung.* Suhrkamp Verlag, Frankfurt/M. [zuerst 1959, entstanden 1938-47].

Borger, Guus J. 1997. Natur- und Kulturlandschaften an der Nordseeküste. In: Ludwig Fischer (Hrsg.). *Kulturlandschaft Nordseemarschen.* Bredstedt/Westerhever, Nordfriisk Instituut: 27-38.

Bourdieu, Pierre 1974. *Zur Soziologie der Symbolischen Formen.* Suhrkamp Verlag, Frankfurt/M.

Bourdieu, Pierre 1982. *Die feinen Unterschiede.* Suhrkamp Verlag, Frankfurt/M.

Bourdieu, Pierre 1985. *Sozialer Raum und „Klassen".* Leçon sur la leçon. Suhrkamp Verlag, Frankfurt/M.

Bourdieu, Pierre 1992. *Homo academicus.* Suhrkamp Verlag, Frankfurt/M.

Bourdieu, Pierre 1997. Zur Genese der Begriffe Habitus und Feld. In: Piere Bourdieu *Der Tote packt den Lebenden. Schriften zu Politik & Kultur 2.* VSA Verlag, Hamburg: 59-78.

Brandt-Odenthal, Marion 1989. *Wenn Sylt versinkt. Lehrstück einer Umweltzerstörung. Fakten – Zusammenhänge – Perspektiven.* S. Fischer Verlag, Frankfurt/M.

Brüggemann, Beate, Rainer Riehle 1986. *Das Dorf. Über die Modernisierung einer Idylle.* Campus Verlag, Frankfurt/M.

Busch, Reimer u.a. (Hrsg.). 1980. *Aus dem Nachlaß von Andreas Busch.* Selbstverlag, Husum.

CWSS (Common Wadden Sea Secretariat) (Hrsg.). 1998. Trilateraler Wattenmeerplan. In: *Erklärung von Stade 1997.* Anhang I. CWSS Verlag, Wilhelmshaven: 15-106.

Enzensberger, Hans Magnus 1962. Eine Theorie des Tourismus. In: Hans Magnus Enzensberger *Einzelheiten I. Bewußtseins-Industrie.* Suhrkamp Verlag, Frankfurt/M.: 179-205.

Eser, Uta 1999. *Der Naturschutz und das Fremde. Ökologische und normative Grundlagen der Umweltethik.* Campus Verlag, Frankfurt/M.

Fischer, Ludwig 1988. Trank Wasser wie das liebe Vieh. Marginalien zur Sozi-
algeschichte des Umgangs mit Wasser. In: Hartmut Böhme (Hrsg.). *Kulturgeschichte des Wassers*. Suhrkamp Verlag, Frankfurt/M.: 314-352.

Fischer, Ludwig 1997. Die Ästhetisierung der Nordseemarschen als „Landschaft". In: Ludwig Fischer (Hrsg.). *Kulturlandschaft Nordseemarschen*.
Nordfriisk Instituut, Bredstedt/Westerhever: 201-232.

Fischer, Ludwig 2000. Das Feste und das Flüssige. Zur Ideologie und Wahrnehmungsgeschichte des Wattenmeers und der Halligen. In: Bernd Busch,
Larissa Förster (red.): *Wasser*. Wienand Verlag, Bonn: 624-652.

Fischer, Ludwig 2001. „Erfahrungswissen" – Vom schwierigen Umgang mit
Geschichte im Spannungsfeld von Naturschutz und Landwirtschaft. In:
Ludwig Fischer, Ulf Hahne (Hrsg.). *Naturschutz und Landwirtschaft*. Aka-
demie für die ländlichen Räume, Eckernförde [im Druck].

Frankenhauser, Pierre 1994. Fraktale Geometrie – Ästhetisches Spielzeug oder
Weg zur Naturerkenntnis. In: Günter Bien et al. (Hrsg.). *„Natur" im Um-
bruch. Zur Diskussion des Naturbegriffs in Philosophie, Naturwissenschaft
und Kunsttheorie*. fromann-holzboog Verlag, Stuttgart-Bad Canstatt: 219-
258.

Fuller, Gregory 1993. *Das Ende. Von der heiteren Hoffnungslosigkeit im Ange-
sicht der ökologischen Katastrophe*. Ammann Verlag, Zürich.

GEO Special Nordsee vom 10.6.1987. Verlag Gruner & Jahr, Hamburg.

Harth, Ulli 1990. *Der Untergang der Halligen*. Möller Verlag, Rendsburg.

Hasse, Jürgen 1997. Wahrnehmung und Bewertung der Marschenlandschaft in
der Konkurrenz unterschiedlicher Interessen. In: Ludwig Fischer (Hrsg.).
Kulturlandschaft Nordseemarschen. Nordfriisk Instituut, Bredstedt/Wester-
hever: 201-232.

Herman, Arthur 1998. *Propheten des Niedergangs. Der Endzeitmythos im west-
lichen Denken*. Propyläen Verlag, Berlin.

Hinrichs, B. 1985. *Flutkatastrophe 1634*. Natur Geschichte Dichtung. Karl
Wachholtz Verlag, Münster.

Heuermann, Hartmut 1994. *Medienkultur und Mythen. Regressive Tendenzen
im Fortschritt der Moderne*. Rowohlt Verlag, Reinbek.

Horstmann, Ulrich 1983. *Das Untier. Konturen einer Philosophie der Men-
schenflucht*. Suhrkamp Verlag, Frankfurt/M.

Imhof, Arthur E. 1984. *Die verlorenen Welten. Alltagsbewältigung durch unsere
Vorfahren – und weshalb wir uns heute so schwer damit tun ...* Verlag C.H.
Beck, München.

Jakubowski-Tiessen, Manfred 1992. *Sturmflut 1717. Die Bewältigung einer
Naturkatastrophe in der frühen Neuzeit*. Oldenbourg Verlag, München.

Johansen, Chr. 1889. *Halligenbuch. Eine untergehende Inselwelt*. 2. Aufl. Verlag Julius Bergas, Schleswig.

Kohl, Joahnn Georg 1846. *Die Marschen und Inseln der Herzogthümer Schleswig und Holstein*. Arnoldische Buchhandlung, Leipzig [Nachdruck: Sändig
Verlag, Wiesbaden 1973].

Kühn, Hans Joachim 1997. Das Watt im Norderhever-Bereich als untergegangene Kulturlandschaft. In: Ludwig Fischer (Hrsg.). *Kulturlandschaft Nordseemarschen*. Nordfriisk Instituut, Bredstedt/Westerhever: 67-75.

Laslett, Peter 1988. *Verlorene Lebenswelten. Geschichte der vorindustriellen Gesellschaft*. Böhlau Verlag, Wien, Köln, Graz.

Lengsfeld, Klaus 1998 (Hrsg.). *Halligleben um 1900*. Boyens Verlag, Heide.

Lorenzen, Lorenz 1982. *Genaue Beschreibung der wunderbaren Insel Nordmarsch*. Hg. v. Jens Lorenzen. Verlag Helmut Buske, Hamburg [Neudruck der Ausgabe von 1749].

Lorenzen, Jens 1992. *Die Halligen in alten Abbildungen*. Nordfriisk Instituut, Bredstedt.

Lozán, José L. et al. 1994 (Hrsg.). *Warnsignale aus dem Wattenmeer*. Blackwell Wissenschafts-Verlag, Berlin.

Mecklenburg, Norbert 1982. *Erzählte Provinz. Regionalismus und Moderne im Roman*. Athenäum Verlag, Königstein.

Mecklenburg, Norbert 1986. *Die grünen Inseln. Zur Kritik des literarischen Heimatkomplexes*. iudicium Verlag, München.

Meier, Dirk 1997. Frühe Besiedelungsmuster und der Wandel des Naturraumes zur Kulturlandschaft in Eiderstedt und Dithmarschen. In: Ludwig Fischer (Hrsg.). *Kulturlandschaft Nordseemarschen*. Nordfriisk Instituut, Bredstedt/Westerhever: 45-66.

Minden, Berte-Eve 1941. *Heike von Habel. Eines Halligsommers wundersame Geschichte*. Franz Westphal Verlag, Wolfshagen-Scharbeutz.

Müller, Friedrich 1917. *Das Wasserwesen an der Schleswig-Holsteinischen Nordseeküste*. Erster Teil: Die Halligen, Bd. 1. Reimer Verlag, Berlin.

Müller-Wille, Michael 1988 (Hrsg.). *Nordhever-Projekt 1: Landschaftsentwicklung und Siedlungsgeschichte im Einzugsgebiet der Norderhever (Nordfriesland)*. 2 Bde. Wachholtz Verlag, Neumünster.

Möller, Theodor 1912. *Das Gesicht der Heimat*. Wachholtz Verlag, Neumünster.

Möller, Theodor 1919. *Aus der meerumschlungenen Heimat*. Wachholtz Verlag, Neumünster.

Möller, Theodor 1924. *Die Welt der Halligen*. Wachholtz Verlag, Neumünster.

Möller, Theodor 1929. *Nordschleswig. Landschafts- und Kulturbilder*. Wachholtz Verlag, Neumünster.

Möller, Theodor 1931. *Die Welt der Halligen*. 2. Aufl. Wachholtz Verlag, Neumünster.

Möller, Theodor 1933. *Gassen der Heimat*. Wachholtz Verlag, Neumünster.

Olwig, Kenneth R. 1995. Reinventing Common Nature: Yosemite and Mount Rushmore – A Meandering Tale of a Double Nature. In: William Cronon (ed.). *Uncommon Ground. Rethinking the Human Place in Nature*. W. W. Norton, New York, London: 379-408.

Panten, Albert 1997. Zur Historische Karthographie der Nordseemarschen. In: Ludwig Fischer (Hrsg.). *Kulturlandschaft Nordseemarschen*. Nordfriisk Instituut, Bredstedt/Westerhever: 77-86.

Petersen, Marcus 1981. *Die Halligen. Küstenschutz – Sanierung – Naturschutz.* Wachholtz Verlag, Neumünster.

Pinna, Lorenzo 1996. *Fünf Hypothesen zum Untergang der Welt.* dtv, München

Prokosch, Peter et al. 1991 (eds.). *The Common Future of the Wadden Sea.* Technical Report. WWF, Husum.

pronik 2001. *Natur im Konflikt. Naturschutz, Naturbegriff und Küstenbilder. Interdisziplinäres Forschungsvorhaben zur Untersuchung aktueller Konzeptualisierungen von „Natur".* www.pronik.de.

Quedens, Georg 1983. *Die Halligen.* 7. Aufl. Breklumer Verlag, Breklum.

Reinhardt, Andreas 1984 (Hrsg.). *„Die erschreckliche Wasser-Fluth" 1634. Die Flut vom 11. Oktober 1634 und ihre Folgen nach zeitgenössischen Berichten und Dokumenten mit einer Darstellung über den Einfluß der Sturmfluten auf die historische Entwicklung des nordfriesischen Küstenraumes.* Husum Druck, Husum.

Renger-Patzsch, Alfred 1927. *Die Halligen.* Albertus-Verlag, Berlin.

Rieken, Guntram 1982. *Die Halligen im Wandel.* Husum Druck, Husum.

Schäfer, Lothar 1993. *Das Bacon-Projekt. Von der Erkenntnis, Nutzung und Schonung der Natur.* Suhrkamp Verlag, Frankfurt/M.

Schama, Simon 1996. *Der Traum von der Wildnis. Natur als Imagination.* Verlag C.H. Beck, München.

Schwingel, Markus 1995. *Bourdieu zur Einführung.* Junius Verlag, Hamburg.

SDN-Kolloquium Klimaänderung und Küste 1996. Schutzgemeinschaft Deutsche Nordseeküste, Varel.

Sterr, Horst 1996. Klimawandel und mögliche Auswirkungen auf die deutsche Nordseeküste. In: *SDN-Kolloquium Klimaänderung und Küste 1996.* Schutzgemeinschaft Deutsche Nordseeküste, Varel: 9-30.

Taubert, Achim 1986. *Morphodynamik und Morphogenese des Nordfriesischen Wattenmeeres.* Institut für Geographie und Wirtschaftsgeographie der Universität Hamburg, Hamburg.

Thurn, Hans Peter 1990. *Kulturbegründer und Weltzerstörer. Der Mensch im Zwiespalt seiner Möglichkeiten.* Metzler Verlag, Stuttgart.

Traeger, Eugen 1892. *Die Halligen der Nordsee.* J. Engelhorn Verlag, Stuttgart.

Trommer, Gerhard 1992. *Wildnis – die pädagogische Herausforderung.* Deutscher Studienverlag, Weinheim.

Weber, Heinz-Dieter 1989 (Hrsg.). *Vom Wandel des neuzeitlichen Naturbegriffs.* Universitätsverlag Konstanz, Konstanz.

Wilke, Joachim 1994 (red.). *Zum Naturbegriff der Gegenwart.* 2 Bde. frommann-holzboog Verlag, Stuttgart-Bad Canstatt.

Zimmermann, Jörg 1982 (Hrsg.). *Das Naturbild des Menschen.* Fink Verlag, München.

Allmendetragik in der Ostsee? Mecklenburg-Vorpommerns Kutter- und Küstenfischer in den Zwängen der EU-Fischereipolitik

Yvonne Schöler

Hermundurenstr. 27, 90461 Nürnberg, E-Mail: y_schoeler@web.de

Zusammenfassung. Im Rahmen der Gemeinsamen Fischereipolitik der EU wird versucht, dem Trend einer anhaltenden Ausbeutung und Überfischung der Meere und Ozeane zu begegnen. Von den Bestandteilen und Maßnahmen dieser Politik ist auch die Kutter- und Küstenfischerei von Mecklenburg-Vorpommern betroffen. Dabei ist das Verhältnis der Fischereipolitik der EU zur Kutter- und Küstenfischerei von Mecklenburg-Vorpommern durch die Komponenten Abhängigkeit, Autorität und Verantwortung geprägt. Eine Umsetzung von ökologisch, ökonomisch und sozial nachhaltiger Fischerei erscheint in vielerlei Hinsicht problematisch. Es wird die These vertreten, dass die Fischereipolitik der EU die ökonomischen, ökologischen und sozialen Probleme, vor die die Kutter- und Küstenfischerei von Mecklenburg-Vorpommern heute gestellt ist, teilweise selbst hervorruft bzw. diese verstärkt. Eine nachhaltige Fischerei erfordert daher eine Politik, die die Fischer aus dem Dilemma von ökologischen Notwendigkeiten und ökonomischen Zwängen befreit, indem sie ihnen neben größerer Eigenverantwortlichkeit die Möglichkeit einräumt, eine Gemeinschaft entstehen zu lassen, die für die gemeinsame nachhaltige Bewirtschaftung einer Ressource unverzichtbar ist.

Schlüsselwörter. Allmende, Fangquoten, Fischereipolitik, soziale Nachhaltigkeit, Subventionen

Die Eingebundenheit der Kutter- und Küstenfischerei von Mecklenburg-Vorpommern in die Gemeinsame Fischereipolitik der EU

Als Kutterfischerei (oder kleine Hochseefischerei) bezeichnet man die Fischerei mit gedeckten (geschlossenen) Fahrzeugen ganz unabhängig von der Fangmethode, während die Fischerei mit offenen (ungedeckten) Booten in den Seegewässern als Küstenfischerei bezeichnet wird (Hahlbeck 1993/1994: 16).

Die Fischereistandorte der Kutter- und Küstenfischerei von Mecklenburg-Vorpommern befinden sich entlang der Ostseeküste von Wismar im Westen bis nach Ahlbeck im Osten. Als Kutterfischerei bezeichnet man den Fischfang mit gedeckten bzw. geschlossenen Booten, die Küstenfischerei wird mit kleineren, offenen bzw. ungedeckten Booten betrieben. Diese bilden den größeren Anteil an der Flotte, da sie eine historische Besonderheit der Kutter- und Küstenfischerei darstellen. Sie sind mit ihrer schwachen Motorisierung und den passiven Fangtechniken besonders gut an die Gegebenheiten der inneren und äußeren Seegewässer angepasst.

Tabelle 1: Die Erzeugerorganisationen der Kutter- und Küstenfischerei von Mecklenburg-Vorpommern

Region	Erzeugerorganisation	Gesellschaftsform	Sitz	Mitglieder
Wismar/Rostock	Wismarbucht	e.G.	Wismar	88 Einzelu.
Stralsund	Stralsund und Umgebung	GmbH	Stralsund	6 FG
Usedom/ Wolgast	Usedom Fisch	e.G.	Freest	5 FG + 4 Einzelu.
Usedom/ Wolgast	Pommersche Küstenfischer	e.V.	Wolgast	42 Einzelu.
Rügen	Rügenfang	e.G.	Saßnitz	7 FG + 1 Einzelu.
Rügen	Saßnitzer Seefischer	e.G.	Saßnitz	14 Kutterfischereibetriebe

Einzelu. = Einzelunternehmen; FG = Fischereigenossenschaften

Quelle: Hahlbeck (1994: 194)

Die gesamte Kutter- und Küstenfischerei setzt sich heute aus Einzelunternehmen, und Fischereigenossenschaften zusammen, wobei der größte Anteil wiederum Mitglied in einer der sechs Erzeugerorganisationen ist.

Alle Erzeugerorganisationen sind in der Vereinigung der Erzeugerorganisationen der Kutter- und Küstenfischerei von Mecklenburg-Vorpommern GmbH zusammengeschlossen. Die Mitgliedschaft in einer Erzeugerorganisation ist auch Voraussetzung für den Erhalt von Fördergeldern für Investitionen oder zur Modernisierung der Kutter und der Ausrüstungen.

Diese Struktur der Kutter- und Küstenfischerei ist das Ergebnis der geschichtlichen Entwicklung nach der politischen Wende von 1989. 1983 trat die gemeinsame Fischereipolitik der EG in Kraft und nach 1989 wurde auch die Kutter- und Küstenfischerei von Mecklenburg-Vorpommern im Zuge der deutschen Wiedervereinigung in diese Politik eingegliedert. Wie sich diese Eingliederung gestaltet, möchte im Folgenden darlegen.

Die 200-Seemeilen-Fischereizonen

Die heutige Fischereipolitik der EU ist das Ergebnis der Bemühungen, die globalen Meere vor einer völligen Ausbeutung durch Überfischung zu bewahren. Nach Schätzungen der FAO gelten heute bei einer globalen Anlandungsmenge von ca. 100 Mio. Tonnen Fisch pro Jahr ca. 70% der globalen Fischbestände als maximal ausgebeutet beziehungsweise überfischt (FAO 1998). Grundlage der EU-Fischereipolitik bildet die Internationale Seerechtskonvention der Vereinten Nationen (UNCLOS III), deren Verhandlungen 1973 begannen und erst 1994 endgültig von allen beteiligten 148 Staaten anerkannt wurden. Dieses Gesetz ist für 72% der gesamten Erdoberfläche bestimmt (denn die Meere machen immerhin 72% der gesamten Erdoberfläche aus); es soll die Meere schützen und den Zugang zu wertvollen Ressourcen gerecht regeln.

Eine der wichtigsten Neuerungen durch dieses Gesetz waren die 200-Seemeilen-Fischereizonen oder auch Wirtschaftszonen (Exclusive Economic Zones), die jeder Staat vor seiner Küste beanspruchen kann. Es hat in erster Linie der jeweilige Küstenstaat Hoheitsrechte zur Bewirtschaftung und Ausbeutung der sich darin befindenden Ressourcen. Im Zuge der Einrichtung dieser Wirtschaftszonen ging die Freiheit der Meere und der Fischerei grundsätzlich verloren bis auf den Bereich der hohen See, wo er heute noch gilt. Es liegen jedoch viele wertvolle Fanggründe in den küstennahen Bereichen und global stammen 90% des Fischereiertrages aus diesen Seegebieten.

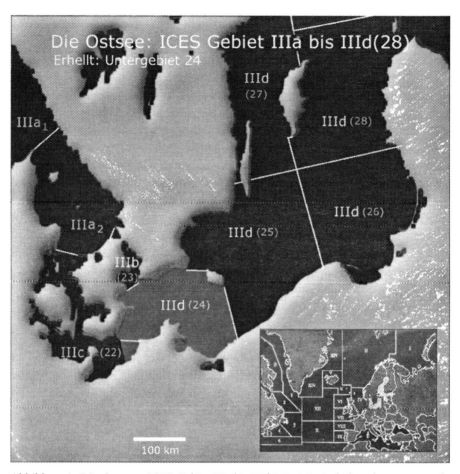

Abbildung 1: Die Ostsee – ICES-Gebiet IIIa bis IIId(28). Mit Südschweden, Dänemark, Norddeutschland mit Rügen (stilisiert) sowie Nordpolen und südlichen Teilen des Baltikums. Grafik in Anlehnung an ein IRS-Satellitenfoto von 1999. ICES-Gebiete und -Untergebiete nach dem Stand von 2001. Grafik und Montage: Arno Schlick (2001).

Vor den Küsten der Ostseeanrainerstaaten gestalten sich die 200-Seemeilen-Fischereizonen nach dem *Mittellinienprinzip,* d.h. der Abstand zwischen den Küsten wird halbiert, sofern er keine 200 Seemeilen beträgt.

Des Weiteren ist der gesamte Bereich in statistische Gebiete und Untergebiete unterteilt, die der *Internationale Rat für Meeresforschung* (ICES) festgelegt hat. Sie dienen der Bestimmung der Fanggründe und der Festlegung der *Fangquoten* für bestimmte Fischarten.

TACs und Fangquoten

Bestimmte Fischarten sind mit Fangquoten belegt. Die Quotierungen erfolgen auf der Grundlage der wissenschaftlichen Empfehlungen des ICES und des IBSFC (International Baltic Sea Fishery Comission) in Zusammenarbeit mit der Bundesforschungsanstalt für Fischerei (BFAFi) und deren Institut für Ostseefischerei (IOR) mit Sitz in Rostock. Weitere Fischereiforschung findet an den Instituten der einzelnen Universitäten statt, so z.B. am Institut für Ostseeforschung in Warnemünde (IOW) der Universität Rostock. Die Ergebnisse der Forschungsaktivitäten werden als Grundlage für die Beratung des Bundesministeriums für Ernährung, Landwirtschaft und Forsten (BMELF) herangezogen, das die Quoten als Fanglizenzen auf die einzelnen Fangschiffe verteilt.

Die Tabelle zeigt beispielhaft die Entwicklung der Fangquoten und der Gesamtfangmengen von 1991 bis 1993 für den Bereich der Ostsee. Die Ostsee ist nicht mit einem einzigen ICES-Gebiet identisch, sondern zerfällt in mehrere Gebiete (siehe auch Abb. 1). Die Angaben „gesamt" beziehen sich für alle vier Fischarten auf die ICES-Gebiete 22 und 24 und 25-32, d.h. hierin liegt die Ostsee bis über die polnische Grenze nach Osten hinaus. Die deutsche Fangquote für Dorsch und Lachs in der Tabelle bezieht sich zwar auf einen geographisch fast identischen Teil, der jedoch an der Grenze zu Polen endet, da es sich nur um den EG-Teil handelt. Die deutschen Quoten für Hering und Sprott beziehen sich wiederum auf den gleichen Teil, aber über die „EG-Grenze" hinaus. An diesem Beispiel wird die Verflechtung der einzelnen zonalen Ansätze im Fischereimanagement der EU deutlich. Es handelt sich um die Fischbestände in den ICES-Gebieten, die quotiert sind. Keine Berücksichtigung für die Festlegung der TACs erfahren die Begrenzungen der 200-sm-Zonen. Diese können aber beim *Abfischen* der Quoten eine Rolle spielen. So fischen zum Beispiel auch dänische, schwedische und polnische Fischer ihre nationalen Heringsquoten in der 200-sm-Zone bzw. in einer 12-sm-Zone von Mecklenburg-Vorpommern ab und Fischer aus Schleswig-Holstein und Niedersachsen ihre Dorschquote (Köhn 1998). Die Quoten sind im Gegensatz zu den TACs flexible Größen, die von den Mitgliedstaaten der EG untereinander getauscht werden können. Letztendlich soll mit den TACs eine Einhaltung der Gesamtfangmengen in bestimmten Gebieten sichergestellt werden; welches Land welchen Anteil dabei fischt, ist hierfür nicht in erster Linie relevant.

Die Quoten werden nach einem bestimmten Verteilungsschlüssel auf die einzelnen Mitgliedstaaten verteilt. In Deutschland werden sie vom Bundesministerium für Ernährung, Landwirtschaft und Forsten

Tabelle 2: Die Entwicklung der TACs in der Ostsee und die deutsche Fangquote von 1991-1993 (in 1000 t)

	Hering		Dorsch		Sprott		Lachs	
	gesamt	deutsch	gesamt	deutsch	gesamt	deutsch	gesamt	deutsch
1991	486,0	61,280	171,0	14,428	163,0	3,140	3350,0	0,07
1992	486,0	42,970	100,0	9,592	201,0	4,670	3350,0	0,07
1993	650,0	81,440	40,0	4,220	350,0		650000 *	

Die Angaben „gesamt" beziehen sich auf die ICES-Gebiete 22, 24 und 25-32. Die deutsche Quote bezieht sich für Dorsch und Lachs auf die ICES-Gebiete IIIb, c, d (nur EG-Teil), für Hering und Sprott auf die Gebiete IIIb, c und d.
* ab 1993 in Individuen.

Quelle: zusammengestellt nach Angaben aus Hahlbeck (1994: 197, 199)

(BMELF) an die zuständigen Behörden der einzelnen Bundesländer gemeldet. Von dort werden sie dann als Fanglizenzen auf die einzelnen Fangschiffe verteilt. Sobald eine Quote abgefischt ist, wird sie geschlossen und die Anlandungsmengen werden dem BMELF zurückgemeldet. Bei der Verteilung der Quoten soll außerdem die Fangmenge berücksichtigt werden, die ein Staat vor 1977 bzw. der Einführung der 200-sm-Zonen fangen konnte. Weitere Berücksichtigung erfahren auch die von der Fischwirtschaft besonders abhängigen Gebiete und solche Länder, die große Verluste durch Fangeinbußen vor Drittländern zu verzeichnen hatten. Hier soll ein Ausgleich in die Quote einfließen.

Die Aufteilung der Quoten sowohl auf die einzelnen Mitgliedstaaten als auch auf die einzelnen Fischereistandorte ist dennoch immer problematisch. Döring (1998: 74) bezeichnet dies mit dem Begriff „Quotenkampf". Selbstverständlich möchte jedes Land bzw. jeder Fischereistandort eine hohe Fangquote zugesprochen bekommen, denn eine hohe Quote beinhaltet die Möglichkeit, größere finanzielle Gewinne zu erzielen. Sollte im Rahmen einer Verhandlung über die Aufteilung der Quoten keine Einigung erzielt werden können, so muss in letzter Konsequenz oftmals der Landesminister von Mecklenburg-Vorpommern darüber entscheiden.

Die fischereilich wichtigsten Fischarten der Kutter- und Küstenfischerei von Mecklenburg-Vorpommern sind *Hering* und *Dorsch*. Der Hering stellte von 1980 bis 1992 im Durchschnitt einen Anteil von 75% am Gesamtfang der Seefische der Kutter- und Küstenfischerei von

Mecklenburg-Vorpommern und der Dorsch (so wird die Kabeljauart bezeichnet, die sich in den Ostseegewässern aufhält; Rechlin/Bagge 1996: 188) einen Anteil von 9%, gefolgt von Flunder und Sprotte.[1] Von diesen Seefischen sind die Süßwasserfische, die fischereilich ebenfalls eine Rolle spielen, zu unterscheiden. Hierzu gehören Aal, Barsch, Zander und Hecht.

Der Hering ist vom traditionellen Brotfisch allerdings eher zum „Problemfisch" geworden, da er zwar einen relativ hohen Anteil am Gesamtfang ausmacht, dem aber ein eher geringer Anteil am wirtschaftlichen Gesamterlös gegenübersteht, sodass sich sein Fang nur in großen Mengen lohnt. Allerdings sind die Vermarktungsbedingungen für Hering sehr schlecht. Bislang wird ein großer Teil des Herings unverarbeitet nach Dänemark geliefert, weil eigene Verarbeitungsstrukturen fehlen und im Austausch dazu verarbeiteter Hering importiert (z.B. Heringslappen). Im Rahmen der Wiedervereinigung Deutschlands 1989 waren die Betriebe Mecklenburg-Vorpommerns nun mit der Konkurrenz ehemaliger westdeutscher Betriebe konfrontiert. Durch den Bau eines neuen *Fischbearbeitungszentrums* in Sassnitz-Mukran auf Rügen erhofft man sich, langfristig einen besseren Marktpreis zu erzielen. Geplant ist, dass dort jährlich bis zu 50.000 Tonnen Fisch verarbeitet werden. Der Bau des Werkes wird von der EU und vom Land finanziell gefördert.

Der Dorsch ist stark quotiert, weil seine Bestände gefährdet und rückläufig sind, so dass auch für das Jahr 2000 die Dorschquote gesenkt wurde. Im Gegensatz zu Hering stellt er zwar einen größeren Anteil am wirtschaftlichen Gesamterlös, jedoch erscheint ein vorübergehender Rückzug auf seine Bestände – um die schlechte Vermarktungssituation von Hering zu überbrücken – ökologisch unangemessen zu sein, um die Bestände nicht noch stärker zu strapazieren.

Subventionen

Die heutige Hochseeflotte der EU verfügt über eine Überkapazität von ca. 40%, das heißt, die Fangmengen, die die Schiffe zu fangen in der Lage sind, sind höher als das, was sie tatsächlich aufgrund der Vorgaben der TACs fangen sollen. Angestrebtes Ziel ist, diese Überkapazitäten abzubauen und somit den vorhandenen Ressourcen anzupassen. Hierzu stellt die EU Gelder zur Verfügung, die die Folgen der Anpassung für

---

[1] Durch die Verfasserin berechnet nach Angaben des Landesamtes für Fischerei in Hahlbeck (1994: 200).

die Betroffenen (Fischer und in der Fischindustrie tätige Personen) ab-
federn sollen. Im Zeitraum von 1987 bis 1996 wurden ca. 300 Mio.
DM von der deutschen Bundesregierung für die Kapazitätsanpassung
ausgegeben. Davon entfielen 100 Mio. DM auf die vorübergehende
Stillegung von Fischereifahrzeugen, 200 Mio. DM auf die endgültige
Stillegung und insgesamt 85 Mio. DM als Investitionsförderung. Die EU
beteiligte sich innerhalb dieser Maßnahmen mit insgesamt 140 Mio.
DM (Bundesministerium für Ernährung, Landwirtschaft und Forsten
1998: 49).

Dieses Programm betrifft natürlich auch die Kutter der Fischer in
Mecklenburg-Vorpommern. Die EU unterstützte Mecklenburg-Vorpommern in der Zeit nach 1989 mit 170 Mio. DM, um den Strukturwandel durchführen und den Betroffenen eine ökonomische Sicherheit
ermöglichen zu können. Neben den Privatisierungen wurden viele Kutter vollständig oder teilweise stillgelegt. Für die vollständige Stilllegung
z.B. wurden so genannte *Abwrackprämien* gezahlt. Dieses Geld floss in
einen *Sozialfonds,* aus dem dann die *Abfindungen* der arbeitslos gewordenen Fischer gezahlt wurden. Hierbei befand man sich allerdings in einem Dilemma: Je mehr Kutter stillgelegt wurden, umso mehr Geld floss
in den Sozialfonds und umso höher waren dann die Abfindungszahlun-
gen. Allerdings wuchs damit auch die Zahl der arbeitslos gewordenen
Fischer. In den kleinen verarbeitenden Betrieben kam es ebenfalls zu
Entlassungen, da diese Betriebe der Konkurrenz der Großbetriebe der
alten Bundesländer oft nicht gewachsen waren.

In der Phase der Eingliederung in die Fischereipolitik der EU ist ein
starker Rückgang der Gesamtanlandungsmenge der Kutter- und Küstenfischerei von Mecklenburg-Vorpommern (See- und Süßwasserfische)
von 1989 bis 1991 zu verzeichnen. Während die Anlandungen 1989
noch bei ca. 45.448 t lagen, gingen sie im Folgejahr auf 31.620 t zurück, um dann noch einmal um ungefähr die Hälfte auf ca. 15.344 t zu
sinken (Hahlbeck 1994: 200). Zeitgleich ist auch die Anzahl der Berufsfischer von 1989 mit 1.400, 1990 mit 1.380 und in den Folgejahren bis
1994 je von 948, 900, 800 auf 593 zurückgegangen (Hahlbeck
1993/94: 22). Im Jahr 2000 waren es noch ca. 450. Der Rückgang der
Berufsfischer ist aber nicht nur auf die Kapazitätsanpassungen zurückzuführen, sondern auch auf deren Altersstruktur. Das Durchschnittsalter
liegt bei ca. 55 Jahren und viele scheiden aus dem Beruf aus. Allerdings
– und das bereitet weiterhin Sorge – ergreifen wenige Jugendliche den
Beruf des Fischers. Es ist harte Arbeit, und das Einkommen ist nicht
sehr hoch. Die Anzahl der Azubis in Mecklenburg-Vorpommern liegt
derzeit zwischen einem und sechs.

Ergebnis und Ausblick: ökologische Erfordernisse, ökonomische Notwendigkeiten und soziale Dimensionen

Zusammenfassend lässt sich feststellen, dass die Kutter- und Küstenfischerei von Mecklenburg-Vorpommern derzeit mit Problemen in ökologischer, ökonomischer und sozialer Hinsicht konfrontiert ist. Rückgängige Dorschbestände erfordern eine Bestandsschonung und die Reduktion der Fangquoten bei gleichzeitiger schwieriger Vermarktungssituation von Hering. Durch die Kapazitätsanpassungen im Rahmen der Strukturpolitik der EU und die Wiedervereinigung Deutschlands 1989 werden Fischereifahrzeuge teilweise oder vollständig stillgelegt. Viele Fischer werden arbeitslos oder scheiden aufgrund ihres Alters aus dem Beruf aus, während die Anzahl der Auszubildenden sehr gering ist.

Die Fischereipolitik der EU beinhaltet Maßnahmen und Programme, um die ökologischen, ökonomischen und sozialen Folgen für die Kutter- und Küstenfischerei von Mecklenburg-Vorpommern abzufedern. Durch Kontrollen der Fangmenge bei der Anlandung, durch Festsetzung von Schonzeiten in bestimmten Fanggebieten, durch Festschreibung von Mindestfischfanggrößen sowie durch die Festlegung von Fangquoten soll einer Überfischung vorgebeugt bzw. entgegengewirkt werden. Durch Subventionen soll ökonomische Sicherheit gewährleistet und durch Arbeitspolitik (Umschulungen, finanzielle Anreize zur Übernahme eines Kutters durch einen Jungfischer) sollen unter anderem die sozialen Folgen der Arbeitslosigkeit wie Ausgrenzung und Perspektivlosigkeit aufgefangen werden.

Dennoch sind die Probleme bis heute nicht gelöst worden. Daher vertrete ich die These, dass die Fischereipolitik der EU die negativen Folgen, die sie durch ihre Programme und Maßnahmen zu bekämpfen versucht, teilweise selbst hervorruft bzw. verstärkt. Dies gilt sowohl für die Kutter- und Küstenfischerei von Mecklenburg-Vorpommern als auch EU-weit. Die Probleme sind vielmehr auch auf einer anderen, nicht gleich offensichtlichen Ebene angesiedelt. Bei McCay/Jentoft (1996: 283) heißt es:

> „Aus der Perspektive der lokalen Gemeinschaft hat eine bürokratische Einmischung in das Ressourcen-Management die latente Funktion, Einbettung aufzuheben. Praktisch bedeutet sie ein Heraushaben der *Verantwortung*, die zuvor Angelegenheit der Nutzer war. Vertikale Verbindungen – der individuellen Nutzer gegenüber der Regierung – haben Vorrang vor *horizontalen Verbindungen*, d.h. solchen, die die Nutzer untereinander haben und die innerhalb ihrer lokalen Gemeinschaft und auf

der Allmende gelebt werden. Ehemals kooperative und symbiotische Beziehungen werden zu *kompetitiven* und „positionalen" [...], sie bringen
die Nutzer in ihrem Verhältnis zur Regierung in eine Position der *Abhängigkeit*. Damit werden diejenigen sozialen Bedingungen, die zu *sozialem Handeln* führen – Solidarität, Vertrauen, Gleichheit – erodiert."
(Hervorh. d. Verf.)

Sobald man diesen Gedanken in die Betrachtungen des Verhältnisses
der Kutter- und Küstenfischerei von Mecklenburg-Vorpommern zur Fischereipolitik der EU einbezieht, zeigt sich, dass auch hier die *Verantwortung* für die Allmende Meer nicht in erster Linie in der Hand des
Fischers, sondern beim Entscheidungsträger der EU liegt, da dort die
Regeln und Mechanismen festgelegt werden, nach denen gefischt werden soll und darf (vgl. auch Tab. 2). Die Fangmenge wird in Form von
Fangquoten festgelegt und die Anlandungen werden kontrolliert. Hierbei übernimmt der Staat bzw. die EU die Rolle einer „externen Autorität" (ebd.: 282). Die direkte Verantwortung für die Allmende Ostsee
bleibt den Fischern vorenthalten, da sie sich selbst als letztes Glied am
Ende einer Kette von Entscheidungen befinden, die bereits auf nationaler bzw. internationaler Ebene getroffen wurden, sodass nur ein geringer Verantwortungs- und Entscheidungsraum verbleibt. Die Entscheidung beispielsweise, wie wirtschaftlich gefischt werden soll, kann der
Fischer nicht treffen, da er vorrangig darum bemüht sein muss, im
Rahmen der ihm gesetzten Fangvorgaben ökonomisch zu überleben.
Hier zeigt sich der von McCay und Jentoft angesprochene *kompetitive*
Charakter der Beziehungen einzelner Fischereistandorte untereinander,
wenn es um die Aufteilung der Fangquoten geht. Denn eine hohe Quote bedeutet natürlich größere finanzielle Gewinne. Dabei dominiert das
im o.g. Zitat dargestellte *Abhängigkeitsverhältnis* gegenüber dem Staat
die *kooperativen* Beziehungen der Fischer untereinander. Darüber hinaus kennzeichnet Abhängigkeit die Angewiesenheit auf staatliche Subventionen – ohne die die Fischerei heute nicht überleben könnte – in
doppelter Hinsicht: Zum einen wird durch weitere Modernisierungen
die Überkapazität der Flotte nicht wirklich abgebaut, da ein Großteil
der Gelder für Modernisierungen verwendet wird, die wiederum teilweise die Fangkapazitäten und technischen Möglichkeiten der Fahrzeu-
ge verbessern (beispielsweise um Fischschwärme noch gezielter auffinden zu können). Die Fischerei findet sich in doppelter Hinsicht in einer
Rechtfertigungsposition gegenüber Gesellschaft und Staat wieder. In einem Informationsheft des Bundesministeriums für Ernährung, Landwirtschaft und Forsten liest man:

> „Bei allen Regelungen darf jedoch eines nicht vergessen werden: Der Staat kann stets nur die Rahmenbedingungen vorgeben. Auch die beste Regelung muss wirkungslos bleiben, wenn sie nicht aktiv unterstützt wird. (...) Die Bundesregierung wird nur dann die Ziele ihrer Fischereipolitik erreichen können, wenn auch die Fischer selbst ihren Beitrag zur Erhaltung des Gleichgewichtes zwischen Fischfang und Bestandsschonung leisten."
>
> Quelle: Bundesministerium für Ernährung, Landwirtschaft und Forsten (1998: 19)

Einerseits wird den Fischern die Verantwortung dafür gegeben, dass keine Verbesserung der ökologischen Situation der Fanggründe zu verzeichnen ist. Andererseits befinden sich die Fischer in einem direkten ökonomischen *Abhängigkeitsverhältnis* zum Staat bzw. der EU, da sie auf die finanziellen Unterstützungen angewiesen sind, und erscheinen als Zuwendungsempfänger staatlicher Gelder als privilegierter ökonomischer Zweig. Angesichts dieser Überlegungen treten die horizontalen Verbindungen, die die Fischer untereinander in kooperativer Weise verbinden könnten, vor den vertikalen Verbindungen gegenüber dem Staat in den Hintergrund. Und doch ist es nach McCay und Jentoft (1996) gerade die Kooperation bzw. die Stärkung der Gemeinschaft, die sich als so unverzichtbar für eine nachhaltige Nutzung der Allmende Meer erweist. Denn im Rahmen einer gemeinschaftlichen Nutzug einer Ressource ist „der Nutzer (...) durch eine Reihe von Rücksichten gebunden, beispielsweise durch jene, die seine Rollen als Mitglied der Gemeinschaft betreffen" (ebd.: 280). Wenn in einer Nutzergemeinschaft die Verantwortung für die Folgen einer bestimmten Bewirtschaftungsform auf Entscheidungen, die das eigene Handeln begründen, zurückzuführen sind und nicht auf die Vorgaben, die von außen gesetzt wurden, ist davon auszugehen, dass der Einzelne seine Handlungen stärker überdenken wird. Darüber hinaus könnten die Fischer in einer Nutzergemeinschaft, in der jedem Einzelnen etwas mehr Handlungs- und Entscheidungsspielraum eingeräumt werden würde, untereinander kooperieren bzw. in wirtschaftlichen Austausch miteinander treten. Es wird daher eine Politik benötigt, die einerseits weniger von Vorgaben und Sanktionen als von wirtschaftlichen Anreizen zu ökologischem Handeln geprägt ist und die andererseits einer Nutzergemeinschaft eine gewisse Unabhängigkeit einräumt, sodass sich die für eine Nutzergemeinschaft notwendigen Regeln, die eine nachhaltige Nutzung der Allmende sicherstellen können – wie moralische Verpflichtungen oder gegenseitige soziale Kontrolle bzw. soziale Anerkennung – herausbilden können.

Tabelle 2: Die Bestandteile der europäischen Fischereipolitik und deren Folgen

Autorität	Fangquoten, Kontrollen	„Quotenkampf"	Konkurrenz statt Kooperation
Abhängigkeit	**Subventionen** **Kapaziätsanpassung**	finanzielle und soziale Abfederung Stilllegung von Fahrzeugen Modernisierungen Forschung Überkapazität Überfischung Arbeitslosigkeit	gesellschaftliches Selbst- und Fremdbild? Fischer scheinbar „Schuld" an Überfischung
Verantwortung	Staat bzw. EU als Setzer von Regeln	Fischer am Ende einer Kette von Entscheidungen, die national und international institutionalisiert getroffen werden vertikale statt horizontale Verbindungen	„Rechtfertigungsposition" Möglichkeiten und Motivation zu ökologischem Handeln?

Wenn ökonomische Zwänge ökologische Notwendigkeiten dominieren, erscheint ökologisches Handeln nahezu unzumutbar. Die alleinige Reduktion der Fangquoten reicht da nicht aus, da dies für die Fischer wiederum finanzielle Einbußen bedeuten würde. Hier könnten Programme ansetzen, die den Fischern für die Zeit, die den Fischbeständen zur Regeneration eingeräumt wird, eine gewisse ökonomische Sicherheit ermöglichen. Denn gesunde und reichhaltige Fischbestände können dann langfristig mit weniger Fischereiaufwand, also ökonomisch günstiger und ökologisch nachhaltiger befischt werden, so dass eine vorübergehende Durststrecke, die es zu überwinden gilt, sich längerfristig auszahlen und Nachhaltigkeit ermöglichen würde. Gelder, die bislang in die Verbesserung der Fangtechniken geflossen sind, könnten zum Beispiel für Investitionen der Fischer im Bereich des Tourismus verwendet werden. Ein Ansatz dazu findet sich in der EU-Gemeinschaftsinitiative „PESCA". Im Rahmen derer kann die „Betriebsumstellung oder -erweiterung auf maritimen Tourismus" finanziell gefördert werden (Ministerium für Landwirtschaft und Naturschutz Mecklenburg-Vorpommern 1998: 26). Eine Möglichkeit, die bereits von vielen Fischern und Kutterbesitzern genutzt wird. Weiterhin besteht für einen Jungfischer die Möglichkeit, einen Kutter zu erwerben, indem eine Fischereigenossenschaft Anteilseigner zu 49% wird und der junge Fischer einen Anteil von 51% des Kutters besitzt. Dies soll den ersten finanziellen Aufwand, vor den ein junger Fischer gestellt wird, reduzieren. Zudem steht die Schaffung eigener Vermarktungsstrukturen der Kutter- und Küstenfischerei im Vordergrund, die man im Bau des neuen Fischverarbeitungszentrums Rügen-Mukran zu verwirklichen versucht. Langfristig besteht so eventuell die Möglichkeit, ohne Subventionen auszukommen, die derzeit noch zum Aufbau des Werkes verwendet werden. Ein gezielter Einsatz finanzieller Mittel kann die nachhaltige Entwicklung der gesamten Region fördern, wenn die Fischer aus dem ökonomischen Leistungsdruck befreit werden. Ein kurzfristiger finanzieller Mehraufwand kann also langfristig sowohl in ökonomischer und ökologischer als auch in sozialer Hinsicht belohnt werden. Programme, die langfristig eine finanziell weitgehend unabhängige Fischerei mit der Förderung verstärkter Aktivitäten im Bereich des Tourismus und der Möglichkeit der Regeneration rückgängiger Fischbestände zum Ziel haben, könnten zudem das gesellschaftliche Selbst- und Fremdbild der Fischer positiv beeinflussen und sie mit neuen, erweiterten Handlungs- und Entscheidungskompetenzen vor neue Aufgaben stellen.

Literatur

Biermann, Frank 1996. Mensch und Meer. Zur sozialen Aneignung der Ozeane. *Prokla: Zeitschrift für kritische Sozialwissenschaft,* 26. Jg., H. 102: 17-36.

Bundesministerium für Ernährung, Landwirtschaft und Forsten (BMELF) 1998 (Hrsg.). *Fischwirtschaft in Deutschland.* SZ Offsetdruck-Verlag, Bonn.

De Alessi, Michael 1998. *Fishing for Solutions.* IEA Studies on the Environment No 11. Hartington Fine Arts Limited, Lancing, West Sussex.

Döring, Ralph 1998. Nachhaltige Fischerei – was ist das? In: Landesfischereiverband Schleswig-Holstein (Hrsg.). *Das Fischerblatt,* Jg. 46, Nr. 3, März 1998, Kiel: Druckerei Fotosatz Nord, Druck- und Verlagsgesellschaft: 72-74.

FAO (1998): *The state of world fisheries and aquaculture 1998, FAO, Rome (Italy).* www.fao.org/fi/default.asp durch Editorial Group FAO Information Division.

Glaeser, Bernhard 1992. Natur in der Krise? Ein kulturelles Missverständnis. In: Bernhard Glaeser, Parto Teherani-Krönner (Hrsg.). *Humanökologie und Kulturökologie.* Westdeutscher Verlag, Opladen: 49-70.

Hahlbeck, Wulf-Heinrich 1993/94. Der Strukturwandel in der genossenschaftlichen Kutter- und Küstenfischerei Mecklenburg-Vorpommerns. In: Fisch und Umwelt Mecklenburg-Vorpommern e.V. (Hrsg.). *Jahresheft 1993/94.* Druckservice und Wirtschaftsberatung Rostock, Rostock: 15-25.

Hahlbeck, Wulf-Heinrich 1994. Die Kutter- und Küstenfischerei Mecklenburg-Vorpommerns 1993. In: Ewald Glässer et al. (Hrsg.). *Die Fischwirtschaft in Deutschland – Eine wirtschaftsgeographische Analyse.* Schriftenreihe zur Wirtschaftsgeographie Bd. 9, Gesamtreihe hg. v. Karl Eckardt. Dadder Verlag, Saarbrücken: 179-221.

Hahlbeck, Wulf-Heinrich 1998. Die Kutter- und Küstenfischerei Mecklenburg-Vorpommerns. In: Schiffahrtsgeschichtliche Gesellschaft Ostsee e.V. (Hrsg.). *Symposium „Zur Geschichte der Fischerei in Mecklenburg-Vorpommern" am 27. September 1997.* Protokollband. Schiffahrtsgeschichtliche Gesellschaft Ostsee e.V., Rostock: 37-48.

Köhn, Jörg 1998. *Gegenwärtige und zukünftige raumbedeutsame Nutzungen im Offshore-Bereich der Küste von Mecklenburg-Vorpommern,* Vorstudie 1998, Teilstudie: Küstenschutz – Fischerei-, Natur- und Landschaftsschutz, Teil-Gutachten im Auftrag des Ostseeinstituts für Marketing, Verkehr und Tourismus (unveröffentlicht).

Mann-Borgese, Elisabeth 1999. *Mit den Meeren leben – Ein Bericht an den Club of Rome.* Verlag Kiepenheuer und Witsch, Köln.

McCay, Bonnie, Svein Jentoft 1996. Unvertrautes Gelände: Gemeineigentum unter sozialwissenschaftlicher Lupe. *Kölner Zeitschrift für Soziologie und Sozialpsychologie,* Sonderband 36: Umweltsoziologie: 272-291.

Ministerium für Landwirtschaft, Forsten und Fischerei 2001. Die Fischerei des Landes Mecklenburg-Vorpommern im Jahr 2000. *Agrarbericht 2001, des*

Landes Mecklenburg-Vorpommern. cw Obotritendruck GmbH, Schwerin: o. S.

Ministerium für Landwirtschaft und Naturschutz Mecklenburg-Vorpommern 1998 (Hrsg.). *Förderfibel für die Land- Forst- und Fischwirtschaft und den ländlichen Raum.* Goldschmidtdruck GmbH, Schwerin.

Pasquale, Sigrid, Peter Schröder, Uta Schultze 1998 (Hrsg.). *Lokales Wissen für nachhaltige Entwicklung: Ein Praxisführer.* Verlag für Entwicklungspolitik, Saarbrücken.

Rechlin, Otto, Ole Bagge 1996. Entwicklung der Nutzfischbestände. In: Lampe, Reinhard, Wolfgang Matthäus, Jose L. Lozan et al. *Warnsignale aus der Ostsee.* Parey Verlag, Berlin: 188-196.

Steiling, Ronald 1989. *Das Seefischereirecht der Europäischen Gemeinschaften.* Heymann-Verlag, Köln, Berlin.

Schlussfolgerungen aus dem Europäischen Demonstrationsprogramm zum Integrierten Küstenzonenmanagement für eine nachhaltige Entwicklung der deutschen Küsten

Andreas Kannen

Forschungs- und Technologiezentrum Westküste, Hafentörn, 25761 Büsum, E-Mail: kannen@ftz-west.uni-kiel.de

Zusammenfassung. Integriertes Küstenzonenmanagement (IKZM) entwickelt sich zu einem Ansatz, der im Zusammenhang mit einer nachhaltigen Entwicklung von Küstengebieten zunehmend Aufmerksamkeit auf Seiten der zuständigen Behörden und in der Politik gewinnt. Als wichtiger Meilenstein für diese Entwicklung kann das Europäische Demonstrationsprogramm zum IKZM gesehen werden, welches anhand von 35 Fallstudien in verschiedensten Küstengebieten der Europäischen Union Erfahrungen und Ansätze dokumentiert. Beschleunigt durch das Aufkommen neuer Raumnutzungen mit teilweise erheblichen Wachstumspotentialen wie Aquakulturen und Offshore-Windanlagen gewinnt IKZM mittlerweile auch in Deutschland an Bedeutung. Ausgehend von diesen Entwicklungen wird in diesem Beitrag ein Grundmodell für die Umsetzung von IKZM beschrieben, welches in Kannen (2000) entwickelt und ausführlich dokumentiert ist. Abschließend werden mit Blick auf dieses Grundmodell Ansätze für weitere Forschungsaktivitäten abgeleitet. Diese sollten aus Sicht des Autors begleitend zu praktischen Umsetzungsaktivitäten durchgeführt werden, um deren Erfolg langfristig zu garantieren sowie wissenschaftlich und methodisch abzusichern.

Schlüsselwörter. Integriertes Küstenzonenmanagement, Regionalentwicklung, Planung, Entscheidungsprozesse

Einleitung: IKZM als neuer Ansatz für die regionale Planung in Küstengebieten

Durch zunehmende menschliche Nutzung, nicht nur im terrestrischen Teil der Küstenzone, sondern auch in den marinen Bereichen, nehmen die Raumkonkurrenz zwischen den verschiedenen Nutzungsansprüchen und der Gegensatz zwischen wirtschaftlicher Raum- und Ressourcennutzung sowie dem Schutz von Küstenökosystemen immer mehr zu (u.a. Europäische Kommission 1997 sowie Kannen et al. 2000).

Obwohl bisher nur vereinzelt in nationalen Planungssystemen verankert, wird ein Integriertes Küstenzonenmanagement (IKZM) international als Mittel zur Förderung einer nachhaltigen Entwicklung von Küstengebieten gesehen (Kannen 2000). So wird IKZM z.B. in den USA und Kanada, aber auch in Großbritannien, den Niederlanden, Schweden sowie zahlreichen Entwicklungsländern propagiert und in Einzelprojekten auch umgesetzt.

In Deutschland stehen dagegen anstelle integrierter Planungskonzepte starke Fachplanungen im Vordergrund. Während den Fachplanungen im terrestrischen Bereich mit der Raum- und Regionalplanung grundsätzlich ein Planungsansatz mit integrativem Anspruch gegenübersteht, fehlt im marinen Bereich bisher jegliches Instrumentarium einer integrierenden räumlichen Gesamtplanung.

IKZM lässt sich in diesem Zusammenhang als fortschreitender Prozess eines räumlichen Managements bzw. räumlicher Planung verstehen, in dessen Zentrum ein intensiver Dialog zwischen allen Beteiligten und Betroffenen steht (Kannen et al. 2000). Der Umgang mit Veränderungen, die Minimierung von Konflikten sowie die Nutzung räumlicher Potentiale für regionale Entwicklung stehen im Mittelpunkt eines derartigen integrativen Planungsansatzes.

Grundprinzip integrierter Planung sind die Zusammenführung der verschiedenen Interessen, das Überwinden sektoraler und fachdisziplinärer Denkschemata und somit eine holistische und systemgerechte Betrachtung der Probleme und Konflikte in Küstengebieten. Für ein integriertes Küstenmanagement sind insbesondere die Wechselwirkungen des Küstensystems, d.h. die Schnittstellen zwischen den einzelnen natürlichen wie anthropogenen Systemkomponenten, von hoher Bedeutung, da sie die eigentlichen Objekte von Planung und Management darstellen (Kannen 2000).

Um Integration im Rahmen eines langfristigen integrativen Prozesses zu erreichen, sind Kommunikation, Kooperation und Partizipation als zentrale Schlüsselelemente anzusehen (Kannen 2000). Diese Schlüsselelemente stellen die Berücksichtigung unterschiedlicher Sicht- und Denkweisen sicher und berücksichtigen insbesondere den psychologischen Aspekt menschlichen Handelns.

In Europa wurde mit dem von 1997 bis 1999 durchgeführten Europäischen Demonstrationsprogramm zum Integrierten Küstenzonenmanagement ein umfassender Grundstock an Erfahrungen mit der Umsetzung des IKZM-Konzeptes auf regionaler und lokaler Ebene aufgebaut. Deutschland hat sich an diesem Programm nicht mit eigenen Fallstudien beteiligt, jedoch wurden die Ergebnisse des Demonstrationsprogramms mit der Ersten Deutschen Konferenz zum Integrierten Küstenzonenmanagement auch in Deutschland diskutiert und verbreitet (Gee et al. 2000). Als indirekter Beitrag kann auch die Beteiligung an dem INTERREG-Projekt NetForum gesehen werden (NetForum 2000). Erste Erfahrungen in Form eines internationalen Erfahrungsaustausches mit IKZM konnten deutsche Behörden darüber hinaus in den INTERREG IIC-Projekten NORCOAST (NORCOAST 1999) und PROCOAST (PROCOAST 2001) gewinnen.

Mittlerweile erfährt der IKZM-Ansatz in den deutschen Küstenländern jedoch eine stärkere Beachtung. In Schleswig-Holstein wurde beispielsweise auf Basis eines Kabinettsbeschlusses eine interministerielle Arbeitsgruppe eingerichtet, die sich mit den Möglichkeiten zur Umsetzung dieses Ansatzes im Rahmen einer landesweiten Strategie beschäftigte, welche im Jahr 2003 von der Landesregierung verabschiedet wurde. Mit einer Informationsveranstaltung am 7. September 2001 (MLR 2001) sowie Folgeveranstaltungen in 2002 und 2004, welche besonders an Kommunen und Verbände gerichtet war, hat das Ministerium für Ländliche Räume, Tourismus, Landesplanung und Landwirtschaft des Landes Schleswig-Holsteins (die zuständige Abteilung Landesplanung wurde 2003 in das Innenministerium eingegliedert) darüber hinaus die Initiative ergriffen, IKZM über Experten in Ministerien, Landesämtern und Wissenschaft hinaus bekannt zu machen.

Das EU-Demonstrationsprogramm zum Integrierten Küstenzonenmanagement: eine Europäische Synthese

Ansatz und aktueller Stand des Demonstrationsprogramms

Küsten- und meeresbezogene Schutz- und Management-Konventionen wurden bereits vor einiger Zeit unter anderem für das Mittelmeer, für den Nordostatlantik einschließlich der Nordsee (Oslo-Paris-Konvention), für das Wattenmeer (Trilateraler Wattenmeerplan) und für die

Ostseeregion (Helsinki-Konvention) entwickelt. Nicht zuletzt wegen hier bestehender Umsetzungsprobleme hat die EU-Kommission die Anstöße der UNCED-Konferenz von Rio 1992 wie auch der Weltküstenkonferenz in Noordwijk 1993 aufgegriffen und 1996 ein dreijähriges „Demonstrationsprogramm zum Integrierten Küstenzonenmanagement" beschlossen.

Im Rahmen dieses Programms wurden insgesamt 35 lokale bzw. regionale Demonstrationsprojekte in allen Küstenregionen der Europäischen Union durchgeführt, welche durch thematische Querschnittsstudien ergänzt wurden. Dabei sollte insbesondere die Hypothese geprüft werden, dass eine fortlaufende Zustandsverschlechterung und ein fortgesetztes Missmanagement vieler europäischer Küstengebiete auf folgende Probleme zurückgeführt werden können:

- unzureichende oder unangemessene Information sowohl über den Zustand der Küstengebiete als auch über die Auswirkungen menschlicher Tätigkeiten (wirtschaftlich wie nichtwirtschaftlich),
- unzureichende Koordinierung zwischen verschiedenen Ebenen und Fachbereichen der Verwaltung und ihrer Fachpolitiken bzw. Richtlinien,
- unzureichende Beteiligung und Konsultation der relevanten Interessengruppen und Betroffenen.

Das Demonstrationsprogramm sollte also konkrete Beispiele für Schwierigkeiten bzw. Defizite im Küstenmanagement, aber auch für erfolgreiche Planungs- und Handlungsansätze (im Sinne von „good practice") dokumentieren.

Aus der Analyse der 35 Fallstudien entstanden der Entwurf einer Europäischen Strategie für die Küstengebiete (Europäische Kommission 1999a) sowie eine Synthese der Projekterfahrungen, welche Erfolgsansätze und grundlegende Probleme bei der Umsetzung von IKZM in die Praxis dokumentiert (Europäische Kommission 1999b). Beide Dokumente dienen als Basis für die Formulierung einer langfristigen europäischen Küstenpolitik. So wurde dem Europäischen Parlament bereits der Entwurf der Kommission für eine europäische Küstenstrategie vorgelegt (Europäische Kommission 2000a).

Am 5. Juli 2001 hat das Europäische Parlament einen durch den Umweltausschuss vorbereiteten Bericht verabschiedet, in den die Positionen verschiedener Parlamentsausschüsse aufgenommen wurden (Europäisches Parlament 2001). Auf dieser Basis formulierte die EU-Kommission einen geänderten Antrag, in dem jene Änderungen des Parlamentes, die für die Kommission annehmbar waren, enthalten sind (Europäische Kommission 2001a). Über diesen Entwurf wurde auf der Ratssitzung der Umweltminister am 29. Oktober 2001 eine grundsätzliche politische Einigung erzielt (Europäische Kommission 2001b). Der überarbeitete Entwurf wurde erneut dem Europaparlament zur weiteren Beratung und endgültigen Ratifizierung vorgelegt und mündete im Mai 2002 in einer gemeinsamen Empfehlung des Ministerrates und des Parlaments zur Entwicklung nationaler Strategien durch die Mitgliedstaaten. Diese sollen bis zum Jahre 2006 bei der Kommission vorgelegt werden.

Allgemeine Schlussfolgerungen aus dem Demonstrationsprogramm

Als wichtigste Schlussfolgerung aus dem Demonstrationsprogramm sieht die EU-Kommission, dass der sektorale Planungsansatz nicht die Bedürfnisse für das Management der komplexen Probleme in Küstengebieten erfüllt. Vielmehr würden integrierte Planung und integriertes Management den einzigen Weg zur Lösung von Problemen in Gebieten intensiver Nutzung und mehrdimensionaler Problemlagen darstellen (Burrill 1999).

Als Kernpunkte dieser Strategie werden insbesondere verbesserte Zusammenarbeit zwischen Fachplanungen und Raumordnung sowie erhöhte Partizipation der verschiedenen Interessengruppen hervorgehoben. So ergibt sich als Prinzip für „gutes" Küstenzonenmanagement aus dem Europäischen Demonstrationsprogramm, dass erfolgreiches IKZM Konsens durch partizipatorische Planung erzielt.

> „Die Beteiligung führt zu Engagement und geteilter Verantwortung, trägt zur Erkennung der wirklichen Fragen bei und führt häufig zu besser umsetzbaren Lösungen."
>
> (Europäische Kommission 1999a: 13)

Weitere Prinzipien, die sich bei aller Vielfalt der Projektansätze ableiten lassen sind (nach Europäische Kommission 1999a):

• Um effektiv zu sein, muss eine IKZM-Initiative von allen Verwaltungsebenen sowie allen relevanten Fachbereichen der Verwaltung des betroffenen Gebietes unterstützt werden.

• IKZM basiert auf den spezifischen Bedingungen des betreffenden Gebietes. Problemlösungen, Entscheidungen über eine optimale Nutzung wie auch das Konzept für Beginn und Weiterentwicklung einer IKZM-Initiative orientieren sich an den lokalen Bedingungen. Dies umfasst auch die Erhebung und Verbreitung relevanter Informationen, guten Informationsfluss zwischen denjenigen, die Daten bereitstellen, und denjenigen, die eine IKZM-Initiative durchführen, sowie den Einsatz integrierter Bewertungstechniken.

- Erfolgreiches IKZM beruht auf dem Einsatz einer Vielzahl von Instrumenten, z.B. rechtlichen und wirtschaftlichen Instrumenten, freiwilligen Vereinbarungen, technologischen Lösungen, Forschung und Bildung. Die richtige Mischung dieser Instrumente ist wiederum von den Problemen sowie dem institutionellen und kulturellen Kontext des betreffenden Gebietes abhängig.

- Die Gesamtheit der vielen Systeme, die einen starken Einfluss auf die Dynamik der Küstengebiete haben, müssen gleichberechtigt betrachtet werden (umfassende, holistische Betrachtungsweise). Sowohl die landwärtigen wie die seewärtigen Teile der Küstenzone müssen berücksichtigt werden.

- IKZM beruht auf dem Verständnis der natürlichen Prozesse in der Küstenzone und arbeitet mit diesen anstatt gegen die natürliche Dynamik. Zum Beispiel bemüht sich eines der Projekte des Demonstrationsprogramms in Flandern um den Rückbau früherer technischer Küstenschutzlösungen, um Teilen der belgischen Küste wieder eine natürlichere Form zu ermöglichen.

- IKZM muss ausdrücklich die Ungewissheit künftiger Bedingungen anerkennen und hinreichend flexibles Management fördern. So soll natürlichen Veränderungen der Küstenlinie bei der Planung Rechnung getragen werden.

Die Ziele zahlreicher IKZM-Initiativen, wie sie sich als Ergebnis des Europäischen Demonstrationsprogramms zum IKZM darstellen, entsprechen raumplanerischen Zielen und Prinzipien des Europäischen Raumentwicklungskonzeptes (Winder 1999). Dies gilt besonders für den im Europäischen Raumentwicklungskonzept (EUREK) verankerten Anspruch verstärkter Kooperation innerhalb und zwischen den verschiedenen Planungsebenen. Darüber hinaus benennt das EUREK unter insgesamt sieben Schwerpunktaufgaben für eine ausgewogene und nachhaltige Raumentwicklungspolitik ausdrücklich auch die Notwendigkeit eines integrierten Managements von Küstengebieten (Europäische Kommission 1999c). Mit Hilfe des Programms INTERREG IIIB ist die EU derzeit bestrebt, die Umsetzung ihrer Raumentwicklungsansätze durch transnationale Kooperationen zu fördern. Zu den thematischen Schwerpunkten wird dabei explizit auch das Integrierte Küstenzonenmanagement gezählt.

Beispiele aus dem Demonstrationsprogramm

Aus den Ergebnissen des EU-Demonstrationsprogramms sowie dem aktuellen Stand der internationalen Entwicklungen zu IKZM sind insbesondere zwei Erfolgsfaktoren für IKZM abzuleiten:

- die „richtigen" Informationen sowie
- ein konstruktiver und sorgfältig geplanter Entscheidungsprozess.

„Richtige" Informationen zeichnen sich durch ausreichende Qualität (bezogen auf die jeweilige Fragestellung) sowie Verfügbarkeit aus. Ihre zielgerichtete Verbreitung ist elementare Grundlage für das Zustandekommen eines konstruktiven Prozesses, da dies das Problembewusstsein der betroffenen Institutionen, Interessengruppen und Bürger erhöht. Dabei gilt für die Verwendung von Informationen bzw. Daten nach den Ausführungen der vom EU-Demonstrationsprogramm unterstützten InfoCoast-Konferenz vom Februar 1999 in Noordwijk:

"Be issue led, not data led!"

(Bridge 1999)

Damit soll unterstrichen werden, dass im Vordergrund die regionalspezifischen Probleme stehen, für deren Bewertung sowohl hinsichtlich räumlicher als auch zeitlicher Auflösung geeignete Daten und Informationen vorliegen müssen, wohingegen in manchen wissenschaftlich-technisch ausgelegten Projekten eine Vielzahl von Daten erhoben werden, die jedoch gerade auf lokaler Ebene zur Bewertung von Problemsituationen nicht beitragen.

Im Folgenden werden Beispiele des Demonstrationsprogramms und deren Vorgehensweise zum Initiieren eines IKZM-Prozesses dargestellt. Die Fallstudien des Demonstrationsprogramms wurden über die EU-Programme LIFE bzw. TERRA finanziert. In den folgenden Ausführungen werden Ergebnisse aus TERRA-Projekten aufgeführt, da der Autor Teilnehmer dieser Projekte teilweise persönlich kennt.

Das TERRA-Programm verstand sich als experimentelles Labor zur Förderung von Innovationen in der Raumplanung. Zu den Hauptzielen gehörte einerseits die Förderung von Partnerschaften und Zusammenarbeit sowohl auf lokaler wie auch auf interregionaler Ebene, andererseits die Entwicklung innovativer Hilfsmittel für eine moderne Raumplanung (Europäische Kommission 2000b).

In diesem Zusammenhang wurden z.B. innerhalb des TERRA-Netzes Coast*Link,* dem sechs der 35 Fallstudien angehörten, Überlegungen zu den Themenfeldern Beteiligung, Nachhaltigkeitsindikatoren, EU-Politik und Information angestellt. Pläne für die einzelnen teilnehmenden Regionen wurden nach den jeweiligen individuellen Rahmenbedingungen erstellt, z.B. indem freiwillig erstellte Pläne auf ihre Einbeziehung in das staatliche Planungssystem überprüft wurden, Bezirks- oder Ortspläne unter umfassender Bürgerbeteiligung entstanden oder Abkommen über Entwicklungsstrategien zwischen grenzüberschreitenden Partnern ratifiziert wurden (Europäische Kommission 2000b). Über das Coast*Link*-Netzwerk konnten die Partnerregionen Erfahrungen austauschen und Synergieeffekte bezüglich des methodischen Vorgehens erzielen.

Gemeinsamer Ansatz aller sechs Teilprojekte war, dass die für Planung zuständigen Behörden die Aufgabe der Integration und Koordination in ihre Verantwortung übernahmen und anstelle institutioneller Veränderungen, informelle Informations- und Beteiligungsmaßnahmen vor Ort favorisierten. Als Instrumente hierfür dienten lokale Workshops und Foren, Informationstreffen, ein Newsletter, die Förderung von Prozessen der lokalen Agenda 21 sowie die Teilnahme an internationalen Veranstaltungen, mit denen Ideen von außerhalb für die lokale Arbeit gewonnen werden konnten.

Besonders das Projekt Atlantic Living Coastlines, angesiedelt in Devon und Cornwall und eine der an Coast*Link* beteiligten Initiativen, hat sich systematisch mit den Grundlagen für ein IKZM-Informationssystem sowie dem grundsätzlichen Rahmen für IKZM beschäftigt. Der Rahmen umfasst in diesem Fall die Vernetzung von Küsteninitiativen in den genannten Regionen, die Erarbeitung von Grundlagen für Beteiligungsprozesse sowie die Entwicklung von Nachhaltigkeitsindikatoren als Basis einer Erfolgsbewertung.

Der Themenschwerpunkt Informationssystem umfasste den Bereich Metadaten, die Koordination der bestehenden Daten zur Datenerhebung und die Erfassung bereits bestehender Küstenmanagementaktivitäten. Außerdem wurden jährliche Foren zur Vernetzung wissenschaftlicher Einrichtungen mit Behörden und anderen Interessengruppen eingerichtet, um den Informationsfluss zwischen Wissenschaft und Praxis zu erhöhen.

Bayliss (2000) betont in diesem Zusammenhang besonders die Rolle der Partizipation für eine erfolgreiche Umsetzung. Dabei geht Partizipation weit über Informations- und Konsultationsveranstaltungen hinaus und umfasst neben der Zusammenarbeit der zuständigen Behörden und großer Nichtregierungsorganisationen auch die Einbindung von Freiwilligenorganisationen, Gruppen mit Spezialinteressen, wissenschaftliche Einrichtungen sowie die allgemeine Öffentlichkeit.

Als Mittel zur Information und Einbindung dieser Gruppen hat das Projekt regelmäßige Newsletter, das Internet, Interviews und Fragebögen sowie Seminare und aus Experten zusammengesetzte Fokusgruppen verwendet. Durch eine Fokusgruppe zum Thema Partizipation wurden z.B. Empfehlungen für praxistaugliche Mechanismen einer effektiven und ernsthaften Partizipation erarbeitet. In diesem Zusammenhang hat das Projekt im Teign Ästuar auch verschiedene Techniken getestet.

Grundsätzlich spielen im Küstenmanagement in Großbritannien – wie zahlreiche Beispiele, nicht nur aus dem Demonstrationsprogramm, zeigen – lokale, jedoch administrative Grenzen meist überschreitende Foren eine große Rolle. Das erste Ziel ist dabei meist die Entwicklung von informellen Managementplänen für Küstenabschnitte oder Ästuare. Im Wesentlichen haben die Managementpläne für Ästuare oder Küstenabschnitte eine Informationsfunktion. Sie fördern aufgrund ihres sektorübergreifenden Ansatzes das Bewusstsein für die verschiedenen Interessenlagen (vgl. auch Taussik 1997) und verdeutlichen damit auch Zielkonflikte. Je nach Gestaltung des Prozesses, in dem sie entwickelt werden, fördern sie zugleich Zusammenarbeit zwischen Institutionen und Kommunikation zwischen Interessengruppen.

Die ebenfalls an Coast*Link* mitwirkenden Projekte in Down (Nordirland) sowie Storström (Dänemark) konzentrierten sich auf die Nutzung der Lokalen Agenda 21, um eine breite Beteiligung für die Erarbeitung von Entwicklungsplänen zu erreichen. Storström arbeitete zudem eng mit dem Regionalverband Mittleres Mecklenburg in Deutschland zusammen, um eine grenzüberschreitende Strategie mit Nachbarräumen zu erreichen (Sommer/Herzberg 2000). Im Teilprojekt Algarve-Huelva (Portugal/Spanien) wurden eine strategische Analyse des Raums durchgeführt und ein rechnergestütztes Informationsnetz zwischen den lokalen Gebietskörperschaften eingerichtet, welches auch der Öffentlichkeit zugänglich ist. In Epirus (Griechenland) wurde ein Bestandsverzeichnis über Informationen, Akteure und Beteiligte zusammengestellt. Zur Demonstration des Nutzens von Kooperation wurde ein Netz von Fußwegen angelegt, welche die Küste mit kulturellen und natürlichen Sehenswürdigkeiten im Hinterland verbindet.

Das TERRA-Netz CONCERCOAST, an dem drei Fallstudien des Demonstrationsprogramms beteiligt waren, beschäftigte sich ebenfalls mit der Vernetzung und Entwicklung lokaler Partnerschaften. Dort wurde das Themenfeld des Gemeindeverbandes VALIMA (Portugal) über den bisherigen Aufgabenbereich des Gewässerschutzes hinaus ausgeweitet und ein Strategieplan erarbeitet, mit dem vor allem neue Privatinvestitionen für die strukturschwache Region gewonnen werden sollen. In Spanien wurde, basierend auf einer umfassenden Bürgerbeteiligung und mit Beteiligung lokaler Unternehmen, Gewerkschaften,

Hochschulen und im Umweltschutz tätiger Organisationen, mit dem CCV (Consorti des les Comarques Centrals Velenciannes) ein Konsortium gegründet. Ziel war die Entwicklung einer integrierten Managementstrategie, um mit den großen Zentren Alicante und Valencia konkurrieren zu können und den Entwicklungsdruck auf den Küstenbereich zu vermindern.

Der Conseil Général de La Gironde als dritter Partner im CONCER-COAST-Netz hingegen fungierte als Koordinator und Vermittler bei Fragen, die zwischen lokalen Behörden, Wissenschaftlern und wirtschaftlichen Interessensgruppen im Raum Arcachon kontrovers diskutiert wurden. Nachdem das ursprüngliche Vorhaben zur Einrichtung eines Naturparks in eine Sackgasse geraten war, gelang es dem Conseil Général mit Hilfe von Fragebögen, Befragungen, Diskussionen, ausführlichen Berichten in der Presse und Sonderveröffentlichungen, den Dialog wieder aufleben zu lassen (Europäische Kommission 2000b). Jetzt wird versucht, gemeinsam getragene Lösungen für die drängenden und miteinander im Wettstreit liegenden Umwelt- und Entwicklungsprobleme des Beckens zu finden.

Ähnliche Ziele verfolgten die Netzwerke TERRA-CZM mit drei Partnern und POSIDONIA, ein Netzwerk südeuropäischer Hafenstädte (Neapel, Tarent, Palermo, Athen, Barcelona).

POSIDONIA befasste sich mit den komplexen Problemen küstennaher Stadtbezirke im Mittelmeerraum. Für die grenzüberschreitende Projektarbeit hatten es sich die Partner zur Aufgabe gemacht, eine Methodik anhand einer vergleichenden Analyse der konkreten Situation der einzelnen Städte zu entwickeln und Lehren zu formulieren, die für alle Teilnehmer von Bedeutung sind (Europäische Kommission 2000b).

Regional arbeitete jeder Partner unter Beteiligung lokaler Akteure schwerpunktmäßig an der Vorbereitung koordinierter raumbezogener und operationeller Pläne für bestimmte küstennahe Stadtbezirke, orientiert an den Kriterien der nachhaltigen Entwicklung und unter Aufgreifen neuer Entwicklungsprojekte, der Umstellung aufgelassener Betriebsstätten und der funktionalen Nutzung des Küstenstreifens.

Als Ergebnis hat sich die Einstellung der beteiligten Gebietskörperschaften deutlich verändert. So hat sich die Stadt Tarent intensiv um die Einbindung der Bürger in die Gespräche über die Erstellung eines neuen Plans bemüht, und mit der Ausarbeitung konkreter operationeller Pläne und ihrer Annahme auf der Basis von Vereinbarungen und Arbeitsprotokollen hat eine deutliche Veränderung des bisherigen staatlichen Planungssystems stattgefunden (Europäische Kommission 2000b). Ebenso kann die Einrichtung eines ständigen Büros für die Küstenregion in Palermo als weitere Folge der Erneuerung der vorhandenen Strukturen gesehen werden.

Zur Unterstützung dieses Integrationsprozesses wurde eine umfangreiche Informationsdatenbank zusammengetragen und den Gebietskörperschaften zugänglich gemacht. Mehrere Studien dienten der Kartierung des Umweltzustands, der Landschaft und der Infrastruktur. Damit sollen die Probleme und Chancen im Zusammenhang mit dem Management der Küstengebiete in einem überlasteten und bisher planerisch schlecht verwalteten städtischen Raum aufgezeigt werden (Europäische Kommission 2000b). Zu den verwendeten Instrumenten gehören: Datenbanken, Kartographie, Indikatoren, Umweltrisikoanalyse und soziologische Erhebungen.

Diese Beispiele zeigen, dass regionalspezifisch unterschiedliche Wege zur Förderung eines IKZM gegangen werden. Dabei standen bei den meisten Projekten konzeptionelle und strategische Aktivitäten sowie die Bildung von Partnerschaften und Netzwerken im Vordergrund. Einige Projekte haben bei der Netzwerkbildung eher „top-down" orientierte Ansätze gewählt, andere wiederum versucht, „bottom-up"-Prozesse in Gang zu setzen. Welcher Ansatz geeignet ist, hängt unter anderem auch von der vorherrschenden Planungskultur und der Vertrautheit der jeweils federführenden Institutionen mit Partizipationsansätzen und -techniken ab. Auf der Umsetzungsebene dominieren strategisch ausgerichtete Informationssysteme als Planungsbasis sowie kleinere Maßnahmen, z.B. die Entwicklung von Informationszentren oder Radwegenetzen als erster Schritt einer neu etablierten Zusammenarbeit.

Integriertes Küstenzonenmanagement in Deutschland

Bisheriges Küstenmanagement in Deutschland und neue Herausforderungen

Traditionell sind die Kompetenzen für Planung und Administration in den deutschen Küstengebieten räumlich wie sektoral stark zersplittert, wobei die Idee eines Küstenmanagements meist mit dem Schutz der Küstengebiete vor Sturmfluten gleichgesetzt wird. Die sektoralen Zuständigkeiten sind nicht nur auf der politischen Ebene verteilt, d.h. zwischen Kommunen, Ländern und Bund, sondern auch auf der fachlichen Ebene weit reichend differenziert, etwa zwischen Raumplanung, Naturschutz, Küstenschutz, Tourismus, Hafenwirtschaft etc.

Bis Ende der neunziger Jahre wurde in Politik und Verwaltung die Notwendigkeit eines integrierten Küstenmanagements nicht gesehen, zumal in den formalen Planungsverfahren auch Instrumente zur Beteiligung, allerdings erst zu einem sehr späten Zeitpunkt und in konsultativer Form, enthalten sind.

Zudem spielt der Küstenaspekt in der räumlichen Planung auf Bundesebene nicht die Rolle wie etwa in den Niederlanden, da die politischen und wirtschaftlichen Zentren Deutschlands mit Ausnahme der Metropolregion Hamburg nicht in Küstennähe liegen. Nach Angaben der Europäischen Kommission von 1997 beträgt der Anteil der Bewohner in den Küstengemeinden in Deutschland an der Gesamtbevölkerung zwar nur 5%, dies entspricht jedoch mit 3,9 Mio. einer größeren Anzahl Menschen als in den Niederlanden (3,2 Mio., Bevölkerungsanteil 21%) und Dänemark (3,6 Mio., Bevölkerungsanteil 70%). Somit stellt die Küstenzone auch in Deutschland einen wichtigen Natur-, Lebens-, Wirtschafts- und Erholungsraum dar. Dies drückt sich in einem zunehmenden Nutzungsdruck auf Ressourcen und marine wie terrestrische Flächen aus.

Neben traditionellen Raumansprüchen treten z.B. mit großen Windenergieanlagen in Offshore-Bereichen neue Raumansprüche auf. Einerseits bilden neue Raumansprüche Entwicklungs- und Innovationspotentiale, andererseits führen sie häufig zu Konflikten mit bestehenden Nutzungen bzw. Interessengruppen (Kannen et al. 2000). Ebenso nimmt die Nutzungsintensität durch traditionelle Aktivitäten zu, z.B. durch zunehmenden Seeverkehr mit immer größeren Schiffen. Mit der Einrichtung von Schutzgebieten und Nationalparks sind in den letzten 15 Jahren zudem Raumansprüche hinzugekommen, die bereits zu Konflikten mit traditionellen Nutzungen wie der Fischerei führten. Somit werden die Ansprüche an Planung und Management von Küstenräumen zunehmend komplexer.

Probleme, die unter anderem mit dem Fehlen einer integrierten Politik für die Entwicklung der deutschen Küstenzonen zusammenhängen, drücken sich im Rahmen konkreter Projekte bzw. sektoraler Aktivitäten immer wieder in – zum Teil heftig und emotional ausgetragenen – Konflikten zwischen verschiedenen Interessen aus. Neben realen Konflikten zwischen verschiedenen menschlichen Ansprüchen an Ressourcen der Küstenzone sind Wert- und Wahrnehmungskonflikte sowie Existenzängste in diesen Auseinandersetzungen von großer Bedeutung (Kannen 2000). Als Beispiel kann die Debatte um die Erweiterung und Neuzonierung des Nationalparks Schleswig-Holsteinisches Wattenmeer und die damit verbundene Gesetzesnovelle angeführt werden.

Diese Konflikte und Probleme verdeutlichen, dass Planung und Management in den deutschen Küstenzonen durchaus vor ähnlichen Problemen stehen wie in den anderen europäischen Küstenländern und die Ergebnisse des EU-Demonstrationsprogramms auch für ein IKZM hierzulande interessante Ansatzpunkte aufzeigen. Vor diesem Hintergrund sowie einer steigenden Wahrnehmung der internationalen und europäischen Initiativen zu IKZM werden auch in Deutschland erste Schritte auf dem Weg zu einem integrierten Management der Küstenräume unternommen.

Erste Schritte in Richtung eines Integrierten Küstenmanagements in Deutschland

Insgesamt zeigt das Demonstrationsprogramm, dass Ansätze zu IKZM und dessen Leitprinzipien an politischer Bedeutung gewinnen. Zusammen mit den über INTERREG-IIC geförderten Projekten NORCOAST (Johnson 2000) und PROCOAST (PROCOAST Project Secretariat 2001) könnte das Demonstrationsprogramm einen ersten Schritt für die Umsetzung von IKZM-Konzepten auf regionaler und lokaler Ebene darstellen. Zugleich liegt für das Wattenmeer mit dem Trilateralen Wattenmeerplan ein Fachbeitrag aus dem Umweltsektor vor, der – ergänzt um Leitbilder und Handlungsziele anderer Sektoren – eine Grundlage für ein IKZM-Konzept in diesem Gebiet darstellen könnte. Mit dem im Jahr 2005 vorgelegten Endbericht des Wattenmeerforums (Waddensea Forum 2005) wurde mittlerweile ein wesentlicher Schritt in diese Richtung umgesetzt.

Einen wesentlichen Schritt zur Förderung des Interesses am Konzept des IKZM bildete die erste nationale Konferenz zum Integrierten Küstenzonenmanagement in Deutschland, welche vom 26. bis 27. August 1999 unter dem Motto „Integrated Coastal Zone Management – What Lessons for Germany and Europe?" in Kiel stattfand. Die Ergebnisse dieser Konferenz sowie die zugehörigen Workshops sind in Gee et al. (2000) dokumentiert.

Ziel der Veranstaltung war es, die Ergebnisse des EU-Demonstrationsprogramms zum Integrierten Küstenzonenmanagement vorzustellen und eine fachübergreifende Diskussion zum Thema IKZM in Deutschland ins Leben zu rufen. Im Rahmen der Konferenz fanden drei parallele Diskussionsforen statt, in denen die Teilnehmer die Erkenntnisse der europäischen Fallstudien mit Blick auf die Situation im deutschen Küstenraum diskutierten. Als konkretes Ergebnis der Konferenz wurden detaillierte Empfehlungen formuliert. Diese geben einerseits die deutsche Position zur weiteren Entwicklung der europäischen IKZM-Initiative wieder, andererseits enthalten sie eine Reihe von Überlegungen und Vorschlägen zur weiteren Förderung des integrativen IKZM-Ansatzes in Deutschland.

Nach Ansicht der Konferenzteilnehmer haben die Ergebnisse des EU-Demonstrationsprogramms insbesondere den Bedarf an Koordination und kohärenter Strategieentwicklung auf allen Handlungsebenen verdeutlicht. Bei der Entwicklung einer nationalen IKZM-Strategie für Deutschland sollten aus Sicht der Teilnehmer die Küstenländer eine führende Rolle übernehmen, während gleichzeitig der Bund regionale Initiativen aktiver unterstützen müsste (Gee et al. 2000). Als eine wichtige Voraussetzung für erfolgreiches IKZM wurde die Bedeutung einer gemeinsame Vision für die Küste betont, welche auf Basis breit angelegter gesellschaftlicher Diskussionen zu entwickeln sei und als Basis zur Entwicklung nationaler Richtlinien zum IKZM dienen solle.

Eine hohe Bedeutung wurde insgesamt dem Thema Kommunikation beigemessen, einem Bereich, in dem die Konferenzteilnehmer offensichtlich Defizite im derzeitigen Planungssystem sehen. Mit der Forderung nach konkreten Maßnahmen in diesem Bereich, wie z.B. der Schaffung eines nationalen Küstenforums, eines verbesserten Dialogs zwischen Wissenschaft und Verwaltung sowie Maßnahmen zur Sicherung einer zielorientierten Gesprächskultur bezüglich IKZM (Spielregeln zur Konsensfindung, Unterstützung durch Mediation bei Konflikten), wurden Anregungen aus dem EU-Demonstrationsprogramm direkt aufgegriffen.

Die dabei dokumentierte große Bedeutung des Themas Kommunikation wird bestätigt durch die Ergebnisse leitfadengestützter Interviews zum Thema Nachhaltige Regionalentwicklung, die der Autor zusammen mit einem Diplomanden im Sommer 1998 unter regionalen Akteuren an der Westküste Schleswig-Holsteins sowie Vertretern der schleswig-holsteinischen Landesplanung durchgeführt hat (Ulich 1998). So bewertet eine deutliche Mehrheit der Befragten das Kommunikationsnetz in der Region als nicht ausreichend. Diese Bewertung steht in Widerspruch zu der Bedeutung, die gerade auch dem informellen Informationsaustausch beigemessen wird. Offensichtlich sehen die Befragten auf diesem Feld Handlungsbedarf (Kannen 2000).

Zusammenfassend konnten somit auf der Kieler Konferenz die wesentlichen Schritte in Richtung einer nachhaltigen Entwicklung in den deutschen Küstengebieten aufgezeigt werden. Einige dieser Empfehlungen wurden zuerst auf regionaler Ebene, mittlerweile auch auf Bundesebene (Glaeser et al. 2004, Gee et al. 2004) aufgegriffen.

So wurde auf einer Konferenz überwiegend niedersächsischer Behördenvertreter in Cuxhaven am 18./19. Juni 2001 eine Raumplanung im Meer gefordert, welche mittlerweile (2005) in Vorbereitung ist.

Aus Sicht der EU-Kommission bildet das INTERREG-Programm und insbesondere das transnationale Programm INTERREG IIIB eine Möglichkeit, die europäische Küstenmanagementstrategie in die Praxis umzusetzen. Die deutschen Küstenländer sehen im IKZM vor allem ein Schwerpunktthema für den Nordseeraum im Rahmen des INTERREG-IIIB-Programms, für das zurzeit versucht wird, auch die Unterstützung des Bundes zu gewinnen. Die konkrete Beteiligung deutscher Landesbehörden, alleine oder in Zusammenarbeit mit wissenschaftlichen Institutionen, wird jedoch wesentlich eingeschränkt durch fehlende Mittel für die notwendige 50%ige Kofinanzierung.

Auf Ebene der trilateralen Wattenmeerkooperation wurde auf der letzten Ministerkonferenz in Esbjerg am 31. Oktober 2001 unter anderem beschlossen, ein unabhängiges Wattenmeerforum zu etablieren. Damit wird vor allem dem Wunsch der Einwohner und der unterschiedlichen Interessengruppen des Wattenmeergebietes entsprochen, an der Planung der trilateralen Politik stärker beteiligt zu werden, und eine Plattform bereitgestellt für einen offenen Meinungsaustausch sowie für die Integration von Naturschutzzielen mit sozialen und ökonomischen Entwicklungszielen.

Speziell sollte das mittlerweile etablierte Forum Vorschläge für Entwicklungsszenarien entwickeln, die auf einer Bewertung der derzeitigen Nutzungen, der Identifikation von Konflikten zwischen Nutzungen und dem Zustand des Wattenmeerökosystems, den Langzeitperspektiven ökonomischer, sozialer und ökologischer Entwicklung sowie einer Bestandsaufnahme von Managementvorschlägen mit langfristiger Perspektive basieren (CWSS 2001). Die Ergebnisse des im Rahmen von INTERREG IIIB umgesetzten Forums wurden im Februar 2005 vorgelegt (Waddensea Forum 2005). Dieser Ansatz kann mittlerweile als ein erster Modellprozess für transnationales wie integratives Management von Küstengebieten gesehen werden.

Auf dem Weg zu IKZM I: ein Grundmodell

Abb. 1 zeigt die wichtigsten Elemente eines IKZM-Konzeptes, wie sie sich nach Kannen (2000) sowie aus dem derzeitigen (April 2005) internationalen Erfahrungsstand einschließlich des EU-Demonstrationsprogramms zu IKZM ergeben. Somit soll dieses Grundmodell einen konzeptionellen Rahmen für die Entwicklung lokaler und regionaler Küs-

tenmanagementstrategien und -konzepte anbieten und die wichtigsten
Instrumente aufzeigen, die nach den vorliegenden Erfahrungen zur Implementierung eines IKZM genutzt werden sollten.

Ein konstruktiver Entscheidungsprozess erfordert in der Regel
Transdisziplinarität und Offenheit gegenüber den legitimen Interessen
und Sichtweisen der Betroffenen sowie methodisch eine Kombination
natur-, sozial-, wirtschafts- und verwaltungswissenschaftlicher Ansätze.
Für die Akzeptanz der resultierenden Maßnahmen sind, wie alle internationalen Erfahrungen und insbesondere das EU-Demonstrationsprogramm aufzeigen, der Prozessablauf sowie die Art und Transparenz der
Entscheidungsfindung von entscheidender Bedeutung. Prozessablauf
und Transparenz werden im Wesentlichen durch folgende Elemente
festgelegt:

- Prozess*strukturen,* d.h. wer ist in welchem Stadium in welcher Form
  beteiligt und wer hat welche Art von Zugang zu welchen Informationen? (Kursivdruck verweist im folgenden Text auf Begriffe, die in
  Abb. 1 dargestellt sind),
- *Regeln* zur Entscheidungsfindung (bestimmen Fairness und Transparenz des Prozesses).

In einem komplexen System institutioneller Strukturen, vielfältiger
Themen und Interessen sowie komplexer Wechselwirkungen zwischen
natürlichen und anthropogenen Faktoren bietet die Vernetzung der relevanten Akteure einen erfolgversprechenden Ansatz zur Organisation
des Planungsprozesses. Von zentraler Bedeutung in diesem Prozess sind
kommunikative Methoden als Bindeglied zwischen den verschiedenen
Sichtweisen, Normen und Interessen.

Den Orientierungsrahmen für zielgerichtete Entscheidungen bilden
ein *Leitbild* bzw. eine Vision für den jeweiligen Küstenraum sowie die
daraus abgeleiteten Handlungs*ziele*. Wichtig ist die Akzeptanz dieser
Ziele bei allen Betroffenen. Daher bietet es sich an, diese im Rahmen
eines offenen partizipatorischen Prozesses, z.B. mit dem Instrument der
Zukunftswerkstatt, zu entwickeln.

Für die Problem- oder Situationsanalyse wie auch für die synthetisie-
rende Bewertung bei mehrkriteriellen Entscheidungen sind neben den
fragestellungsrelevanten *Informationen* auch geeignete technische, na-
tur- und sozialwissenschaftliche *Instrumente* und Werkzeuge notwendig, z.B. Institutionenanalyse, Projektplanungsinstrumente wie ZOPP
(Zielorientierte Projektplanung), Decision-Support-Systeme oder Geographische Informationssysteme.

Darüber hinaus wird ein *Analyserahmen* benötigt, der die Auswahl und Strukturierung der für eine Problemanalyse und integrative Bewertung notwendigen Informationen und Systemparameter unterstützt. Auf supranationaler Ebene stellen der von der OECD entwickelte Pressure-State-Response-Ansatz sowie verschiedene Ableitungen davon vielfach verwendete bzw. in Diskussion befindliche Analyserahmen für nachhaltige Entwicklung dar (vgl. auch Moldan/Billharz 1997 sowie in Bezug auf IKZM Turner/Salomons 1999 bzw. Turner/Bower 1999). Die europäische Umweltagentur (European Environmental Agency – EEA) verwendet diesen Ansatz in erweiterter Form als „Driving-Force-Pressure-State-Impact-Response"-Ansatz (DPSIR). Dieser Ansatz wurde auch im Rahmen des EU-Projektes EuroCat (Kannen et al 2004) sowie seit April 2004 im Rahmen des BMBF-Forschungsverbundes „Zukunft Küste – Coastal Futures" (Kannen 2004) exemplarisch angewendet.

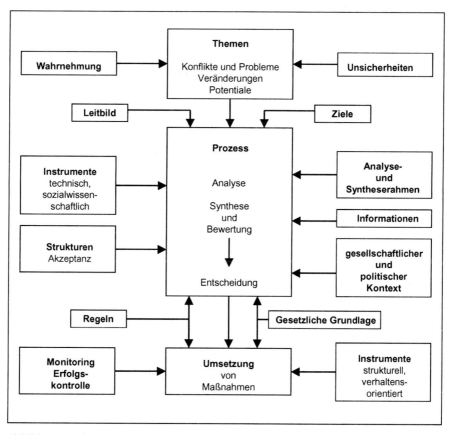

Abbildung 1: Elemente eines IKZM-Konzeptes

Quelle: Kannen (2000: 158)

Die Entscheidungsfindung im Rahmen des Prozesses ist jedoch letztendlich nur zum Teil von wissenschaftlichen Erkenntnissen und fundierter Analyse abhängig. Für die jeweiligen Entscheidungen hat vielmehr der *gesellschaftliche und politische Kontext* erhebliche Bedeutung. Hierzu gehören politische Zwänge und Prioritäten sowie die Bedeutung, die eine Entscheidung in der öffentlichen Wahrnehmung hat. Idealerweise sollten die Entscheidungen im Rahmen eines IKZM und des hier skizzierten Entscheidungsprozesses folgende Eigenschaften aufweisen (Kannen 2000):

- systemorientiert und damit zugleich integrativ,
- adaptiv und damit zugleich flexibel,
- partizipativ und damit konsensorientiert.

Um dies zu fördern, sollte der Planungs- und Entscheidungsprozess durch Begleitmaßnahmen unterstützt werden. Als wichtige Begleitmaßnahmen im Rahmen eines IKZM-Prozesses sind insbesondere Forschung, Weiterbildungs- und Trainingsmaßnahmen sowie Öffentlichkeitsarbeit anzusehen.

Forschung kann nicht nur durch neue Informationen die Grundlage für Entscheidungen verbessern sowie Informations- oder Datenlücken schließen, sondern durch wissenschaftliche Begleitung des Prozesses ebendiesen optimieren. Darüber hinaus besteht aus Sicht des Autors besonders hinsichtlich der Bewertung von Ökosystemfunktionen und ihrer Verknüpfung mit sozioökonomischen Faktoren sowie der integrativen Analyse komplexer Systeme (z.B. mittels Decision-Support-Systemen) erheblicher methodischer Forschungsbedarf.

Trainingsmaßnahmen dienen über die Verbesserung des handwerklichen Rüstzeugs der Betroffenen hinaus bei Anwendung entsprechender Trainingskonzepte auch dem Erwerb von Erfahrungen sowie der Förderung des Verständnisses für den IKZM-Prozess und der Rolle, welche die Mitarbeiter der diversen Institutionen innerhalb dieses Prozesses einnehmen (Kannen/Gee 1999).

Die Umsetzung der resultierenden Entscheidungen setzt die notwendigen *strukturellen* (Regulierungen, Zonierungen usw.) oder auf *Verhaltens*änderung zielenden Instrumente sowie die nötigen *gesetzlichen Grundlagen* voraus. Darüber hinaus sind ein kontinuierliches *Monitoring* und regelmäßige Evaluierung als *Erfolgskontrolle* notwendige Bestandteile eines IKZM-Konzeptes, um Fehlentwicklungen frühzeitig zu erkennen und neue Erkenntnisse wieder als Informationen dem Prozess zuführen zu können. Voraussetzung hierfür sind eindeutige Zielsetzungen sowie Indikatoren, die erlauben, den Erfolg von Maßnahmen zu erfassen.

Themenspektrum wie auch Managementmaßnahmen sind von der betrachteten Maßstabsebene abhängig. So wird das thematische Profil auf lokaler Ebene anders als auf regionaler und noch einmal anders auf der nationalen oder globalen Ebene zusammengesetzt sein. Zum Beispiel sind viele lokal auftretende Probleme, etwa Meeresverschmutzung durch Quellen im Hinterland oder durch Schiffsunfälle, nicht auf der lokalen Ebene einer Küstengemeinde lösbar. Daher ist die Einbindung eines lokalen oder regionalen IKZM-Konzeptes in jeweils übergeordnete Konzepte für den Erfolg eines IKZM insgesamt von entscheidender Bedeutung.

IKZM auf regionaler Ebene wird somit idealerweise durch eine rahmengebende nationale Strategie unterstützt, wie sie auf der Konferenz in Kiel von der nationalen Ebene eingefordert wurde und auf Basis des EU-Demonstrationsprogramms auf europäischer Ebene derzeit entwickelt wird. Diese übergeordneten Strategien sollten insbesondere eine fachübergreifende Terminologie bereitstellen, Ansätze für Konzepte sowie Vorschläge für Instrumente und Werkzeuge anbieten und Gestaltungsrichtlinien festlegen, z.B. in Form von Prinzipien und Mindestanforderungen.

Auf lokaler und regionaler Ebene lassen sich aus regionalplanerischer Sicht drei Handlungsebenen unterscheiden (Kannen et al. 2000):

- *Konflikte und Probleme,* auf die reagiert werden muss,
- *natürliche, gesellschaftliche und technische Veränderungen,* auf die unter Umständen reagiert werden muss, die aber auch pro-aktiv und frühzeitig in zukunftsrelevante Planungen mit einbezogen werden können, sowie
- *Potentiale,* die pro-aktiv und zielgerichtet als Standortvorteil in raumrelevante Planungen integriert und für die regionale Entwicklung genutzt werden können.

Die jeweils relevanten Themen bzw. Prioritäten ergeben sich aus der *Wahrnehmung* durch die Akteure innerhalb des IKZM-Konzeptes. Dabei ist zu beachten, dass diese Wahrnehmung bei verschiedenen Akteuren und Bevölkerungsgruppen unterschiedlich ist. Daher ist das Zusammenführen der verschiedenen Perspektiven und das Herstellen von Konsens über Prioritäten, Ziele und Wechselwirkungen zwischen Systemkomponenten sowie über *Unsicherheiten* in Daten und Prognosen eine Grundvoraussetzung für einen erfolgreichen Entscheidungsprozess (Kannen 2000).

Zusammenfassend besteht ein IKZM-Konzept aus drei Teilsystemen
(Abb. 2): einem Aufgabensystem, einem Entscheidungssystem sowie einem in das Entscheidungssystem eingebetteten Informationssystem.

Dabei definiert das Aufgabensystem den Ablauf und die Struktur des
Planungs- und Managementprozesses innerhalb des Entscheidungssys-
tems. Das Informationssystem umfasst neben Daten auch Expertenwissen und Modelle sowie Methoden und Werkzeuge, welche das Generie-
ren zielgerichteter, entscheidungsunterstützender Informationen sowie
deren Darstellung, Verbreitung und Nutzung innerhalb des Entschei-
dungssystems ermöglichen.

Diese drei Systeme müssen eng miteinander verknüpft sein, damit
letztendlich zielgerichtete und umsetzbare Entscheidungen gefällt werden können. Ein Entscheidungssystem mit einem gut funktionierenden
Entscheidungsprozess nützt wenig, wenn Verantwortlichkeiten unklar
(Aufgabensystem) oder die Informationen zur Bewertung einer Situation (Informationssystem) unzureichend sind. Ebenso wenig ergeben sich
aus einer guten Informationsbasis und eindeutiger Aufgabenstruktur erfolgreich umsetzbare Entscheidungen, wenn im Entscheidungsprozess
wichtige Interessen, konkurrierende Ziele oder die subjektive Wahrnehmung einzelner Akteure unberücksichtigt bleiben.

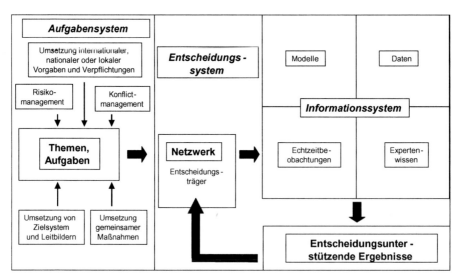

Abbildung 2: Ein Grundmodell für IKZM

Quelle: Kannen (2000: 162)

Auf dem Weg zu IKZM II: Bedarf an Forschung und Pilotprojekten

Die Ergebnisse der Fallstudien des EU-Demonstrationsprogramms wie auch zahlreiche Konferenzen und Veranstaltungen zum IKZM verdeutlichen, dass eine zielgerichtete, am Prinzip der nachhaltigen Entwicklung orientierte Umsetzung des IKZM-Ansatzes sowie der damit verbundenen Methoden und Werkzeuge noch weitere Forschungsaktivitäten erfordern.

Nach Ansicht des Autors besteht mit Blick auf das oben entwickelte Grundmodell und als Weiterentwicklung des EU-Demonstrationsprogramms ein vorrangiger Bedarf an politiknaher, transdisziplinär und handlungsorientiert angelegter Forschung hinsichtlich:

- der Analyse von Entscheidungsprozessen sowie damit verbunden
- der Entwicklung von entscheidungsunterstützenden Systemen (DSS), welche qualitative wie quantitative Informationen berücksichtigen, komplexe Zusammenhänge visualisieren und die Kommunikation zwischen Wissenschaftlern, Experten, Politikern und normalen Bürgern fördern,
- der Entwicklung von Trainings- und Weiterbildungskonzepten, welche Erfahrungswissen vermitteln und Komplexitätsbewusstsein fördern,
- der Entwicklung von Pilotprojekten, welche Forschung und Anwendung sowie Kommunikation und technische Werkzeuge intelligent miteinander verknüpfen,
- der nachhaltigen Entwicklung innovativer küstenbezogener Nutzungen wie z.B. Marikulturen (Fische, Algen) und Offshore-Windenergie sowie deren ökonomische Potentiale auf regionaler Ebene,
- prozessorientierter Indikatoren für Monitoring und Erfolgskontrolle.

Im Mittelpunkt methodischer Entwicklungsarbeit müsste insbesondere die Verknüpfung moderner Ansätze der Informationstechnologien und deren Fähigkeiten zur Verarbeitung großer Datenmengen, aber auch komplexer und teilweise subjektiver Informationen mit diskursiven Forschungs- und Analysemethoden der Sozialwissenschaften wie z.B. Fokusgruppen stehen.

Diese Verknüpfung würde es erlauben, im Rahmen einer dialogorientierten Einbindung die psychologischen und subjektiven Perspektiven des „Systems Küste" zu erfassen. Auf der anderen Seite können mit einem derartigen Ansatz die Vielfalt der Perspektiven ebenso in einem IKZM berücksichtigt werden wie ökonomische und ökologische Mo-

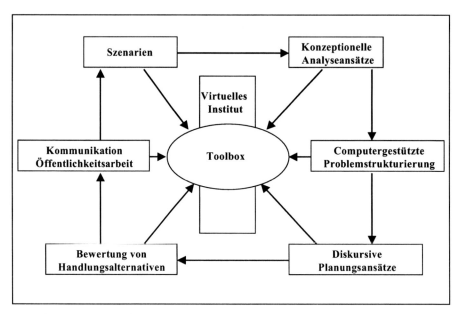

Abbildung 3: Verknüpfung mehrerer Instrumente im Rahmen einer Methodentoolbox für IKZM

delle und Zukunftsszenarien. Abb. 3 verdeutlicht eine derartige Verknüpfung unterschiedlicher wissenschaftlicher Methoden und Ansätze zu einem transdisziplinären, systemorientierten und integrativen Methodensatz.

Technische Ansätze für die Bewertung qualitativer Informationen bilden z.B. Verfahren der Multi-Criteria-Analyse (Funtowicz et al. 2000) und Expertensysteme wie z.B. SimCoast™ (McGlade 1999). Als Ausgangspunkt methodischer Entwicklung können die Ansätze der integrativen Bewertung im Sinne des Integrated Assessment (vgl. auch Harremoes/Turner 2001) dienen. Ebenso können der Katastrophenforschung Bewertungsansätze entnommen werden, z.B. die Ermittlung von Gefährdungspotentialen und Vulnerabilitätspotentialen sowie einer aus diesen Elementen abgeleiteten Risikobewertung (Reese/Markau 2002). Wissenschaftstheoretisch erscheinen vor allem Ansätze aus der Kybernetik sowie aus der Chaos- und Komplexitätsforschung von Bedeutung.

Mit der Förderung von zwei Forschungsverbünden, die sich an den beschriebenen Anforderungen orientieren hat das BMBF im Jahr 2004 erste Schritte für die wissenschaftliche und methodische Begleitung von IKZM-Konzepten in Deutschland auf den Weg gebracht. Die Ergebnisse dieser Verbünde können über das Internet (www.coastal-futures.org, www.ikzm-oder.de) verfolgt werden und werden abschließend im Jahr 2007 vorliegen.

Schlussfolgerungen

Das Europäische Demonstrationsprogramm hat – vor allem durch seine Verknüpfung mit der politisch relevanten Entwicklung einer europäischen Strategie für das Management von Küstengebieten – eine erhebliche Katalysatorwirkung gezeigt und auch in Deutschland die Diskussion über IKZM angestoßen. Diese Entwicklung wurde unterstützt durch zeitgleich aufgetretene Konflikte bei großräumigen Naturschutz- und Küstenschutzplanungen sowie durch das Aufkommen neuer Nutzungsinteressen auch im deutschen Küstenraum.

Wie die Ergebnisse des EU-Demonstrationsprogramms zum Integrierten Küstenzonenmanagement jedoch vor Augen führen, gibt es keinen Königsweg, das Ziel einer integrierten Planung und eines integrierten Managements zu erreichen. Methoden und Instrumente wie auch der institutionelle Aufbau eines IKZM sind vielmehr abhängig von den politischen, gesellschaftlichen, wirtschaftlichen und ökologischen Rahmenbedingungen in der jeweiligen Region. Auch Deutschland steht daher vor der Aufgabe, sich zukünftig damit auseinander zu setzen, in welcher Form und mit welchen Instrumenten ein IKZM eingeführt und – eingebunden in einen europäischen Rahmen – umgesetzt werden soll.

Ein IKZM, welches sich gleichzeitig als Instrument zur Umsetzung einer nachhaltigen Regionalentwicklung versteht, kann sich angesichts der vorliegenden Erfahrungen nicht auf Planungsaufgaben beschränken, sondern muss sich an den Umsetzungsmöglichkeiten orientieren, ohne auf Planung und langfristige räumliche Ziele zu verzichten. Daher ist ein enger Bezug zu den relevanten Fachplanungen, der Wirtschaftsförderung und dem Regionalmanagement notwendig. Zugleich betonen die Fallbeispiele des EU-Demonstrationsprogramms die Bedeutung einer engen Einbindung aller Interessengruppen über Behörden und große Nichtregierungsorganisationen hinaus ebenso wie die einer offenen und transparenten Bereitstellung von relevanten Daten und Informationen. Daher wäre in Deutschland insbesondere eine stärkere Vernetzung aller potentiell an einem IKZM Beteiligten und Betroffenen einschließlich einer engeren Verbindung von Wissenschaft und Planungspraxis als ein erster entscheidender Schritt anzusehen.

Besonders der Planungsaspekt findet vor dem Hintergrund zunehmender Nutzungsintensität in Nord- und Ostsee derzeit regional wie national großes Interesse. Neben der Diskussion um die anstehende Raumplanung im marinen Bereich stellen die Koordination der sektoralen und räumlichen Handlungsebenen, der Themenkomplex Kommunikation (besonders zwischen den verschiedenen Handlungsebenen), Information und Bevölkerungsbeteiligung sowie die partizipative Entwicklung von Visionen für den Küstenraum weitere wichtige Herausforderungen dar.

Aufbauend auf den Erfahrungen mit IKZM auf europäischer Ebene, aber auch aus anderen Ländern wie z.B. Kanada, lässt sich aus dieser Sicht ein Grundmodell für die Umsetzung von IKZM ableiten, welches als Orientierungshilfe für weitere Aktivitäten dienen kann. Ein Beispiel für ein derartiges Grundmodell, welches durch den Autor entwickelt wurde, ist in diesem Artikel beschrieben sowie ausführlich in Kannen (2000) dargestellt und diskutiert.

Hinsichtlich des Umgangs mit der Komplexität der Systemzusammenhänge, der Chancen und Risiken neuer Nutzungspotentiale sowie damit verbunden des Umgangs mit Veränderungen ist jedoch auch langfristig und über die derzeit realisierten Forschungsprojekten hinaus erheblicher Forschungsbedarf zu erkennen. Dies gilt besonders im Zusammenhang mit Bewertungsfragen, Entscheidungsprozessen und entscheidungsunterstützenden bzw. -vorbereitenden Instrumenten.

Literatur

Bayliss, R. 2000. The Atlantic Living Coastlines Demonstration Project. In: K. Gee, A. Kannen, H. Sterr (Hrsg.). *Integriertes Küstenzonenmanagement: Welche Chance für Deutschland und Europa?* Empfehlungen und Ergebnisse der Ersten deutschen Konferenz zum Integrierten Küstenzonenmanagement, Kiel, 26.-27. August 1999. *FTZ-Berichte Nr. 21,* Büsum: 75-84.

Bridge, L. 1999 (ed.). *Info-Coast '99 Symposium Report: First European Conference on Knowledge and Information for the Coastal Zone,* Nordwijkerhoud 10-13 February 1999. Coastlink, Coastal & Marine Laboratory at Dover and EUCC-UK, Brampton.

Burill, A. 1999. The EU Demonstration Programme on Integrated Management in the Coastal Zones. In: L. Bridge (ed.). 1999: *Info-Coast '99 Symposium Report: First European Conference on Knowledge and Information for the Coastal Zone,* Nordwijkerhoud, 10-13 February 1999. Coastlink, Coastal & Marine Laboratory at Dover and EUCC-UK, Brampton: 20.

CWSS 2001. *Annex 6 to the Ministerial Declaration of the Ninth Trilateral Governmental Conference on the Protection of the Wadden Sea, Esbjerg, 31 October 2001.* http://cwss.www.de.

Europäische Kommission 1997. *Die Ressourcen der Küstengebiete – ein besseres Management.* Amt für Veröffentlichungen der Europäischen Gemeinschaften, Luxemburg.

Europäische Kommission 1999a. *Eine europäische Strategie für das integrierte Küstenzonenmanagement (IKZM): Allgemeine Prinzipien und politische Optionen.* Amt für Veröffentlichungen der Europäischen Gemeinschaften, Luxemburg.

Europäische Kommission 1999b. *Schlußfolgerungen aus dem Demonstrations-programm der Europäischen Kommission zum integrierten Küstenzonenmanagement (IKZM)*. Amt für Veröffentlichungen der Europäischen Gemeinschaften, Luxemburg.

Europäische Kommission 1999c. *Europäisches Raumentwicklungskonzept (EUREK)*. Amt für Veröffentlichungen der Europäischen Gemeinschaften, Luxemburg.

Europäische Kommission 2000a. *Communication from the Commission to the Council and the European Parliament on Integrated Coastal Zone Management: A strategy for Europe*. COM (2000) 547 final, Brüssel.

Europäische Kommission 2000b. *TERRA. An experimental laboratory in spatial planning*. Final Report. Amt für Veröffentlichungen der Europäischen Gemeinschaften, Luxemburg.

Europäische Kommission 2001a. *Amended proposal for a European Parliament and Council recommendation concerning the implementation of Integrated Coastal Zone Management in Europe*. COM (2001) 533 final, Brüssel.

Europäische Kommission 2001b: *Commission welcomes adoption of strategy that promotes sustainability in coastal zones*. Pressemitteilung der Kommission IP01/1506 vom 29. Oktober 2001, Brüssel.

Europäisches Parlament 2001. *Bericht über den Vorschlag für eine Empfehlung des Europäischen Parlaments und des Rates zur Umsetzung des integrierten Küstenzonenmanagements in Europa*. Sitzungsbericht PE 301.047, Brüssel.

Funtowicz, S. O., J. Martinez-Alier, G. Munda und J. R. Ravetz 2000. *Information tools for environmental policy under conditions of complexity*. Environmental Issues Series No. 9. European Environment Agency, Kopenhagen.

Gee, K., A. Kannen, B. Glaeser und H. Sterr 2004. National ICZM Strategies in Germany: A Spatial Planning Approach. In: G. Schwernewski, N. Loeser (Eds.) Managing the Baltic Coast. *Coastline Reports* (2) 2004: 23-34.

Glaeser, B., A. Kannen, K. Gee und H. Sterr 2004. Auf dem Weg zur nationalen Strategie im Integrierten Küstenzonenmanagement – raumordnerische Perspektiven. In: BBR (Hrsg.) Raumordnung auf dem Meer. *Informationen zur Raumentwicklung* (7-8) 2004: 505-514.

Gee, K., A. Kannen und H. Sterr 2000 (Hrsg.). *Integriertes Küstenzonenmanagement: Welche Chance für Deutschland und Europa?* Empfehlungen und Ergebnisse der Ersten deutschen Konferenz zum Integrierten Küstenzonenmanagement, Kiel 26.-27. August 1999. FTZ-Berichte Nr. 21, Büsum.

Harremoes, P., R. K. Turner 2001. Methods for Integrated Assessment. *Regional Environmental Change*, Bd. 2: 57-65.

Johnson, H. 2000. Experiences from the INTERREG Project NORCOAST. In: Gee et al. (Hrsg.): 65-70.

Kannen, A. 2004. Holistic Systems Analysis for ICZM: The Coastal Futures Approach. In: G. Schernewski, T. Dolch (Hrsg.) Geographie der Meere und Küsten. AMK 2004 Conference Proceedings. *Coastline Reports* (1) 2004: 177-181.

Kannen, A., W. Windhorst, H. Lenhart und C. Nunneri 2004. Assessing Catchment-coast Interactions for the Elbe by Linking Scenarios, Indicators and Modelling. In: G. Schernewski, T. Dolch (Hrsg.) Geographie der Meere und Küsten. AMK 2004 Conference Proceedings. *Coastline Reports* (1) 2004: 225-238.

Johnson, H. 2000: Experiences from the INTERREG Project NORCOAST. In: Gee et al. (Hrsg.): 65-70.

Kannen, A. 2000. *Analyse ausgewählter Ansätze und Instrumente zu Integriertem Küstenzonenmanagement und deren Bewertung.* FTZ-Berichte No. 23, Büsum.

Kannen, A., K. Gee 1999. Training in Integrated Coastal Zone Management: The Example of a Training Workshop in Buesum. In: H. Brückner (Hrsg.). *Dynamik, Datierung, Ökologie und Management von Küsten.* Beiträge der 16. Jahrestagung des Arbeitskreises „Geographie der Meere und Küsten" 21.-23. Mai 1998 in Marburg. Marburger Geographische Schriften 134: 57-68.

Kannen, A., K. Gee, E. Ulich und E. Schneider 2000: „Management of Change" und nachhaltige Regionalentwicklung in Küstenzonen am Beispiel der Nordseeküste Schleswig-Holsteins. In: H. H. Blotevogel, J. Oßenbrügge und G. Wood (Hrsg.). *Lokal verankert – weltweit vernetzt.* Verhandlungsband des 52. Deutschen Geographentages 1999. Franz Steiner Verlag, Stuttgart: 30-135.

McGlade, J. 1999. *SimCoast™: An expert system for integrated coastal zone management and decision-making. An introduction to and demonstration of SimCoast™.* Präsentation auf dem Workshop SimCoast™: ASEAN-EU Workshop on Major Environmental Inputs, 20-26 June 1999, Singapur.

MLR (Ministerium für ländliche Raumentwicklung) 2001. *Integriertes Küstenzonenmanagement in Schleswig-Holstein.* Unterlagen zur Informationsveranstaltung zum Integrierten Küstenzonenmanagement am 7. September 2001 in Kiel.

Moldan, B., S. Billharz 1997 (eds.). *Sustainability Indicators: A Report on the Project on Indicators of Sustainable Development.* Scientific Commitee on Problems of the Environment, SCOPE 58. Chichester.

NetForum 2000. *Sustainable Tourism Development and Recreational Use in the Wadden Sea Region.* Final Report. Inter-Regional Wadden Sea Cooperation, Ribe.

NORCOAST Project Secretariat 1999. *Review of national and regional planning processes and instruments in the North Sea region. Full Study.* Aalborg.

PROCOAST Project Secretariat 2001. *PROCOAST Final Report.* Ministerium für ländliche Räume, Landesplanung, Landwirtschaft und Tourismus, Kiel.

Reese, S., H.-J. Markau 2002. Naturgefahr und Risikobetrachtung: Sturmflutgefährdung in den Küstenniederungen Schleswig-Holsteins. In: Deutsches Komitee für Katastrophenvorsorge e.V. (DKKV) (Hrsg.). *Zweites Forum Katastrophenvorsorge 24-26. September 2001.* Leipzig, Bonn: 78-84.

Sommer, K., M. Herzberg 2000. The CoastLINK Baltic Project: A joint initiative of Storstrom County and Mittleres Mecklenburg/Rostock. In: K. Gee et al. (Hrsg.): 71-74.

Taussik, J. 1997. The Influence of Institutional Systems in the Coastal Zone: Experience from England/Wales and Sweden. *Planning Practice and Research,* Bd. 12, Nr. 1: 9-19.

Turner, R. K., B. T. Bower 1999. Principles and Benefits of Integrated Coastal Zone Management (ICZM). In: W. Salomons, R. K. Turner, L. D. de Lacerda, S. Ramachandran. *Perspectives on Integrated Coastal Zone Management.* Springer-Verlag, Berlin: 13-34.

Turner, R. K., W. Salomons 1999. Introduction and Overview: Coastal Management Principles and Practice. In: W. Salomons, R. K. Turner, L. D. de Lacerda, und S. Ramachandran. *Perspectives on Integrated Coastal Zone Management.* Springer-Verlag, Berlin: 1-10.

Ulich, E. 1998. *Ansätze und Möglichkeiten einer nachhaltigen Regionalentwicklung an der Westküste Schleswig-Holsteins.* Diplomarbeit, Universität Kiel (unveröff. Ms.).

Winder, A. 1999. The European Spatial Development Perspective. *Atlantic Living Coastlines* (2), Summer 1999: 9.

Waddensea Forum 2005. *Breaking the Ice. Final Report.* Waddensea Forum, Willhelmshaven/Ijsselstein.

Perspektiven
in Deutschland

Abbildung Zwischentitel:
Seenlandschaft um Sternberg (Mecklenburg)
Blick vom archäologischen Freilichtmuseum Groß Raden
Foto: Ines Swoboda, oekom verlag

Tourismus und Naturschutz: Partizipation zur Konfliktvermeidung im integrierten Küstenzonenmanagement

Christiane Sell-Greiser

Dr. Greiser und Partner, Geesthachter Innovations- und Technologie Zentrum, Lise-Meitner-Weg, 21502 Geesthacht, E-Mail: greiser.partner@gkss.de

Zusammenfassung. Küstengebiete sind weltweit aufgrund ihres Landschaftsbildes, ihrer Biodiversität, ihres biologischen Produktionspotentials und damit zusammenhängender Vorstellungen und Bilder von und über Natur Regionen touristischer Nutzung und zugleich Räume mit besonderer Attraktivität und Schutzwürdigkeit.

Die zunehmende Nutzung land- und seeseitiger Ressourcen der Küstenbereiche erfordert deshalb nicht nur den Blick auf die naturwissenschaftlichen Gegebenheiten und ingenieurwissenschaftlichen Gestaltungs- und Schutzmöglichkeiten der Küstenlandschaften, sondern auch die Berücksichtigung der ansässigen Bevölkerung mit ihren Werten, Normen, Erfahrungen und Relevanzsystemen.

Die bekannten Konflikte zwischen den so genannten „Nutzern" und „Schützern" der Naturlandschaften sind dabei derart vielfältig interessenorientiert, dass nur interdisziplinäre, integrierende Konzepte den zeitlich wie ökologisch und sozioökonomisch notwendigen Interessenausgleich gewährleisten können.

Zur Vermeidung derartiger Konflikte bedarf es nach unseren Projekterfahrungen als Voraussetzung für ein Integriertes Küstenzonenmanagement (IKZM) einer partizipatorischen Entwicklungsplanung, die von Beginn an transparent, basiskommunikativ, prozessoffen und umsetzungsorientiert ist. Dazu werden im Folgenden von uns entwickelte Partizipationsmodelle vorgestellt.

Schlüsselwörter. Integriertes Küstenzonenmanagement, Konflikte, Entwicklungsplanung, Partizipationsmodelle

Ausgangssituation

Küstengebiete sind weltweit aufgrund ihrer Landschaftsbilder, ihrer Biodiversität, ihres biologischen Produktionspotentials – und damit zusammenhängender Vorstellungen und Bilder von und über Natur – Regionen touristischer Nutzung und zugleich Räume mit besonderer Attraktivität und Schutzwürdigkeit.

In diesem Zusammenhang hat Tourismus als führender Wirtschaftsfaktor für Küstenregionen folgende funktionale Bedeutungen und determiniert damit verbundene Handlungs- bzw. Konfliktfelder:

- Tourismus ist ein relevanter Wirtschaftsfaktor und eine Erwerbsquelle für die lokale Bevölkerung.
- Der Tourismussektor einschließlich seiner vor- und nachgelagerten Gewerbe hat sich zu einem maßgeblichen Faktor vielfältiger intensiver Ressourcennutzungen des Küstenraums und damit zu einem bedeutsamen Anziehungspunkt für Bevölkerungsgruppen des Landesinneren entwickelt.
- Touristisch erschlossene Regionen fungieren als Gegenwelt zum individuellen Alltag als Kompensations- und Rehabilitationsfaktor.
- Tourismus verändert sukzessive Regionen in ökologischer, sozialer und kultureller Hinsicht.
- Tourismus verursacht oftmals Zonen von Umweltbelastung und -zerstörung (Abwässer, Verkehr, Frequentierung von Freiflächen usw.), zumal sich die touristischen Aktivitäten auf vergleichsweise schmale Zonen konzentrieren.
- Tourismus schafft Orte konträrer Nutzerinteressen.
- Touristisch genutzte Regionen sind Gegenstand und Anlass von Debatten und Verhandlungen verschiedener, auch interessengebundener Institutionen und Konfliktlagen auf lokaler, kommunaler, regionaler und nationaler Ebene.

Die zunehmende Nutzung land- und seeseitiger Ressourcen der Küstenbereiche erfordert deshalb nicht nur den Blick auf die naturwissenschaftlichen Gegebenheiten und ingenieurwissenschaftlichen Gestaltungs- und Schutzmöglichkeiten der Küstenlandschaften, sondern auch die Berücksichtigung der ansässigen Bevölkerung mit ihren Werten, Normen, Erfahrungen und Relevanzsystemen (vgl. hierzu auch Rat von Sachverständigen für Umweltfragen 1994: 163ff.).

Die Konflikte in Küstengebieten zwischen den so genannten „Nutzern" und „Schützern" der Natur sind dabei derart vielfältig interessenorientiert (Weichbold 1998: 64ff.), dass nur interdisziplinäre, integrierende Konzepte den zeitlich wie ökologisch und sozioökonomisch notwendigen Interessenausgleich gewährleisten können.

Wozu die Vernachlässigung der Menschen vor Ort bei Entwicklungsplanungen führen kann, haben nicht zuletzt die aufwendigen Auseinandersetzungen und Diskurse um die so genannte Ökosystemforschung in Schleswig-Holstein (Dethlefsen 2000: 7) oder beispielsweise die Nationalparkdebatten in der niedersächsischen Elbtalaue gezeigt.

Hier fühlte sich die lokale Bevölkerung nicht genügend in die Planungen und Problemlösungen einbezogen (v. d. Zwiep 2001: 21). Dadurch wurde der Planungsprozess jeweils als „Planung von oben" wahrgenommen.

Nach Einschätzung der lokalen Bevölkerung und entsprechender Stakeholder wurden die gewachsenen Interessenlagen und Wertewelten der lokalen Bevölkerung während der Erhebungs- bzw. Planungsphasen nicht ausreichend berücksichtigt. Die Behörden arbeiteten darüber hinaus nicht intensiv genug zusammen (v. d. Zwiep 2001: 21). Daraus resultierende energiezehrende Konfliktsituationen vor Ort fordern mittelbar dazu auf, den „Menschen an sich" einen manifesten Stellenwert zu garantieren (Sell-Greiser 1999: 180f.).

Partizipationsdeterminanten der Prozessbeteiligten an der Entwicklungsplanung

Die gesellschaftlichen Vorstellungen und Handlungsentwürfe über Küstenräume unterliegen manifesten mentalen, individuell determinierten und zugleich kollektiv gelebten Konstruktionen der Wirklichkeit (Berger/Luckmann 1993: 139ff.). Damit verbunden sind gerade im ökonomisch gewinnträchtigen Tourismusbereich divergierende und gewachsene Wissens- und Wertebestände, die bestimmten zum Teil emotional ausgerichteten dominanten Naturbildern folgen. Dies äußert sich auch in unterschiedlichen Einstellungsmustern und Akzeptanzstrukturen gegenüber naturschützerischen Maßnahmen. Goffman (1989: 323) führt dazu aus, dass „... jede Äußerung oder physische Haltung eines Menschen in einer gegenwärtigen ... Situation in seiner biographischen persönlichen Identität verwurzelt ist."

Grundlegende Annahme ist, dass menschliches Handeln eine Summe der Erfahrungen ist, die das Individuum in der Auseinandersetzung mit seiner Umwelt antizipiert. Wissens-, Einstellungs- und Bewusstheitselemente manifestieren sich im individuellen Verhalten (Wilson 1973: 54f.).

Da jeder Mensch eine Handlungslinie innerhalb gemeinsamer Aktivitäten entwirft und umzusetzen versucht, ist es sinnvoll, die individuellen Wahrnehmungsmuster und daraus resultierende Handlungsabläufe als Segmente allgemeiner größerer Handlungszusammenhänge zu analysieren (Schütz/Luckmann 1988: 26).

Eine Analyse der Relevanzsysteme und Konfliktdeterminanten aller am Tourismus beteiligten Personen und Institutionen hat demzufolge zur effektiven Erreichung ganzheitlicher touristischer Planungs-, Steuerungs- und damit Managementziele und zur Vermeidung in der Summe konfuser so genannter Von-Fall-zu-Fall-Entscheidungen folgende vorrangige Aufgaben und Ziele:

- Offenlegung spezifischer Verhaltensmuster auch in ihrer Genese;
- Analyse der touristischen und naturschützerischen Interessen der Prozessbeteiligten, spezifischer Handlungsfelder und Konfliktdeterminanten einschließlich möglicher Lösungsvarianten;
- möglichst gleich verteilte Vermittlung von Wissen und Informationen durch die Administration und Wissenschaft in Form einer eindeutigen Trennung zwischen politischer Meinung, wissenschaftlicher Erkenntnis und Planungsergebnissen anderer Verfahren unter Vermeidung einer Informationsüberflutung;
- Formulierung plausibler Transparenzstrategien zur Entwicklung relevanter ökologisch wie ökonomisch akzeptierter und sinnvoller Planungskonzepte.

Die gerade in dem Küstenraum Nationalpark Schleswig-Holsteinisches Wattenmeer offen ausgetragenen und emotional disponierten Diskurse und Debatten zwischen seinen „Schützern" und den touristischen „Nutzern" dokumentieren die Divergenzen zwischen ökologisch motivierten planerisch-programmatisch entworfenen Handlungslinien auf der einen Seite und den ökonomisch determinierten Rechtfertigungskonstrukten auf der anderen Seite.

Die konstruktive Lösung derartiger Konfliktlagen impliziert die Notwendigkeit von Erkenntnissen über die Relevanzsysteme der am Prozess Beteiligten. Zur Vermeidung derartiger Konflikte mit dem Ziel eines integrierten Küstenmanagements bedarf es einer partizipatorischen Entwicklungsplanung, die von Beginn an transparent, basiskommunikativ, prozessoffen und umsetzungsorientiert ist.

Partizipationsmodelle zur Konfliktvermeidung

Zur Umsetzung einer integrativen und damit auf Umsetzungserfolge ausgerichteten Entwicklungsplanung bedarf es von Beginn an einer transparenten und umfassenden Plausibilisierung der Planungsinitiativen unter Berücksichtigung möglicher Interessenkonflikte und damit verbundener Wahrnehmungsstrukturen.

Entwicklungsplanung impliziert eine *prozessoffene* Aufgabenplanung und Planungsdurchführung. Für die entwicklungsplanende Institution bedeutet dies, dass Entwicklungsimpulse aus der Mobilisierung und Bündelung regionsimmanenter Kräfte resultieren, also aus Aktivitäten, die als endogenes Potential aus der Region selbst kommen.

Die Motivierung und Zusammenführung regionseigener Ressourcen ist die Voraussetzung für einen *basiskommunikativen* Planungsprozess, in den beständig die Öffentlichkeit bzw. die Bürgerinnen und Bürger und die durch sie vertretenen Institutionen in den Entwicklungsplanungs- bzw. den zu initiierenden Managementprozess einbezogen werden. Diese Partizipationsformen (Kooperation und Kommunikation) sind gleichsam elementare Voraussetzungen für ein Integriertes Küstenzonenmanagement.

Die in einem Küstengebiet vom Tourismus als „gesellschaftliches Querschnittsphänomen" (Betz 1998) ausgehenden Wirkungen bedingen die Einbeziehung der Handlungsfelder Naturschutz, Handel, Gewerbe, Dienstleistungen, Schifffahrt und Häfen, Fischerei, Infrastruktur (soziale und kulturelle Versorgung vor Ort), Arbeitsmarkt, Verkehr, Land- und Forstwirtschaft, Wohnen, Energie, Kultur sowie Landschaft und Siedlung.

Diese Handlungsfelder sind der Bearbeitungsrahmen für eine ganzheitliche, vernetzte Erfassung des Planungsraumes in touristischer wie naturschützerischer Hinsicht unter Berücksichtigung der subjektiven Bedürfnisse der lokalen Bevölkerung und damit auch der Erfassung und Einbeziehung qualitativer Daten.

Mit den im Rahmen von Entwicklungsplanungen notwendigen Eruierungen sind in der Regel gerade in den Bereichen Tourismus und Naturschutz sensible Bereiche der Verantwortlichen für die Entwicklungsplanung in der Administration wie für die lokale Bevölkerung vor Ort betroffen. Dieser Sensibilität muss besonders im Anfangsstadium einer Entwicklungsplanung durch eine intensive Moderationstätigkeit mit stetiger Gesprächs- und Informationsbereitschaft Rechnung getragen werden.

Durch diesen kontinuierlichen Informations- und Erfahrungsaustausch zwischen Administration, lokaler Bevölkerung, Vereinen, Verbänden usw. gewinnen die Menschen vor Ort zunehmend Vertrauen, indem sie sich ernst genommen fühlen, wodurch ihre Akzeptanz und ihre Bereitschaft zum persönlichen Engagement entscheidend erhöht wird.

Generell ist bei derartigen Planungsprozessen festzustellen, dass neben dem Fachwissen und dem persönlichen Einsatz vor Ort der die Entwicklungsplanung durchführenden Personen und Institutionen gerade auch deren Sozialkompetenz (aufbauend auf sozialwissenschaftlichem Fachwissen) von entscheidender Bedeutung für die Akzeptanz derartiger Entwicklungsplanungen mit dem Ziel eines Küstenmanagements ist. Eine unabhängige Moderation ist in der Regel unumgänglich.

Voraussetzung für partizipative Planungsansätze

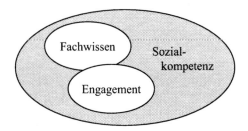

Abbildung 1: Elementare Komponenten eines basiskommunikativen, umsetzungsorientierten und partizipatorischen Planungsansatzes

Zur Plausibilisierung der Entwicklungsplanung mit ihren Managementzielen gehört jedoch gerade bei touristischen Planungen die Darstellung und Akzeptanzförderung der *umsetzungsorientierten* Ausrichtung. Die Umsetzung von Projekten im IKZM wird auch im Europäischen Demonstrationsprogramm als besonders relevant, methodisch allerdings als noch nicht ausreichend entwickelt eingestuft. Die vorliegenden Arbeitsergebnisse, die im Rahmen einer regionalen Entwicklungsplanung entwickelt wurden, bieten hier erste Lösungsansätze.

Das umsetzungsorientierte Vorgehen folgt der Erkenntnis, dass das Akzeptanzverhalten der lokalen Bevölkerung gegenüber öffentlichen Maßnahmen und Entwicklungsplanungen entscheidend von der zeitlichen Spanne zwischen den ersten Planungsschritten und der Umsetzung geplanter Projekte abhängt, d.h. je unkonkreter und zeitlich entfernter eine mögliche Realisierung bzw. Umsetzung öffentlicher von der Entwicklungsplanung ausgehender Maßnahmen ist, desto weniger wird die Planung ernst genommen und unterstützt.

Partizipationsmodell

Zeitraum: 1 Monat	**Informationstreffen auf kommunaler Ebene**			je Einheit 1 x	
Kommunale Einheit:	Landkreis	Samtgemein-de	Stadt	Gemeinde	Verbände Vereine

Zeitraum: 2-3 Monate	**Bürgerversammlungen**			je Einheit 1 x	
Kommunale Einheit:	Landkreis	Samtgemein-de	Stadt	Gemeinde	Verbände Vereine

Zeitraum: 1 Monat	**Expertenrunden**			je Einheit mehrmals	
Kommunale Einheit:	Landkreis	Samtgemein-de	Stadt	Gemeinde	Verbände Vereine

Zeitraum: 2-3 Monate	**Bürgerwerkstätten**			je Einheit 2 x	
Kommunale Einheit:	Landkreis	Samtgemein-de	Stadt	Gemeinde	Verbände Vereine

Zeitraum: laufend	**Projektgruppen**			je nach Bedarf	
Kommunale Einheit:	Landkreis	Samtgemein-de	Stadt	Gemeinde	Verbände Vereine

Zeitraum: laufend	**Regionale Arbeitskreise**			je nach Bedarf	
Kommunale Einheit:	Landkreis	Samtgemein-de	Stadt	Gemeinde	Verbände Vereine

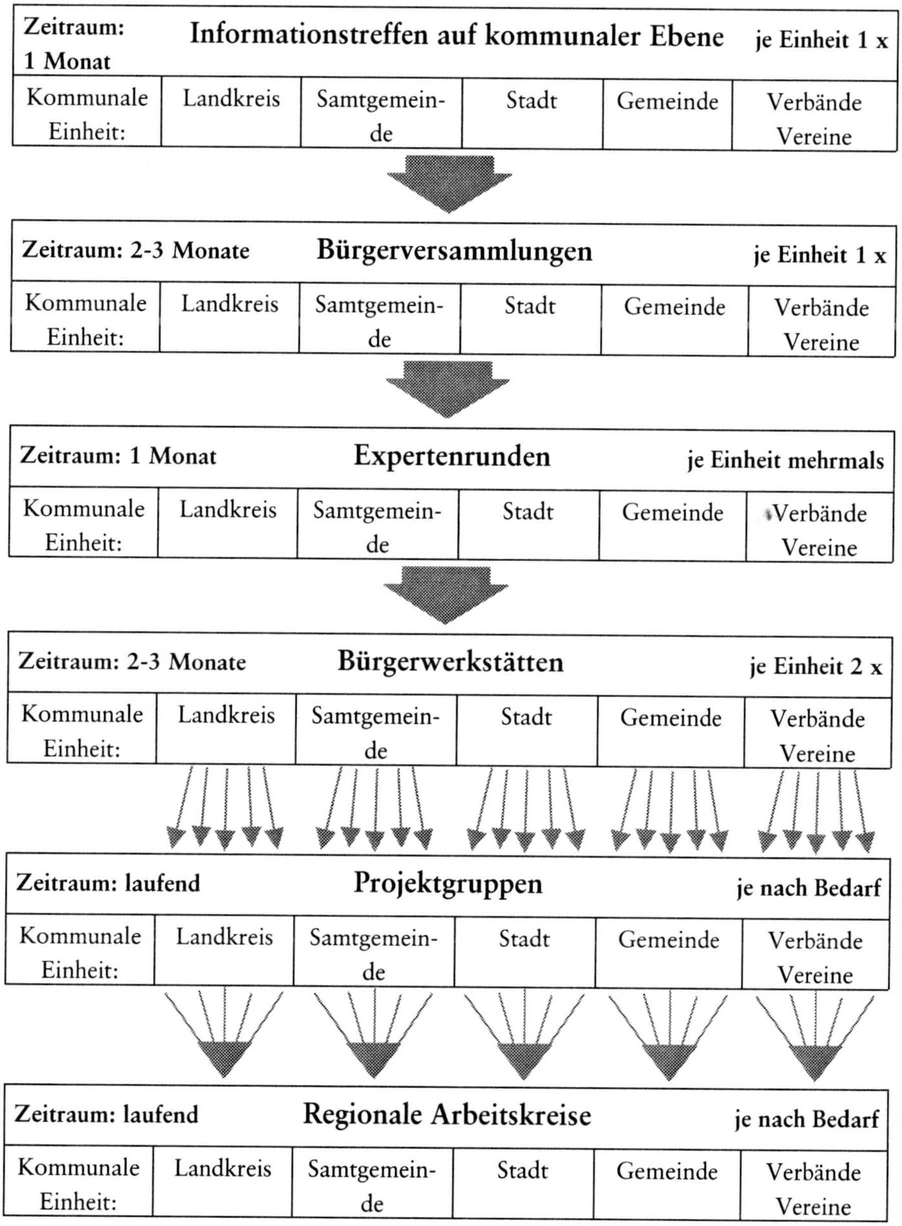

Abbildung 2: Partizipationsmodell zur Durchführung einer basiskommunikativen, umsetzungsorientierten Entwicklungsplanung

Diese auf der qualitativen Wissenschaftsausrichtung basierende Aussage zeigt, dass Menschen eher bereit sind, sich mit Institutionen, Planungen

und Veränderungen auseinander zu setzen und entsprechend zu enga-
gieren, wenn sie eine Chance auf einen „Gegenwert", d.h. eine Umsetzung ihrer Bemühungen sehen.

Unsere bisherigen im Rahmen von regionalen Entwicklungsplanungen und Strukturanalysen erarbeiteten Untersuchungsergebnisse lassen
gerade bei den alltagsweltlich kontrovers wahrgenommenen Themenfeldern Tourismus und Naturschutz den Schluss zu, dass ein die ansässi-
ge Bevölkerung einbindender beteiligungsorientierter Ansatz die Entwicklungsplanung entscheidend stabilisiert und effektiviert, da mögliche
Konflikte durch basiskommunikative Prozesse frühzeitig erkannt und
Lösungsstrategien durch Moderations- und Mediationsverfahren initiiert und gleichsam als prozessoffenes Verfahren in die Entwicklungsplanung eingebaut werden können.

Diese allgemein gültigen Partizipationsdeterminanten können anhand des oben dargestellten Modells umgesetzt werden, wobei die jeweilige Ausrichtung eines Partizipationsmodells den spezifischen regionalen, kommunalen und politischen Gegebenheiten entsprechen muss.

Begonnen wird mit einem zunächst überregionalen Informationsaustausch auf der Ebene der jeweiligen kommunalen Einheit. Beteiligt sind
dabei in der Regel Vertreterinnen und Vertreter administrativer und
kommunaler Einrichtungen wie Samtgemeinde-, Gemeinde- und Stadt-
direktoren, Bürgermeister usw.

Die generelle Botschaft jeder Verfahrenstufe besteht in der Plausibilisierung eines ganzheitlich arbeitenden Integrierten Küstenzonenmanagements, zu dessen Vorbereitung fachspezifische Entwicklungsplanungen, beispielsweise zum Thema Tourismus, unter Berücksichtigung spezifischer Interessenlagen gehören.

Auf diesen Informationsveranstaltungen werden die nachfolgenden
jeweiligen Bürgerversammlungen pro kommunaler Einheit gemeindein-
dividuell verabredet. Parallel dazu werden die ortsansässigen und überregionalen Verbände, Vereine und Forschungsinstitutionen (Universitäten, Fachhochschulen usw.) informiert und um Kooperation gebeten.

Die Bürgerversammlungen finden mit dem Ziel statt, über die Ent-
wicklungsplanung zu informieren und zugleich von den anwesenden
Bürgern und Bürgerinnen bereits erste Informationen über Stärken und
Schwächen der Küstenregion und ihre Ziele zu erhalten. Dazu gehören
auch alltagsweltlich disponierte Debatten zwischen Naturschutz und
Tourismus. Dies wird erreicht über so genannte aktive Beteiligungsele-
mente, wobei die Moderationtätigkeit insbesondere darin besteht,
Denk- und Motivationsanstöße zu vermitteln und viele Personen und
Institutionen aus der Region zu mobilisieren, damit auch die daran an-

schließenden Bürgerwerkstätten, Projektgruppen und Arbeitskreise erfolgreich initiiert werden können. Zunächst besteht hier die Konzentration auf einzelne Probleme, deren Entwicklungs- und Lösungskonzepte dann zusammenwachsen sollen.

Bereits in diesem Verfahrensschritt kommt es in der Regel zur Offenlegung von Relevanzstrukturen einzelner. Diese Informationen bilden die erste Erkenntnisgrundlage für die Entwicklung eines spezifischen regional differenzierten Gesamtbildes.

Die durchführende Planungsinstitution muss bereits während dieser Modellstufe mit viel Sozialkompetenz die Anwendung des so genannten „Participatory Rural Appraisal" sichern, einer Erhebungsmethode, bei der die Menschen mitreden, sich einbringen und ihre Probleme formulieren können, d.h. die Partizipationsmodelle dienen vor allem dazu, dass sich die lokale Bevölkerung und sie vertretende Institutionen mit der zukünftigen Entwicklung ihrer Region aktiv befassen, gemeinsam Problemlösungen und Entwicklungschancen eruieren und damit verbunden auch Forschungsbedarf offen legen.

Zeitgleich zwischen den Bürgerversammlungen und Bürgerwerkstätten werden Expertenrunden mit Wissenschaftlern, Vertretern aus Vereinen, Verbänden, Behörden, Politik usw. durchgeführt. Diese Veranstaltungen dienen der Kompetenzerweiterung aller am Planungsprozess Beteiligten, indem ihr spezifisches Fachwissen offen gelegt und in der Folge durch eine Integration in das Partizipationsmodell und die auf Küstenmanagement abzielende Entwicklungsplanung nutzbar gemacht wird. Zu berücksichtigen sind:

- Kreisverwaltungen mit verschiedenen Fachämtern,
- Forstverwaltungen,
- Landwirtschaftskammern,
- Straßenbauverwaltungen,
- Wasser- und Bodenverbände,
- Deich- und Sielverbände,
- Umwelt- und Naturschutzverbände,
- Landvolk-Vertreter,
- Landfrauenverbände,
- Wasser- und Schifffahrtsverwaltungen,
- Handwerkskammern,
- Industrie- und Handelskammern,
- Schutzgebiets-, Nationalparkverwaltungen bzw. -ämter,
- Landesjägerschaften,
- Landessportfischerverbände,

- Fischereiverbände,
- Angelvereine,
- Häfenverwaltungen,
- Naturschutzakademien,
- Arbeitsämter,
- Tourismusverbände,
- Fremdenverkehrsvereine,
- Kurverwaltungen,
- Wirtschaftsförderungsinstitutionen,
- Kirchen,
- Universitäten,
- Fachhochschulen,
- Forschungszentren usw.

Die Durchführung von Expertenrunden zu dem im Schaubild ausgewiesenen frühen Zeitpunkt hat den Vorteil, dass die Fachkompetenz von Anfang an in den Planungsprozess integriert wird und sich nicht in Form von „Meinungskonkurrenz im Nachhinein" nachteilig auf die Akzeptanzstrukturen und die Engagementbereitschaft der durch die Bürgerversammlung motivierten Bürgerinnen und Bürger sowie sie vertretende Institutionen auswirkt.

Die Bürgerwerkstätten dienen der Konkretisierung, Ordnung und Systematisierung dessen, was wann, wie, unter welcher Beteiligung und wo in Form von touristischen Planungen unter Abwägung naturschützerischer Bedürfnisse entstehen könnte.

Die Moderation hat hier Ideen und Konsens bildende, Akzeptanz fördernde Impulse zu geben unter der Berücksichtigung der spezifischen zu eruierenden Relevanzsysteme der lokalen Bevölkerung und der durch spezielle programmatisch geprägte Leitlinien fungierenden Institutionen vor Ort.

Die aus den Bürgerwerkstätten resultierenden Projektgruppen nehmen an der Umsetzung konkreter Maßnahmen der Entwicklungsplanung teil bzw. arbeiten in Kooperation mit Wissenschaftlern, Behörden, Ministerien etc. aktiv daran mit.

Darüber hinaus muss eine ständige und effektive Öffentlichkeitsarbeit geleistet werden, die informiert und motiviert.

Die Arbeit in den Arbeitskreisen basiert in erster Linie auf der Einbindung der einzelnen initiierten Maßnahmen in den Gesamtkontext der Küstenregion und somit auch auf der Benennung von Konzeptionserfordernissen.

Partizipationsmodell für die Administration

Informationstreffen				Auswahl der Institutionen ist exemplarisch	
Samtgemeinden Gemeinden Städte	Ämter Behörden Ministerien	Landwirtschaftskammer IHK	Kreisverwaltungen	Wirtschaftsförderungsgesellschaften	Universitäten Fachhochsch. Forschungszentren

Festlegen von jeweils 2 Verantwortlichen per Institution

Institutionalisierung dieser Arbeitsgruppe

Teilnahme eines Vertreters per Institution an Bürgerversammlungen

Teilnahme eines Vertreters per Institution an Bürgerwerkstätten

Fachspezifische Prüfung von Maßnahmenvorschlägen

Rückfluss dieser Ergebnisse in die regionalen Arbeitskreise

Rückfluss zu den eigenen Genehmigungsträgern

Umsetzung/Förderung

Abbildung 3: Beteiligungsmodell für die Einbindung behördlicher und politischer Entscheidungsträger in einen basiskommunikativen, umsetzungsorientierten Planungs- und Managementprozess

Die bisherigen Ergebnisse zeigen, dass eine sozialkompetente Moderation für den Erfolg einer regionalen Entwicklungsplanung unerlässlich ist. Analog zu den Beteiligungselementen für die lokalen Akteure sollte ein Modell entwickelt werden, das auf der Ebene der Administration informiert, zur Umsetzung motiviert, Wissenschaftler integriert und den Sinn von Entwicklungsplanungen und Managementzielen plausibilisiert. Es erscheint daher sinnvoll, neben dem Partizipationsverfahren für die lokale Bevölkerung parallel partizipatorische Beteiligungsformen für die Administration durchzuführen, da in jedem Schritt des Partizipationsmodells für die lokale Bevölkerung auch die in der Regel die Entwicklungsplanung initiierende Administration konstruktiv mit eingebunden werden muss.

Auf einem Informationstreffen werden die für die Küstenregion verantwortlichen administrativen Institutionen und Forschungseinrichtungen generell über die vorgesehene Entwicklungsplanung mit ihren Zielen informiert.

Die Verfahrensstufe hat ihre besondere Bedeutung in der Plausibilisierung der Tatsache, dass integrierte Aufgabenplanung auch interinstitutionelle Kommunikation und Kooperation bedeutet und zugleich Voraussetzung für die langfristige Entwicklung bzw. das Überleben des Lebensraums Küste überhaupt ist. Hinzu kommt, dass die Küstengebiete der EU-Mitgliedstaaten durch ein komplexes System von Gesetzen verwaltet werden, d.h. es gibt eine große Zahl von Verwaltungsgesetzen für bestimmte sektorale Probleme und jeweils einzelne verantwortliche Ministerien, Behörden und Ämter.

Die bisherigen Erfahrungen zeigen, dass gerade in der Verwaltung ein großer Erklärungsbedarf hinsichtlich der Notwendigkeit interdisziplinärer Arbeitsformen im Rahmen der Überwindung monokausaler Erklärungs- und Handlungsweisen besteht. Darüber hinaus hat ein unabhängiges Moderationsbüro der Administration zu plausibilisieren, dass sie gegenüber der Fähigkeit zu eigenverantwortlichem Handeln der Menschen vor Ort Vertrauen entwickeln sollte.

Diese Institutionen legen jeweils zwei Verantwortliche für die Beratung, Begleitung, Unterstützung und ggf. Durchführung der Entwicklungsplanung mit dem Ziel der Institutionalisierung eines späteren Managements fest.

Daraus resultiert eine Arbeitsgruppe, die vertikal und horizontal integrativ arbeitet und nach innerinstitutioneller Absprache entscheidungsbefugt nach außen, aber nicht weisungsbefugt nach innen ist, sodass keine bestehenden Hierarchien durchbrochen werden.

Eine(r) der beiden Verantwortlichen nimmt jeweils an den im Raum durchgeführten Bürgerversammlungen und Bürgerwerkstätten teil. Auf diese Weise kann eine Sensibilität für die spezifischen Verhältnisse einer Region und für die strukturellen Relevanzsysteme ihrer Einwohner entwickelt bzw. vertieft werden.

Zur Wahrung einer durch eine sinnvolle Moderation geschaffenen Motivation der lokalen Bevölkerung gegenüber der Entwicklungsplanung muss auch auf emotionaler Ebene vermittelt werden, dass die jeweils individuell geleisteten Arbeiten nicht nur Beachtung finden, sondern dass sich darum auch „gekümmert" wird. Insofern hat die historische Institution des so genannten „Kümmerers" gerade in der Regionalentwicklung eine neue Bedeutung gefunden.

Nur eine transparente, konstruktive und fachspezifische Prüfung durch die Verwaltung, beispielsweise touristischer Maßnahmen- und Projektvorschläge von Seiten touristischer Anbieter, vermittelt auf der emotionalen Ebene das Gefühl der Akzeptanz.

Die Ergebnisse der jeweiligen Fachprüfungen sollten auf den regionalen Arbeitskreisen mit dem Ziel dargestellt werden, die Entscheidungskriterien transparent und nachvollziehbar zu machen.

Parallel informieren die für die Entwicklungsplanung zuständigen Vertreter ihre eigenen Institutionen regelmäßig über die einzelnen Verfahrensschritte und deren Ergebnisse. Die dadurch hergestellte Transparenz und Kooperation wird die Entwicklungsplanung in erste Phasen der Managementumsetzung überführen.

Die partizipatorische Entwicklungsplanung impliziert eine manifeste Berücksichtigung der Menschen mit ihren spezifischen Relevanzsystemen, indem sie regionsimmanent und dadurch konfliktvermeidend agiert. Eine Prozesssteuerung durch die Küstenregion selbst involviert, unter kontinuierlichem Einbeziehen der lokalen Bevölkerung vor Ort, ein konsensorientiertes Verfahren. „Konsens erreichen" soll in diesem Zusammenhang heißen, dass sich die einzelnen Akteure in einem ersten Schritt darauf verständigen, den Prozess der Entwicklungsplanung integrativ einzuleiten und mögliche Konflikte offen zu legen.

Interdisziplinäres Arbeiten in der Entwicklungsplanung

Im Juni 1992 unterzeichneten in Rio de Janeiro auf der bisher weltweit größten Gipfelkonferenz 182 Staaten die Agenda 21.

Dieses Aktionsprogramm impliziert den Handlungsauftrag, ökologische, soziale und ökonomische Frage- und Problemstellungen interdisziplinär zu bearbeiten und zu lösen.

Ausgangslage dieser wissenschaftspraktischen und interdisziplinären Grundidee dürfte erstens der zunehmende ökologische und sozioökonomische Problemlösungsdruck sein, der Forschungsansätze erfordert, die den Vernetzungen, Rückkoppelungen und Wechselwirkungen komplexer Systeme Rechnung tragen, und zweitens die Einschätzung sein, dass die Konflikte in Küstengebieten zwischen den so genannten „Nutzern" und den so genannten „Schützern" der Natur derart vielfältig interessenorientiert sind, dass nur interdisziplinäre, integrative Konzepte die Grundlage für einen notwendigen Interessenausgleich gewährleisten können.

Unter „Interdisziplinarität" soll eine Kooperations- und Kommunikationsform verstanden werden, die die gemeinsame wissenschaftliche Be- und Erarbeitung von Fragestellungen zum Ziel hat und dafür geeignete Methoden in den verschiedenen Disziplinen initiiert. Ziel dieses gemeinsamen fachübergreifenden Arbeitens sollte die Entwicklung praxisgerechter Lösungen und Strategien sein. Grundlegende Annahme ist hierbei, dass problemorientiertes Arbeiten anwendungsbezogen und nicht primär grundlagenforschungsorientiert ist.

Dieser Ansatz ersetzt die bloße additive Aneinanderreihung von Untersuchungsergebnissen zugunsten einer zukunftsrelevanten Umsetzungsstrategie, die forschungspolitisch schon durch die verbindliche Unterzeichnung entsprechender internationaler Abkommen und Grundsatzerklärungen Bedeutung hat.

Der Handlungsbedarf interdisziplinären Arbeitens muss systematisch in die Planungen einzelner Institutionen einbezogen werden. Derartige Konzepte erfordern die Verständigung und Abkommen darüber, Strukturen zu initiieren, die das Zusammenwirken der einzelnen Wissenschaftler und Experten organisieren. Dazu gehört vor allem die Bereitschaft zur Kooperation mit professionell arbeitenden Institutionen ohne vorgefassten Standpunkt.

Das Dilemma interdisziplinärer wissenschaftlicher Vorgehensweisen liegt sicherlich auch in den noch überwiegend disziplinär orientierten Hochschulen. Disziplinäre Forschung impliziert nicht nur den Einsatz spezieller Methoden, sondern auch die Konzentration auf bestimmte segmentierte Wertemuster und Traditionen.

Die effektive Kooperation zwischen Wissenschaftlern, Vertretern der Administration, aber auch der lokalen Bevölkerung, Vereinen, Verbänden etc. verschiedener fachlicher Herkunft hat deshalb folgende Aufgaben und Ziele zu erfüllen:

- Überwindung der „Sprachschwierigkeiten", d.h. weitgehender Verzicht auf die eigene fachspezifische Darstellungs- und Ausdrucksweise zugunsten einer möglichst allgemein verständlichen Sprache;
- Aushandeln verschiedener politischer wie wissenschaftlicher Vorstellungen über Theorie- und Praxisrelevanz, wozu auch die Akzeptanz jeweils anderer Fachrichtungen gehört;
- Bereitschaft zur Teamarbeit und zum Verstehen anderer Disziplinen, wozu ebenfalls die Bereitschaft gehört, die „eigene" fachliche, administrative, wissenschaftliche oder lebensweltliche Herkunft als ein Segment der Entwicklungsplanung an sich zu begreifen;
- Formulierung einer gemeinsamen Problemcharakterisierung und eine daraus resultierende von Anfang an strikt auf Synthese ausgerichtete Arbeits- und Kooperationsform;
- Bereitschaft zur Übernahme von Verantwortung in der Hinsicht, dass gewonnene Daten auch „nach außen" vermittelt werden.

Die einschlägig angenommene postulierte ökologisch, sozioökonomisch und historisch ausgerichtete Heterogenität von Küstenräumen (Deutscher Bundestag 1997) impliziert die Notwendigkeit, Verfahren im Rahmen von regionalen Entwicklungsplanungen mit dem Ziel eines IKZM sowohl auf der ausgewählten lokalen als auch im partizipatorischen Sinne auf der individuellen Ebene anzusetzen, um möglichst differenzierte Daten zu gewinnen, wobei IKZM als ein Prozess mit offener Zeitschiene agiert, in dem die Handlungsstränge Information, Partizipation, Planung und Umsetzung parallel zueinander initiiert werden.

Literatur

Berger, P. L., T. Luckmann 1993. *Die gesellschaftliche Konstruktion der Wirklichkeit. Eine Theorie der Wissenssoziologie.* Fischer Verlag, Frankfurt/M.

Betz, K. 1998. Was bedeutet die Theorie des Tourismus für die Ökologie? In: Evangelische Akademie Loccum (Hrsg.). *Auf dem Weg zu einer Theorie des Tourismus.* Profil Verlag, Loccum: 87-94.

Dethlefsen, V. 2000. Vorwort zu „Naturschutz im Abseits? Wege aus der Sackgasse". In: Schutzgemeinschaft Deutsche Nordseeküste e.V. (Hrsg.). *Naturschutz im Abseits? Wege aus der Sackgasse.* Schriftenreihe der Schutzgemeinschaft Deutsche Nordseeküste, Heft 1, Varel: 7-8.

Deutscher Bundestag 1997. *Zwischenbericht der Enquete-Kommission „Schutz des Menschen und der Umwelt" des 13. Deutschen Bundestages – Konzept Nachhaltigkeit.* Bonn.

Goffman, E. 1989. *Rahmen-Analyse.* Suhrkamp Verlag, Frankfurt/M.

Rat von Sachverständigen für Umweltfragen 1994. *Umweltgutachten 1994.* Metzler-Poeschel Verlag, Stuttgart.

Schütz, A., T. Luckmann 1988. *Strukturen der Lebenswelt.* Bd. 1. Suhrkamp Verlag, Frankfurt/M.

Sell-Greiser, C. 1999. *Integriertes Küstenzonenmanagement: Aufgaben und Ziele.* Deutscher Verein für Vermessungswesen, Gewässervermessung und Hydrografische Informationssysteme, Schriftenreihe 37. Dresden: 179-186.

Weichbold, M. 1998. Bereiste Natur? Zur Rolle der „Natur" im Tourismus. In: R. Bachleitner, H. J. Kagelmann, A. G. Keul (Hrsg.). *Der durchschaute Tourist.* Arbeiten zur Tourismusforschung. Profil Verlag, München: 62-73.

Wilson, T. P. 1973. Theorien der Interaktion und Modelle soziologischer Erklärung. In: Arbeitsgruppe Bielefelder Soziologen (Hrsg.). *Alltagswissen, Interaktion und gesellschaftliche Wirklichkeit.* Bd. 1. Rowohlt Verlag, Reinbek: 54-79.

Zwiep, K. v. d. 2001. Wo bleibt das „Integrierte Küstenzonenmanagement" im Wattenmeer? *Wattenmeer International,* Heft 1, Husum: 21.

Zentrale Problemfelder für regionales Management und eine nachhaltige Entwicklung der mecklenburgischen Ostseeküste

Gerald Schernewski

Institut für Ostseeforschung Warnemünde (IOW), Seestraße 15, 18119 Rostock-Warnemünde, E-Mail: gerald.schernewski@io-warnemuende.de

Zusammenfassung. Tourismus, Küstenschutz und Umweltqualität, welche vorrangig Naturschutz und Wasserqualität umfasst, stellen aus ökologischer und ökonomischer Betrachtung sowie aus Sicht von regionalen Entscheidungsträgern, Urlaubern und Medien zentrale Themen entlang der ländlich geprägten Ostseeküste Mecklenburgs dar. Am Beispiel der Küstenzone zwischen Warnemünde und Kühlungsborn wird deutlich, dass integriertes Küstenzonenmanagement diese Themen und ihre Wechselwirkungen aufgreifen muss, um eine nachhaltige Entwicklung der Region zu gewährleisten. Vor diesem Hintergrund genügt es, die Ostsee-Küstengewässer und einen schmalen Uferstreifen als Küstenzone aufzufassen. Wenngleich klare Definitionen der Küstenzone in der Regel fehlen, wird die Praxis in vielen Staaten im Ostseeraum dieser Anforderung dennoch gerecht. Trotzdem finden die Küstengewässer sowie die in ihnen stattfindenden Nutzungen und resultierende Konflikte keine ausreichende Berücksichtigung in Planung und Management. Zudem werden die Ostsee-Küstengewässer in ihrer ökonomischen und ökologischen Bedeutung unterschätzt. Die Gründe hierfür und die daraus resultierenden Defizite werden im Folgenden diskutiert. Weiterhin werden die Unzulänglichkeiten der aktuellen Verwaltungsstrukturen sowie der Raumordnungsprogramme als Werkzeuge für Küstenzonenmanagement in Deutschland aufgezeigt.

Schlüsselwörter. Warnemünde, Kühlungsborn, Tourismus, Küstenschutz, Naturschutz, Umweltqualität, Küstengewässer, Raumplanung

Einleitung

Die Region Warnemünde-Kühlungsborn stellt bezüglich Struktur, Nutzung und Entwicklung ein typisches Beispiel für den ländlichen Küstenraum in Mecklenburg-Vorpommern dar. Aus ökonomischer und ökologischer Sicht, vom Standpunkt der regionalen Entscheidungsträger und aus Sicht der Urlauber stellen Tourismus, Küstenschutz und Umweltqualität, welche Naturschutz und Wasserqualität als zentrale Elemente umfasst, die drei zentralen Themen in der Küstenzone dar. Zu diesen Themen sollen Hintergrundinformationen geliefert werden, die ein Verständnis für die Region und die Sichtweise von Entscheidungsträgern sowie der regionalen Bevölkerung erleichtern. Anhand dieser Beispielregion werden der Zustand und die Defizite für integriertes Küstenzonenmanagement, die insbesondere durch die Vernachlässigung der Küstengewässer entstehen, aufgezeigt. In diesem Zusammenhang wird unter Küstengewässer die Ostsee von der Uferlinie bis zur nationalen Hoheitsgrenze verstanden.

Die Küstenregion Warnemünde-Kühlungsborn

Die Region Warnemünde-Kühlungsborn liegt im Landkreis Bad Doberan und bildet einen etwa 30 km langen Küstenabschnitt innerhalb der Planungsregion „Mittleres Mecklenburg Rostock". Die Planungsregion wird zu etwa 70% durch landwirtschaftliche Fläche geprägt. Im 19. Jahrhundert war die Fischerei der Haupterwerbszweig entlang der Küste, doch das änderte sich bereits zu Beginn des 20. Jahrhunderts. Heute stellt der Tourismus den Hauptwirtschaftszweig entlang der Küste und die dominierende Nutzung in der Küstenzone um Warnemünde-Kühlungsborn dar und das wesentliche Ziel der Küstengemeinden ist eine weitere Steigerung der Gästezahlen. Aus Sicht der Kurorte, Gemeinden und regionaler Entscheidungsträger werden andere Aktivitäten, Nutzungen und Probleme in der Küstenzone vor allem dann als bedeutend angesehen, wenn sie in starker Wechselwirkung mit der touristischen Entwicklung stehen und diese entweder fördern oder gefährden. Vor diesem Hintergrund wird verständlich, dass Küstenschutz einerseits und der Bereich Naturschutz und Wasserqualität andererseits als zentrale Aspekte angesehen werden. *Tourismus, Küstenschutz und Umweltqualität sind im ländlichen Küstenraum Mecklenburg-Vorpommerns in der Regel die entscheidenden Themen, für die im Rahmen eines Küstenzonenmanagements ein Ausgleich gefunden werden muss, um eine nachhaltige wirtschaftliche und ökologische Entwicklung sicherzustellen.*

Hintergrund: Tourismus

Bereits 1795 wurde Heiligendamm, zwischen Warnemünde und Kühlungsborn gelegen, als erstes deutsches Seebad gegründet. Durch den direkten Bahnanschluss erlebte die Region bereits zu Beginn des 20. Jahrhunderts einen Tourismusboom. Kühlungsborn, durch das Zusammenwachsen der Orte Brunshaupten und Arendsee entstanden, verzeichnete 1938 bereits 45.900 und Warnemünde 29.400 Urlauber (LAUN MV 1996). Nach Einbrüchen während des Zweiten Weltkriegs erholte sich der Tourismus in der Region schnell wieder. Zu Zeiten der DDR wurden viele Campingplätze und Betriebserholungsheime in der Region gebaut und es entwickelte sich ein Massentourismus. Kühlungsborn wurde zum größten Seebad der DDR mit 150.000 Urlaubern (1988) und auch Warnemünde stand dem mit 130.000 Urlaubern (1988) nicht viel nach. Durch Stilllegungen und die Verkleinerung von Campingplätzen kam es nach der Wiedervereinigung zunächst zu einem Einbruch der Besucherzahlen, dem aber ein rasches Wachstum folgte. 1998 erreichte die Bettenkapazität in der Planungsregion Mittleres Mecklenburg wieder 26.100 und es wurden 860.000 Urlauber mit nahezu 3 Mio. Übernachtungen registriert. Davon entfielen etwa die Hälfte auf die Orte Warnemünde und Kühlungsborn. Zwischen 1995 und 2000 hat sich die Anzahl der Übernachtungen in Kühlungsborn mehr als verdoppelt (Kurverwaltung Kühlungsborn 2001). 2001 wurde die Millionen-Grenze überschritten und Kühlungsborn hat seine Position als größter Ferienort in Mecklenburg gefestigt. Dennoch liegen die Übernachtungszahlen noch weit unter denen der 80er Jahre.

In Kühlungsborn trägt der Tourismus zu über 50% zum Volkseinkommen bei und bildet damit den so genannten „ausschließlichen" Wirtschaftsfaktor. In abgeschwächter Form gilt dies auch für Warnemünde. Der anhaltende Flächenbedarf für Tourismus und touristische Infrastruktur sowie zahlreiche hinzukommende Baugebiete für 1. und 2. Wohnsitze führen zu einer Ausweitung der Siedlungsflächen und zu einem Zusammenwachsen von Ortschaften. Durch Grünzäsuren soll dieser Prozess aufgehalten werden. In einem 20 km breiten Küstenstreifen finden sich schon jetzt keine unzerschnittenen, störungsarmen Räume mehr. Der Anteil der Verkehrs- und Siedlungsflächen beträgt weit über 3%.

Problematisch ist die extreme Konzentration des Tourismus an der Küste sowie dessen Saisonalität (Abb. 1). Das Wachstum der Übernachtungszahlen in Mecklenburg-Vorpommern hat im Mittel nicht ganz mit der Kapazitätssteigerung der Übernachtungsmöglichkeiten mitgehalten.

Durch die Konzentration des Tourismus auf wenige Sommermonate zeigt sich dadurch eine mittlere Auslastung der Betten von nur 33% (1998). Die Auslastung variiert stark zwischen den verschiedenen Anbietertypen. Sollte die Auslastung allerdings unter 30% sinken, würde dies erhebliche Probleme für die Rentabilität aufwerfen und auch die Tourismusinfrastruktur beeinträchtigen. Eine Verlängerung der Saison muss also Vorrang vor weiterer Kapazitätssteigerung besitzen.

Abbildung 1: Bade- und Strandtourismus in Warnemünde

Der Massentourismus in den 80er Jahren zu Zeiten der DDR hat sich nur auf die Monate Juli und August beschränkt, aber extrem hohe Intensitäten in unmittelbarer Strandnähe aufgewiesen. Es handelte sich um ortsgebundenen Badetourismus, der das Hinterland relativ wenig einbezog. Entlang der Küste kam es zu starken Beeinträchtigungen des Landschaftsbildes durch Bauten. Zudem entwickelte sich keine ausgeprägte touristische Infrastruktur, was aber auch erhebliche Umweltprobleme mit sich brachte. Die hohen, zeitlich konzentrierten Besucherzahlen und unzureichende Abwasserentsorgung und -reinigung führten beispielsweise zu deutlichen hygienischen Einschränkungen der Badewasserqualität, die aber kaum dokumentiert sind.

Der aktuelle Tourismus ist weniger konzentriert und intensiv, stellt aber hohe Ansprüche an die Infrastruktur und bindet das Hinterland mit ein. Dadurch ergeben sich potentiell Konflikte mit dem Landschafts- und Naturschutz. Mit einer Ausweitung der Saison wird sich diese Tendenz verstärken. Dieser Tourismus bietet aber auch gute Chancen für eine nachhaltige Entwicklung der Region.

Hintergrund: Küstenschutz

Über 70% der Außenküste Mecklenburg-Vorpommerns befinden sich im Rückgang. Das heißt, die Erosion ist höher als die Sedimentakkumulation. Im Mittel beläuft sich der Rückgang auf 34 m im Jahrhundert. Die räumliche Variabilität ist allerdings hoch, so beträgt der Rückgang an einzelnen Orten bis zu 210 m (Umweltministerium M-V 2000). Um diesem Rückgang lokal entgegenzuwirken und die Sicherheit für Siedlungen und Küstengebiete gegenüber Überschwemmung sicherzustellen, werden Deiche, Buhnensysteme, Wellenbrecher und Uferlängswerke gebaut sowie Hochwasserschutzdünen durch Aufspülungen gebildet, Strandaufspülungen vorgenommen und Küstenwälder gepflegt und geschützt (Abb. 2). Der Generalplan Küsten- und Hochwasserschutz Mecklenburg-Vorpommern gibt einen Überblick über die aktuellen und geplanten Maßnahmen (Umweltministerium M-V 2000). Für diese Maßnahmen sind im Planungsbereich Rostock in den nächsten Jahren insgesamt 15 Mio. Euro vorgesehen. Es handelt sich dabei um die Ufermauer-Instandsetzungen in Kühlungsborn und Heiligendamm, Buhnenbauten in Nienhagen und Heiligendamm sowie Dünenverstärkungen in Börgerende und Warnemünde.

Abbildung 2: Steilküste mit Küstenwald sowie abgeschobene und wieder mit Strandhafer besetzte Küstendünen

Aus Sicht des Tourismus sind vor allem Buhnenbauten und Strandaufspülungen von Bedeutung. Durch Aufspülung des Strandes und die dabei geschaffene Aufhöhung und Verbreiterung von Strand und Schorre wird der Uferlinienrückgang verhindert und die Wellenintensität und damit die Erosion werden verringert. Hierzu wird Sand von dem der Küste vorgelagerten Meeresboden gebaggert und am Ufer aufgespült. Die mittleren Aufspülmengen belaufen sich auf 90 bis 150 m³ Sand je lfd. Meter Küste. Die einzelnen Maßnahmen haben dabei einen Gesamtumfang von 150.000 m³ bis 250.000 m³ Sand und müssen nach etwa sechs bis sieben Jahren wiederholt werden. Zur Verbesserung der Strandverhältnisse in Kühlungsborn Ost wurden 1961/62 20.000 m³ Sand aufgeschüttet und 1989 188.000 m³ Sand auf einer Strandlänge von 2 km aufgespült (StAUN 2000a). Der Strand in Kühlungsborn ist also weitgehend künstlich und es würde ihn ohne regelmäßige Küstenschutzmaßnahmen in der Form nicht geben.

Diese Maßnahmen werden mit Buhnenbauten, rechtwinklig zum Strand angeordnete Pfahlreihen, kombiniert. Buhnen reduzieren die uferparallele Brandungslängsströmung und damit den Uferabbruch. Die Lebensdauer von Holzbuhnen kann 40 bis 60 Jahre betragen. Durch den in den 90er Jahren erneut auftretenden Schiffbohrwurm *(Teredo narvalis)* wurden zahlreiche Buhnenanlagen vor allem auch im Bereich Kühlungsborn-Warnemünde geschädigt. 410 der 1.023 Buhnenanlagen mussten mit einem Kostenaufwand von etwa 13 Mio. Euro saniert werden (StAUN 2000b).

Ingesamt wird der Küstenabschnitt im Bereich Kühlungsborn durch Deiche, Uferlängswerk, Strandaufspülungen, Hochwasserschutzdünen und den Küstenwald intensiv geschützt. Dabei handelt es um einen Schutz für die Stadt Kühlungsborn selbst, aber auch um eine Sicherung der touristischen Attraktivität und damit der wirtschaftlichen Existenz.

Hintergrund: Umwelt- und Wasserqualität

Aufgrund der relativ geringen Siedlungsdichte und ländlichen Struktur kann Mecklenburg-Vorpommern eine vergleichsweise ungestörte Natur aufweisen. Gemäß dem gutachterlichen Landschaftsrahmenplan zeichnen sich Natur und Landschaft in Mecklenburg-Vorpommern durch Vielfalt, Schönheit und Eigenart aus. Diese Aspekte sind Bestandteil einer lebenswerten Umwelt und Voraussetzung für die Erholung des Menschen und sollen nachhaltig geschützt, gepflegt und entwickelt werden (LAUN MV 1996). In der Region Mittleres Mecklenburg werden die naturnahen Bäche und Seen, die Überflutungs- und Talmoore, die Buchenmisch- und Birken-Stieleichen-Wälder und die Küstenbiotope als von ökologisch herausragender Bedeutung angesehen. Die Strandseen mit ihren Strandwällen und Dünen sowie marine Block- und Steingründe sind vorrangig zu schützen (LAUN MV 1996).

Aufgrund ihrer guten Ausprägung, Vielfalt und Seltenheit wurden vor allem die Küstengewässer einschließlich der Strandzonen in der Region Warnemünde-Kühlungsborn großräumig als hoch schutzwürdig eingestuft (Abb. 3). Aufgrund der Immobilität der terrestrischen Ökosysteme sind ihr Zustand und ihre Entwicklungsmöglichkeiten im gutachterlichen Landschaftsrahmenplan umfassend, räumlich abgegrenzt und nachvollziehbar dokumentiert. Die Struktur und Funktion der Küstengewässer und marinen Biotope hingegen ist kaum bekannt und ihre Bedeutung wird pauschal bewertet. Einerseits liegt dies an fehlenden

Kartierungen und Bewertungskonzepten der Lebensgemeinschaften auf dem Gewässergrund. Andererseits stellt der Wasserkörper selbst einen variablen Lebensraum dar, der durch großräumig wirkende Kräfte bestimmt wird und sich einer Kartierung entzieht. Aus der Wasserbewegung ergibt sich der Vorteil, dass lokale Verschmutzungen und Störungen den Wasserkörper kaum nachhaltig beeinträchtigen können. Andererseits stellt der Ferntransport von Organismen und Schadstoffen ein latentes Risiko für alle Küstenbereiche dar.

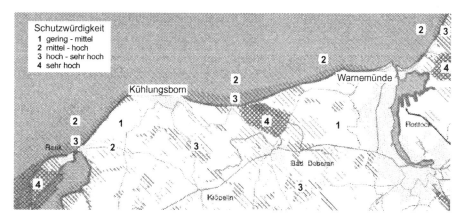

Abbildung 3: Die Region Warnemünde-Kühlungsborn. Schutzwürdigkeit der Arten und Lebensräume. Ausschnitt aus dem gutachterlichen Landschaftsrahmenplan Mittleres Mecklenburg.

Quelle: LAUN MV (1996)

Im Hinblick auf Tourismus ist insbesondere die Wasserqualität ein entscheidender Aspekt der Umweltqualität. Grundsätzlich können die ökologisch orientierte Wasserqualität, die hygienische Badewasserqualität, die subjektiv durch den Urlauber empfundene Wasserqualität und temporäre, räumlich begrenzte Verschmutzungen durch Ferntransport unterschieden werden.

Badewasserqualität

Grundlage für die Bewertung der Badewasserqualität ist die 1976 erlassene EU-Badewasser-Richtlinie. Während der Badesaison entnehmen die Hygieneämter an allen zugelassenen Badestellen 14-tägig Wasserproben und untersuchen diese auf gesamt- und fäkal-coliforme Bakterien, physiko-chemische Parameter (z.B. Sichttiefe und pH) und erkennbare Verschmutzungen. Bei Bedarf wird das Untersuchungsprogramm auf weitere Parameter wie Viren, Ammonium, Nitrat, Pestizide, Cyani-

de, Schwermetalle etc. ausgedehnt. Seit 1996 erfüllen alle Ostsee-Bade-
stellen in der Region Warnemünde-Kühlungsborn die strengeren Richt-
werte und verfügen damit über eine einwandfreie hygienische Badewasserqualität. In früheren Jahren wurde die Richtlinie aufgrund der Einleitung unzureichend behandelter Siedlungsabwässer vielfach nicht erfüllt,
was in den frühen 90er Jahren Badeverbote zur Folge hatte. Vor allem
in inneren Küstengewässern wie Bodden und Haffen sind bisweilen
noch Probleme und Einschränkungen durch unzureichende hygienische
Wasserqualität zu verzeichnen (Schernewski 2001b, Schernewski/Jülich
2001).

Ökologisch orientierte Wasserqualität

Bei den Messprogrammen des Landes und des Bundes zur ökologisch
orientierten Wasserqualität stehen die Nährelemente Stickstoff und
Phosphor sowie Chlorophyll, als Indikator für die Algenbiomasse, im
Vordergrund. Aufgrund der intensiven Nutzung der Flusseinzugsgebiete
werden große Nährstoffmengen in die Ostsee eingetragen und haben zu
deutlicher Eutrophierung mit intensiven Massenentwicklungen von Algen, den Algenblüten, geführt. Der Eintrag von Phosphor aus Punkt-
quellen, z.B. Kläranlagen, in die Ostsee wurde in den meisten Staaten
seit 1987 um 50% reduziert. Die Einträge aus diffusen, etwa landwirtschaftlichen Quellen wurden lediglich um 20% gesenkt. Für Stickstoff
kann von einer Senkung der Einträge um 35% ausgegangen werden
(Helcom 2001a). In den Küstengewässern zeigen sich bereits erste positive Effekte in Form verringerter Nährstoffkonzentrationen (Matthäus
et al. 2000). Dennoch sind Algenblüten und Fischsterben infolge auf-
quellenden sauerstoffarmen Tiefenwassers bei ungünstigen Windver-
hältnissen, wie in der Lübecker Bucht im Sommer 2000, noch immer
keine Seltenheit (Schernewski 2001a).

Simulationen mit einem 3D-Ökosystemmodell zeigen, dass sich eine
Reduzierung der Stickstoffeinträge, entgegen der Erwartung, günstig
auf das Wachstum von Blaualgen (Cyanophyceen) auswirken kann
(Neumann/Schernewski 2001). Durch Eintragsreduktionen von Stickstoff kann der N-Mangel in der Ostsee erhöht werden. Dies kann einen
wesentlichen Vorteil für Blaualgen bedeuten, da diese alternativ Stickstoff aus der Luft binden können und einer geringeren Konkurrenz ausgesetzt sind. Intensive Blaualgenblüten in der zentralen Ostsee sind aufgrund ihrer starken Schaumbildung und potentiellen Toxizität für Menschen und Tiere gefürchtet. Die räumlich größte Akkumulation von
Blaualgen an der Wasseroberfläche der Ostsee seit Beginn der Auf-

zeichnungen wurde erst vor wenigen Jahren, 1997, beobachtet (Helcom 2001d).

Ein aktuelles Beispiel stellt die Blaualgenblüte vor der dänischen Küste im Juli 2001 dar. Die Algen-Schlieren und aufgetriebener Schaum betrafen die Lübecker Bucht und bedrohten einige Tage auch die Region Warnemünde-Kühlungsborn, bevor die Algen durch Winddrehung wieder auf die Ostsee hinausgetrieben wurden. Das Ereignis fand beachtliches Echo in den Medien und wurde von den Badeorten mit großer Sorge betrachtet. Hier die Chronologie in Zeitungsüberschriften: „Blaualgen in der Ostsee – Zum Teil giftige Arten" (dpa/regioline vom 26.7.2001); „Algen-Alarm an der Ostsee – Warnung an Urlauber" (Lübecker Nachrichten vom 27.7.2001); „Erste Strände wegen Algenpest gesperrt" (dpa/online vom 27.7.2001); „Ostsee-Strände wegen Blaualgen gesperrt" (dpa/serviceline vom 27.7.2001); „Keine weitere Vermehrung der Algen in Ostsee – Lage entspannt" (dpa/regioline vom 28.7.2001); „Keine Gefahr durch Algen" (Ostsee Zeitung vom 30.7.2001).

Nicht nur eine direkte Bedrohung sorgt für Unruhe entlang der Küste. Die Meldung mit dem Titel: „Giftalgen in nördlicher Ostsee" vom 4.4.2000 in der Ostsee-Zeitung, die die schwedische Küste betraf, veranlasste das Umweltministerium von Mecklenburg-Vorpommern, umgehend eine Entwarnung für die eigene Küste herauszugeben.

Subjektive Qualität: Quallen und Makroalgen als Problem?

Einschränkungen der ökologischen und hygienischen Wasserqualität sind für Badende vielfach nicht zu erkennen oder erscheinen gefahrlos. Als deutliche Einschränkung werden hingegen angetriebene Tiere, vor allem Quallen und Fische sowie Makroalgen (z.B. Tange) und auch Blütenpflanzen (z.B. Seegras), angesehen. Makroalgen und Blütenpflanzen ist gemeinsam, dass sie auf Substrat (Steinen, Hölzern, Sand) wachsen und bei starker Strömung abreißen. Beides wird im Folgenden unter Makroalgen subsummiert. Abgerissene Makroalgen werden vielfach im Wasser zerrieben und können zu starker Wassertrübung führen. Zudem bilden sie vielfach ausgedehnte Akkumulationen am Strand (Abb. 4). Quallen wie auch Muscheln, Makroalgen oder Tange lassen sich nicht uneingeschränkt als negatives Wasserqualitätsmerkmal oder Konsequenz der Eutrophierung deuten. Insbesondere nach Starkwind vom Gewässergrund abgerissenes und am Strand akkumuliertes Seegras muss als Indikator eines funktionierenden Ökosystems angesehen werden.

Abbildung 4: Akkumulation von Makroalgen und Seegras am Strand und starke Wassertrübung durch Makroalgen während der Badesaison 2000 an der Ostseeküste

Im Rahmen der Blauen Flagge, die sich als Umweltqualitätssymbol für Strände durchgesetzt hat, wird die Akkumulation von Algen am Strand als störend angesehen und eine Räumung gefordert. Algenansammlungen führen zudem vielfach zu Beschwerden von Urlaubern und Abbauprozesse können auch zu mikrobiologischen Belastungen des Wassers führen. In Boltenhagen mussten 1999 beispielsweise rund 5.000 t Seegras, Algen, Tang und Schlick geräumt werden (Ostseezeitung vom 18.8.2000). Strandreinigungen und die Räumung von Algen verursachen den Badeorten erhebliche Kosten. Warnemünde gibt jährlich etwa 90.000 Euro für die Strandreinigung aus. Akkumulationen von Biomasse stellen also kein ökologisches, sondern vielmehr ein bedeutendes Kosten- und Wahrnehmungsproblem dar.

Unfälle und Verschmutzungen durch Ferntransport

Es sind viele Arten der Wasserverschmutzung durch Schiffs-, Hafenoder Industrieunfälle möglich. Schiffsunfälle, bei denen Öl freigesetzt wird, sowie die absichtliche Freisetzung von Restöl sind durch die Ereignisse der vergangenen Jahre noch gut in Erinnerung und können enorme ökologische und ökonomische Schäden verursachen. Mittlerweile stellen sie keine Seltenheit mehr dar, sondern bilden eine permanente Bedrohung.

Im März 2000 wurden rund 20 t Schweröl illegal vom Frachter „Mimi Selmer" in die Ostsee abgelassen. Die Ostseezeitung (OZ vom 14.3.2000) berichtet: „... Mit viel Glück ist die mecklenburgische Ostseeküste in diesen Tagen einer Umweltkatastrophe entgangen. Hätte der Wind an der sturmerprobten Waterkant vor Warnemünde nur etwas aufgedreht, wäre ein mehrere Quadratkilometer großer Ölteppich an die Strände geschwappt worden ..." In den folgenden Wochen treiben die Ölklumpen an verschiedenen Stellen der Küste an (Warnemünde, Graal-Müritz, Börgerende). In Warnemünde mussten 300 Einsatzkräfte per Hand die Ölklumpen absammeln und Kettenfahrzeuge haben an einigen Stellen den Sand bis zu 40 cm tief abgetragen. Insgesamt wurden 300 m³ Öl-Sand-Gemisch entsorgt. Bereits am 5.7.2000 berichtet die Ostseezeitung von einem weiteren Ölteppich im Bereich der Kadet-Rinne nördlich von Rostock. Das Öl konnte aber noch auf See erfolgreich bekämpft werden.

Am 29. März 2001 kollidierte dann die „Baltic Carrier" zwischen Dänemark und Mecklenburg mit einem Zuckerfrachter. Nach dem Unfall liefen 2.600 t Schweröl ins Meer und verschmutzten die dänische Küste. Rund 16.000 Vögel sind im Öl umgekommen (Helcom 2001b). In den Folgewochen trieben Ölklumpen dann auch auf Usedom, Hiddensee, am Fischland sowie in den Orten bei Graal-Müritz, Warnemünde und Kühlungsborn an. Die Sammlung der Klumpen und deren Entsorgung verursachte erhebliche Kosten.

Schon jetzt sind im Mittel etwa 2000 größere Schiffe zu jedem Zeitpunkt auf der Ostsee. Zwischen 1989 und 1999 kam es zu 232 Unfällen und bei jedem fünften Unfall wurde Öl freigesetzt (Helcom 2001c). Nach Aussage der Baltic Marine Environment Protection Commission wird ein Anstieg des Öltransportes von 77 Mio. t (1995) auf 177 Mio. t pro Jahr erwartet, falls die in Planung befindlichen Öl-Terminals gebaut werden. Zudem ist mit einer generellen starken Zunahme des Schiffsverkehrs in Zukunft zu rechnen. Das Risiko von Öl-Unfällen steigt also weiter an und stellt, nicht nur aus besorgter Sicht regionaler Tourismusmanager, eines der zentralen Probleme für eine nachhaltige touristische Entwicklung der Küste dar.

Ein weiteres Problem geht von den in die Ostsee mündenden großen Flüssen aus. Für die deutsche Ostseeküste stellt insbesondere die stark belastete Oder ein Problem dar. Durch Ferntransport entlang der Küste beeinflusst das Wasser der Oder erhebliche Bereiche der Ostseeküste (Schernewski et al. 2001).

Wechselwirkungen zwischen den Nutzungen

Die Wechselwirkungen zwischen den Nutzungen sind vielfältig, komplex und können nur ansatzweise behandelt werden (Abb. 5). Hierbei wird die Sichtweise der Touristen in den Vordergrund gestellt. Die Touristenumfrage 1999 verdeutlicht die Gründe, weshalb die Küsten Mecklenburg-Vorpommerns hoch in der Gunst der Gäste stehen, und erklärt die anhaltend hohen Wachstumsraten. Als Vorteile gegenüber anderen Urlaubsregionen werden vor allem die langen, breiten Strände, schöne Landschaft und Natur, die Ostsee, saubere Luft und sauberes Wasser genannt.

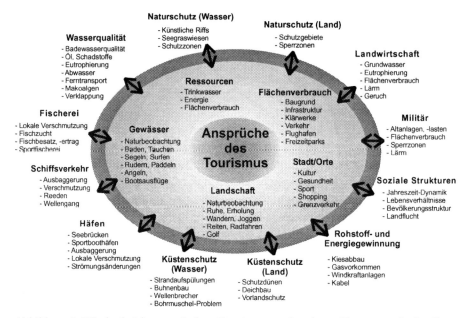

Abbildung 5: Wechselwirkung zwischen Tourismus und anderen Nutzungen in der Küstenzone Mecklenburg-Vorpommerns

Die Touristen kommen vor allem zum Sonnen, Baden, Radfahren, um Ruhe und Natur sowie das maritime Flair zu genießen (Tourismusverband Mecklenburg-Vorpommern 1999). Die Umfrageergebnisse machen unmittelbar deutlich, in welcher Beziehung die Themenkomplexe Umwelt und Küstenschutz zum Tourismus stehen. Umwelt- und Wasserqualität werden als wesentliche Merkmale der Küstenzone Mecklenburg-Vopommerns genannt und stellen ein wichtiges Kriterium für die Urlaubsentscheidung dar. Tourismus verlangt eine hohe Umweltqualität, wodurch sich eine positive Wechselwirkung ergibt. Durch die Ansprüche der Gäste steigt die Bereitschaft der regionalen Bevölkerung, Umweltschutzmaßnahmen zu akzeptieren und zu initiieren. Es ist zudem zu hoffen, dass die Thematisierung des Bereiches Umwelt zu einem verbesserten Verständnis der Naturschutzbelange bei regionalen Entscheidungsträgern beiträgt. Eine hohe Umweltqualität kann zudem werbewirksam genutzt werden und andere Urlaubergruppen anziehen (Schernewski/Sterr 2002).

Neben positiven hat der Tourismus bekanntlich auch zahlreiche negative Auswirkungen auf die Region. Beispielsweise steigt mit zunehmendem Besucherandrang die Verschmutzung und Zerteilung der Landschaft und die Erhaltung von ungestörten Habitaten wird schwieriger. Schon jetzt liegt der Anteil an Waldflächen und ökologisch wertvollen Grünlandgebieten in der Region bei unter 30%.

Der Küstenschutz erhält durch aufwendige Strandaufspülungen und Maßnahmen zur Verhinderung des Strandabbaus die als breit, schön und lang angesehenen Strände. Diese sind in der Urlaubergunst hoch angesiedelt, da sie ein ungetrübtes Sonnen und Baden gewährleisten. Das Badevergnügen ist vollkommen, wenn das „maritime Flair" der Ostsee und eine entsprechend gute Badewasserqualität hinzukommen. Strände und die Infrastruktur am Strand sind für die Vielzahl der Sommerurlauber das zentrale Qualitätsmerkmal der mecklenburg-vorpommerschen Badeorte. *Die Qualität des Strandes und der Ostsee entscheiden unmittelbar über den Erfolg eines Badeortes.*

Zwischen Naturschutz und Küstenschutz besteht ein problematisches Verhältnis. Die Aufgabe des Küsten- und Hochwasserschutzes besteht im Schutz von Menschenleben und Sachwerten. Naturschutz und Landschaftspflege sollen dagegen umfassend die Lebenswelt, Habitate und Biotope schützen. Im Küstenschutz steht also der Mensch im Vordergrund und der Naturschutz stellt mehr einen Schutz vor dem Menschen und dessen Eingriffen dar. Während der Naturschutz die natürliche Veränderlichkeit der Küste akzeptiert und erhalten möchte, muss der Küstenschutz grundsätzlich ein Problem darin sehen. Ein Ausgleich zwischen beiden Richtungen ist nur möglich, indem räumlich unterschiedliche Prioritäten gesetzt werden. In den Nationalparks wird die natürliche Küstendynamik zugelassen, wohingegen der Küstenschutz in besiedelten oder intensiv genutzten Gebieten, im Sinne der Naturschutzgesetzgebung, massive Eingriffe in Natur und Landschaft vornimmt.

Küstenzone und Küstengewässer

Eine verbindliche Definition der Küstenzone fehlt sowohl in Deutschland als auch für Europa generell (Europäische Kommission 1999b). Die räumliche Breite der Küstenzone, speziell landwärts, wird sehr unterschiedlich definiert. Für Berechnungen werden bisweilen bis zu 100 km zugrunde gelegt. Die Zone, die konkreten Planungen oder Schutzbestimmungen unterliegt, ist in der Praxis aber wesentlich kleiner, wie die Regelungen in den Ostseeanrainerstaaten zeigen. In Litauen und Polen gibt es ebenfalls keine verbindlichen Definitionen der Küstenzone und deren Ausdehnung wird indirekt durch die Raumplanungseinheiten festgelegt. Lettland legt einen 5-7 km und Dänemark einen 3 km breiten landseitigen Streifen zugrunde. Estland, Finnland und Schweden weisen geschützte Küstenstreifen zwischen 50 m und 300 m aus (EUCC 2001). Mecklenburg-Vorpommern hat sich mit der Ausweisung eines 200 m breiten geschützten Uferstreifens dieser Praxis angeschlossen. Die seewärtige Ausdehnung der Küstenzone ist weit weniger umstritten. In der Regel wird eine Ausdehnung bis an die nationalen Hoheitsgrenzen zugrunde gelegt.

In Deutschland kann von einer Küstenlänge von rd. 2400 km, die sich auf die Nordsee und Ostsee aufteilt, ausgegangen werden. Unter Berücksichtigung eines landseitigen Streifens von 200 m sowie einer seeseitigen Ausdehnung bis an die nationalen Hoheitsgrenzen ergibt sich eine Fläche von etwa 41.000 km² (Firn Crichton Roberts Ltd./ Graduate School 2000), die als Küstenzone angesehen werden kann. Nach diesen gängigen Definitionen besteht die Küstenzone vor allem aus den Küstengewässern. *Integriertes Küstezonenmanagement ist deshalb vor allem Küstengewässermanagement.*

Im Rahmen der Evaluierung der EU-Projekte zum Integrierten Küstenzonenmanagement (IKZM) (Europäische Kommission 1999a) werden folgende zentrale Problemfelder in der Küstenzone hervorgehoben: alternative Energien, Aquakultur, Tourismus, öffentliche Gesundheit, Verkehr, Häfen und maritime Industrie, Schutz von Landschaften und Kulturerbe, Küstenfischerei, öffentlicher Küsten- und Strandzugang, Ausbreitung von Städten, Ausbaggerung und Abbau von Gesteinsmaterial, chemische Verunreinigung, Zerstörung von Lebensräumen und Verlust der Artenvielfalt, Naturkatastrophen und Klimawandel, Küstenerosion und Wasserbewirtschaftung. Abgesehen von Problemfeldern, die nicht küstenzonenspezifisch sind, betreffen die meisten Probleme tatsächlich die Küstengewässer einschließlich eines schmalen Uferstreifens. Gleiches gilt für die drei zentralen Problemfelder Tourismus, Naturschutz und Küstenschutz im Raum Warnemünde-Kühlungsborn. Auch hier stellen die Küstengewässer einschließlich eines wenige hundert Meter breiten Landstreifens eine geeignete Definition der Küstenzone dar. *Den Küstengewässern einschließlich eines Uferstreifens kommt eine zentrale Rolle im IKZM zu.*

Weshalb rangieren die Küstengewässer im öffentlichen Bewusstsein weit hinter den küstennahen terrestrischen Bereichen? Sicherlich erklären die Eigentumsverhältnisse und die unmittelbare individuelle Nutzbarkeit von Land und Boden diese Einschätzung.

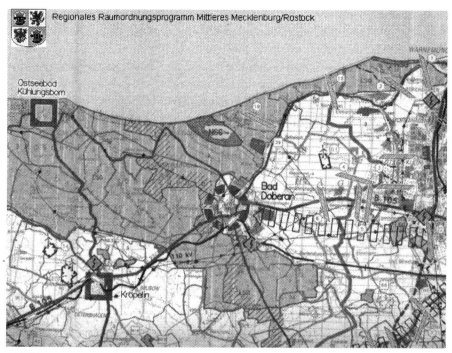

Abbildung 6: Ausschnitt aus dem Regionalen Raumordnungsprogramm Mittleres Mecklenburg. Die senkrechten Schraffuren weisen Tourismusschwerpunkt- und -entwicklungsräume aus. Die dunklen Flächen zeigen Vorsorge und Vorranggebiete für Naturschutz.

Quelle: Regionaler Planungsverband (1999)

Die mangelnde Beachtung der Küstengewässer hat in Deutschland aber einen weiteren Grund. Im Rahmen der Regionalplanung werden verschiedene Nutzungen dokumentiert, in ihrer räumlichen Ausdehnung kartographisch fixiert, eine Abwägung der Nutzungsinteressen vorgenommen sowie künftige Entwicklungsziele vorgegeben. Umfangreiches statistisches Material sowie verschiedene gutachterliche Empfehlungen gehen in die Planung ein. Ein Beispiel sind die Landschaftsrahmenpläne, die die Situation und Ziele aus Sicht des Natur- und Umweltschutzes dokumentieren. Die Regionalplanung endet allerdings an der Küstenlinie. Eine integrierende Planung für Küstengewässer gibt es nicht und die Empfehlungen der Landschaftsrahmenpläne bezüglich der Küstengewässer werden dadurch ignoriert. Zudem fehlen auch die Grundlagen für eine solche Planung, da sie aufgrund der mangelnden gesetzgeberischen Notwendigkeit nicht verbindlich geschaffen werden mussten. In den Küstengewässern gelten sehr unterschiedliche Gesetze und Richtlinien, und die Kompetenzen, die sich zudem auf verschiedene räumliche

Definitionen (Küstenmeer, Ausschließliche Wirtschaftszone, Eigenge-
wässer etc.) beziehen, sind auf verschiedene Landes- und Bundesbehörden verteilt.

Obenaus und Köhn (2002) haben die aktuellen Nutzungen und Zuständigkeiten in den Küstengewässern Mecklenburg-Vorpommerns zusammengetragen und räumlich dargestellt. Es ergibt sich ein komplexes
Bild sich überlagernder Nutzungen, die schon jetzt kaum noch Raum
für zukünftige Entwicklungen lassen. Diese intensive Nutzung der Küstengewässer wird allerdings kaum wahrgenommen, da manche Nutzungen nicht oder nur zeitweilig offensichtlich sind (Schifffahrtswege, Ree-
den, Küstenfischerei, Rohstoffabbau, Baggergutverklappung etc.) und es
kaum direktes Eigeninteresse der Bevölkerung in den Küstengewässern
gibt. Daraus resultiert auch eine relative Geringschätzung des Wertes
der Küstengewässer.

Die Berechnungen von Costanza, der den ökonomischen Wert verschiedener Ökosysteme untersucht hat, stehen im Gegensatz dazu. Die
Meere leisten danach jährlich einen Beitrag zum menschlichen
Wohlstand, der vom Betrag her dem des weltweiten jährlichen Brutto-
sozialprodukts etwa entspricht. 43% werden dabei von den Küstengewässern erbracht, die aber nur 6,3% der Fläche ausmachen (Costanza
1999). Selbst bei kritischer Hinterfragung der verwendeten Indikatoren
wird der außerordentliche Wert der Küstengewässer deutlich. Diese
stehen den terrestrischen Ökosystemen diesbezüglich nicht nach.

Perspektiven

Das Raumordnungsprogramm kann in der derzeitigen Form nicht als
Grundlage für Integriertes Küstenzonenmanagement angesehen werden,
da die Küstengewässer vernachlässigt werden. Gerade diese spielen aber,
wie die Region Warnemünde-Kühlungsborn zeigt, eine zentrale Rolle.
Mit der geplanten Ausdehnung der Raumplanung auf die Küstengewässer kommt den Planungsverbänden zunehmend die Rolle der federführenden Institution im nationalen und regionalen Küstenzonenmanagement zu. Bei einer Ausdehnung auf die Küstengewässer werden die
Probleme aber schnell sichtbar. Defizite bestehen sowohl bezüglich der
ökologischen Kenntnis der Küstenökosysteme als auch bezüglich der
planerischen Grundlagen in den Küstengewässern. Eine detaillierte Dokumentation der aktuellen Nutzung, zukünftiger Nutzungsansprüche
sowie deren räumliche Ausdehnung sind sowohl regional, national als
auch ostseeweit eine unentbehrliche Grundlage für Küstenzonenmanagement. Sie bedürfen der dringenden Vervollständigung. Zudem muss

die Kooperation über die Land-Meer-Grenze hinweg als unzureichend angesehen werden.

Die Raumplanung kann auch aufgrund der fehlenden Partizipation von Öffentlichkeit und Betroffenen bei Nutzungsentscheidungen im Küstenraum als unzureichend für ein Integriertes Küstenzonenmanagement angesehen werden. Die Einrichtung regionaler IKZM-Foren, in die verschiedene Interessengruppen sowie die Wissenschaft eingebunden sind, ist wünschenswert. Zudem scheint eine mit Personen unterschiedlichen Hintergrunds ausgestattete, dauerhaft agierende Koordinierungsgruppe sinnvoll. Sie sollte die regionalen Foren ergänzen, begleiten, moderieren, kontinuierliche regionale Öffentlichkeitsarbeit zum Thema IKZM leisten, den Aufbau eines Informationssystems begleiten sowie eine Intensivierung des Informationsaustausches auf und zwischen allen Ebenen fördern (Schernewski/Schiewer 2002a). Die aufgezeigten Defizite sind nicht auf Mecklenburg oder Deutschland beschränkt, sondern zeigen sich in abgewandelter Form in allen Ostseeanrainerstaaten (Schernewski/Schiewer 2002b). Die Schaffung effizienter Strukturen für integriertes Küstenzonemanagement als Voraussetzung für eine nachhaltige Entwicklung der Küsten stellt nach wie vor eine ungelöste Aufgabe und zentrale Herausforderung dar.

Anmerkungen

Die Ausführungen basieren auf Arbeiten zum Projekt „Interdisziplinäre Forschung zum Küstenzonenmanagement: Tourismus, Naturschutz und Baggergutverklappung in der Küstenregion Warnemünde-Kühlungsborn". Das Projekt wird durch die Deutsche Bundesstiftung Umwelt als Vorstudie gefördert.

Literatur

Costanza, R. 1999. The Ecological, Economic, and Social Importance of the Oceans. *Ecological Economics*, 31, 199-213.

EUCC (European Union of Coastal Conservation) 2001. *Integrated Coastal Management (ICM) in Europe.* http://www.coastalguide.org/icm/baltic/index.html

Europäische Kommission 1999a. *Schlussfolgerungen aus dem Demonstrationsprogramm der Europäischen Kommission zum integrierten Küstenzonenmanagement (IKZM).* Amt für amtliche Veröffentlichungen der Europäischen Gemeinschaften, Luxemburg.

Europäische Kommission 1999b. *Eine europäische Strategie für das integrierte Küstenzonenmanagement (IKZM): Allgemeine Prinzipien und politische Optionen.* Amt für amtliche Veröffentlichungen der Europäischen Gemeinschaften, Luxemburg.

Firn Crichton Roberts Ltd. & Graduate School of Environmental Studies University of Strathclyde 2000. *An assessment of the socio-economic costs and benefits of integrated coastal zone management.* Final report to the European Commission. Projekt B4-3040/99/134414/MAR/D2.

Helcom 2001a. *Progress in Reducing Nutrient Discharges – Helsinki Commission still concerned about Baltic Sea Eutrophication* (Press release of 29 August 2001), http://www.helcom.fi/.

Helcom 2001b. *The Baltic Carrier oil accident – The biggest Oil Spill in the Baltic Sea in 20 years – Is shipping safe in the Baltic Sea?* Press release of 3 April 2001. http://www.helcom.fi/.

Helcom 2001c. *Risk for Oil Spills in the Baltic Sea Area climbs – Helsinki Commission launches new Project to safeguard Maritime Transport.* Press release of 31 January 2001, http://www.helcom.fi/.

Helcom 2001d. *Conclusions of the 4th periodic assessment.* http://www.helcom.fi/monas/FPA4_Conclusions.htm.

Kurverwaltung Kühlungsborn 2001. *Fakten & Zahlen.* http://www.kuehlungsborn.de/asp/fakten&zahlen.asp.

LAUN MV (Landesamt für Umwelt und Natur Mecklenburg-Vorpommern) 1996. *Erster Gutachterlicher Landschaftsrahmenplan der Region Mittleres Mecklenburg Rostock.* LAUN, Gülzow.

Matthäus, W., G. Nausch, H.-U. Lass, K. Nagel & H. Siegel 2000. Hydrographisch-chemische Zustandseinschätzung der Ostsee 1999. *Meereswissenschaftliche Berichte 39.*

Neumann, T., G. Schernewski 2001. Cost-effective versus proportional nutrient load reductions to the Baltic Sea: Spatial impact analysis with a 3D-ecosystem model. In: C. A. Brebbia (ed.). *Water Pollution VI – Modelling, Measuring and Prediction.* Witpress, Southampton: 269-278.

Obenaus, W., E. Köhn 2002. Important User Needs in the Coastal Zone of Mecklenburg-Vorpommern and Legal Obligations in the German Baltic Territorial Sea. In: G. Schernewski, U. Schiewer (eds.). *Baltic Coastal Ecosystems:*

Structure, Function and Coastal Zone Management. CEEDES-Series. Springer Verlag, Heidelberg etc.: 205-214.

Schernewski, G. 2001a. Sustainable development of the German Baltic coasts: regional water quality problems and tourism. *Proceedings of the Conference "Sustainable Development of Coastal Zones and Instruments for its Evaluation".* Carl Duisberg Gesellschaft, Bremerhaven: 134-137.

Schernewski, G. 2001b. Bathing water quality assessment, status and importance of integrated sustainable management along the German Baltic coast. *Proceedings of the Conference "Sustainable Development of Coastal Zones and Instruments for its Evaluation".* Carl Duisberg Gesellschaft, Bremerhaven: 129-133.

Schernewski, G., W.-D. Jülich 2001. Risk assessment of virus infections in the Oder estuary (southern Baltic) on the basis of spatial transport and virus decay simulations. *International Journal of Hygiene and Environmental Health* 203: 317-325.

Schernewski, G., T. Neumann, V. Podsetchine, H. Siegel 2001. Spatial impact of the river Oder plume on water quality and seaside summer tourism at the south-western Baltic coast. *International Journal of Hygiene and Environmental Health* 204, 143-155.

Schernewski, G., U. Schiewer 2002. Küstenzonemanagement im Ostseeraum: Quo vadis? *Zeitschrift für angewandte Umweltforschung* (in press).

Schernewski, G., U. Schiewer 2002. Status and integrated management of Baltic coastal ecosystems: summary and conclusions. In: G. Schernewski, U. Schiewer (eds.). *Baltic Coastal Ecosystems: Structure, Function and Coastal Zone Management.* CEEDES-Series, Springer Verlag: 1-16.

Schernewski, G., H. Sterr 2002. Tourism and environment quality at the German Baltic coast: conflict or chance? In: G. Schernewski, U. Schiewer (eds.). *Baltic Coastal Ecosystems: Structure, Function and Coastal Zone Management.* CEEDES-Series, Springer Verlag: 215-230.

StAUN 2000a. *Küstensicherung Kühlungsborn 1998-2002.* Online-Broschüre. http://www.mv-regierung.de/staeun/rostock/.

StAUN 2000b. *Buhnenbau im Küstenschutz von Mecklenburg-Vorpommern.* Online-Broschüre. http://www.mv-regierung.de/staeun/rostock/.

Tourismusverband Mecklenburg-Vorpommern 1999. *Gästebefragung 1999.* Unveröffentlicht.

Umweltministerium Mecklenburg-Vorpommern 2000. *Generalplan Küsten- und Hochwasserschutz Mecklenburg-Vorpommern.* http://www.um.mv-regierung.de/kuestenschutz/bplan/index.htm.

„Soziale Ausgrenzungen im Flusseinzugsgebiet Unteres Odertal" – Eine Gefährdung nachhaltiger Entwicklung? Das Beispiel der Fischerei

Torsten Reinsch

Kurfürstenstr. 74a, 12249 Berlin, E-Mail: torstenreinsch@gmx.de; unteresodertal.forschung@gmx.de

Zusammenfassung. Der Beitrag befasst sich mit der an der deutsch-polnischen Grenze gelegenen Nationalparkregion „Unteres Odertal" im Nordosten des Landes Brandenburg. Das dargestellte Forschungsvorhaben setzt sich mit den aktuellen Konfliktlinien zwischen Umweltschutz und Umweltnutzung auseinander und versucht Antworten auf die Frage zu geben: „Welchen Beitrag leistet der Nationalpark für eine nachhaltige Entwicklung der Region als Lebens- und Wirtschaftsraum?"

Zwei Prozesse sind für diese Region kennzeichnend. Zum einen ist es der sozioökonomische Transformationsprozess. In dieser ländlich peripheren, von hoher Arbeitslosigkeit geprägten Region liegen Bedingungen der sozialen Ausgrenzung vor: Für viele ist die gesellschaftliche Zugehörigkeit, Anerkennung und Teilhabe an den materiellen und sozialen Lebensgrundlagen erheblich eingeschränkt. Zum anderen befindet sich in dieser Region seit 1990 der „Nationalpark Unteres Odertal" in Planung, der – die Industriestadt Schwedt umgebend – mit dem angrenzenden polnischen Landschaftsschutzpark Unteres Odertal ein ökologisch sehr wertvolles Gebiet bildet.

Die Ausweisung dieses Großschutzgebietes stellt ein ökologisches und sozioökonomisches Großexperiment dar, dem angesichts der schwierigen sozioökonomischen Lage zunächst sehr hohe Erwartungen entgegengebracht wurden (vgl. Dohle et al. 1999: 16; Cofad 1999: 34; Schalitz/Petrich 1999: 79). Mittlerweile wird dessen Umsetzung von einigen Menschen in der Region aber auch mit großer Sorge betrachtet. Die Schutzbestrebungen für großflächige Landschaften treffen mit der sozialen und ökonomischen Krise des Transformationsprozesses zusammen. Hieraus sind Konflikte zwischen Naturschutz und Landnutzung entstanden, die eine große Intensität erreicht haben.

In Anlehnung an die Debatte um „soziale Ausgrenzung" werden Kriterien sozioökonomischer Nachhaltigkeit abgeleitet (= Dimensionen sozialer Integration), die als Bewertungsfolie für die Integrations- und Ausgrenzungsprozesse in der Untersuchungsregion herangezogen werden. Auf diesem Wege lässt sich bestimmen, welche Nachhaltigkeitsdefizite durch den Transformationsprozess und das Nationalparkprojekt hervorgebracht bzw. aufgelöst werden. Dabei konnte ich am Beispiel der Fischerei feststellen: Naturschutz ist nicht an sich nachhaltig

Schlüsselwörter. Naturschutz, Nachhaltigkeit, soziale Ausgrenzung, Transformation, Ostdeutschland, Konflikt, Nationalpark Unteres Odertal, Fischerei.

Gegenstand der Forschung

Der folgende Beitrag liefert einen Werkstattbericht über ein Forschungsprojekt im Nationalpark Unters Odertal unter der Überschrift und Fragestellung „,Soziale Ausgrenzungen im Flusseinzugsgebiet Unteres Odertal' – Eine Gefährdung nachhaltiger Entwicklung? Das Beispiel der Fischerei". Dieses Vorhaben wurde im Wintersemester 1999/2000 als Lehrveranstaltung am Institut für Soziologie der FU Berlin in Kooperation mit Bernhard Glaeser vom Wissenschaftszentrum Berlin für Sozialforschung begonnen und wird derzeit von mir als Dissertation zu Ende geführt.

Bei diesem Projekt geht es um das Verständnis zweier in der Region Unteres Odertal gleichzeitig laufender und aufeinander zu beziehender Prozesse: Zum einen ist es der sozioökonomische Transformationsprozess. Zum anderen befindet sich in dieser Grenzregion zu Polen seit 1990 der „Nationalpark Unteres Odertal" (im Folgenden als NPUO abgekürzt) in Planung. Meine Untersuchungen beziehen sich dabei nur auf den deutschen Teil der Nationalparkregion.

Empirische Grundlage für die oben genannte Fragestellung bilden bisher ca. 50 qualitative Interviews, die mit verschiedenen Personengruppen aus der Nationalparkregion im Sommer 2000 und 2001 geführt wurden. Diese werden ergänzt durch die Auswertung von verschiedenen regionalbezogenen Gutachten, Zeitungsberichten, Veranstaltungen, Expertengesprächen und der Rezeption der Diskussion sozial- und geisteswissenschaftlicher Umweltforschung (vgl. Lamnek 1989).

Besondere Aufmerksamkeit wird dabei solchen Gruppen gewidmet, für die ein besonderer Nutzungsanspruch an die NP-Flächen oder Betroffenheit angenommen werden kann. So können die durch das Projekt berührten sozioökonomischen Dimensionen der Nachhaltigkeit deutlich zu Tage treten.

Eine erste Auswahl bezieht sich auf die Gruppen der Fischer, Angler, Landwirte, im Tourismus Tätigen und TeilnehmerInnen von nationalparkbezogenen ABM-Maßnahmen. Diese Gruppen werden als besonders wichtig eingestuft – einerseits, weil sie mit den Institutionen des Transformationsprozesses (Arbeitsamt) und dem NP-Projekt in Berührung stehen, andererseits, weil sie in der Region eine wichtige soziokulturelle Funktion haben. Ergänzt werden diese Aussagen durch Stellungnahmen von Mitarbeitern der Landesanstalt für Großschutzgebiete.

Die zu erwartenden Untersuchungsergebnisse liegen auf der Ebene von Orientierungswissen, das sich erst mittelbar in konkrete Maßnahmen übertragen lässt.

Hinsichtlich meines qualitativen methodischen Vorgehens und der daraus gewonnenen Schlussfolgerungen wurde mir durch die NP-Verwaltung zugetragen, dass die Grenze zwischen „realer Welt" (Objektivität) und den „Empfindungen einzelner Menschen" extrem scharf gezogen werden müsse. Diese strikte Trennung sei notwendige Voraussetzung für Wissenschaftlichkeit, würde aber durch mein Vorgehen nicht umgesetzt werden. Im Gegensatz zu dieser Auffassung vertrete ich folgendes Wissenschaftsverständnis: Das von der NP-Verwaltung eingeforderte Verständnis vernachlässigt meines Erachtens die soziale Konstruktion von Wirklichkeit. Soziale Sachverhalte – und dazu zählt auch das Naturschutzanliegen – lassen sich nicht einfach aus Tatsachen in Form quantifizierter Daten zusammensetzen, sondern aus Bedeutungen, die ihnen durch soziale Gruppen bzw. Individuen in ihrer Lebenswelt zugewiesen werden. Ein wesentlicher Grundsatz qualitativer Sozialforschung ist es daher, Handeln zu verstehen. Dabei bedeutet Handeln sinnhaftes Sichverhalten. Es sind dabei die Handelnden selbst (!), die einen Sinn mit ihrem Handeln verbinden. Ihr Handeln ist diesbezüglich sinnrational. Und insoweit Handeln „sinnhaft" ist, wird es verständlich (Lamnek 1995: 188). Daher müssen die Sinngebungen, Bedeutungen und subjektiven Deutungen, die den Gegebenheiten durch die Individuen zugewiesen werden und dem Handeln der Akteure zugrunde liegen, in die Betrachtungen mit einfließen.

Die zwei Prozesse: Transformation und Nationalparkentwicklung

Die Region im Transformationsprozess

Die Untersuchungsregion liegt im Nordosten Brandenburgs im Landkreis Uckermark an der deutsch-polnischen Grenze (siehe Abb. 1) und ist Bestandteil der Euroregion Pomerania.

Die Oder und die Hohensaaten-Friedrichsthaler-Wasserstraße (HoFriWa) sind für die Region die kulturelle und wirtschaftliche Lebensader und haben diese und die dort lebenden Menschen in den letzten Jahrhunderten geformt. Die vollständig in der NP-Region gelegene HoFriWa stellt für das Wasserstraßennetz der Euroregion zukünftig einen wichtigen Bestandteil dar. Zusammen mit dem Schwedter Hafen ist sie Bestandteil des Wasserstraßennetzes, das die Euro- und NP-Region an Berlin und die Industrieregionen in Westdeutschland anschließt. Diesen Wasserstraßen wird gegenwärtig ein hohes Entwicklungspotential für die internationale Seeschifffahrt zugeschrieben (DPU GmbH 1999: 124).

Seit 1894 wurde die Oder mit massiven Regulierungsmaßnahmen versehen, wodurch die Region erst für den Menschen bewohnbar wurde. Durch diese Maßnahmen wurde

- das Leben der Bewohner zuverlässig geschützt,
- die Kulturlandschaft geprägt,
- die Einkommen für Landwirtschaft und Fischerei gesichert und
- eine faszinierende, ökologisch außerordentlich wertvolle Tier- und Pflanzenwelt herausgebildet.

Diese einzigartige Tier- und Pflanzenwelt bildet auch die Grundlage des – noch von der DDR-Regierung 1990 rechtlich vorbereiteten – 1995 eröffneten NPUO, der inzwischen jährlich ca. 70.000-120.000 Besucher zählt. Er erstreckt sich auf einer Fläche von ca. 10.500 ha in der 2 bis 3 km breiten Oderaue und bildet mit dem angrenzenden ca. 5.600 ha großen polnischen Landschaftsschutzpark Unteres Odertal eine naturräumliche Einheit. Als langfristiges Ziel wird die Entwicklung zu einem länderübergreifenden „Internationalpark" angestrebt.

Kernstück des Nationalparks sind die ca. 6.200 ha Poldergrünlandflächen, d.h. die Überflutungsgebiete der Oder. Diese Flächen wurden bis 1990 intensiv landwirtschaftlich genutzt. Sie befanden sich im Untersuchungszeitraum noch fast vollständig in extensiver Bewirtschaftung durch Landwirte und Fischer.

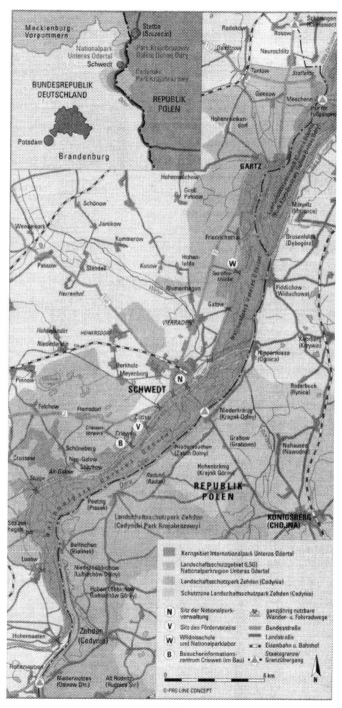

Abbildung 1: Lage des Nationalparks Unteres Odertal

Quelle: Verein der Freunde (o. J.)

In der Uckermark war die Landwirtschaft der Hauptarbeitgeber in den Gemeinden. Die in der Landwirtschaft Beschäftigten haben seit der Wende jedoch um ca. 80% abgenommen. Im Gegensatz zu den meisten anderen Bereichen in der Uckermark ist und war im Unteren Odertal das produzierende Gewerbe durch den Standort der Papier- und Chemieindustrie Schwedt der wichtigste Wirtschaftsfaktor. Schwedt stellt das geographische, kulturelle und wirtschaftliche Zentrum für die NP-Region dar. Der Industriestandort als solcher wurde nach der Wende erhalten und erzeugt gegenwärtig 50% der Bruttowertschöpfung der gesamten Uckermark (ca. 4 Mrd. DM). Daher ist für die Region dessen Entwicklung von größter Wichtigkeit. Aber gerade wegen des Erhalts und der Modernisierung des Industriestandortes Schwedt sind auch in diesem Bereich ca. 80% der Arbeitsplätze verloren gegangen.

Die Folge ist, dass es in Schwedt und in vielen Dörfern außerhalb des Kleingewerbes kaum noch Beschäftigungsmöglichkeiten gibt und daher die Arbeitslosigkeit deutlich über dem Landesdurchschnitt (18%) liegt. Während die offiziellen Arbeitslosenquoten in der Untersuchungsregion mit 25% angegeben werden, geht man dort in vielen Dörfern davon aus, dass sie bis zu 70% betragen.

Dennoch ist in der Uckermark nach wie vor die Beschäftigungswirkung von Land-, Forstwirtschaft und Fischerei – im Vergleich zu anderen Regionen – erheblich (Land- und Forstwirtschaft, Fischerei 8,2%, produzierendes Gewerbe 19%, Dienstleistungen 25%), auch wenn das verarbeitende Gewerbe Hauptträger der Wirtschaftskraft ist (vgl. IUS 1999: 20; Hölscher Schmitz GbR 1999: 16ff.; LDS 2001).

Neben den ökonomischen Wirkungen der Umstrukturierung von Landwirtschaft und Industrie sind auch deren soziale Wirkungen von großer Wichtigkeit.

Durch die Auflösung der landwirtschaftlichen Produktionsgenossenschaften und die Umstrukturierung der Industriebetriebe, die nicht nur einen Produktionsverband darstellten, sondern auch für soziale Bedürfnisse aufkamen, zerbrachen auf den Dörfern auch viele soziale Netzwerke und andere „Orientierungsmarken". Dies hat auf der infrastrukturellen Ebene zu den bekannten Entsprechungen geführt (Wegfall von Kultureinrichtungen, Einkaufsstätten, Gesundheitseinrichtungen, Gasthäusern, Bibliotheken etc.).

Für viele Menschen werden nach der Wende die Wohlstandsorientierungen – die als Ergebnis kurzfristiger ökonomischer Problembewältigung im Rahmen der nachholenden Modernisierung erwartet wurden – enttäuscht (vgl. Offermann 1997: 116). Wer nicht mobil ist, unterliegt der Gefahr der Marginalisierung und erlebt diese Region als benachteiligt, aufgegeben und „abgekoppelt".

Diese Entwicklung wird jedoch nicht von allen und gemeinsam erlebt, sie wird häufig als Ergebnis individuellen Versagens erfahren (vgl. Bohle et al. 1997: 147; Offermann 1997: 99ff.). Es kommt demzufolge nicht selten zur Spaltung und Entsolidarisierung in der (Dorf-)Gesellschaft. Verbunden mit den knapper werdenden Möglichkeiten, an den gesellschaftlichen Gratifikationen teilzuhaben, entsteht eine Atmosphäre zunehmender Konkurrenz (vgl. Herrenknecht 1995).

Stichwortartig kann die Entwicklung im Transformationsprozess wie folgt beschrieben werden (vgl. Kapphan 1996):

- rasanter Wandel der Wirtschafts- und Sozialstruktur,
- hohe (Dauer-)Arbeitslosigkeit durch abnehmende Beschäftigung in Landwirtschaft und Industrie,
- Mangel an Arbeits- und Ausbildungsplätzen,
- Abwanderung junger Menschen (Braindrain) (vgl. Seitz 1997),
- zunehmende Überalterung der Bevölkerung,
- wachsende Armut,
- Infrastrukturmängel,
- Notwendigkeit der Neuorientierung informeller sozialer Netze (Nachbarschaft, Freunde, Vereine),
- Identitätssuche/-sicherung in der eigenen Lebenswelt (Sinnfragen, kulturelle Zugehörigkeit, Perspektiven).

Insgesamt befinden sich viele Menschen in einer marginalen ökonomischen Position oft verbunden mit sozialer Isolation. Somit liegen Bedingungen der Exklusion vor, unter denen die Integration – die gesellschaftliche Zugehörigkeit, Anerkennung und Teilhabe des Individuums an den materiellen und sozialen Lebensgrundlagen – erheblich eingeschränkt ist. Im Sinne einer nachhaltigen Entwicklung bedeutet dies, dass erhebliche Defizite bezüglich der sozialen Nachhaltigkeitsdimensionen soziale Gerechtigkeit, Grundbedürfnisbefriedigung und Partizipation festzustellen sind.

Es sind daher Konzepte gefragt, die diese Regionen als Lebens- und Einkommensquellen ihrer (verbliebenen) BewohnerInnen unter Einbeziehung der sozialen, ökologischen und ökonomischen Faktoren reaktiviert werden können.

Die Nationalparkentwicklung „Unteres Odertal"

Die Brandenburgische Landesregierung sieht in der Einrichtung des NPUO einen wichtigen Schritt zum Übergang zu einer nachhaltigen umweltverträglichen, wirtschaftlichen Regionalentwicklung. Hier würden nicht nur wertvolle Ökosysteme erhalten, sondern sie stellten gerade für dünn besiedelte ländliche Regionen ein wichtiges Instrument der Wirtschaftsförderung dar (vgl. Stolpe 1999; DPU GmbH 1999: 36).

Das Anliegen des NP, das seit 1995 im Gesetz festgeschrieben ist (NatPUOG 1995) und auch der oben genannten nachhaltigen Entwicklung dienlich sein soll, besteht darin,

* den Tier- und Pflanzenbestand, die Aue- und Hangwälder, die Feuchtbiotope und Trockenrasenstandorte zu schützen, zu pflegen, zu erhalten und in ihrer natürlichen Funktion zu entwickeln,
* auf möglichst großer Fläche einen von menschlichen Eingriffen weit gehend ungestörten Ablauf der Naturprozesse zu sichern und herzustellen (d.h. bis zum 31.12.2010 auf mindestens 50% der Fläche ein Totalreservat einzurichten),
* ein naturnahes Wasserregime herzustellen und
* einer umweltschonenden, naturnahen Erholung und Entwicklung des Fremdenverkehrs und der Umweltbildung – soweit dies mit den oben genannten Anliegen des NP vereinbar ist –, zu dienen (vgl. NatPUOG § 3; AEP 2000: 7).

Bei der Diskussion um den Nationalpark sind nicht nur die Anforderungen des NatPUOG zu berücksichtigen; von den NP-Verantwortlichen wird auch angestrebt, die Kriterien der Kategorie II der IUCN – Internationale Union zum Schutz der Natur, eine so genannte nicht-staatliche Organisation (NGO) – zu erfüllen. Der Wunsch nach dieser internationalen Anerkennung wird dabei nicht zuletzt durch die Annahme begründet, dass die von dieser Anerkennung ausgehenden Synergieeffekte einen positiven Einfluss auf die regionale Entwicklung haben würden (vgl. DPU 1999: 35). Allerdings führte dies auch dazu, dass das ursprüngliche Schutzkonzept fallen gelassen werden musste: Seine naturschutzfachlichen Überlegungen sahen zunächst vor, die Totalreservatsflächen auf polnischer Seite einzurichten; dort befinden sich wertvolle Flächen, die seit Ende des 2. Weltkrieges fast ohne Nutzung geblieben sind (Gille 1999). Die IUCN-Richtlinien schließen jedoch für das Zonierungskonzept eines NP die internationale Verrechnung der Flächenanteile aus. Somit wurde auch auf deutscher Seite die Ausweisung von Totalreservatsflächen notwendig.

Für die Kategorie II „Nationalpark" gibt die IUCN-Richtlinie die folgenden Bedingungen vor:

„Natürliches Landgebiet ..., das ausgewiesen wurde, um
    (a) die ökologische Unversehrtheit eines oder mehrerer Ökosysteme im Interesse der heutigen und kommender Generationen zu schützen, um
    (b) Nutzungen oder Inanspruchnahme, die den Zielen der Ausweisung abträglich sind, auszuschließen und um
    (c) eine Basis für geistig-seelische Erfahrungen sowie Forschungs-, Bildungs- und Erholungsangebote für Besucher zu schaffen. Sie alle müssen umwelt- und kulturverträglich sein."

(IUCN 1994)

Der vorrangige Schutzzweck liegt dabei gleichberechtigt in der *Erhaltung der biologischen Vielfalt, dem Naturschutz und der Erholung*. Sekundärer Schutzzweck ist die Wildnis. Darüber hinaus empfehlen die IUCN-Kriterien, dass spätestens 20 bis 30 Jahre nach der Gründung des Nationalparks mindestens 75% dieser Flächen der Kernzone zugehören sollen. „Kernzone" ist jedoch nicht mit „Totalreservat" zu verwechseln. In der Kernzone wird lediglich der primäre Schutzzweck verfolgt.

Nach dem Bundesnaturschutzgesetz (§ 14) ist ein Nationalparkgebiet unter anderem dadurch gekennzeichnet, dass es „sich in einem vom Menschen nicht oder wenig beeinflussten Zustand befindet". Dies ist jedoch für das Untere Odertal offensichtlich nicht der Fall (vgl. z.B. AEP 2000: 7). Darüber hinaus sehen einige Betroffene den Punkt c) der IUCN-Richtlinien verletzt: Die NP-Ausweisung würde kulturelle Praktiken (z.B. Fischerei, Landbewirtschaftung) und den Bestand eines an kulturell geprägten Naturvorstellungen orientierten und als wertvoll empfundenen Landschaftsbildes gefährden; hierdurch würden die geistig-seelischen Erfahrungen beeinträchtigt.

Des Weiteren stehen naturschutzfachliche Kontroversen im Raum, die viele an der oft suggerierten Unumstößlichkeit naturschutzfachlich begründeter Einschränkungen zweifeln lassen. Problemfelder sind dabei z.B. (vgl. Gille 1999: 43f.):

- Aufgabe jeglicher Nutzung gegenüber der Erhaltung weitgehend nutzungsabhängiger wertvoller Pflanzengesellschaften und Vogelarten,
- freie Waldentwicklung oder gezielter Waldumbau,
- freie Sukzession der Offenlandschaft oder Einleitung von Initialmaßnahmen,
- Wiederansiedlung von ausgerotteten Arten,
- Naturschutz gegenüber Bildungs- und Erholungsfunktion des Gebiets.

Angesichts dieses vielfältigen und nicht widerspruchsfreien Anforderungsprofils eines NP sowie unterschiedlicher Interessenlagen und Betroffenheiten, erreichen im NPUO die Konflikte zwischen Naturschutz und Landnutzung inzwischen eine besondere Intensität. Hier treffen die Schutzbestrebungen großflächiger Landschaften mit der sozialen und ökonomischen Krise des Transformationsprozesses zusammen (vgl. Kühn 1998). Nach Einschätzung einiger regionaler Akteure hat die Politik zu Gunsten des Nationalparks inzwischen eine Eigendynamik und Verselbständigung erfahren, die massiv zu Lasten der Bewohner geht (Agrarpolitischer Sprecher der CDU-Fraktion/Brandenburg, Dieter Helm).

Die Akzeptanz der regionalen Bevölkerung ist demzufolge sehr verschieden: Einige sehen diese auf dem Nullpunkt und erwarten das Scheitern des Nationalparks insbesondere aufgrund der ablehnenden Haltung durch die Landwirte. Andere wieder konstatieren einen Konsens zwischen diesen und den Vertretern des Nationalparks.

Parallel zur Planung des Nationalparks wurde von dessen Ideenträgern darüber nachgedacht, wie dieses Vorhaben zu finanzieren sei. Im Rahmen dieser Fundraising-Überlegungen konnte für das Untere Odertal das „Gewässerrandstreifenprojekt" im Rahmen des Förderprogramms der Bundesregierung zur „Errichtung und Sicherung schutzwürdiger Teile von Natur und Landschaft mit gesamtstaatlicher Bedeutung" erfolgreich beantragt werden. Als Träger für dieses Projekt wurde der „Verein der Freunde des Deutsch-Polnischen Europa-Nationalparks ‚Unteres Odertal' e.V." eingerichtet. Hierdurch stehen für das NP-Anliegen innerhalb einer Laufzeit von zwölf Jahren finanzielle Mittel in Höhe von ca. 60 Mio. DM zur Verfügung. Diese Mittel dienten dem Verein hauptsächlich dazu, das Kerngebiet des Gewässerrandstreifenprojektes vollständig zu erwerben. Dies ist inzwischen geschehen (vgl. Gille 1999: 42; Trägerwechsel 2001). Damit schienen die hohen Erwartungen an den NP – die nicht zuletzt angesichts der schwer wiegenden sozioökonomischen Problemlagen von vielen an den NP herangetragen wurden – einer Realisierung näher gekommen zu sein. Nun kamen jedoch auch die Anforderungen des Gewässerrandstreifenprojektes auf dem Gebiet des NP für die zu entwickelnden Naturschutzmaßnahmen zur Anwendung. Die entsprechende Ausgestaltung des Gewässerrandstreifenprojekts wurde im stark umstrittenen Pflege- und Entwicklungsplan vorgelegt, der vom Träger des Gewässerrandstreifenprojekts in Auftrag gegeben wurde. Nach Meinung vieler betroffener Landnutzer erhebt dieser Plan naturschutzfachliche Maximalforderungen, ohne andere Ansprüche zu berücksichtigen. Ebenso werden die fördermittelbe-

dingten Zeitvorgaben des Gewässerrandstreifenprojektes (Förderzeit-
raum bis 2006) – die im Pflege- und Entwicklungsplan angewandt werden – von vielen als viel zu kurz erachtet; dadurch entstehe ein Handlungsdruck, der weder naturschutzfachlich zwingend, noch sozialver-
träglich sei. Somit liegt eine Umkehrung der Ziel-Mittel-Beziehung vor:
Das Förderprogramm drängt die NP-Verantwortlichen, ihr Handeln auf
den Erhalt der Fördermittel zu orientieren, anstatt die Förderungen auf
ein nachhaltiges Naturschutzvorhaben zu optimieren (vgl. IUS 1999;
Trägerwechsel 2001).

Auch hinsichtlich demokratischer Grundvorstellungen ist durch das
Gewässerrandstreifenprogramm für viele eine problematische Situation
entstanden: Die Diskussion um das Nationalparkgesetz wurde seinerzeit
in der Region intensiv geführt. In deren Resultat wurde 1995 im Bran-
denburgischen Landtag das Gesetz mit großer Mehrheit angenommen.
Die Diskussion um das Gewässerrandstreifenprojekt verlief hingegen
zunächst von der interessierten Öffentlichkeit unbemerkt und ohne die
Beteiligung der lokalen Bevölkerung und regionalen Stakeholder. Erst
nach Inkrafttreten des Nationalparkgesetzes wurden in der Öffentlichkeit Widersprüche zwischen dem demokratisch abgestimmten Nationalparkgesetz und den Anforderungen des Gewässerrandstreifenprojekts wahrgenommen. Wenngleich Gewässerrandstreifenprojekt und
Nationalpark ähnliche Zielsetzungen haben, sind sie doch nicht völlig
identisch, so z.B. bezüglich der Flächen- und Nutzungsbeschränkungen.

Vor allem die rigoroseren Beschränkungen in den Bereichen Fischerei, Angelei und Jagd liegen für viele jenseits der Kompromisslinie, auf
die sie sich im Rahmen der Diskussion um das Nationalparkgesetz
glaubten verständigt zu haben.

Vor dem Hintergrund des Gewässerrandstreifenprojektes erscheinen
daher vielen die Kompromisse, die im Rahmen der Debatte um das Gesetz gefunden wurden, als „Betrug", da zeitgleich bereits andere Tatsachen geschaffen waren. Das Argument, „durch das Gewässerrandstreifenprojekt würden doch erhebliche finanzielle Mittel für die Region bereitgestellt", konnte weder die mit den Maßnahmen des Gewässerrandstreifenprojektes einhergehenden Befürchtungen vieler Menschen zer-
streuen (siehe auch Tab 1, mittlere Spalte), noch das offenkundige Par-
tizipationsdefizit kompensieren.

Entsprechend dieser unklaren Lage hat sich im Frühjahr 2001 das
Verhältnis zwischen dem Träger des Gewässerrandstreifenprojekts einerseits und sehr vielen Stakeholdern einschließlich der Landesregierung in Potsdam andererseits zugespitzt. Letztere hat sich vom Träger
des Gewässerrandstreifenprojekts getrennt, hat den Fluss der Finanz-

mittel gestoppt und fordert die Herausgabe der vom Träger gekauften Flächen. Ob dies jedoch rechtlich durchsetzbar ist, ist aktuell Gegenstand gerichtlicher Auseinandersetzungen zwischen dem Trägerverein des Gewässerrandstreifenprojektes und dem Land Brandenburg. Eine weitere Zunahme kommunikativer Spannungen zwischen den Stakeholdern und eine zunehmende Behinderung der Umsetzung des Nationalparks sind demnach sehr wahrscheinlich.

Nach Einschätzung vieler regionaler Experten ist eine der Ursachen für diese polarisierte Problemsituation in einer mangelnden Berücksichtigung sozioökonomischer Zusammenhänge und unzureichender Partizipation und Integration der Planungsbetroffenen in den Planungsprozess zu suchen. Dabei spielt auch die subjektive Einstellung der Menschen zur „wilden und ungezähmten Natur" (Totalreservate) eine nicht unerhebliche Rolle.

Offensichtlich kommen soziale Folgeprobleme zum Tragen, die im Rahmen von an sich innovativ gedachten Naturschutzvorhaben entstanden sind.

Auch andere Untersuchungen zeigen, dass wesentliche Ursachen dieser Akzeptanzprobleme darin liegen, dass das Schutzgebietsmanagement zu naturwissenschaftslastig ist und dafür den größten Anteil der verfügbaren Mittel benötigt. Um den vielerorts zunehmenden Widerstand gegen das Großschutzgebiet zu überwinden, sind offensichtlich nicht naturwissenschaftliche Forschungen gefragt, sondern Methoden der Kommunikation und eine sensible Kenntnis regionaler Bedürfnisse und Interessenlinien. Dies gilt insbesondere dann, wenn sich die Interessenkonflikte bereits verfestigt haben. Dann können ggf. Mediationstechniken weiterhelfen (vgl. Schröder 1998; Fietkau/Weidner 1995). Aber nicht alle Widerstände sind Ursachen von Kommunikationsdefekten, entsprechenden Missverständnissen und verpassten Win-win-Lösungen. Es müssen die realen Gewinner- und Verliererlinien innerhalb der Konflikte erfasst werden. Ebenfalls muss die Möglichkeit Berücksichtigung finden, dass – auch zielgruppenspezifisch differenziert – es zu Widersprüchen zwischen den verschiedenen Nachhaltigkeitsdimensionen kommen kann. Der Widerspruch zwischen Schutz und Nutzung, zwischen ökologischen und ökonomischen Dimensionen, hat durchaus reale Züge.

Die Ausweisung des NP bringt, zusammenfassend, erhebliche Veränderungen mit sich in Bezug auf:

- die Flächennutzung,
- die Gewässerwirtschaft,
- die Entwicklung der Kommunen,

- den Ausbau und die Entwicklung von Industrie und Infrastruktur,
- die Wasserregime,
- die Bedingungen des Hochwasserschutzes und der Schiffbarkeit.

Die Umsetzung des NP stellt damit einen weit reichenden Eingriff in die sozioökonomischen und kulturellen Lebensbedingungen der Menschen dar mit zum Teil ungewissem Ausgang, ungleicher Betroffenheit, Benachteiligungen, Nutzungskonflikten und befördert eine „Verselbständigung von Fördermitteln" (vgl. Steyer 2001). Dies löst in der Region offenkundig erhebliche Proteste aus, führt zu polarisierten Konfliktlinien, bringt Enttäuschungen hervor und gefährdet unter Umständen den NP in seinem Bestand. Hier setzt nun meine Fragestellung an:

> Welchen Beitrag leistet der Nationalpark für eine nachhaltige Entwicklung der Region als Lebens- und Wirtschaftsraum? Welche Zielkonflikte bestehen innerhalb der Nachhaltigkeitsdimensionen?

Dieser Werkstattbericht beantwortet diese Frage jedoch nicht abschließend, sondern behandelt nur einzelne Aspekte des Lebens- und Wirtschaftsraums Unteres Odertal.

Theoretische Einordnung

Nachhaltige Entwicklung und soziale Ausgrenzung

Um die Forschungsfrage zu beantworten, bedarf es einer Operationalisierung des Nachhaltigkeits-Begriffes. Dabei lege ich den Schwerpunkt auf die sozioökonomische Nachhaltigkeit. Die hierfür benötigten Kriterien werden aus der Diskussion um die „soziale Ausgrenzung" abgeleitet. Dieses Konzept, das ursprünglich für die Beschreibung internationaler, weltmarktvermittelter Abhängigkeitsbeziehungen entwickelt und anschließend in die Stadtforschung der Industrieländer zur Beschreibung sozialer Ungleichheit und Benachteiligung übertragen wurde, soll nun auf seine Eignung für die Beschreibung und Bewertung kleinräumiger Entwicklungsprozesse in einer ländlichen Regionen überprüft werden (z.B. Kronauer 1997). Dieses Konzept reduziert die zu untersuchende „Wirklichkeit" nicht auf die Dinge, Geschehnisse und kausal wirkenden Kräfte, sondern versucht auch die normative Realität kommunikativer Beziehungen sowie die innere Wirklichkeit von Intentionen, Gefühlen und Bedürfnissen von Individuen abzubilden.

Auch wenn im Rahmen der Problemerfassung die verwendeten Kriterien Gemeinsamkeiten zur Akzeptanzforschung aufweisen – insbesondere hinsichtlich der Erscheinungsformen, Hintergründe und Ursachen der Ablehnung des Schutzgebietes – so geht es mir nicht einfach nur um einen Beitrag zur Verbesserung von Akzeptanz für Naturschutzvorhaben (vgl. Stoll 1999). Es geht auch um die Anerkennung eines Rechtes auf Nicht-Akzeptanz und um die Berechtigung, konkrete Naturschutzanliegen kritisch zu hinterfragen.

Dadurch wird die Begriffsbildung von „Naturschutz" selbst zum Gegenstand im Kategoriensystem sozialer Ausgrenzung.

Unter den sechs Dimensionen sozialer Ausgrenzung verstehe ich:

1. Ausgrenzung am Arbeitsmarkt
Wenn die Rückkehr oder der Eintritt in reguläre Erwerbsarbeit stark behindert ist, bzw. prekäre Beschäftigung vorliegt.

2. Ökonomische Ausgrenzung
Wenn die wirtschaftliche Fähigkeit verloren geht, für den eigenen Lebensunterhalt, Haushalt aber auch Betrieb zu sorgen.

3. Räumliche Ausgrenzung
- Die regionale Konzentration von Benachteiligten,
- die Benachteiligung durch Vereinzelung und Randlage im Raum,
- Zutritts- und Nutzungsbeschränkungen,
- negative Imagezuweisungen der Region.

4. Institutionelle Ausgrenzung
bezieht sich auf die Bereiche
- Schule und Ausbildung,
- Verwaltung von Arbeitslosigkeit und Armut,
- der Beteiligungsmöglichkeiten an gesellschaftlichen Entscheidungs-, Kommunikations- und Meinungsbildungsprozessen,
- Rückzug öffentlicher und privater Dienstleistungen aus der Versorgung,
- Gesetze, Verordnungen etc.,
- Regulierung von Eigentums- und Nutzungsrechten.

5. Ausgrenzung durch gesellschaftliche Isolation
- Die geringe Reichweite und Qualität der sozialen Beziehungen bzw. deren Beschränkung (soziale Netzwerke, Nachbarschaft, etc.),
- die Verschlechterung des kommunikativen Klimas (Neid, Misstrauen).

6. Kulturelle Ausgrenzung
- liegt vor, wenn die Betroffenen von der Möglichkeit abgeschnitten sind, den gesellschaftlich bzw. gruppenspezifisch anerkannten Ver-

haltensmustern, Lebenszielen und Werten entsprechend zu leben
oder diese eigenständig entwickeln zu können,

- aber auch, wenn die Definitionsmacht über die Inhalte „richtigen"
  Lebens, die „Realität", verloren bzw. aberkannt wird.

Bei den genannten Kriterien hat die Ausgrenzung vom Arbeitsmarkt für
die Betroffen eine besonders weitreichende Wirkung. Die Dramatik
dieser Ausgrenzungsdimension schlägt allerdings erst dann zu Buche,
wenn sie in Kombination mit weiteren Ausgrenzungsdimensionen zu-
sammenfällt. Da Arbeitslosigkeit meines Erachtens jedoch trotz des NP
für viele ein Dauerzustand bleiben wird, lege ich bei meiner Untersuchung im NP-Gebiet besonderen Wert auf die Ausgrenzungsaspekte *jenseits* des (ersten) Arbeitsmarktes.

Bei der Operationalisierung meines Analyserasters für die soziöökonomische Nachhaltigkeit folgt nun der entscheidende Schritt: In Umkehrung dieser sechs Dimensionen sozialer Ausgrenzung entsteht ein
Bewertungsraster für soziöökonomische Nachhaltigkeit. Aus der Dimension „Ausgrenzung vom Arbeitsmarkt" wird „Integration in den
Arbeitsmarkt", aus „ökonomischer Ausgrenzung" „ökonomische Integration" usw.

In meiner Untersuchung wird also unter Verwendung der genannten
Nachhaltigkeitkriterien geprüft, welchen Beitrag das NP-Projekt leistet,
hinsichtlich der verschiedenen Dimensionen integrierend zu wirken,
und welchen Beitrag es somit für eine nachhaltige Entwicklung erbringt.

Die relevanten Zielgruppen meiner Untersuchung sind: Umweltschützer, Akteure des Nationalparkprojektes, Akteure der Tourismusbranche einschließlich der Touristen, Akteure der Regionalpolitik, Landesregierung u.a. Gleichfalls wird die lokale Bevölkerung als wichtiger
regionaler Akteur begriffen und dementsprechend in die Analyse einbezogen.

Neben den oben genannten Kriterien der Nachhaltigkeit ergibt sich
ein zusätzlicher Nachhaltigkeitsaspekt aus der Überlegung, dass Nachhaltigkeit auch daran zu bewerten ist, welche Möglichkeiten die am
stärksten negativ Betroffenen haben, ihre Situation zu verbessern. Diese
Überlegung nutze ich für die Schwerpunktsetzung bei der Zielgruppen-
wahl.

Analyseraster „Dimensionen sozialer Nachhaltigkeit"

Im Folgenden werde ich anhand Tabelle 1 (S. 256) erste Forschungsergebnisse dem Analyseraster soziöökonomischer Nachhaltigkeit zuord-

nen. Diese beinhaltet auch Widersprüchliches, da hier die Summe der verschiedenen Aussagen der Interviewpartner dargestellt wird.

Die Tabelle besteht aus drei Spalten: Die linke Spalte gibt die Nachhaltigkeitsdimensionen an. Die mittlere und die rechte Spalte enthalten stichpunktartig die im Unteren Odertal erhobenen und der Ausgrenzung bzw. Integration zugeordneten Aspekte, auf deren Grundlage die nachhaltige Entwicklung bewertet wird.

Vorläufige Ergebnisse

Meine Untersuchungen zeigen, dass sich im Unteren Odertal die Befragten zum Teil nach wie vor in einer existenzbedrohenden Situation fühlen. Die Dimensionen der sozialen Ausgrenzung konnten alle – wenn auch in sehr unterschiedlicher Kombination und Ausprägung – nachgewiesen werden. Dies bedeutet, dass eine Vielzahl von Defiziten der soziökonomischen Nachhaltigkeit vorliegt, die von den Befragten zum Teil auch auf den NP zurückgeführt werden. Dies ergibt sich auch dadurch, dass zu Beginn der Diskussion um den NP die Erwartungen an dessen Problemlösungsfähigkeit sehr hoch waren. Zu dem Umstand, dass für viele Menschen die Wende-Wünsche unerfüllt blieben, kommt nun hinzu, dass sie sich aufgrund der NP-Ausweisung auch noch von ihrer über Jahrzehnte entwickelten Kulturlandschaft verabschieden müssen (vgl. auch IUS 1999: 7). Aus Sicht der in Land- und Forstwirtschaft sowie in der Fischerei Tätigen werden daher NP-bedingt zum Teil starke Einschränkungen und massive Zukunftsängste empfunden. Diese Betroffenheiten, die z.B. von den Fischern und dem Fischereiverband vorgetragenen werden, werden jedoch von der NP-Verwaltung energisch zurückgewiesen:

> „Die Fischer sind nicht betroffen, die fühlen sich nur so."

Entsprechend häufig war die sehr grundlegende, emotional betonte Ablehnung der Maßnahmen im NP-Gebiet. Ein komprimiertes Zitat eines früheren Landwirts und Taubenzüchters soll dies veranschaulichen:

> „Die Nationalparkverwaltung züchtet Ungeziefer und macht die Natur kaputt. Unsere gewohnte wertvolle Landschaft – unsere Heimat – wird total umgebaut und viele Tiere werden durch die geplanten Maßnahmen ausgemerzt. Die zunehmenden Füchse und Greifvögel fressen unsere Tauben und Fische und die vielen Verbote und Schranken vertreiben die Menschen aus ihrer gewohnten Umwelt. Anglern und Taubenzüchtern wird dadurch das letzte bisschen Freude am Leben, das man hier in seiner Arbeitslosigkeit noch haben kann, genommen."

Ein weiteres wichtiges Ergebnis ist die Bedeutung des sozialen und kommunikativen Umgangs zwischen Planern und Planungsbetroffenen. Insbesondere die – im Rahmen des Gewässerrandstreifenprojekts – Übertragung eines großen Teils der NP-Flächen an den privaten „Verein der Freunde desDeutsch-Polnischen Europa-Nationalparks Unteres Odertal e.V." hatte eine explosive Wirkung für das kommunikative Klima. Dieser Verein versucht, das Naturschutzanliegen einer öffentlichen und dem Resultat nach offenen Meinungsbildung zu entziehen und konkurrierende Normen der Nutzung zu denunzieren, statt vergleichend miteinander zu beurteilen.

Nachvollziehbare Abwägungs- und Aushandlungsprozesse zwischen den betreffenden Akteuren über eine ethisch gerechtfertigte Nutzung der Biosphäre stellen jedoch den Kern begründeter Nutzungsregeln der Biosphäre dar und nicht die Entbindung von dieser Diskussion durch eine Privatisierung des Naturschutzes.

Die durch die NP-Maßnahmen betroffenen Stakeholder werden dann auch von diesem Verein als Störer „anspruchsvollen Naturschutzes" erachtet (vgl. Vössing et al. 2001; Vössing 2001). Es ist meines Erachtens jedoch vermessen, für die einzelnen Naturschutzmaßnahmen kategorische Naturschutz-Prinzipien in Anspruch zu nehmen und dadurch Nutzungsprinzipien begründen zu wollen. Es sei denn, es kann letztbegründet der Nachweis geführt werden, dass globale Regelkreise gefährdet sind, der Erhalt der Vielfalt von Landschaften oder die Gen- und Artenvielfalt bedroht sind (also die so genannten „safe minimum standards" gefährdet sind) und dies nur unter Zuhilfenahme der im Pflege- und Entwicklungsplan vorgesehenen Maßnahmen zu verhindern ist (WBGU 1999: 37ff.).

Nicht zuletzt in Bezug auf die Privatisierungsbestrebungen des Naturschutzanliegens durch den oben genannten Verein, wurden vielfach stark emotional geprägte und schwerwiegende Vorwürfe gegen die „Öko-Nazis" – mit denen die Verantwortlichen des Vereins gemeint waren – formuliert. Dabei spielt offensichtlich auch der „Ossi-Wessi-Konflikt" eine Rolle. Dies wird in einem weiteren komprimierten Zitat deutlich:

> „Die Drahtzieher in der NP-Region, die die Dinge bewegen, sind ein kooperativer Verbund aus Stasi-Denunzianten und Besserwessis, die sich hier eine Spielwiese und zusätzliche Einnahmequelle auf Kosten der einheimischen Bevölkerung verschafft haben. Die Besserwessis kommen her und wollen uns zeigen, was Natur ist und wie man mit ihr umgehen soll. Dabei wissen wir genau, was erhaltenswerte Natur ist und haben selber gute Experten, die jedoch nicht gefragt werden."

Tabelle 1: Dimensionen sozioökonomischer Nachhaltigkeit im UO

Dimensionen soz. Nachhaltigkeit	Ausgrenzung im bzw. durch den NPUO aus Sicht der Interviewpartner	Integration durch den NPUO aus Sicht der Interviewpartner
1 Ausgrenzung/ Integration am Arbeitsmarkt	• ABM-Stellen mit NP-Bezug führen selten zur Eingliederung in den 1. Arbeitsmarkt; • Arbeitslosigkeit und prekäre Beschäftigung in den Bereichen Landwirtschaft, Fischerei, Petrochemie ist zum Teil auch NP-bedingt; • sehr geringes Einkommen der Fischer, ist zum Teil auch NP-bedingt; • Fischergewerbe ist auch durch den NP in seiner Existenz bedroht; • Behinderung touristischer Initiativen, z.B. Fischerei- und Angeltourismus.	• Arbeitsplätze in der NP-Verwaltung; • Erfolgreiche ABM: Naturwacht; • Förderung touristischer Arbeitsplätze.
2 Ökonomische Ausgrenzung/ Integration	• Sehr geringes Einkommen der Fischer auch NP-bedingt; • Kredite werden NP-bedingt durch Banken verweigert, auch wegen der zum Teil noch fehlenden flächenscharfen Abgrenzungen der Schutzkategorien; • hierdurch werden nötige Investitionsentscheidungen, z.B. die der Fischer, behindert; • Kredite im Landwirtschaftsbereich können zum Teil nicht mehr bedient werden, da die Wirtschaftskonzepte eine Pachtverlängerung vorsahen, die im NP nicht mehr erfolgt; • keine Entschädigung bei NP-bedingter Nichtverlängerung der Pachtverträge für Fischer und Landwirte; dies ist schwerwiegend, da Flächen großteils gepachtet sind; • Ertragsverluste infolge der Flächenverluste und Nutzungsbeschränkungen; • Expansionsbeschränkungen der Chemie- und Papierindustrie durch NP-Auflagen.	• Entschädigungen; • Effektivierungshilfen; • NP-Fördermittel bringen der Region Geld z.B. durch Flächenkäufe für den NP; • Wirtschaft profitiert – wegen NP-Label – durch Imagegewinn; • Einkommenserhöhung durch Tourismus; • Entwicklung eines Regionalzeichens f. Waren u. Dienstleistung.
3 Räumliche Ausgrenzung/ Integration	• „Grüne Mauer" NP behindere den Ausbau der Entwicklungsachse Schwedt-Stettin z.B. durch zurückhaltenden Ausbau des Grenzüberganges, der Straßen, Brücken etc.; • Abwanderung der jungen, gut qualifizierten und ökonomisch aktiveren Bevölkerung; • Befahr- u. Nutzungsbeschränkungen durch Schranken u. Flutungen f. Angler, Fischer, Landwirte, Freizeitsuchende u. Touristen: betrifft z.B. Reitwege, Kremserfahrten etc.; • Flächenverluste von Landwirten und Fischern in Zone I; • Bewirtschaftungsbeschränkungen in Zone II durch Nutzungszeiten, -weisen; • Regionale Isolierung durch Imageverlust wegen ständigen NP-bedingten Streits.	• Infrastrukturförderung: Bau von Brücken, Radwegen, Straßen, Wanderparkplätzen mit Informationstafeln, regional typischer Uferpromenadenausbau; • Verbesserung des NP-Zugangs: Beschilderung, Parkplätze; • Verbesserung d. Regionenimage.

Dimensionen soz. Nachhaltigkeit	Ausgrenzung im bzw. durch den NPUO aus Sicht der Interviewpartner	Integration durch den NPUO aus Sicht der Interviewpartner
4 Institutionelle Ausgrenzung/ Integration	• Arbeitsämter fördern die Abwanderung: In West und Ost bieten sie Beihilfen, um ostdeutsche Arbeitslose für einen Umzug in die alten Länder zu gewinnen; • Privatisierung des Naturschutzprojektes führt zur Behinderung kommunaler Selbstverwaltung und demokratischer Mitsprache; • Naturschutzverantwortliche behindern die öffentliche und dem Resultat nach offene Meinungsbildung z.B. durch Diskreditierung der NP-Gegner auf Grund behaupteten Wahrheitsanspruchs hinsichtlich der Erkenntnisfähigkeit von Wirklichkeit (letztbegründete Objektivität naturwissenschaftlicher Erkenntnis). Diese fehle den Gegnern; • NP-Gegner fühlen sich zum Teil von der lokalen Presse ignoriert; mangelhafte Beteiligungsmöglichkeiten der Planungsbetroffenen; • Fischer beklagen, ihre Einwände blieben folgenlos. Die Fischereimediation wird vom Fischereiverband als Zeitverschwendung eingestuft. Einigung über die Totalreservatszone konnte mit den betroffenen Fischern nicht gefunden werden; • Flächenvorkaufsrechte des NP verhindern notw. Erweiterungen der Landwirtschaft; • Eigendynamik von Fördermitteln: Zeitlicher Umsetzungsdruck übergeht soz. Belange; • PEP wurde aus naturschutzfachlicher Sicht erstellt und entfachte gewaltigen Protest.	• Suche eines neuen Trägers f. d. Gewässerrandstreifenprojekt; • Fischereimediation; • regional typischer Uferpromenadenausbau; • Campingplatzeinrichtung; • Ausbau der Jugendherbergen; • Aufbau tourist. Infosysteme; • Verbesserung des ÖPNV durch Ausbau von DB-Bahnhöfen; • Entwicklung eines Regionalzeichens für Waren und Dienstleistungen aus der Region; • Errichtung eines internationalen Oder-Wochenmarktes in Schwedt für regionale Produkte.
5 Ausgrenzung/ Integration durch gesellschaftliche Isolation/Integr.	• Auflösung sozialer Netzwerke, z.B. Vereine, Nachbarschaftskontakte; • Anglervereine fühlen sich in ihrer Existenz bedroht; • persönlicher Hass und Mordphantasien in Bezug auf einige NP-Verantwortliche; • Chemieindustrie sammelte Unterschriften gegen den NP; • Politikverdrossenheit: Beruht auch auf den schlechten Erfahrungen mit dem NP.	• Fischereimediation; • Differenzierte Freizeitangebote für Kinder und Jugendliche durch den NP.
6 Kulturelle Ausgrenzung/ Integration	• Stigmatisierung gewisser Natur(-schutz-)vorstellungen; • Aberkennung des „richtigen" Wirklichkeitsverständnisses der NP-Gegner; • Keine Zukunftsperspektiven, insbesondere für junge Menschen und Fischer; • Verlust kultureller Identität durch erzwungene Aufgabe tradit. Berufe, Lebensweisen; • Verlust der „Heimat" durch Zerstörung des gewohnten Landschaftsbildes; • Arroganz der „Besser-Wessis"	• Differenzierte Freizeitangebote für Kinder- und Jugendliche durch den NP; • Uferpromenadenausbau im regional typischen Ambiente.

In Zusammenfassung der vorherigen Überlegungen muss festgestellt werden, dass die Befragten ihre Ablehnung zum NP nicht allein auf ökonomische Bewertungen gründen, sondern auch auf emotional-subjektive Befindlichkeiten. Damit sind ihre Bewertungen aber nicht weniger real und müssen genauso ernst genommen werden. Genau dies aber wird nach Einschätzung vieler Befragter von den NP-Verantwortlichen in arroganter Weise nicht geleistet. Stattdessen würden viele Einwände mit dem häufig gebrauchten Satz quittiert: „Das ist doch alles Unsinn." Die intensive Beschäftigung mit den Betroffenen würde jedoch viel mehr Zeit kosten, und diese – so die Erklärung vieler Befragter – ist gerade wegen der Fördermittel nicht da. Denn die verlangten, dass bestimmte Maßnahmen termingerecht umgesetzt würden.

Als weiteres wichtiges Forschungsergebnis ist auf die Bedeutung der Fischerei hinzuweisen, die von knapp zehn Berufsfischern und 2.000 Hobbyanglern praktiziert wird (AEP 2000: 39; Cofad 1999: 23). Im Untersuchungsgebiet werden durch den NP und das Gewässerrandstreifenprojekt die Reste der einst prägenden Berufsgruppe stark beeinträchtigt. Die Berufsfischerei kämpft, trotz guter Wachstumsmöglichkeiten hinsichtlich der Vermarktung und Verarbeitung von Süßwasserfischen und – NP-bedingt – noch ungenutzter Potentiale im Tourismusbereich (z.B. „Ferien auf dem Fischerhof"), um ihr ökonomisches und kulturelles Überleben. Dabei schützt und fördert die Berufsfischerei durch ihre Tätigkeit die Leistungsfähigkeit des Naturhaushaltes, die Nutzungsfähigkeit der Naturgüter, die Pflanzen- und Tierwelt und Vielfalt, Eigenart und Schönheit der Natur (vgl. Institut für Binnenfischerei Potsdam-Sacrow e.V. 1998). Sie ist also nicht nur aus ökologischer Sicht eine besonders nachhaltige Wirtschaftsweise, ihr kommt auch eine wichtige ökonomische, kulturelle und Identität stiftende Bedeutung zu.

Im Verbund mit der Angelfischerei – also den 2000 Hobbyanglern in der Region – wird die sozioökonomische Bedeutung der Fischerei noch unterstrichen. Die Angelfischerei kann als Bestandteil regionaler Identität betrachtet werden, die sich über alle Altersschichten erstreckt. In manchen Teilräumen des Untersuchungsgebietes sind die Angelvereine Hauptträger des sozialen Lebens und Zentrum des sozialen Zusammenhalts. Angeln bietet Freizeitgestaltung, Ausgleich durch Naturerleben, trägt zur sozialen Kohärenz bei und ist für viele realisierbar (vgl. Cofad 1999: 23). Auch ist deren wirtschaftliche Bedeutung erheblich, da viele der auswärtigen Angler zur touristischen Entwicklung beitragen.

Auch die Fischer und Angler gaben an, nicht oder nur unzureichend bei der Schutzgebietsentwicklung beteiligt worden zu sein. Vor allem beklagen sie, dass ihre Einwände häufig ignoriert würden. Die von der

NP-Verwaltung angenommene Befriedung der Lage, die im Rahmen einer Fischereimediation versucht wurde, wird von einigen Fischern und vom Fischereiverband – auch wegen noch ungeklärter Fischereirechte – als unzutreffend zurückgewiesen. Insbesondere konnte im Rahmen dieses Verfahrens für die Totalreservatszone keine Einigung mit den betroffenen Fischern gefunden werden, da sie die damit verbundene Einstellung der Fischerei nicht akzeptieren.

Bei der Bewertung der Lage der Fischer ist zu berücksichtigen, dass die Berufsfischer als Fischereiausübungsberechtigte in der Hauptsache nicht Inhaber der Fischereirechte sind. Das Verhältnis zwischen den Fischern und den Rechtsträgern der Fischrechte wird daher durch Pachtverträge geregelt, die eine Laufzeit von zwölf Jahren haben. Die meisten Pachtverträge enden im Zeitraum von 2002 bis 2007. Während dieser Pachtzeit verkaufen die Fischer Angelkarten – die durch unterschiedliche Auflagen die Bedingungen des Angelsports festschreiben. Hierdurch erzielen die Fischer nicht unerhebliche Einnahmen. Zwischen den Fischern und Anglern besteht daher ein wechselseitiges Abhängigkeitsverhältnis.

Da sich die NP-Flächen mittlerweile zu 100% im Eigentum des Trägers des Gewässerrandstreifenprojekts bzw. des Landes Brandenburg befinden, haben die Fischer die Befürchtung geäußert, dass die auslaufenden Verträge zukünftig nicht mehr verlängert werden. Die Angler haben die Befürchtung, dass die NP-Verantwortlichen kein Interesse daran haben, Angelscheine auszugeben.

Diese Annahme beruht jedoch zum Teil darauf, dass die Akteure einschließlich der Fischer davon ausgehen, dass die Fischereirechte im NP überwiegend an das Gewässereigentum gebunden sind (vgl. Cofad 1999: 11). Aufgrund der historischen Entstehung bestehen tatsächlich jedoch viele Rechte unabhängig vom Eigentum am Gewässergrundstück und sind folglich nur selten in den Grundbüchern eingetragen. Zur Klärung dieser Rechtsfragen hat das Brandenburgische Landesamt für Ernährung und Landwirtschaft Frankfurt das so genannte „Fischereibuch" eingerichtet (vgl. Landesamt für Ernährung und Landwirtschaft Frankfurt/O. 2001). Im Rahmen dieser Klärung relativiert sich nach Angaben des Fischereiverbandes die von den Berufsfischern und Anglern angeführte Bedrohung durch das Auslaufen der Pachtverträge. Der Verband geht davon aus, dass die Fischereirechte im NP-Gebiet nahezu vollständig anderen privaten Rechtsträgern gehören, die bisher unberücksichtigt geblieben sind, zurzeit jedoch ermittelt werden. Diese werden sich in Kürze zu Wort melden, um ihre Rechte auf den Flächen des Gewässerrandstreifenprojekts zukünftig selbständig zu verpachten. Zu diesen

Pächtern können dann wieder die Fischer gehören. Der Bund, Eigentümer der Oder, hat 1991/92 demnach unbefugt für die Oder Pachtverträge an die Fischer vergeben.

Bei aller Kritik, die die Gegner der geplanten NP-Maßnahmen vorbrachten, wiesen sie zum Teil jedoch explizit darauf hin, dass die moderne Industriegesellschaft – insbesondere die mit ihr einhergehenden Konsummuster – hinsichtlich sozialer und ökologischer Fehlentwicklungen einer deutlichen Korrektur bedürfe. Die von den konkreten NP-Maßnahmen Betroffenen äußerten zum Teil den Verdacht, dass diese lediglich als Alibi für eine Politik dienen würde, die eine ansonsten unveränderte Konsum- und Lebensweise vertrete:

> „Die Naturschützer fahren zum Teil selbst mit ihren dicken Autos direkt
> ins Schutzgebiet zur Jagd und kümmerten sich nicht um die Gesetze",

war einer der zugespitzten Vorwürfe. Die Welt würde also in Schutz- und Schmutzgebiete aufgeteilt, um die kritikwürdigen Lebensstile der industrialisierten Welt nicht ändern zu müssen. Nutznießer und Kostenträger der geplanten Naturschutz-Maßnahmen sind demnach nicht identisch. Dieses Problem wird auch dadurch verschärft, dass die durch die NP-Betroffenen reklamierten Einschränkungen sich in erheblichen Teilen nicht im Rahmen ökonomischer Rationalität fassen lassen und daher monetär kaum ausgeglichen werden können (vgl. Bartmann 2000; Hampicke 1990). Somit würde der Naturschutz auf dem Rücken einiger weniger ausgetragen, die den geringsten Widerstand leisteten. Noch schärfer tritt dieser Widerspruch für die Betroffenen zu Tage, wenn gerade sie es sind, die für sich einen derart bescheidenen Lebensstil in Anspruch nehmen, das dessen Verallgemeinerung die beklagten globalen Umweltprobleme erst gar nicht entstehen lassen würde.

Naturschutzanliegen führen in der Region – wie gezeigt – nicht zwangsläufig zur Verbesserung aller Lebensumstände. Gemäß dem Drei-Säulen-Modell der Nachhaltigkeit (Ökonomie, Soziales, Ökologie), können Naturschutzmaßnahmen (ökologische Säule) alleine – also ohne die Verfolgung der anderen Säulenziele – nicht als hinreichende Bedingung für die Nachhaltigkeit angesehen werden. Da alle drei Säulen dem Lebenserhalt dienlich sein können (z.B. wirtschaftliche Entwicklung, Sicherung kultureller Identität, Erhalt ökologischer Funktionsfähigkeit), sind bei deren Aufbau Widersprüche und Konflikte sehr wahrscheinlich (ähnlich dem Magischen Viereck der Wirtschaftspolitik). Insofern ist Naturschutz nicht an sich nachhaltig. Es kommt daher auch darauf an, nicht alles schönzureden, sondern die echten Verlierer im NP und die Widersprüche im Konzept der nachhaltigen Entwicklung klar herauszustellen.

Auch wird es zukünftig um eine sensiblere und ernsthaftere Berücksichtigung der emotional und subjektiv basierten Relevanzsysteme der am NP-Prozess Beteiligten gehen müssen. Diese Relevanzsysteme mit ihren normativen, intuitiven, emotionalen und ästhetischen Gesichtspunkten sind kein irrationaler Rest jenseits so genannter wissenschaftlich erkannter Wahrheit. Sie verdienen die Anerkennung als eine selbständige ontologische Domäne. Sie sind genauso Bestandteil der Wirklichkeit wie die Dinge, Geschehnisse und kausal wirkenden Kräfte und sind daher auch Gegenstand im Kriteriensystem sozialer Nachhaltigkeit.

Somit wird eine Gewichtung der verschiedenen Säulenziele notwendig. Diese Gewichtungen sind zum Teil nur aufgrund von ethisch subjektiven Wertentscheidungen möglich. Eine Letztbegründbarkeit dieser Wertung ist dabei (erkenntnistheoretisch) nicht möglich. Daher ist der individuell-subjektive und gesellschaftliche Diskurs um diese Wertungen selbst wichtiger Gegenstand der Nachhaltigkeit und dieser Untersuchung (vgl. auch WBGU 1999: 22ff.).

In welchem Umfang eine nachhaltige Entwicklung durch den NPUO gefördert oder gar gefährdet wird, wird meines Erachtens strittig bleiben. Vor allem hängt diese Einschätzung stark davon ab, welches Naturbild und Wissenschaftsverständnis zum Tragen kommt (vgl. Maturana 1998; Eser 1999; Raffelsiefer 1999; Kunneman 1991) und aus Sicht welcher Nutzer- und Interessengruppe dies beurteilt wird. Angesichts einiger unauflösbarer Widersprüche im Konzept der Nachhaltigen Entwicklung, dem sich der Naturschutz verpflichtet hat, ist jedoch ein offensiver Diskurs über mögliche Ausgrenzungen durch die geplanten NP-Maßnahmen anzuraten. Denn nur *Aushandlungsprozesse* können bei konfligierenden Ansprüchen auf ähnlichem Werteniveau (wobei die Bestimmung des Werteniveaus selbst der Verhandlung bedarf) zu sozialverträglichen und daher nachhaltigen Lösungen führen. Dies schließt ein, unterschiedliche Bilder der „Wirklichkeit" ernst zu nehmen und die verschiedenen normativ-emotionalen Grundlagen auch des naturwissenschaftlich geprägten Naturschutzes deutlich hervorzuheben.

> Meine bisherigen Untersuchungen weisen nun darauf hin: Das NP-Projekt konnte die zum Teil hohen Erwartungen – nämlich einen wesentlichen Beitrag zur Lösung der regionalen sozioökonomischen Transformationsprobleme und damit für eine nachhaltige Entwicklung zu leisten – bislang nicht erfüllen. Darüber hinaus bringt es einigen Betroffenengruppen zusätzliche Probleme: Insbesondere fühlen sich die Berufsfischer als „Verlierer" der NP-Entwicklung. Bei ihnen handelt es sich um eine Gruppe, die selbst eine erhebliche positive Bedeutung im Rahmen der nachhaltigen Entwicklung hat, die aber durch ein anderes Nachhaltigkeitsprojekt – nämlich den NP – negativ betroffen ist. Für die Gruppe

der Fischer stelle ich daher eine Gefährdung nachhaltiger Entwicklung durch Naturschutz fest. Dies weist auf die Widersprüchlichkeiten und die Zielkonflikte des Nachhaltigkeitskonzeptes hin.

Die weitere Untersuchung wird zeigen, inwieweit sich die Situation anderer vom NP Betroffenengruppen hinsichtlich der für die Fischerei festgestellten Nachhaltigkeitsdefizite unterscheidet.

Abkürzungen

AEP: Agrarstrukturelle Entwicklungsplanung Nationalpark Unteres Odertal
HoFriWa: Hohensaaten-Friedrichsthaler-Wasserstraße
IUCN: International Union for Conservation of Nature and Natural Resources
NatPUOG: Nationalparkgesetz Unteres Odertal
NGO: Non-Governmental Organization
NP: Nationalpark
NPUO: Nationalpark Unteres Odertal
ÖPNV: Öffentlicher Personennahverkehr
PEP: Pflege- und Entwicklungsplan Unteres Odertal

Literatur

AEP 2000. *Agrarstrukturelle Entwicklungsplanung Nationalpark Unteres Odertal.* Entwurf. Mit der Natur im Einklang. GFL Planungs- und Ingenieurgesellschaft GmbH. Zweigniederlassung Potsdam. Berliner Str. 124, 14467 Potsdam.

Bartmann, H. 2000. *Substituierbarkeit von Naturkapital.* Beiträge zur Wirtschaftsforschung, Nr. 00-01, Oktober 2000. Johannes Gutenberg-Universität Mainz, Fachbereich Rechts- und Wirtschaftswissenschaften, Mainz.

Bohle, H. H., W. Heitmeyer, W. Kühnel, U. Sander 1997. Anomie in der modernen Gesellschaft: Bestandsaufnahme und Kritik eines klassischen Ansatzes soziologischer Analyse. In: W. Heitmeyer (Hrsg.). *Was treibt die Gesellschaft auseinander? Bundesrepublik Deutschland: Auf dem Weg von der Konsens- zur Konfliktgesellschaft.* Bd. 1. Suhrkamp Verlag, Frankfurt/M.: 29-65.

Cofad 1999. *Fischereikonzeption zur Erarbeitung einer Fischereiverordnung im Nationalpark „Unteres Odertal", Brandenburg.* Endbericht. Erstellt im Auftrag der Landesanstalt für Großschutzgebiete Eberswalde, Brandenburg. Planungsgemeinschaft Froelich & Sporbeck und Cofad GmbH Beratungsgesellschaft für Fischerei-, Aquakultur- und ländliche Entwicklung mbH, Hauptstr. 41, 82327 Tutzing.

Dohle, W., G. Weigmann, Th. Schröder 1999. Das Untere Odertal – Charakterisierung des Untersuchungsgebietes. In: W. Dohle, R. Bornkamm, G. Weigmann (Hrsg.). *Das Untere Odertal.* E. Schweizerbart'sche Verlagsbuchhandlung (Nägele und Obermiller), Stuttgart: 1-12.

DPU (Deutsche Projekt Union GmbH) 1999. *Grenzüberschreitendes Entwicklungs- und Handlungskonzept der Europaregion Pomerania für den Zeitraum 2000-2006.* Deutsche Projekt Union GmbH Planer/Ingenieure: Niederlassung Berlin-Brandenburg, Alfred-Nobel-Straße 1 Rhinstraße 42, D-16225 Eberswalde D-12681 Berlin in Zusammenarbeit mit FVR Verkehrslogistik und Regionalplanung GmbH, Rostock und AHT INTERNATIONAL GmbH, Essen, Auftraggeber: Kommunalgemeinschaft Europaregion POMERANIA e.V., Ernst-Thälmann-Straße 4. 17321 Löcknitz.

Eser, U. 1999. *Der Naturschutz und das Fremde. Ökologische und normative Grundlagen der Umweltethik.* Campus Verlag, Frankfurt/M., New York.

Fietkau, H.-J., H. Weidner 1995. Umweltmediation. Erste Ergebnisse aus der Begleitforschung zum Mediationsverfahren im Kreis Neuss. *ZfU* 4/95: 451-480.

Gille, H. 1999. Geschichte und Stand des Naturschutzes im Unteren Odertal. In: W. Dohle, R. Bornkamm, G. Weigmann (Hrsg.). *Das Untere Odertal.* E. Schweizerbart'sche Verlagsbuchhandlung (Nägele und Obermiller), Stuttgart: 39-44.

Hampicke, U. 1990. Naturschutz als regionalwirtschaftliche Option. In: H. de Haen, F. Isermeyer (Hrsg.). *Ländlicher Raum im Abseits – Probleme und Potentiale strukturschwacher Regionen bei stagnierenden Agrareinkommen.* Wissenschaftsverlag Vauk, Kiel: 178-191.

Herrenknecht, A. 1995. Der Riß durch die Dörfer – Innere Umbrüche in den Dörfern der neuen Bundesländer (inkl. daraus resultierender Handlungsbedarf). In: *Agrarsoziale Gesellschaft. Dorf- und Regionalentwicklung in den neuen Bundesländern.* ASG – Kleine Reihe Nr. 54: 50-64.

Hölscher Schmitz GbR 1999. *Stadt Schwedt/Oder. Obere Talsandterrasse.* Bericht zu den vorbereitenden Untersuchungen und Städtebauliche Rahmenplanung. Teil A: Text. Hölscher Schmitz GbR. Architekten Stadtplaner. Wollestr. 27, 14482 Potsdam.

Institut für Binnenfischerei Potsdam-Sacrow e.V. 1998. *Ordnungsgemäße fischereiliche Bewirtschaftung natürlicher Gewässer unter besonderer Berücksichtigung der Verhältnisse im norddeutschen Tiefland.* http://www.brandenburg.de/land/mlur/l/fiwi/fischbro.htm.

IUCN 1994. *Richtlinien für Management-Kategorien von Schutzgebieten.* Nationalparkkommission mit Unterstützung des WCMC, IUCN, Gland, Schweiz und Cambridge, Großbritannien, FÖNAD, Grafenau, Deutschland.

IUS – Institut für Umweltstudien, Weisser und Ness GmbH 1999. *Pflege- und Entwicklungsplan Unteres Odertal.* Ziele und Maßnahmen im Kerngebiet – Materialien für die Projektbegleitende Arbeitsgruppe – Erstellt im Auftrag des Vereines der Freunde des Deutsch-Polnischen Europa-Nationalparks „Unteres Odertal" e.V. IUS – Institut für Umweltstudien Weisser & Ness GmbH, Benzstr. 7a, 14482 Potsdam; Bergheimer Str. 53-57, 69115 Heidelberg.

Kächele, H. 1999. Auswirkungen großflächiger Naturschutzprojekte auf die Landwirtschaft. Ökonomische Bewertung der einzelbetrieblichen Konsequenzen am Beispiel des Nationalparks „Unteres Odertal". *Agrarwirtschaft,* Sonderheft 163; Frankfurt/M.

Kapphan, A. 1996. *Wandel der Lebensverhältnisse im ländlichen Raum.* In: W. Strubel, J. Genosko, H. Bertram, J. Friedrichs, P. Gans, H. Häußermann, U. Herlyn, H. Sahner (Hrsg.). *Städte und Regionen – Räumliche Folgen des Transformationsprozesses.* Leske + Budrich, Opladen: 217-253.

Kronauer, M. 1997. „Soziale Ausgrenzung" und „Underclass": Über neuen Formen der gesellschaftlichen Spaltung. *Leviathan* 1/97: 28-49.

Kühn, M. 1998. Schutz durch Nutzung – Regionalparke und Biosphärenreservate als Kulturlandschaften. In: M. Kühn, T. Moss, *Planungskultur und Nachhaltigkeit. Neue Steuerungs- und Planungsmodelle für eine nachhaltige Stadt- und Regionalentwicklung.* Verlag für Wissenschaft und Forschung, Berlin.

Kunneman, H. 1991. *Der Wahrheitstrichter. Habermas und die Postmoderne.* Campus Verlag, Frankfurt/M.

Lamnek, S. 1985. *Qualitative Sozialforschung,* Band 1: Methodologie. Beltz, Psychologie Verlag Union, München, Weinheim.

Lamnek, S. 1989. *Qualitative Sozialforschung,* Bd. 2: Methoden und Techniken. Beltz, Psychologie Verlag Union, München, Weinheim.

Landesamt für Ernährung und Landwirtschaft Frankfurt/O. 2001. *Fischereibuch.* Dez. Fischerei, Herr Jurmann, Tel: 0335/5217-633, E-Mail: Stefan.

Jurrmann@LELF.Brandenburg.de, http://www.brandenburg.de/land/mlur/l/fiwi/fischbu.htm.

Landesanstalt für Umweltschutz Baden-Württemberg 1992. *Naturschutzstrategien. Primäre Lebensräume – Sekundäre Lebensräume – Ersatzlebensräume und ihre Lebensgemeinschaften. Ansätze für eine Neuorientierung im Naturschutz.* U. Eser, C. Grözinger, W. Konold, P. Poschlod. Universität Hohenheim, Institut für Landeskultur und Pflanzenökologie, Karlsruhe.

Landtag Potsdam 2001. *Protokoll der Aktuellen Stunde vom 25.10.01 NLP „Unteres Odertal" im Landtag Potsdam.* Potsdam.

LDS 2001. *Volkswirtschaftliche Gesamtrechnungen Regionen Brandenburgs.* Landesbetrieb für Datenverarbeitung und Statistik Brandenburg, http://www.brandenburg.de/lds/daten/vgr/tab1a.htm.

Maturana, H. R. 1998. *Biologie der Realität.* Suhrkamp Verlag, Frankfurt/M.

Ministerium für Landwirtschaft, Umweltschutz und Raumordnung 2001. *Stille Jagd auf stumme Tiere. Von Fischen, Fischern und Anglern.* Potsdam.

NatPUOG 1995. *Gesetz zur Errichtung eines Nationalparks „Unteres Odertal"* vom 27.6.1995. Gesetz- und Verordnungsblatt für das Land Brandenburg Teil I – Nr. 12 vom 28. Juni 1995.

Offermann, V. 1997. Gespaltene Ungleichheit – Zur Entwicklung der Verteilungsverhältnisse in den neuen Bundesländern. In: Jürgen Zerche (Hrsg.). *Warten auf die Soziale Marktwirtschaft. Ausbau oder Abbau des Sozialen.* Kölner Schriften zur Sozial- und Wirtschaftspolitik, Band 31. Transfer Verlag, Regensburg: 99-121.

Planungsgruppe 4 1999. *Stadt Schwedt/Oder.* Flächennutzungsplan. Entwurf. Planungsgruppe 4. Umweltplanung für Kommune u. Region GmbH. Dipl.-Ing. Architekten und Stadtplaner SRL, Joachim-Friedrich-Str. 37, 10711 Berlin.

Raffelsiefer, M. 1999. *Naturwahrnehmung, Naturbewertung und Naturverständnis im deutschen Naturschutz.* Eine wahrnehmungsgeographische Studie unter besonderer Berücksichtigung des Fallbeispiels Naturschutzgebiet Ohligser Heide. Dissertation an der Gerhard-Mercator-Universität/Gesamthochschule Duisburg, Fachbereich 6 (Chemie – Geographie), Duisburg.

Schalitz, G., G. Petrich 1999. Möglichkeiten der Renaturierung intensiver Grünlandflächen an der unteren Oder unter den Bedingungen verlängerter Überflutung. In: W. Dohle, R. Bornkamm, G. Weigmann (Hrsg.). *Das Untere Odertal.* E. Schweizerbart'sche Verlagsbuchhandlung, Stuttgart: 79-98.

Schröder, W. 1998. Akzeptanzsicherung von Großschutzgebieten: Erfahrungen eines Beraters. In: *Zur gesellschaftlichen Akzeptanz von Naturschutzmaßnahmen – Materialienband.* Bundesamt für Naturschutz, Bonn: 43-48.

Schulte, R. 1998. *Warum brauchen wir Nationalparke.* http://www.nabu-akademie.de/berichte/98NATPARK.htm.

Seitz, H. 1997. *Migration in Berlin-Brandenburg. Die Jugend auf der Flucht aus Brandenburg.* Studie der Europa-Universität Viadrina, Frankfurt/Oder. Wirtschaftswissenschaftliche Fakultät, Lehrstuhl für Volkswirtschaftslehre, Frankfurt/Oder.

Steyer, C.-D. 2001. Streit um „Totalreservat". Theaterdonner im schönen Odertal Brandenburgs Nationalpark vor ungewisser Zukunft. *Der Tagesspiegel* vom 5.2.2001.

Stoll, S. 1999. *Akzeptanzprobleme bei der Ausweisung von Großschutzgebieten. Ursachenanalyse und Ansätze zu Handlungsstrategien.* Reihe XLII Ökologie, Umwelt und Landespflege. Europäischer Verlag der Wissenschaften, Frankfurt/M., Berlin, Bern etc.

Stolpe, M. 1999. *Regierungserklärung* Manfred Stolpe am 24.11.1999. http://pns.brandenburg.de/spd-fraktion/2wirueberuns/regierungserklaerung.html.

Trägerwechsel im Nationalpark Unteres Odertal 2001. *Protokoll* der gleichnamigen Veranstaltung vom 8.6.2001 in Schwedt. Veranstalter: Karl-Hamann-Stiftung in Zusammenarbeit mit der Friedrich Naumann Stiftung und dem Bundestagsabgeordneten Jürgen Türck (FDP).

Vössing, A. 2001. Naturschutz. Unabhängige vor dem Aussterben. *Punkt.um* 10/2001: 20-21.

Vössing, A., T. Berg, K. Pötter 2001. Die drei Säulen des privatrechtlichen Naturschutzes im Nationalpark Unteres Odertal. *Natur und Landschaft*, Jg. 76, Nr. 2: 88-89.

WBGU (Wissenschaftlicher Beirat der Bundesregierung Globale Umweltveränderungen) 1999. *Sondergutachten 1999, Welt im Wandel Umwelt und Ethik.* Metropolis-Verlag, Marburg.

Klimawandel und Küstenschutz:
Hat Sylt eine Zukunft?

Achim Daschkeit[1], Horst Sterr[2]

[1] Geographisches Institut der Christian-Albrechts-Universität zu Kiel, Olshausen-
    str. 40, 24098 Kiel, E-Mail: daschkeit@geographie.uni-kiel.de

[2] Geographisches Institut der Christian-Albrechts-Universität zu Kiel, Olshausen-
    str. 40, 24098 Kiel, E-Mail: sterr@geographie.uni-kiel.de

Zusammenfassung. Die Folgen eines möglichen Klimawandels sind seit
den Ergebnissen des Intergovernmental Panel on Climate Change
(IPCC) wieder in den Mittelpunkt wissenschaftlicher und öffentlicher
Diskussionen gerückt. Demnach ist von einer zunehmenden Gefähr-
dungslage besonders der Küstenregionen auszugehen und deshalb mit
einer verstärkten Debatte über adäquate Anpassungs- bzw. Vermei-
dungsstrategien zu rechnen. Aus diesen Gründen gewinnen Erkenntnisse der Klimafolgenforschung sowie Überlegungen zum integrierten Küstenzonenmanagement an Bedeutung. Im Folgenden werden die wichtigsten Ergebnisse der *Fallstudie Sylt* vorgestellt, die im Rahmen des
BMBF-Forschungsvorhabens „Klimaänderung und Küste" in den Jahren
1997 bis 2000 durchgeführt wurde. Die Ergebnisse dieser Fallstudie
umfassen sowohl naturwissenschaftliche als auch sozialwissenschaftliche
Analyse- und Bewertungsergebnisse. Um eine möglichst umfassende
Verknüpfung der Arbeitsgebiete zu gewährleisten, wurde besonders
großer Wert auf die Integration der Teilergebnisse und eine Gesamtsyn-
these gelegt.

Im Hinblick auf die Veränderungen der Inselgestalt konnte in der
Fallstudie Sylt gezeigt werden, dass bei einer Fortsetzung der Küsten-
schutzanstrengungen kurzfristig keine besorgniserregende Gefährdung
für Sylt hinsichtlich Meeresspiegelanstieg und Sturmfluten (Intensität
und Häufigkeiten) besteht und dass auch in ökologischer Hinsicht ab-
sehbar keine gravierenden negativen Folgen zu erwarten sind. Aus ökonomischer Hinsicht zeigte sich unter anderem, dass auch eine Erhöhung
der finanziellen Aufwendungen für Küstenschutz tragbar wäre. Nimmt
man aber weitere Ergebnisse aus soziologischen und psychologischen
Untersuchungen hinzu und betrachtet sie aus einer integrierenden Sicht,

so wird zweierlei deutlich: Einerseits wird es durch den zunehmenden Nutzungsdruck zu weiteren Konfliktverschärfungen kommen; andererseits ist die monostrukturelle Ausrichtung der Sylter Wirtschaft auf Tourismus wenig flexibel gegenüber veränderten Landnutzungsstrategien. Ein zentraler Aspekt in diesem Kontext besteht darin, dass die Symbolisierung Sylts als „Tourismusmagnet der Sonderklasse" und die damit einhergehende Wertschöpfung kaum flexible Mechanismen der Anpassung bzw. der Vorsorge gegenüber Sturmflut- und Erosionsrisiken zulässt.

Schlüsselwörter. Klimawandel, Küstenschutz, Tourismus, Sylt, Integriertes Küstenzonenmanagement

Einleitung

Die gegenwärtigen Debatten über Ursachen und Folgen eines Klimawandels sind im Spannungsverhältnis von Globalisierung und Regionalisierung gefangen. Auf der einen Seite ist die Öffentlichkeit vertraut mit Prognosen zur künftigen Entwicklung der globalen Durchschnittstemperatur, zu einem global steigenden Meeresspiegel und zu anderen Phänomenen. Auf der anderen Seite gibt es regional orientierte Untersuchungen, die zum Teil zu abweichenden Aussagen kommen. Und dann gibt es natürlich noch die Einschätzungen der „Menschen vor Ort", die genau zu wissen vorgeben, wie sich das Klima in den letzten Jahren und seit den Zeiten der Großeltern entwickelt hat – die aber oft schon nicht mehr so genau wissen, ob nun der Sommer vor drei oder doch vor fünf Jahren so verregnet war ...

Wir haben es also beim Thema Klimawandel bei weitem nicht nur mit *globalen* Klimamodellen und darauf basierenden Modellen zur Abschätzung von Klimafolgen sowie *globaler* Klimapolitik zu tun, sondern ebenso mit regionalen und/oder lokalen Phänomenen. Kompliziert wird die Sache in dem Moment, wenn auch von globalen Klimamodellen prognostiziert wird, dass es auf regionaler/lokaler Ebene durchaus und in Übereinstimmung mit diesen Abschätzungen zu Entwicklungen kommen kann, die dem globalen Trend zuwiderlaufen. Nicht zuletzt aus diesem Grund ist die gesamte Klima- und Klimafolgenforschung *gleichzeitig* auf die Untersuchung verschiedener Maßstabsebenen ausgerichtet: Aus modelltechnischen und mathematischen Gründen beschränkte man sich zunächst auf globale Modelle mit grober räumlicher Auflösung, um diese dann weiter zu verfeinern. Parallel dazu wurde auf der Grundlage von Beobachtungsdaten – gewissermaßen „bottom-up" –

die lokale und regionale Ebene betrachtet, um von hier aus einen Maßstabsbereich zu finden, bei dem man sich im Hinblick auf die angestrebten Aussagen mit den globalen Ansätzen (top-down) auf einer Ebene trifft.

Vor diesem Hintergrund sind die folgenden Ausführungen zum Thema Klimawandel und Küstenschutz auf der Nordseeinsel Sylt zu sehen: Zunächst wird der derzeitige Sachstand zum Thema Klimawandel dargestellt. Grundlage hierfür sind die neuesten Berichte des Intergovernmental Panel on Climate Change (IPCC) vom Frühjahr 2001 sowie einige neuere Abschätzungen zur Bewertung möglicher Klimafolgen in Europa und den USA (Kapitel 1). Im Anschluss daran wird die besondere Gefährdung der Küstenräume geschildert, wobei hier schwerpunktmäßig auf das in den 1990er Jahren vom Bundesministerium für Bildung und Forschung (BMBF) durchgeführte Forschungsprogramm „Klimaänderung und Küste" Bezug genommen wird (Kapitel 2). Im Kontext des genannten Forschungsprogramms wurde die „Fallstudie Sylt" als eines von mehreren so genannten Verbundprojekten durchgeführt; die fachspezifischen wie auch die fachübergreifenden Ergebnisse werden in Kapitel 3 ausgeführt. Letztlich fragen wir danach, inwieweit die Ergebnisse der Fallstudie Sylt für die Belange eines Integrierten Küstenzonenmanagements (IKZM) nützlich sein können, wenn unter IKZM die langfristig tragfähigen Entwicklungsmöglichkeiten bestimmter Küstenräume verstanden werden (Kapitel 4).

Klimawandel: Szenarien und Unsicherheiten

Im April 2001 widmete sich das Time-Magazin dem Thema Klimawandel (Bird et al. 2001), weil kurz zuvor wieder einmal eine scheinbar paradoxe Situation eingetreten war: Das IPCC hatte in den Monaten Januar bis März desselben Jahres die neuesten Sachstandsberichte (= Third Assessment Report TAR, nach den zwei vorhergegangenen aus den Jahren 1992 und 1995) herausgegeben, die sich mit den globalen Veränderungen in der Atmosphäre, deren Ursachen und Folgen sowie den möglichen Vermeidungs- und Anpassungsstrategien detailliert auseinander setzen. Grundtenor: Die global gemittelte oberflächennahe Durchschnittstemperatur nimmt bis zum Jahr 2100 vermutlich stärker zu, als bislang auf der Grundlage des zweiten Sachstandsberichtes angenommen wurde (jetzt ca. 1,4 bis 5,8 °C, je nach Szenario-Annahmen). Der globale Meeresspiegelanstieg wird demnach ein wenig höher ausfallen als bislang prognostiziert (ca. 14 bis 88 cm bis Ende des Jahrhunderts), die Witterungs- bzw. Wetterextreme werden in ihrer Intensität

und Häufigkeit ebenfalls zunehmen (höhere Maximum- und Minimum-
temperaturen), die Niederschlagsereignisse in den mittleren und hohen
Breiten der Nordhemisphäre vermutlich intensiver werden, die Eisbe-
deckung im Nordpolarmeer sowie in den entsprechenden Gebirgshö-
henstufen wird flächenmäßig deutlich abnehmen etc. (vgl. IPCC 2001a,
b, c sowie DMG 2001). Die jüngsten Szenarien eines möglichen Klimawandels für den europäischen sowie den nordamerikanischen Raum
deuten darauf hin, dass man in den vergangenen Jahren die möglichen
Folgen eines Klimawandels vielleicht unterschätzt hat – nicht zuletzt mit
Verweis auf die Unsicherheiten der Aussagen von Klimamodellen. Daher hat die Abschätzung von Vulnerabilität in jüngster Zeit vor dem
Hintergrund eines anthropogen stimulierten Klimawandels und dessen
Folgen wieder an Bedeutung gewonnen. Im Küstenraum ist sogar des
öfteren von Nutzungseinschränkung oder gar -aufgabe die Rede (Parry
2000). Dies betrifft sowohl die europäische Ebene (ebd.: 243-259) als
auch den US-amerikanischen Raum, für den gerade eine umfassende Bestandsaufnahme im Hinblick auf „Potential Consequences of Climate
Variability and Change" abgeschlossen wurde (National Assessment
Synthesis Team, US Global Change Research Program 2000). Auch hier
gilt ein spezieller Fokus dem Küstenraum (Boesch et al. 2000). Die bislang vorherrschende Sorglosigkeit zeigt sich beispielsweise daran, dass
auch eine ganze Reihe von Klimagipfeln infolge der 1992 beschlossenen
Klimarahmenkonvention noch nicht zu durchschlagenden klimapolitischen Erfolgen geführt haben (vgl. Oberthür/Ott 2000) – der Handlungsbedarf wird von politischer Seite offenbar für nicht so groß gehalten, als dass es umgehend der Verwirklichung von klimapolitischen
Maßnahmen bedürfe. Und genau hier wird die Sache – scheinbar – pa-
radox: Genau im Moment einer pessimistischeren Folgenabschätzung
eines Klimawandels verkündet der neue US-amerikanische Präsident G.
W. Bush, dass er aus dem 1997 vereinbarten so genannten Kyoto-Protokoll aussteigen werde, damit die heimische Industrie nicht unter
Wettbewerbsnachteilen leiden müsse. Bemerkenswert ist dabei zum einen die zeitliche Koinzidenz sowie zum anderen die Tatsache, dass Bush
sich unter anderem auf die Unsicherheit der Klimamodelle und der
Klimafolgenmodelle beruft (Vorholz 2001: 1) – an dieser Stelle beginnen zumeist die Glaubensbekenntnisse zur einen oder zur anderen Sorte
der Modellierung (vgl. als hervorragende Überblicksdarstellung Cu-
basch/
Kasang 2000). Das scheinbare Paradoxon erweist sich somit als wohlfei-
les Kalkül, dem man argumentativ in der Tat nur sehr schwer bei-
kommt, ohne bestimmte normative Zugeständnisse zu machen. Denn

man mag vom derzeitigen US-Präsidenten halten, was man will: Ihm wird nicht verborgen geblieben sein, dass sich die Klimaprognosen und Abschätzungen des IPCC seit dem Bestehen dieses Gremiums seit 1988 tendenziell kaum unterscheiden, worauf z.B. Bernhofer (2001) jüngst noch einmal hingewiesen hat.

Eng verbunden mit der Einstufung der künftigen klimatischen Entwicklung als „bedrohlich", „gefährlich", „riskant", „bedenkenlos", „katastrophal" o.Ä. ist die Frage nach der Vulnerabilität der jeweiligen Region, für die bestimmte Klimaänderungen und deren Folgen angenommen werden. Vulnerabilität oder Verletzlichkeit ergibt sich mittelbar aus den Effekten (= Impacts), die vom Klimawandel und dem daraus resultierenden Meeresspiegelanstieg ausgehen und auf ein Küstensystem treffen, das in ein natürliches und ein sozioökonomisches Systemkompartiment gegliedert ist. Da beide Teilsysteme auch inhärente Fähigkeiten und Möglichkeiten zum Abpuffern von bzw. Anpassung an spezifische Impacts aufweisen (man spricht hier von „resilience" bzw. „autonomous adaptation", Klein/Nicholls 1999), wird unter Vulnerabilität der Grad der Systemänderung verstanden, der am Ende als negative Auswirkung oder „Restrisiko" für ein Küstengebiet verbleibt. So passt sich z.B. eine sandige Brandungsküste an einen steigenden Meeresspiegel durch landwärtige Verlagerung des Küstenprofils an. Wird diese Verlagerung aber durch künstliche Bauten oder Dünenfestlegung unterbunden, wie dies z.B. auch an vielen Stellen auf Sylt der Fall ist, werden Sandstrände und Vorstrand allmählich aufgezehrt – die Vulnerabilität der Küste gegenüber dem Erosionsrisiko wurde dadurch also erhöht.

Klimaänderung und Küste

Die Küstenlebensräume gelten vor dem Hintergrund eines globalen Klimawandels als besonders gefährdete Räume. Dies liegt zum einen daran, dass gerade der Übergangssaum zwischen Ozean, Atmosphäre und Landmasse ein zumeist labiler und ökologisch sensibler Raum ist, zum anderen daran, dass die Küstenlebensräume von alters her bevorzugte Standorte für wirtschaftliche Aktivitäten in all ihren Ausprägungen sind. Das bedeutet, dass Küstenlebensräume künftig von zwei Seiten unter „Stress" gesetzt werden: Zum einen kommt es aufgrund des Klimawandels generell zu einem global steigenden Meeresspiegel sowie (vermutlich) zu einer Steigerung der Intensität und Häufigkeit von Sturmfluten und damit verbunden zu einem höheren Energieeintrag auf die Küste. Ein Meeresspiegelanstieg kann zudem mit dem Eindringen von Salzwasser in die Grundwasserschichten verbunden sein. Insgesamt ist also mit verstärkter Erosion (siehe oben) und häufigerer Überflutung durch Extremwasserstände zu rechnen, sodass der Verlust von Lebensräumen droht, wobei Küstengestalt (z.B. Höhe über NN) und -exposition eine entscheidende Rolle für das Ausmaß spielen. Die deutsche Nordseeküste gilt hierbei als besonders gefährdet. Zum anderen nimmt der Nutzungsdruck auf die Küstenräume der Erde generell zu. Es ist dabei nicht nur der Anstieg der Weltbevölkerung insgesamt, sondern auch inter- und intranationale Migrationen führen dazu, dass die Küstenräume immer dichter besiedelt werden – derzeit leben ca. 60% aller Menschen in einem rund 60 km breiten Küstenstreifen und es werden ständig mehr. Die Folgen für die Küstenräume liegen auf der Hand: Zunehmende Dichte der Bebauung insbesondere in Groß- und Megastädten (Versiegelung), stellenweise Zunahme industrieller Produktion meist mit Schadstoffbelastungen der küstennahen Gewässer sowie der Atmosphäre, Zerstörung und/oder Umnutzung von ökologisch bedeutsamen Lebensräumen usw. (vgl. Sterr 1998).

In Deutschland sah man sich bereits vor zehn Jahren veranlasst, ein eigenes Forschungsprogramm zur Thematik „Klimaänderung und Küste" (K&K) im Auftrag des Bundesforschungsministeriums (BMBF) aufzulegen, das sich aus regionaler Sicht mit den Küstenräumen der deutschen Bundesländer befassen sollte (vgl. etwas ausführlicher zu den Zielsetzungen und anderen Aspekten, die hier nicht weiter ausgeführt werden können, Daschkeit/Sterr 1999). Diese regionale Perspektive wurde unter anderem gewählt, um ggf. nachweisen zu können, ob und inwieweit sich die Gefährdungen auf der globalen von denjenigen auf der regionalen bzw. lokalen Ebene unterscheiden. In diesem Forschungsprogramm wurde unter anderem eine international vergleichende IPCC-Case-Study für den deutschen Küstenraum durchgeführt. Es zeigte sich erwartungsgemäß eine relativ geringe Vulnerabilität für den hiesigen Küstenraum, da hierzulande seitens der Gesellschaft und der Politik die entsprechenden Möglichkeiten zur Vorsorge bzw. zur Anpassung vorhanden sind (gerade der Küstenschutz im engeren Sinne besitzt eine lange Tradition); generell soll hier nur festgehalten werden, dass ein typisches Muster erkennbar ist: In Staaten wie Deutschland findet sich im Vergleich zu so genannten „Entwicklungsländern" ein hohes Verlustpotential an Sach- und Immobilienwerten, während umgekehrt die Gefahr für Menschenleben hierzulande sehr gering ist – in Entwicklungsländern dafür umso größer (Bangladesh ist das nach wie vor aussagekräftigste Beispiel). Etwas spezifischer zeigte sich bei Nachfolgeuntersuchungen, die sich auf die sozioökonomische Vulnerabilität der deutschen Küsten bezogen, dass erwartungsgemäß bundeslandspezifische

Unterschiede erkennbar sind (vgl. ebd.: 17). Entscheidender ist aber, dass für Deutschland mit dem angenommenen Meeresspiegelanstieg deutlich höhere jährliche Küstenschutzausgaben zu erwarten sind: Derzeit werden in deutschen Bundesländern ca. 260 Mio. DM jährlich aufgewendet. Legt man realistische Annahmen zum Klimawandel zugrunde, könnten sich die Kosten auf mehr als 400 Mio. DM pro Jahr steigern – und hier sind mit keiner Mark etwaige ökologische Schäden wie etwa der Verlust von Salzwiesen oder anderen ökologisch wertvollen Habitaten wie dem Wattenmeer berücksichtigt. Eine noch detailliertere Untersuchung mit verbesserter Datengrundlage nur für Schleswig-Holstein bestätigt die Größenordnung, die zuvor in der gesamtdeutschen Abschätzung ermittelt wurde. Allerdings dürfen die monetären Werte nicht unkritisch übernommen werden, da es in den genannten Studien in erster Linie um die Ermittlung eines maximalen Schadenspotentials ging – und das ist konzeptionell natürlich eine andere Herangehensweise, als wenn streng nach umweltökonomischen Ansätzen etwa eine Kosten-Nutzen-Analyse oder eine andere Art der Wertermittlung durchgeführt wird.

Neben den erwähnten Untersuchungen wurden gemäß dem fachübergreifenden Anspruch des Forschungsprogramms K&K sowie der Orientierung an integrativen Fragestellungen, Ansätzen und Problemlösungen weitere Einzelprojekte bzw. Projektverbünde zu unterschiedlichen Themen durchgeführt: Beispielsweise wurden der Zusammenhang zwischen der touristischen Entwicklung und dem (möglichen) Einfluss eines Klimawandels im Hinblick auf Reiseentscheidungen sowie die strukturelle Änderung des touristischen Angebotes in Zielgebieten untersucht. In einem größeren Verbundprojekt wurde aus vornehmlich ökologischer Perspektive die Entwicklung von Salzwiesen- und Dünengebieten an der deutschen Nordseeküste untersucht – auch hier (natürlich) unter Annahme bestimmter Klimaszenarien. In einem weiteren Verbundprojekt wurde ein regionaler Fokus gewählt und die Unterweserregion zum Untersuchungsgegenstand gemacht, wobei hydrologisch und wasserwirtschaftlich ausgerichtete Untersuchungen einen Schwerpunkt bildeten. Im nächsten Abschnitt (Kapitel 3) wird näher auf ein weiteres interdisziplinäres Modellprojekt im Programm K&K eingegangen – die *Fallstudie Insel Sylt.* Es ist unserer Ansicht nach ein deutliches Manko der derzeitigen Meeres- und Küstenforschung, dass es über die genannten Verbundvorhaben hinaus kaum konzertierte Anstrengungen gibt, die sich dem Thema „Klimawandel – Küsten im Wandel – Auswirkungen auf Naturraum und Gesellschaft" wirklich interdisziplinär annehmen.

Fallstudie Sylt

Im Zeitraum 1997 bis 2000 wurde im Rahmen des o.g. Forschungsprogramms K&K das Verbundprojekt Fallstudie Sylt durchgeführt, das sich
mit den Folgen eines möglichen Klimawandels für die Insel Sylt auseinander setzte. An dem Projekt waren insgesamt acht Teilvorhaben aus
den Disziplinen Geologie, Wasserbau, Ökologie, Psychologie, Soziologie, Ökonomie und Geographie (zwei Teilvorhaben) beteiligt. Zum einen wurde der naturräumliche Aspekt eingehend untersucht, unter anderem die zukünftige Inselfläche und -gestalt, der sich vermutlich än-
dernde seeseitige Energieeintrag, Strandfauna an einem Depositions-
und einem Expositionsstrand. Zum anderen wurde ein Defizit der Klimafolgenforschung aufgegriffen, indem detaillierte gesellschaftswissen-
schaftliche Untersuchungen zur Umwelt- und Klimafolgenproblematik
vorgenommen werden. Dabei wurden verschiedene Methoden verwendet, unter anderem standardisierte/halbstandardisierte schriftliche und
mündliche Befragungen, detaillierte Interviews mit Sylter Funktionsträ-
gern sowie eine so genannte Planungszelle (als Instrument der Bürgerbeteiligung).

Die Ausgangsfragestellung lässt sich in Kurzform folgendermaßen
formulieren: Welche Auswirkungen kann ein möglicher Klimawandel
auf die Insel haben und wie stellt sich diese potentielle Gefährdung aus
gesellschaftlicher Perspektive dar?

Als Randbedingung für die Fallstudie Sylt ist zu erwähnen, dass man
dieser Fragestellung nicht mittels umfangreicher Messprogramme nach-
ging, sondern dass in erster Linie der Versuch unternommen wurde, auf
der Basis vorhandener Informationen und Daten Erkenntnisse abzuleiten. Dies gilt in besonderem Maße für die naturwissenschaftlich ausgerichteten Teilvorhaben, die auf umfangreiche Voruntersuchungen der
letzten Jahre (zum Teil Jahrzehnte) aufbauen können (z.B. SWAP – Sylter Wattenmeer Austauschprozesse: Gätje/Reise 1998). Im sozialwissenschaftlichen Bereich ist die Datenlage hingegen weniger umfangreich,
weil es hier kaum Primärerhebungen gibt. In der Fallstudie Sylt wurden
die beiden Teilvorhaben aus dem Bereich Geographie in gewissem Sinne als Zentrum eingerichtet. Zum einen wurde über das Teilvorhaben,
das den Aufbau und die Führung eines Geographischen Informationssystems betreibt (= Sylt-GIS), der Datenaustausch in wesentlichem Umfang betrieben. Zum anderen war das zweite Teilvorhaben im geographischen Bereich für die Koordination (in technisch-organisatorischer
Hinsicht) des Verbundprojektes zuständig. Entscheidender ist aber, dass
hier die inhaltliche Integration der Teilvorhabensergebnisse in enger
Zusammenarbeit dem Teilvorhaben Sylt-GIS erfolgte.

Eine der zentralen Anforderungen für das Gelingen interdisziplinärer Umweltforschung (im Sinne natur- und sozialwissenschaftlich übergreifender Zusammenarbeit) ist die Zugrundelegung eines Ansatzes, der die fachübergreifende Arbeit ermöglicht bzw. unterstützt. Solche interdisziplinären Ansätze sind derzeit noch eher selten, und im Bereich der Klimafolgenforschung stehen erprobte Ansätze kaum zur Verfügung. In der Vorbereitung des Verbundprojektes wurde entschieden, den Syndromansatz des WBGU (Wissenschaftlicher Beirat der Bundesregierung Globale Umweltveränderungen) bzw. des PIK (Potsdam-Institut für Klimafolgenforschung) als heuristisches Konzept heranzuziehen. Es wird also geprüft, ob man Fallstudien, die ja eine Grundlage für die weitere Ausarbeitung des globalen Syndromansatzes darstellen sollen (vgl. Petschel-Held/Reusswig 2000, Schellnhuber et al. 2001), bereits nach dem Syndromschema durchführen kann, um die Ergebnisse anschlussfähig zu halten (für eine ausführlichere Darstellung der Vorgehensweise in der Fallstudie Sylt siehe Daschkeit et al. 2002).

Es wurde angestrebt, den Syndrom-Ansatz in ein leicht handhabbares Instrument zu übersetzen, das die interdisziplinäre Arbeit unterstützt. Die genannten Zielsetzungen wurden mit dem eigens entwickelten Programm „MeBez – Metadaten und Beziehungsgeflecht" realisiert, das gleichzeitig Metadaten erfasst und die Arbeiten am syndromtypischen Beziehungsgeflecht unterstützt (hierzu weiter unten nähere Ausführungen). Die Struktur des Verbundprojektes ist der nachfolgenden Abbildung zu entnehmen.

Auf der linken Seite der nachstehenden Abbildung ist symbolisch die Anlehnung an den Syndrom-Ansatz dargestellt. Dabei nehmen „Trends" eine zentrale Rolle ein. In Anlehnung an den WBGU verstehen wir unter Trends „Phänomene in Gesellschaft und Natur", die für die Entwicklung Sylts relevant sind. Trends sind veränderbare bzw. prozesshafte Größen, die zunächst qualitativ beschrieben werden und ggf. quantifiziert werden können (WBGU 1996: 185ff.). Zu jedem Trend wurde eine eigene Beschreibung (Semantik) angelegt. Auf der Grundlage von Expertenwissen werden Beziehungen zwischen den Trends (vorläufig) festgelegt. Sowohl die Trends als auch deren Beziehungen untereinander sind das Ergebnis eines diskursiven Prozesses, der zu empirisch zu überprüfenden Hypothesen führt. Die Hypothesen generierende Funktion des Beziehungsgeflechtes Sylt war deswegen bedeutsam, weil empirisch gesicherte (Kausal-)Zusammenhänge der Mensch-Umwelt-Wechselwirkungen nicht bzw. in nur sehr geringem Umfang vorliegen. Diesen Teil der Arbeit bezeichnen wir als „deduktive Modellbildung". Um dieses „Modell von Sylt" mit entsprechenden Daten zu unterlegen, ist eine Verbindung zum Bereich GIS/Daten hergestellt. In den GIS-Metadaten sind auch Informationen über Daten ohne Raumbezug (z.B. Befragungsergebnisse) enthalten, die im GIS nicht abgelegt werden können. Durch gegenseitige Verweise der Programmteile kann aufeinander Bezug genommen werden.

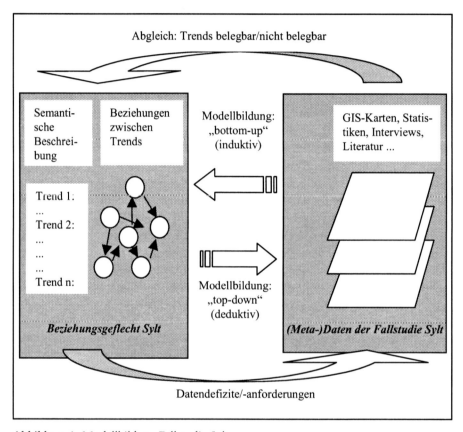

Abbildung 1: Modellbildung Fallstudie Sylt

Quelle: Daschkeit/Schottes (2002)

Wenn neue Informationen in das GIS aufgenommen werden, kann über eine „induktive Modellbildung" wiederum zum Beziehungsgeflecht rückgekoppelt werden (oberer Pfeil). Den Diskussionsprozess innerhalb der an der „Fallstudie Sylt" Beteiligten halten wir für einen zentralen Entdeckungszusammenhang, in dem sichergestellt war, dass ein Abgleich mit konkret vorliegenden Daten erfolgte. Dabei waren Metadaten hilfreich, die der Beschreibung vorhandener Daten dienen. Sie informieren über Datenart, Formate, Herkunft und die inhaltliche Verschlagwortung. Ihr projektinterner Zweck besteht hauptsächlich darin, alle im Verbundprojekt vorhandenen Daten für alle Teilvorhaben zugänglich zu machen, um die integrativen und die disziplinären Arbeiten zu unterstützen. Der projektexterne Zweck besteht überwiegend darin, für andere Forschungsvorhaben im Programm „Klimaänderung und Küste" sowie weitere Forschungseinrichtungen oder auch Ämter und Behörden nachvollziehbar zu dokumentieren, welche Daten bearbeitet und ausgewertet wurden.

Es wurde weiter oben schon darauf hingewiesen, dass Klimafolgenforschung notwendig auf Vorgaben der Klimaforschung angewiesen ist. Dies geschieht in der Form, dass relevante und realistische Klimaszenarien von der Klimaforschung an die Klimafolgenforschung weitergegeben werden. Die Szenarien der Klimaforschung können allerdings nicht in jedem Fall unmittelbar für weiter gehende Untersuchungen verwendet werden, so dass teilweise Modifikationen der Szenarien für die jeweiligen Untersuchungszwecke notwendig werden. Für die Fallstudie Sylt sind Datenquellen und Modifikationen an anderer Stelle beschrieben worden (Sterr et al. 2002), sodass an dieser Stelle eine Übersicht über die wichtigsten Annahmen hinreichend ist. Quellen für die in der Fallstudie zugrunde gelegten Szenarien sind zum einen die Szenarien des IPCC selbst, aus denen sich allerdings keine Angaben mit lokalem Bezug (Nordsee) ableiten lassen. Zum anderen wurde deswegen auf Untersuchungen zurückgegriffen, die sich mit der regionalen klimatischen Entwicklung auseinander setzen und auf der Grundlage beobachteter klimatischer Größen sowie der Ergebnisse von Klimamodellen Aussagen auf dieser Maßstabsebene zulassen (vgl. v. Storch et al. 1998). Auch hierbei ist allerdings zu berücksichtigen, dass der Unsicherheitsfaktor

Tabelle 1: Ausgewählte Szenarien als Grundlage für die Fallstudie Sylt

| Variante | Wind- | | Wellen- | | Wasser- |
	Geschwindigkeit	Richtung	Höhe	Richtung	standsänderung
E_0	–	–	–	–	0,00 m
I	–	–	Erhöhung der Wellenhöhen um 10%	Änderung des Wellenklimas um 10° nach Nord	0,00 m bis 0,50 m
J	–	–	Erhöhung der Wellenhöhen um 10%	Änderung des Wellenklimas um 10° nach Süd	0,00 m bis 0,50 m

der jeweiligen Szenarien nicht gering ist, so dass die in Tabelle 1 dargestellten Angaben im Sinne plausibler Szenario-Annahmen aufzufassen
sind, die den jeweiligen Projektzwecken angepasst sind.

Im Folgenden werden zunächst schlaglichtartig einige ausgewählte
Ergebnisse der fachspezifischen Untersuchungen und im Anschluss daran Ergebnisse der integrativen Arbeiten vorgestellt. Mittels einer GIS-
gestützten Auswertung im Hinblick auf die potentiellen Flächenverluste
ergab sich, dass zum einen die Südspitze Sylts (Hörnum) von relativ
stärkeren Flächenverlusten bedroht ist als andere Abschnitte, zum anderen finden wir aber über fast die gesamte Längserstreckung der Insel
(knapp 40 km) potentielle Verlustflächen (vgl. Schottes 2000: 120):

Der auf Modellbasis ermittelte Küstenrückgang bis zum Ende des
Jahrhunderts im Verhältnis zur Küstenlinie von vor gut 125 Jahren
(1872) beträgt nach Berechnungen von Ahrendt und Thiede (2002)
teilweise mehrere 100 Meter und deutet somit auf immense geo-
morphodynamische Veränderungen hin. Dabei ist bereits berücksichtigt, dass es vermutlich im Durchschnitt etwa alle zehn Jahre zu Extremereignissen vom „Typ Anatol" (3.12.1999) mit sehr tief greifenden
Auswirkungen kommen kann. Die derzeit wohl effektivste Küstenschutzmaßnahme für Sylt scheint auch angesichts dieser geomorphologischen Konsequenzen greifen zu können: Nach Berechnungen würden
in den nächsten Dekaden mäßige Steigerungen der vorzuspülenden
Sandmengen ausreichen, um die Folgen eines erhöhten Meeresspiegels
sowie der Extremereignisse auffangen zu können. Ob Sandvorspülungen, die ja als „weiche" Küstenschutzmaßnahme gelten und im Gegensatz zu festen (passiven) Bauwerken wie z.B. Betonmauern, Deckwerken
oder Tetrapoden zu sehen sind, tatsächlich zukunftsträchtige Küstenschutzmaßnahmen sind oder ob sie vielleicht der Insel doch etwas von
ihrer Zukunft „verbauen", wird weiter unten noch einmal diskutiert.
Nachgewiesen wurde hingegen, dass die derzeitige Praxis der Sandvorspülungen keine Beeinträchtigungen der Fauna und Flora am West-
strand der Insel bewirkt (Lackschewitz et al. 2002). Aus dieser Perspektive gibt es also keinen Konflikt zwischen Küsten- und Naturschutz auf
der Insel.

Betrachtet man die Ergebnisse der sozioökonomischen Untersuchungen der Fallstudie Sylt vor dem Hintergrund eines Klimawandels, so ist
aus ökonomischer Perspektive (Kosten-Nutzen-Analyse) zu konstatieren: Der Nutzen aus verstärkten Küstenschutzmaßnahmen (= Sandvorspülungen) scheint größer zu sein als die dabei entstehenden Kosten;
untersucht wurden hierbei mögliche Schäden an Vermögen, Gebäuden

und Infrastruktur angesichts verstärkter Erosionstendenzen. In diesem Zusammenhang ist die reale Wertschöpfung auf der Insel zu bedenken.

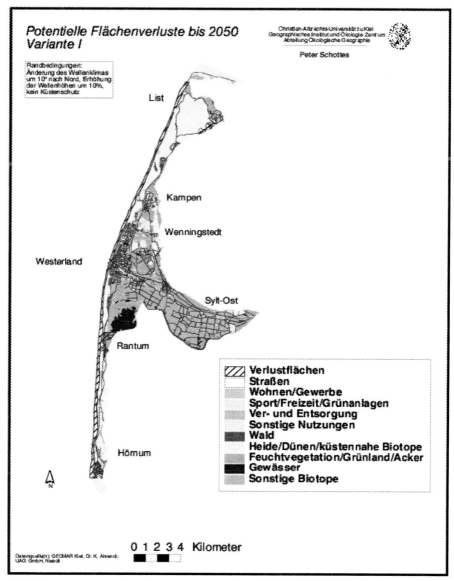

Abbildung 2: Potentielle Flächenverluste auf Sylt bis 2050, Variante I (Erläuterungen dazu siehe Text)

Zusätzlich wurde die Beeinträchtigung von Natur und Landschaft durch den Verlust seltener Wattenmeerbiotope ermittelt, indem ein verstärkter Küstenschutz auf der Ostseite der Insel angenommen wurde; dieser

wiederum leitet sich aus zunehmenden Erosionstendenzen auch an der
Sylter Ostküste ab. Es wurde empirisch ermittelt, dass die Nachfrage
nach dem Schutz des Wattenmeeres (für Sylt: Rückseitenwatt auf der
Ostseite) als Naturlandschaft höher ist als die Kosten für eventuell not-
wendige Küstenschutzmaßnahmen (zu Details und den entsprechenden
Zahlen siehe Hartje et al. 2002).

Aus umweltpsychologischer Perspektive wurden die sozialen Reprä-
sentationen möglicher Klimaänderungen im Hinblick auf gruppenspezi-
fische Unterschiede erhoben. Bei diesen methodisch sehr anspruchsvollen und aufwändigen Untersuchungen, bei denen leitfadengestützte Interviews quantitativ ausgewertet wurden, zeigte sich, dass dem Thema
Klimaänderungen gegenüber anderen Themen wie etwa der Bautätig-
keit auf der Insel oder dem Fremdenverkehr generell eine geringere Be-
deutsamkeit beigemessen wird. Wenn Klimaänderungen detaillierter
thematisiert werden, fokussiert dies auf Auswirkungen im naturräumlichen Bereich (z.B. Küstenabbruch). Auf der Maßnahmenebene wird –
überraschend – der Prävention der Vorzug gegenüber der Anpassung
gegeben; dies steht in gewissem Gegensatz zu Tendenzen der Diskussion auf globaler Ebene, wo derzeit Anpassungsstrategien den Präventi-
onsstrategien vorgezogen werden – frei nach dem Motto: Für Prävent-
on ist es mittlerweile ohnehin zu spät (Klein/Nicholls 1999). Überdies
wird, angesichts der Klimafolgen nicht ganz unerwartet, der Adressat
von Maßnahmen extern gesehen – hier wird der Ball von der lokalen
Ebene gerne hochgespielt zur globalen Ebene: Dort müsse man sich erst
einmal einig werden, bevor auf der lokalen Ebene etwas getan werden
kann (vgl. ausführlicher Hartmuth et al. 2002).

Aus soziologischer Perspektive wurden in diesem Verbundprojekt
methodisch sowohl Befragungen der Bevölkerung als auch die Durchführung einer Planungszelle eingesetzt. Ohne die spezifischen Ergebnisse angemessen wiedergeben zu können (vgl. Streitz/Dombrowsky 2002),
sei hier nur festgehalten, dass sich die Einschätzungen des Klimawandels aus Sicht der Sylter Bürger mit den Ergebnissen der psychologischen Analysen im Wesentlichen decken und dass darüber hinaus die
Ergebnisse der Planungszelle gezeigt haben, dass die lokale Sylter Perspektive keineswegs mit der allgemeinen Sicht von Sylt übereinstimmt;
hier werden die negativen Seiten des Tourismus thematisiert: Verkehrs-
belastung, „Ausverkauf" der Insel etc. Gleichzeitig wird hier schon die
ambivalente Struktur Sylts deutlich: Die negativen Seiten der touristischen Monostrukturierung werden thematisiert, aber grundsätzlich darf
sich auch nur wenig an der insgesamt profitablen Situation ändern.

Wie lassen sich nun die für sich schon interessanten und hier nur sehr skizzenhaft dargestellten Ergebnisse aus einer integrativen Perspektive zusammenführen? Wir haben weiter oben schon darauf hingewiesen, dass wir uns konzeptionell an das Syndrom-Konzept angelehnt haben. Diese Adaption diente uns in erster Linie zum Auffinden relevanter Kopplungen zwischen Natur- und Anthroposphäre auf der Insel Sylt. Das ebenfalls schon kurz erwähnte und vom Projektverbund insgesamt entwickelte Programm MeBez unterstützte durch seine Kopplung an das Sylt-GIS das sowohl daten- als auch expertengestützte Auffinden von Schnittstellen, an denen gleichzeitig naturräumliche wie soziokulturelle Faktoren beteiligt sind. Gebündelt wurden diese Aspekte in einem Kern-Beziehungsgeflecht (siehe Abb. 3 sowie die Erläuterungen im Anschluss daran):

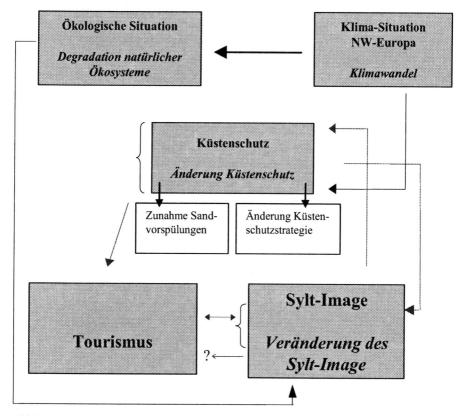

Abbildung 3: System Sylt – Randbedingungen, Prozesse und deren Wechselwirkungen

Bei der Beschreibung des „Systems Sylt" gehen wir zunächst einmal von der übergeordneten Fragestellung nach den möglichen Auswirkungen eines Klimawandels aus. Neben der allgemeinen klimatischen Situation in Nordwesteuropa als derzeitigem „stabilen" Zustand gehen wir davon aus, dass bis zum Jahre 2100 Auswirkungen eines Klimawandels zu beobachten sind. Dies hat kurzfristig vermutlich wenig Auswirkungen auf die ökologische Situation, mittel- bis längerfristig gehen wir aber von einer Degradation natürlicher Ökosysteme aus. Diese Degradation kann unseres Erachtens direkt auf eine Veränderung des Sylt-Image wirken, denn auf der Insel wird bekanntermaßen dem „Naturkapital" eine hohe Bedeutung beigemessen – als Stichworte genügen hier: 40 km Strand, Dünenfelder.

Eine Veränderung des Sylt-Image hätte wiederum Auswirkungen auf den Tourismus. Diese Auswirkungen lassen sich derzeit kaum detailliert beschreiben – hierfür sind die Ansichten über das Sylt-Image zu heterogen und zu wenig untersucht. Aber für diesen Zusammenhang erscheint es als hinreichend plausibel, starke Wechselwirkungen zwischen der Ausprägung und Intensität des Tourismus einerseits und dem jeweiligen Sylt-Image bzw. dessen Änderung anzunehmen. Zwischen dem Verhältnis von Sylt-Image und Tourismus einerseits und dem Küstenschutz andererseits gibt es ebenso evidente Beziehungen: Zweifelsfrei ist der Tourismus an der Westseite Sylts abhängig von Küstenschutzmaßnahmen bzw. einer Anpassung des Küstenschutzes an geänderte klimatische Bedingungen. Dass der Küstenschutz in seiner heutigen Intensität und Ausprägung betrieben wird, hängt wiederum auch mit dem Sylt-Image zusammen. Mit anderen Worten: Hätte Sylt nicht das derzeitige Image einer attraktiven Ferieninsel, gäbe es Küstenschutz in der bestehenden Form gewiss nicht.

Aus einer anderen Perspektive können wir ebenfalls diese enge Beziehung erkennen: Wenn sich der Küstenschutz auf Sylt ändert (hierunter verstehen wir einerseits eine mögliche Modifikation bzw. Optimierung der seit 25 Jahren durchgeführten Strandersatzmaßnahmen und andererseits eine prinzipielle Änderung der Küstenschutzstrategien), hat dies zumindest mittelbar auch Folgen für das Sylt-Image. Eine Änderung des Küstenschutzes wird allerdings keineswegs in *direkter* Abhängigkeit vom bestehenden oder gewünschten Sylt-Image bewirkt; Küstenschutz wird auf der Grundlage der bestehenden bzw. im Falle eines möglichen Klimawandels antizipierten hydro- und geomorphodynamischen Bedingungen betrieben – nur sind diese zweifelsohne nicht allein ausschlaggebend.

Damit hat sich argumentativ der Kreis zu den klimatischen Bedingungen der Region geschlossen und wir halten fest, dass der Kern des Sylt-Images im (zirkulären) Wechselspiel zwischen Tourismus, Sylt-Image bzw. dessen Änderung und dem derzeitigen Küstenschutz bzw.

dessen Änderung besteht. Aus unserer Sicht haben Faktoren wie die klimatische Situation bzw. die Folgen eines Klimawandels sowie die ökologische Situation bzw. Degradation natürlicher Ökosysteme hierfür einen lediglich indirekten Einfluss. Selbstverständlich können hierdurch Änderungen im System Sylt angestoßen werden; sie erlangen aber nur dann Bedeutung, wenn sie in das genannte Wechselspiel (Küstenschutz – Sylt-Image – Tourismus) passen, also die Funktionsweise des Systems nicht beeinträchtigen.

Aber bei dieser Beschreibung der wichtigsten Zusammenhänge im „System Sylt" wollen wir ja nicht stehen bleiben, sondern dies ist der Ausgangspunkt für weiter gehende Untersuchungen. Man könnte an dieser Stelle auf mehrere Aspekte detaillierter eingehen, so beispielsweise auf die anzunehmende Degradation natürlicher Ökosysteme auf Sylt im Zuge eines Klimawandels. Uns erscheint es an dieser Stelle sinnvoller, etwas näher auf das Phänomen des Sylt-Images einzugehen. Wir sind bereits an anderer Stelle auf den konzeptionellen Hintergrund der diesbezüglichen Überlegungen eingegangen sowie auf weiter gehende Untersuchungen und können von daher hier nur einige Aspekte festhalten (vgl. ausführlich Daschkeit et al. 2002: 310-321 sowie allgemein: Berking 1998; Graumann 1998; Hennig 1997a, b, 1998; Huber 1998; Klüter 1986; Neumeyer 1992; Newig 1991; Opaschowski 1991; Stichweh 1998: 346; Treinen 1965). Es lässt sich eine derzeit relativ stabile Wechselwirkung zwischen statischen und dynamischen Komponenten des Sylt-Images erkennen, die sich angesichts möglicher Klimaänderungen aber vermutlich verschieben wird, wobei wir zwei Möglichkeiten unterscheiden:

- *Die Folgen eines Klimawandels treten „schleichend" ein:* Der Meeresspiegelanstieg sowie weitere hydrodynamische Bedingungen ändern sich sukzessive. Es ist unter dieser Annahme von keinen gravierenden Änderungen auszugehen, so dass das Verhältnis von Statik und Dynamik wie oben skizziert im Wesentlichen bestehen bleibt – mit anderen Worten: „business as usual".
- *Die zweite Möglichkeit besteht darin, dass die Folgen eines Klimawandels mit einer Zunahme von Extremereignissen einhergehen.* In diesem Fall verschiebt sich das o.g. Verhältnis zur Seite der „Dynamik". Die Wirkung der „Naturgewalten" nimmt zu, der Bedrohlichkeitscharakter drängt sich in den Vordergrund, die Vulnerabilität („Zerbrechlichkeit") der Insel tritt hervor.

Betrachten wir diese zweite Möglichkeit in ihren Konsequenzen, stellt sich die Frage, wie hiermit umzugehen sei. Es ergeben sich grundsätzlich zwei Optionen:

- *Intensivierung des Küstenschutzes* – verstärkte Sandvorspülungen, verstärkter Objektschutz etc.
- *Kontrollierte Steuerung der Rückgangsdynamik* – hierbei ist im Sinne der obigen Argumentation davon auszugehen, dass eine gewisse Gefährdungskomponente zum Image der Insel Sylt gehört, und diese Komponente kann aktiv mit in die Überlegungen zum künftigen Image einbezogen werden. Das hieße, dass eine geringe Verlustrate von kleinen Strandabschnitten hingenommen werden kann, deren Sicherung ansonsten überproportional aufwändig wäre. Ein Imageverlust kann nämlich auch dadurch entstehen, dass ein Zuviel an Küstenschutz betrieben wird.[1] Aus einer langfristigen Perspektive heraus ist diese Form der „Erlebnissteuerung" vermutlich sinnvoll, weil so wesentlich deutlicher der „Zerbrechlichkeitscharakter" der Insel demonstriert werden kann.

Schlussfolgerungen: Deutlich geworden ist, dass es sowohl durch einen Klimawandel als auch durch einen zunehmenden Nutzungsdruck (Ausweitung und Veränderung des touristischen Angebots) zu Konfliktverschärfungen kommen wird. Die monostrukturelle Ausrichtung auf den Inseltourismus ist dabei wenig flexibel für veränderte Landnutzungsoptionen: Gerade die Symbolisierung Sylts als „Tourismusmagnet der Sonderklasse" ist räumlich unflexibel im Hinblick auf Vorsorge und/ oder Anpassung gegenüber Sturmflut- und Erosionsrisiken. Die einseitige Orientierung auf den Westküstentourismus führt zu einer Dilemmasituation zwischen dem auch touristisch attraktiven „Kampf gegen den Blanken Hans" einerseits und der Notwendigkeit des Haltens der Küstenlinie durch Sandvorspülungen andererseits.

Es stellt sich hierbei sofort die Frage, in welchem Kontext eine Debatte über die Inselentwicklung stattfinden kann. Die konventionellen raumordnerischen Planungsverfahren lassen hierfür nur zum Teil Spielraum zu. Als Reaktion hierauf sind an der Westküste Schleswig-Holsteins in den letzten Jahren in den Kreisen Nordfriesland und Dithmarschen schon „alternative", partizipativ orientierte Planungsverfahren erprobt worden (vgl. Kannen 2000: 81ff.). Diese wiederum sind

---

[1]   „Küstenschutz seit preußischer Zeit und der Ausbau der Insel zur Festung zerstörten einmal mehr viel von dem, was die Insel eigentlich aus- und für den Fremdenverkehr interessant machte" (Reichstein 2000: 26).

im Kontext eines Integrierten Küstenzonenmanagements (IKZM) zu sehen – dieser Thematik wenden wir uns daher im folgenden Abschnitt zu, wobei einige allgemeine Anmerkungen erfolgen, die dann jeweils für die Situation Sylts spezifiziert werden.

Integriertes Küstenzonenmanagement und Sylt

In einem relativ breiten Verständnis von IKZM wird hierunter die umfassende Beschreibung und Bewertung von Küstensystemen verstanden sowie die Formulierung von Zielvorstellungen und deren Umsetzung bezüglich des Schutzes und der Bewirtschaftung bzw. Verwaltung (= Management) der dort vorhandenen Ressourcen. Die Kenntnis von Zielvorstellungen – durchaus im Sinne einer „Vision" – bezieht sich dabei nicht nur auf die rechtlich-planerisch vorgegebenen Entwicklungsziele bestimmter Regionen, sondern ebenso auf eine umfassende Kenntnis darüber, welche Entwicklungsziele gesellschaftlich „gewollt" sind. Das bedeutet, dass im IKZM-Prozess gleichsam traditionelle, kulturelle und historische Aspekte spezifischer Küstengebiete zu berücksichtigen sind wie auch eine Bestandsaufnahme der (aktuellen) Interessenlagen, Nutzungskonflikte und rechtlich-administrativen Strukturen (im Sinne von Planungen auf verschiedenen Ebenen). Hieraus folgt bereits, dass es sowohl naturwissenschaftlicher als auch sozialwissenschaftlicher Expertise bedarf, um genügend Informationen über den Küstenraum und die dort lebende Bevölkerung zu erlangen. Gleichzeitig darf nicht vergessen werden, dass IKZM, insbesondere wenn es sich um nachhaltige Küstenentwicklung bemüht, ein in erster Linie politisch-normatives „Projekt" ist; Aufgabe der Wissenschaft ist hierbei nicht, die Entscheidung für bestimmte Entwicklungen in einem Küstenraum zu treffen, sondern (a) grundlegende Informationen zu erheben, auszuwerten und problemorientiert aufzubereiten und (b) mögliche Entwicklungsoptionen aufzuzeigen.

Von der „Philosophie" her ist für IKZM zentral, dass es weder um ein neues, isoliertes Planungsverfahren für Küstenräume noch um grundlegende wissenschaftliche Erhebungen geht, vielmehr: Die vorhandenen Ansätze und (wissenschaftlichen) Daten und Informationen sind zu integrieren und in einem koordinierten Verfahren mit allen Beteiligten auf „intelligente" Weise zu kommunizieren (ausführlich zu den Ansprüchen und Zielen von IKZM sowie den Defiziten in der konventionellen Planung: Gee et al. 2000; Kannen 2000; Kay/Alder 1999). Vom Verfahrensablauf her ist zu bedenken, dass IKZM ein iterativer

Prozess ist, der von öffentlicher und/oder wissenschaftlicher Seite initiiert werden kann und dann meist folgende Schritte enthält:

1. Beschreibung der derzeitigen natürlichen sowie sozioökonomischen
   und -kulturellen Bedingungen,
2. darauf aufbauend eine Ursachen- und Wirkungsanalyse bestimmter
   Randbedingungen wie beispielsweise ein zu erwartender Klimawandel oder Nutzungsansprüche,
3. auf dieser Basis wiederum eine Diskussion von bestimmten Pla-
   nungsoptionen mit den betroffenen Akteursgruppen sowie
4. die Planung und Umsetzung von Maßnahmen sowie deren Erfolgskontrolle. Und hier ist man dann bereits wieder beim ersten Schritt
   angelangt, bei dem die nun veränderten natürlichen, sozioökonomischen und -kulturellen Bedingungen mit dem verglichen werden
   müssen, was intendiert war.

Der hier dargestellte Ablauf erscheint noch einigermaßen linear (Informationsbasis → Folgenabschätzung → Planung/Politik → Entscheidung), in Wirklichkeit existiert diese idealisierte Abfolge nicht. Vielmehr ist der ganze IKZM-Prozess wie andere Planungsprozesse auch
von Ad-hoc-Entscheidungen durchzogen, die eine geschickte Koordination voraussetzen.

Betrachtet man die internationale sowie die nationale Ebene im Hinblick auf den Stand und die Erfahrungen mit IKZM, muss zunächst
konstatiert werden, dass es in Deutschland einen gewissen Nachholbedarf gibt. Während die internationalen Aktivitäten insbesondere in Kanada, den USA, Großbritannien, Schweden und den Niederlanden weiter entwickelt sind, sind für die deutsche Ebene spezifische Hemmnisse
festzustellen wie etwa: Fehlende Planungsverfahren für den Küsten-
und Meeresbereich im Gegensatz zur landbezogenen Planung; einge-
schränkter Zugang zu Informationen; Abstimmungsprobleme aufgrund
des föderativen Systems (Bundesländer) und damit verbunden Fragmen-
tierung von Legislative und Exekutive; traditionell starke Zersplitterung
sektoraler Interessen u.a.m. Hinzu kommt, dass die bisherigen – spärli-
chen – Versuche zum IKZM zumeist von ingenieur- und naturwissenschaftlichen Fragestellungen dominiert werden, so dass es bislang kaum
integrierende Projekte gibt. Gleichwohl gibt es erste Bemühungen wie
beispielsweise einige Projekte im EU-Programm INTERREG (NOR-
COAST, PROCOAST etc.) sowie – in Schleswig-Holstein – einen Beirat
Integriertes Küstenschutzmanagement, in dem eine gewisse Öffnung des
traditionellen Planungsansatzes zu erkennen ist.

Wie sind vor diesem Hintergrund die Arbeiten und Ergebnisse der Fallstudie Sylt einzuordnen? Zunächst einmal sind die in der Fallstudie ermittelten Ergebnisse als Grundlage für einen IKZM-Prozess auf Sylt zu verstehen. In erster Linie ging es um die Abschätzung und Bewertung der primären Folgen eines Klimawandels auf Sylt. Hier muss festgestellt werden, dass die mittel- bis langfristigen Konsequenzen vermutlich nicht Besorgnis erregend sein werden. Dies gilt einerseits für die geomorphologischen Prozesse, besonders für die Sedimentdynamik, mit der Folgerung, dass die bisherige Küstenschutzpraxis im Wesentlichen hinreichend ist, zumal das Kosten-Nutzen-Verhältnis eindeutig ist; andererseits gilt dies auch hinsichtlich der ökologischen Gefährdungen.[2] Hinzu kommt – und das wurde in anderen Studien bisher so gut wie nicht berücksichtigt –, dass mit der Fallstudie Sylt auch empirische Informationen über die „Gesellschaft" vorliegen. Aber wir können an dieser Stelle noch einen Schritt weiter gehen und kommen zurück auf die Diskussion des Vulnerabilitätsansatzes (Kapitel 1). Im IKZM-Prozess müssen vor dem Hintergrund eines möglichen Klimawandels nicht nur die primären Gefährdungen betrachtet werden, sondern natürlich auch die Anpassungsmöglichkeiten. Das heißt, Vulnerabilitätsindikatoren dürfen nicht nur „negative" Folgen wie etwas Flächenverluste etc. erfassen, sondern müssen auch die sozioökonomisch begründete Möglichkeit zur Anpassung sowie die soziokulturellen Mechanismen berücksichtigen, die letztlich für die Wertung einer Landschaft ausschlaggebend sind. An der Symbolisierung des Sylt-Images konnte gezeigt werden, dass dies eine zentrale Dimension bei der Betrachtung der (ökonomischen) Inwertsetzung der Insel ist. Das heißt, es geht nicht um die Frage, was die gesellschaftliche Entwicklung prinzipiell prägt (Ökonomie, Kultur, Lebensgrundlagen/Natur), sondern darum, was in jeweiligen Entscheidungssituationen ausschlaggebender ist. Gleichwohl bleibt die bislang unbefriedigende Anwendung von IKZM als weiter auszugestaltendes Instrument mit bestehenden rechtlichen Regelungen (siehe Czybulka 2000). Erfahrungen zeigen bereits jetzt, dass hier wohl die größten Probleme bestehen: IKZM steht (noch) im Spannungsfeld zwischen informellen und formellen Planungsansätzen (Kannen 2000).

---

[2] Es sei aber nochmals betont, dass auf der Grundlage der IPCC-Prognose von 1995 gearbeitet werden musste.

Literatur

Ahrendt, K., J. Thiede 2002. Naturräumliche Entwicklung Sylts – Vergangenheit und Zukunft. In: A. Daschkeit und P. Schottes (Hrsg.): 69-112.

Berking, H. 1998. „Global Flows and Local Cultures". Über die Rekonfiguration sozialer Räume im Globalisierungsprozess. *Berliner Journal für Soziologie,* 3/98: 381-392.

Bernhofer, Chr. 2001. Die Atmosphäre – nur Randbedingung des globalen Wandels? In: R. Coenen (Hrsg.). *Integrative Forschung zum globalen Wandel – Herausforderungen und Probleme.* Reihe Gesellschaft – Technik – Umwelt, Schriftenreihe des Instituts für Technikfolgenabschätzung und Systemanalyse (ITAS), Bd. 8. Campus Verlag, Frankfurt/M., New York: 155-169.

Bird, M., D. Bjerklie, R. H. Boyle, A. Dorfman, W. Dowell, M. Calabresi, J. F. Dickerson, B. Hillenbrand, D. Thompson, H. Gibson, T. Sancton, J. Kirwin, S. Sakamaki, R. Wosnitza 2001. A Climate of Despair. Special Report: Global Warming. *Time,* April 23, 2001: 50-59.

Boesch D. F., J. C. Field, D. Scavia 2000 (Eds.). *COASTAL – The Potential Consequences of Climate Variability and Change.* A Report of the National Coastal Assessment Group for the U.S. Global Change Research Program. Silver Spring (NOAA Coastal Ocean Program, Decision Analysis Series No. 21).

Cubasch, U., D. Kasang 2000. *Anthropogener Klimawandel.* Verlag Gotha, Stuttgart.

Czybulka, D. 2000. Ist die nationale Rechtsordnung auf ein integriertes Küstenzonenmanagement (IKZM) vorbereitet? *Zeitschrift für geologische Wissenschaften* 28 (6): 683-695.

Daschkeit, A., O. Fränzle, H. Sterr, P. Schottes, W. Schröder, F. Bartels 2002. Klimafolgen für Sylt: Integrative Analyse und Bewertung. In: A. Daschkeit, P. Schottes (Hrsg.): 279-321.

Daschkeit, A., P. Schottes 2002 (Hrsg.). *Sylt – Klimafolgen für Mensch und Küste.* Springer Verlag, Berlin etc.

Daschkeit, A., H. Sterr 1999. *Klima – Küste – Gesellschaft.* Erkenntnisstand und Perspektiven der Klimafolgenforschung im Forschungsprogramm „Klimaänderung und Küste" (K&K). Kiel (Typoskript).

DMG (Deutsche Meteorologische Gesellschaft) 2001. *Stellungnahme zu Klimaänderungen.* Berlin.

Gätje, Chr., K. Reise 1998 (Hrsg.). *Ökosystem Wattenmeer: Austausch-, Transport- und Stoffumwandlungsprozesse.* Springer Verlag, Berlin etc.

Gee, K., A. Kannen, H. Sterr 2000. *Integrated Coastal Zone Management: What Lessons for Germany and Europe?* Empfehlungen und Ergebnisse der Ersten Deutschen Konferenz zum Integrierten Küstenzonenmanagement. Forschungs- und Technologiezentrum Westküste, Berichte Nr. 21. Büsum.

Graumann, C. F. 1998. Zur Sozialpsychologie der Identitätsbildung. In: H. Gebhardt, G. Heinritz, R. Wiessner (Hrsg.). *Europa im Globalisierungsprozess von Wirtschaft und Gesellschaft.* Tagungsberichte und wissenschaftliche

Abhandlungen 51. Deutscher Geographentag Bonn, 6. bis 11. Oktober 1997, Bd. 1. Franz Steiner Verlag, Stuttgart: 188-195.

Hartje, V., I. Meyer, J. Meyerhoff 2002. Kosten einer möglichen Klimaänderung auf Sylt. In: A. Daschkeit, P. Schottes (Hrsg.):181-218.

Hartmuth, G., S. Deising, I. Fritsche und V. Linneweber 2002. Globaler Wandel im lokalen Kontext: Sylter Perspektiven auf Klimaänderungen. In: A. Daschkeit, P. Schottes (Hrsg.): 219-249.

Hennig, Chr. 1997a. *Reiselust. Touristen, Tourismus und Urlaubskultur.* Insel Verlag, Frankfurt/M., Leipzig.

Hennig, Chr. 1997b. Die unstillbare Sehnsucht nach dem Echten. Warum Vergnügungsparks so viel Missvergnügen provozieren. *Die Zeit* Nr. 11 vom 7. März 1997: 73-74.

Hennig, Chr. 1998. Die Mythen des Tourismus. Imaginäre Geographie prägt das Bild der Reisenden von Ländern und Menschen. *Die Zeit* Nr. 27 vom 25. Juni 1998: 47.

Huber, A. 1998. Unheimliche Heimat. *Geographica Helvetica* 53 (1): 30-36.

IPCC (Intergovernmental Panel on Climate Change) 2001a. *Climate Change 2001: The Scientific Basis.* Summary for Policy Makers IPCC Working Group 1, Third Assessment Report. Genf.

IPCC (Intergovernmental Panel on Climate Change) 2001b. *Climate Change 2001: Impacts, Adaptation and Vulnerability.* Summary for Policy Makers IPCC Working Group 2, Third Assessment Report. Genf.

IPCC (Intergovernmental Panel on Climate Change) 2001c. *Climate Change 2001: Mitigation.* Summary for Policy Makers IPCC Working Group 3, Third Assessment Report. Genf.

Kannen, A. 2000. *Analyse ausgewählter Ansätze und Instrumente zu Integriertem Küstenzonenmanagement und deren Bewertung.* Forschungs- und Technologiezentrum Westküste, Berichte Nr. 23. Büsum.

Kay, R., J. Alder 1999. *Coastal Planning and Management.* E & FN Spon – Routledge, London, New York.

Klein, R. J. T., R. J. Nicholls 1999. Assessment of Coastal Vulnerability to Climate Change. In: *Ambio* 28: 182-187.

Klüter, H. 1986. *Raum als Element sozialer Kommunikation.* Gießener Geographische Schriften, Bd. 60. Gießen.

Lackschewitz, D., I. Menn, K. Reise 2002. Das marine Ökosystem um Sylt unter veränderten Klimabedingungen. In: A. Daschkeit, P. Schottes (Hrsg.): 153-180.

National Assessment Synthesis Team, US Global Change Research Program 2000. *Climate Change Impacts on the United States.* The Potential Consequences of Climate Variability and Change: Foundation Report. Cambridge.

Neumeyer, M. 1992. *Heimat. Zu Geschichte und Begriff eines Phänomens.* Kieler Geographische Schriften, Bd. 84. Kiel.

Newig, J. 1991. Zur theoretischen Fundierung eines zeitgemäßen Heimatunterrichts. In: Geographisches Institut der Ernst-Moritz-Arndt-Universität und Landesverband Mecklenburg-Vorpommern des Verbandes Deutscher Schulgeographen (Hrsg.). *Heimat im Geographieunterricht.* Referate des

18. Greifswalder Geographischen Symposiums Greifswald Wieck vom 14.-17. Oktober 1991. Greifswald: 127-150.

Oberthür, S., H. E. Ott 2000. *Das Kyoto-Protokoll: Internationale Klimapolitik für das 21. Jahrhundert.* Verlag Leske + Budrich, Opladen.

Opaschowski, H. W. 1991. *Mythos Urlaub. Die unerfüllbare Sehnsucht nach dem Paradies?* Eine motivationspsychologische Studie vom BAT Freizeit-Forschungsinstitut. Hamburg.

Parry M. (Ed.). 2000. *Assessment of Potential Effects and Adaptations for Climate Change in Europe.* The Europe Acacia Project. A Concerted Action towards a comprehensive climate impacts and adaptations assessment for the European Union. Norwich.

Petschel-Held, G., F. Reusswig 2000. Syndrome des Globalen Wandels – Ergebnisse und Strukturen einer transdisziplinären Erfolgsgeschichte. In: K.-W. Brand (Hrsg.). *Nachhaltige Entwicklung und Transdisziplinarität.* Angewandte Umweltforschung, Bd. 16. Analytica Verlag, Berlin: 127-144.

Reichstein, J. 2000. Die alte Sylter Kulturlandschaft in der Auseinandersetzung mit der modernen Zeit. In: Nordfriesischer Verein und Heimatbund Landschaft Eiderstedt (Hrsg.). *Zwischen Eider und Wiedau.* Heimatkalender für Nordfriesland 2000. Husum: 21-30.

Schellnhuber, H.-J., A. Block, H. Held, M. K. B. Lüdeke, O. Moldenhauer, G. Petschel-Held 2001. Syndrome & Co. – Qualitative und semi-quantitative Ansätze in der Forschung zum Globalen Wandel. In: R. Coenen (Hrsg.). *Integrative Forschung zum globalen Wandel – Herausforderungen und Probleme.* Reihe Gesellschaft – Technik – Umwelt, Schriftenreihe des Instituts für Technikfolgenabschätzung und Systemanalyse (ITAS), Bd. 8. Campus Verlag, Frankfurt/M., New York, im Druck: 51-96.

Schottes, P. 2000. *Verknüpfung von natur- und sozialwissenschaftlichen Daten zum Küstenmanagement auf Sylt in einem Geographischen Informationssystem und in einem Metadatensystem.* Kiel (Dissertation).

Sterr, H. 1998. Der Klimawandel und seine Folgen: Problematisch für die Küsten, aber hilfreich für die Forschung? In: A. Daschkeit, W. Schröder (Hrsg.). *Umweltforschung quergedacht.* Perspektiven integrativer Umweltforschung und -lehre. Festschrift für Professor Dr. Otto Fränzle zum 65. Geburtstag. Mit einem Geleitwort von Dr. Angela Merkel, Bundesministerin für Umwelt, Naturschutz und Reaktorsicherheit. Umweltnatur- & Umweltsozialwissenschaften UNS, Bd. 1. Springer Verlag, Berlin etc.: 359-382.

Sterr, H., O. Fränzle, A. Daschkeit, K. Ahrendt, J.-O. Witte 2002. Klimaszenarien. In: A. Daschkeit, P. Schottes (Hrsg.): 25-36.

Stichweh, R. 1998. Raum, Region und Stadt in der Systemtheorie. *Soziale Systeme* 4 (2): 341-358.

Storch, H. v., H. Langenberg, Th. Pohlmann 1998. Stürme, Seegang und Sturmfluten im Nordostatlantik. In: J. L. Lozan, H. Graßl, P. Hupfer (Hrsg.). *Warnsignal Klima. Mehr Klimaschutz – weniger Risiken für die Zukunft.* Verlag Wissenschaftliche Auswertungen, Hamburg: 182-189.

Streitz, W., W. R. Dombrowsky 2002. Zukunftsentwürfe und Gestaltungspotentiale angesichts möglicher Klimaveränderungen. In: A. Daschkeit, P. Schottes 2002 (Hrsg.): 251-277.

Treinen, H. 1965. Symbolische Ortsbezogenheit. Eine soziologische Untersuchung zum Heimatproblem. *Kölner Zeitschrift für Soziologie und Sozialpsychologie* 17 (1): 73-97 und 17 (2): 254-297.

Vorholz, F. 2001. Kein gutes Klima. Der Umweltgipfel in Bonn: ein Treffen der Nebelwerfer. *Die Zeit* Nr. 29 vom 12. Juli 2001: 1.

WBGU (Wissenschaftlicher Beirat der Bundesregierung Globale Umweltveränderungen) 1996. *Welt im Wandel: Herausforderung für die deutsche Wissenschaft – Jahresgutachten 1996*. Springer Verlag, Berlin etc.

Raumplanung in den deutschen Küstenzonen: Kompetenzverteilung zwischen Bund und Ländern

Detlef Krüger

Geographisches Institut der Universität Hannover, Abteilung Kultur- und Sozialgeographie, Schneiderberg 50, 30167 Hannover, E-Mail: d.krueger@kusogeo.uni-hannover.de

Zusammenfassung. Neben der Seeschifffahrt, der Fischerei und militärischen Nutzungen als eher traditionellen Inwertsetzungen der Meere durch den Menschen geraten in jüngerer Zeit insbesondere küstennahe Meeresbereiche als Standorte weiterer Nutzungsmöglichkeiten ins Blickfeld. Es lässt sich eine zunehmende Integration dieser Räume in den Lebensraum der Menschen beobachten. Beginnend mit der Förderung von Erdöl und Erdgas in der Nordsee in den siebziger Jahren kommt es seither in diesem Randmeer zur Installation dauerhafter und fest verorteter Anlagen auch innerhalb der zu Deutschland gehörenden oder unter deutscher Verwaltung stehender Teile. Die Vielfalt der bereits existierenden sowie der geplanten Nutzungen und die daraus resultierenden Verflechtungen mariner und terrestrischer Räume verdeutlichen die Notwendigkeit einer integrierten Betrachtung der Küstenzone als Land und Meer umgreifenden Raum und stellen die derzeitige Ungleichbehandlung dieser Bereiche durch die Raumordnung in Frage. Während landseitig ein ausgefeiltes System räumlicher Zuständigkeiten mit Instrumenten vorausschauender Planung etabliert ist, in dem die Bundesebene lediglich rahmengebende Funktionen wahrnimmt, kommen die Küstenbundesländer dem Planungsauftrag in ihren marinen Gebieten bisher nicht nach, sondern überlassen die Regelung der bereits vorhandenen Nutzungskonflikte den sektoral ausgerichteten Fachbehörden des Bundes.

Schlüsselwörter. IKZM, Raumordnung im Meer, Niedersächsischer Küstenraum, Land-Meer-Kontinuum

Einleitung

Das Thema „Raumplanung in den deutschen Küstenzonen" suggeriert
das Vorhandensein einer entsprechenden Raumkategorie, nämlich der
„Küstenzone", innerhalb des Systems der Raumplanung in Deutschland.
Dies trifft keinesfalls zu, sondern ganz im Gegenteil werden die Bereiche, die aus geographischer Sicht Deutschlands Küstenzonen bilden,
verwaltungstechnisch in sehr unterschiedlich behandelte Räume unterteilt. Um dieses genauer zu verdeutlichen, sollen hier zunächst dieser
Raum eingegrenzt und Verwaltungs- und Planungszuständigkeiten vorgestellt werden, anschließend die zunehmenden Raumansprüche sowie
bereits absehbare Nutzungskonkurrenzen aufgezeigt und deren Regelung durch die zuständigen Verwaltungsebenen und Fachbehörden er-
läutert werden. Den gegebenen Zuständigkeiten entsprechend stehen
dabei insbesondere die Ebenen des Bundes und der Länder im Mittelpunkt. Als Beispielraum dient die deutsche Nordseeküste, im speziele-
ren die niedersächsische Küste.

Abgrenzung der Küstenzone

Wie weit erstreckt sich diese „Küstenzone" ins Meer und wo soll man
sie landseitig begrenzen? Aus rein geographisch-wissenschaftlicher Sicht
wäre eine der jeweiligen Fragestellung Rechnung tragende Abgrenzung
die sinnvollste. Geht es aber um Verwaltungsfragen, so muss eine
grundsätzliche, möglichst viele Belange und Zusammenhänge des Raumes berücksichtigende Festlegung erfolgen, die, wie die meisten Verwaltungsgrenzen, immer nur ein guter Kompromiss sein kann.

   Das sehr flache Relief der niedersächsischen Küste führt zu einem
sehr breiten, tagtäglich der Gestaltungskraft des Meeres unterliegenden
Saum, der durch seinen flächenhaften Charakter aus menschlicher Sicht
viel eher eine eigene Raumkategorie darstellt, als dies etwa bei steilen
Küsten der Fall ist. Denn auch große Bereiche oberhalb der derzeitigen
MThw-Linie (Mittlere Tidehochwasserlinie), die Marschen und die
Flussmarschen an den Flussunterläufen, sind Resultate des Gezeitenwechsels. Von der Flut mitgeführtes Material wurde beim Übergang zur
Ebbe abgelagert und durch Pflanzen verfestigt. In der Folge entstand
sehr flaches Land, das durch Eindeichung gesichert wurde und durch
allmähliche Entwässerung heute teilweise unterhalb des Meeresspiegels
liegt. Auch die Nordseeinseln entstanden aus vom Meer antransportier-
tem und abgelagertem Material, das durch äolische Prozesse zu Dünen
aufgeschichtet wurde und vielfach nur durch umfangreiche Schutzmaß-

nahmen gehalten werden kann (Krömer et al. 1987: 10; Brückner 2000: 19).

Landseitig ergeben sich aus diesen „natürlichen" Voraussetzungen Anhaltspunkte für eine sinnvolle Abgrenzung dieses Raumes, indem man die beschriebenen, im Einflussbereich der Gezeiten liegenden Flächen zusammenfasst und sie aus Gründen der Zweckmäßigkeit mit den vorhandenen Verwaltungsgrenzen in Übereinstimmung bringt. Entsprechend würden die Flussunterläufe bis zu den Seehafenstädten Hamburg und Bremen dazugehören, was auch die funktionalen Verflechtungen innerhalb dieses Raumes durch die menschlichen Inwertsetzungen berücksichtigt, sowie die niedersächsischen Küstenkreise und die im Bereich liegenden kreisfreien Städte.

Als relativ einfach stellt sich die seeseitige Begrenzung des niedersächsischen Küstenraumes dar, da das Land Niedersachsen bis zur 12-sm-(Seemeilen-)Grenze, also der Staatsgrenze, reicht. Es ist allerdings zu überlegen, ob nicht auch Teile der Ausschließlichen Wirtschaftszone (AWZ) einzubeziehen sind, da hier Deutschland laut Seerechtsübereinkommen zwar nicht die nationale Souveränität hat, wohl aber das exklusive Recht auf Erforschung, Ausbeutung, Erhaltung und Bewirtschaftung der natürlichen Ressourcen, die Errichtung von Bauwerken, die wissenschaftliche Meeresforschung, aber auch die Aufgabe des Umweltschutzes (Seerechtsübereinkommen, BGBl. I 1994: 1798).

Diese Aufgaben und Rechte Deutschlands in der AWZ beinhalten Fragen der Raumordnung und Raumplanung, die im föderalen Staatsaufbau der Bundesrepublik in der eigentlichen inhaltlichen Ausformulierung und Durchführung von den Ländern wahrgenommen werden, während die Bundesebene diesbezüglich lediglich Rahmengebungskompetenz hat (Fürst/Ritter 1993: 129). Insofern würden diese Aufgaben also auch innerhalb der AWZ Deutschlands durch die Länder wahrgenommen werden können.

Klar wird in jedem Fall, das der Begriff „Küstenzone" einen Land und Wasser einschließenden Bereich meint, der, wie einleitend erwähnt, keineswegs als zusammenhängendes Gebiet in der Raumordnung Berücksichtigung findet.

Aufbau von Verwaltung und Planung

Grundsätzlich gliedert sich die Raumplanung in Deutschland in die Ebenen Bund, Länder und Gemeinden, wobei Bund und Länder eher rahmengebende Funktionen gegenüber der ausführenden Planung der Gemeinden haben (Fürst/Ritter 1993: 128). Die wesentlichen Instrumente sind dabei die Bundesraumordnung seitens des Bundes, die Landesraumordnungsprogramme der Länder sowie die Bauleitplanung der Gemeinden. Hinzu kommen die Regionalen Raumordnungsprogramme, je nach Bundesland in der Zuständigkeit der Kreise oder der von den Ländern eingeteilten Regierungsbezirke. Dabei ist insgesamt der föderale und subsidiäre Aufbau zu beachten, folglich wird eine weitgehende Unabhängigkeit der jeweils unteren Einheiten angestrebt.

Des Weiteren gliedern sich Verwaltung und Planung in Deutschland in die „Allgemeine Verwaltung", bestehend aus den sich selbst verwaltenden Gebietskörperschaften Gemeinde, Kreis, Land und Bund einerseits, andererseits den sektoral ausgelegten „Fachverwaltungen" wie etwa der Bundeswasserstraßenverwaltung, der Bergbehörde, dem Bundesamt für Seeschifffahrt und Hydrographie, den Umweltschutzbehörden (um einige im thematischen Zusammenhang wichtige zu nennen) und anderen.

Allgemeine Verwaltung

Die Gebietskörperschaften, also die Seite der Allgemeinen Verwaltung, übernehmen die rechtliche Organisation und das Management aller Aktivitäten und Systeme, die von der Bevölkerung benötigt werden. Wichtig ist in diesem Zusammenhang der föderale Aufbau der Verwaltung unter Berücksichtigung des Subsidiaritätsprinzips, nach dem Problemlösungen auf möglichst unteren, also bürgernahen Verwaltungsebenen entstehen sollen, um ein hohes Maß an Partizipation durch die von den jeweiligen Entscheidungen Betroffenen zu erreichen. Nur wenn eine Maßnahme den eigenen Kompetenzraum überschreitet, ist die nächsthöhere Verwaltungsebene gefragt (Norcoast Project Secretariat 1999: 7). Entsprechend begründet sich die so genannte „Allzuständigkeit" der Gemeinde, also der kommunalen Ebene, die die Bauleitplanung mittels der Flächennutzungspläne und der konkreten Bebauungspläne durchführt.

Im Falle Niedersachsens findet auf der nächsten Ebene der Kreise und kreisfreien Städte die Regionalplanung auf der Basis der Regionalen Raumordnungsprogramme statt und auf der darüber liegenden Verwaltungsebene erstellt die Landesplanung das Landesraumordnungsprogramm. Die nächste Ebene des Bundes hat, wie schon angedeutet, keine Zuständigkeit für verbindliche räumliche Planvorgaben, sondern gibt lediglich den gesetzlichen Rahmen vor. Sie beschränkt sich auf die Benennung wesentlicher Entwicklungsvorstellungen, die in den Bundesraumordnungsgrundsätzen festgelegt werden. Außerdem gibt der Bund die von den Landesplanungen anzuwendenden Instrumente und Verfahren vor (Fürst/Ritter 1993: 129). Daraus resultiert eine relativ große Bedeutung der Länderebene für die Raumordnung und Raumplanung.

Entsprechend besteht für die Bundesländer die Aufgabe, für ihr gesamtes Territorium eine flächendeckende Raumordnung zu erstellen. Obwohl sich die Bundesrepublik grundsätzlich in Länder gliedert (Petersen 1989: 56), diese dementsprechend auch seewärts bis zur Hoheitsgrenze reichen, nehmen sie diesen Auftrag unterhalb der MThw-Linie kaum wahr. Dabei ist wichtig, dass sämtliche Gemeinden und Kreise an dieser Linie enden und es demzufolge keine Bauleitplanung und auch keine Regionalplanung im Meeresbereich gibt (Petersen 1989: 57; Norcoast Project Secretariat 1999: 5). Im Unterschied dazu könnte die Landesplanung auch den maritimen Bereich umgreifen, in jedem Fall bis zur seewärtigen Staatsgrenze, eventuell auch darüber hinaus Teile der AWZ einschließend, entsprechend den obigen Überlegungen hinsichtlich einer Abgrenzung der Küstenzone.

Charakteristisch für den Aufbau der Raumordnung und Planung in der Bundesrepublik ist das Fehlen einer einseitigen Planungshierarchie von oben nach unten zugunsten der Anwendung des „Gegenstromprinzips". Demzufolge werden die landesweiten Ziele der Raumordnung auf regionaler Ebene verfeinert und dabei die kommunalen Ziele berücksichtigt. Die kommunale Bauleitplanung muss an die übergeordneten Ziele angepasst werden und kann in diesem Rahmen eigene Zielvorstellungen entwickeln (Fürst/Ritter 1993: 128).

Im hier im Mittelpunkt des Interesses stehenden Küstenraum, und insbesondere in den vom Meer ständig oder periodisch überfluteten Bereichen, ergibt sich ein anderes Bild. So treffen die Raumordnungsprogramme der betroffenen Bundesländer Niedersachsen, Mecklenburg-Vorpommern und Schleswig-Holstein (in Hamburg als Stadtstaat übernimmt die kommunale Bauleitplanung gleichzeitig die Rolle der Landesraumordnung), abgesehen von Belangen des Naturschutzes keine Ziel- und Grundsatzaussagen für die zugehörigen Meeresbereiche. Hinsichtlich ihrer Raumplanung beschränken die Länder den Küstenraum weitestgehend auf den terrestrischen Teil und erwähnen die Meeresbereiche nur sektoral (Umweltschutz) durch die Darstellung von Nationalparken, Biosphärenreservaten und Naturparken. Allerdings bleiben bisher neuere Schutzkategorien, etwa „Natura 2000" oder „Baltic Sea Protected Areas", unberücksichtigt (Akademie für Raumforschung und Landesplanung et al. 2001: 11).

Fachverwaltungen

Gegenüber diesen räumlich gegliederten Zuständigkeiten der Ebenen der allgemeinen Verwaltung dienen die diversen Fachverwaltungen auf Bundes-, Landes- und Regionalebene der Verwaltung und Überwachung spezifischer Sachverhalte, wie etwa der im Zusammenhang mit der Küstenzone wichtigen Schifffahrt, des Bergbaus und des Umweltschutzes, und fungieren für ihr jeweiliges Sachgebiet als Genehmigungsbehörde.

Bezüglich des Seeverkehrs ist die Wasser- und Schifffahrtsverwaltung, bestehend aus den Wasser- und Schifffahrtsdirektionen (WSD) und -ämtern (WSA), zu nennen, deren vornehmliche Aufgabe die Gewährleistung der Leichtigkeit und Sicherheit des Schiffsverkehrs ist und deren Zuständigkeit sich räumlich auf alle schiffbaren Flüsse und Kanäle sowie alle deutschen Meeresgebiete bis zur seewärtigen Staatsgrenze ausdehnt (Bundeswasserstraßengesetz, BGBl. I 1998: 3294). Eine entscheidende Voraussetzung dafür war die Ausdehnung der Bundeswasserstraßen auf alle nationalen Meeresflächen zu Anfang der sechziger Jahre, womit ein seit den Zeiten der Weimarer Republik andauernder Diskussionsprozess über diese Frage sein Ende fand (Beckert/Breuer 1991: 49). In Verbindung mit der Feststellung, dass die Seewasserstraßen zwischen der seeseitigen Begrenzung des Küstenmeeres (12-sm-Linie, Staatsgrenze) und der Küstenlinie bei mittlerem Hochwasser (MThw) im Eigentum des Bundes stehen, führt das zu weit reichenden Auswirkungen auf eine mögliche Raumplanung in den Meeresbereichen.

Als bundesbehördliche Fachverwaltung haben die Schifffahrtsbehörden die beschriebenen *sektoralen* Aufgaben und demzufolge auch ein *sektorales* Interesse, sind aber *flächenhaft* für große Bereiche der Länder zuständig. Dabei sind sie beschränkt auf die Ermöglichung und Regelung *einer* „klassischen" Nutzung des Wassers, nämlich der Schifffahrt, und führen keine gestalterische räumliche Planung durch (Akademie für Raumforschung und Landesplanung et al. 2001: 32). Andere und neue Nutzungen, beispielsweise neue Formen des Tourismus, zusätzliche Leitungen und Kabel, Erforschung und Gewinnung von Bodenschätzen, Deponierung von Stoffen, Marikulturen oder Offshore-Windenergieanlagen, können nur Räume im deutschen Meeresbereich beanspruchen, wenn seitens der zuständigen WSD keine Einwände bestehen. Hier fungiert diese Behörde als reine Genehmigungsstelle, die über entsprechende Anträge entscheidet, aber nicht anhand einer längerfristig angelegten Strategie vorausschauende Planung betreibt. Faktisch fällt also die gesamte Wasseroberfläche unter der Zuständigkeit des Bundes.

Eine ähnliche Situation findet sich hinsichtlich des Meeresbodens und des Untergrundes, die unter die Zuständigkeit des dem Niedersächsischen Wirtschaftsministerium unterstehenden Oberbergamtes mit seinen Bergämtern fallen. Deren Aufgabenkatalog umfasst diesbezüglich Bergbaugenehmigungen und die Kontrolle des Sicherheitsstandes im Bergbau des Landes. Dabei werden Nutzungsparzellen („Claims") an Interessenten vergeben, in denen diese das Recht zur Aufsuchung und zur Förderung eines Bodenschatzes (etwa Kohlenwasserstoffe) zugesprochen bekommen. Möchte ein anderer Interessent auf demselben Stück beispielsweise Sand oder Kies abgraben, kann es schon hier zu Konflikten kommen. Hinzu kommen die etwa durch die Aufstellung von Offshore-Windparks zu erwartenden Probleme. Einen Auftrag zu Koordinierung und vorausschauender Planung gibt es auch hier nicht (Hoppe/Spoerr 1999: 141).

Ebenfalls in diesem Zusammenhang muss das Bundesamt für Seeschifffahrt und Hydrographie (BSH) erwähnt werden, eine weitere Behörde des Bundes, die in der Ausschließlichen Wirtschaftszone (AWZ) Deutschlands eine besondere Rolle spielt. Dieser Teil des Meeres fällt gemäß UN-Seerechtskonvention unter die Zuständigkeit des Nationalstaates, ist aber nicht Teil dessen. Hier regelt der Staat die Erforschung, die Nutzung und den Schutz von Ressourcen und Umwelt (Seerechtsübereinkommen, BGBl. I 1994: 1798). Laut Seeaufgabengesetz von 1998 (Seeaufgabengesetz, BGBl. I 1998: 2987) und Seeanlagenverordnung von 1997 (Seeanlagenverordnung, BGBl. I 1997: 57) ist in der AWZ Deutschlands das BSH beispielsweise für Prüfung, Zulassung und Überwachung von Anlagen zuständig, wobei die Zustimmung der WSD notwendig ist. Auch hier werden also lediglich Genehmigungsfunktionen wahrgenommen, eine Prüfung etwa auf Allgemeinwohl oder eine Abgleichung mit räumlichen Entwicklungsvorstellungen findet nicht statt.

Die wesentlichen Durchführungsinstrumente der Fachverwaltungen sind das Raumordnungsverfahren, das Planfeststellungsverfahren und die Umweltverträglichkeitsprüfung.

Raumordnungsverfahren werden bei Einzelmaßnahmen von überörtlicher Bedeutung mit erheblichen Auswirkungen auf die Umwelt eingeleitet und führen nach der Anhörung aller beteiligten Planungsträger zu einer Art „Gutachten" für die beabsichtigte Maßnahme, um so der Landesplanungsbehörde eine Hilfe bei der Meinungs- und Entscheidungshilfe zu geben (Fürst/Ritter 1993: 131). Insgesamt stellt dieses Instrument ein gröberes Vorverfahren dar, dem anschließend ein Planfeststellungsverfahren folgt. Dieses wird bei Verfahren durchgeführt, die das räumliche Gefüge wesentlich beeinflussen und in bestehende öffentlich-rechtlich oder privatrechtlich geregelte Verhältnisse eingreifen (Fürst/Ritter 1993: 144). Beispiele sind etwa der Bau von Verkehrswegen oder Baumaßnahmen an Gewässern. Der Planfeststellungsbeschluss einer zuständigen Behörde ordnet die Rechtsbeziehungen als abschließende Regelung mit unmittelbarer Wirkung gegenüber allen Betroffenen. Ein solches Planfeststellungsverfahren beinhaltet häufig das dritte, wesentliche fachbehördliche Instrument, die Umweltverträglichkeitsprüfung, die der Ermittlung aller unmittelbaren und mittelbaren Auswirkungen einer Maßnahme auf Menschen, Tiere, Pflanzen, Boden, Wasser, Luft, Klima und Landschaft, Kultur- und sonstige Sachgüter sowie möglicher Wechselwirkungen dient. Dabei ist sie kein eigenständiges Verfahren, sondern unselbständiger Teil etwa der vorgenannten Raumordnungsverfahren und Planfeststellungsverfahren (Norcoast Project Secretariat 1999: 11).

Den vorgestellten Instrumenten ist ihr reagierender Charakter gemeinsam, d.h. keines dieser fachbehördlichen Instrumente dient der Aufstellung oder Konzeptionierung einer vorausschauenden Planung, wie sie Bestandteil und Aufgabe der (im maritimen Bereich bisher offensichtlich kaum zuständigen) allgemeinen Verwaltung ist.

Administrative Teilung des Küstenraumes

Deutlich wird eine Trennung des als zusammenhängend zu sehenden Küstenraumes entlang der MThw-Linie hinsichtlich der Verwaltungen, die mit Fragen der Raumordnung und Raumplanung befasst sind. Während an Land beide überwiegend in der Hand der Allgemeinen Verwaltung liegen, zeigt sich im Wasser bisher eine flächendeckende Zuständigkeit von Fachbehörden, die diese Funktionen aufgrund ihrer sektoralen Aufgabenfelder eigentlich nicht wahrnehmen können und auch nicht müssen.

Die Länder selbst erfüllen auf diesem Teil ihres Territoriums nur sehr wenige Aufgaben. In erster Linie sind die Nationalparke in den Wattenbereichen zu nennen, die allerdings ebenfalls ein sektorales Interesse, den notwendigen Umweltschutz, repräsentieren, und die ebenfalls nur wenig Abstimmung mit anderen Nutzungen erkennen lassen.

Geht man also von einem Kontinuum Land – Meer aus, das die Besonderheit gerade der niedersächsischen Wattenmeerküste ausmacht, so trennt die Administration diesen Raum in zwei völlig unterschiedlich behandelte Teilräume, indem sie die Bereiche oberhalb der MThw-Linie voll und ganz in die Planung integriert, während jener Bereich unterhalb dieser Linie keinerlei vorausschauende Planung erfährt. Es lässt sich also kaum vom derzeit vielfach zitierten „Integrierten Küstenzonenmanagement" sprechen, wie es in den USA bereits seit den siebziger Jahren implementiert ist (Boelaert-Suominen/Cullinan 1994: 42) und wie es für die deutschen Küstenzonen zunehmend erforderlich wird (Ministerium für ländliche Räume, Landesplanung, Landwirtschaft und Tourismus des Landes Schleswig-Holstein 2001: 1).

Die beschriebene Verwaltungspraxis der Trennung von Land und Wasser ist im Zusammenhang mit den „klassischen", eher extensiven Meeresnutzungen durch den Menschen zu sehen. Seeschifffahrt und Fischerei sowie militärische Angelegenheiten zeigten wenig Bedarf an einer koordinierenden Planung, die Meeresräume wurden als unendlich und nicht zuletzt auch als unerschöpflich angesehen. Allerdings führt das regelmäßige Überfischen hier schon seit längerer Zeit zu Abstimmungsmaßnahmen im Sinne einer Bewirtschaftung nach dem Prinzip, dass knappe Güter der Planung bedürfen (Buchholz 1985: 153). Solche sektoralen Probleme lassen sich noch mittels Fachbehörden lösen. Ähnlich verhält es sich mit Fragen der Seeschifffahrt, die ebenfalls durch in diesem Sektor arbeitende Behörden (Wasserstraßenverwaltung) geregelt werden können. Als Beispiel seien die Verkehrstrennungsgebiete innerhalb der Deutschen Bucht genannt (Akademie für Raumforschung und Landesplanung et al. 2001: 30).

Im „festländischen" Teil der niedersächsischen Küstenzone finden sich Landwirtschaft, Siedlungsentwicklung, Industrie- und gewerbliche Entwicklung, Hafenausbau und -unterhaltung, Fremdenverkehr, Transportleitungen für Energie, Rohstoffe und Produkte, Trinkwassergewinnung, Windenergienutzung, Flächen für den Umweltschutz sowie Deiche und Küstenschutzanlagen.

Um diese sehr unterschiedlichen und konkurrierenden Raumansprüche zu koordinieren, entwickelte man an Land das oben dargestellte System von Raumordnungsebenen und -instrumenten mit der Intention, nach demokratischen Grundprinzipien möglichst die jeweils Betroffenen an den Entscheidungen zu beteiligen und im Resultat möglichst verträgliche Kompromisse zwischen diesen Raumansprüchen zu erreichen. Besonderes Gewicht hat dabei die vorausschauende Planung, also die Entwicklung von längerfristigen Zielvorstellungen, wie unsere Lebensräume in Zukunft gestaltet werden sollen und welche Teilräume für bestimmte Inwertsetzungen besonders geeignet oder ungeeignet sind und entsprechende Widmungen erfahren.

Nutzungsvielfalt erfordert die Einbeziehung mariner Räume in die Raumordnung.

Mit der Erforschung und Förderung von Kohlenwasserstoffen (Erdöl und Erdgas) in der Nordsee kam es seit den sechziger Jahren des letzten Jahrhunderts verstärkt zu ortsfesten Installationen von längerem Bestand in den Meeresbereichen. Folglich muss nicht mehr lediglich die Verknappung eines Gutes oder die Gewährleistung einer einzelnen Nutzung geregelt werden, sondern es geht zunehmend um die Widmung einzelner Teilräume für bestimmte Inwertsetzungen über einen längeren Zeitraum. Es ist offensichtlich, dass beispielsweise die Nutzung ausgedehnter Räume der deutschen Nordseebereiche zur Aufstellung von Windkraftanlagen deren Eignung als „Bundeswasserstraße", die sie ja formal zunächst darstellen, längerfristig einschränkt, da den Betreibern solcher Anlagen eine gewisse Laufzeit garantiert werden muss. Dieser Konflikt entsteht auch zwischen solchen Anlagen und der Fischerei. Ebenso besteht Koordinationsbedarf zu militärischen Übungsgebieten, etwa Unterseeboot-Tauchgebieten oder auch hinsichtlich der Einrichtung von Leitungs- und Kabeltrassen auf und im Meeresboden und der Abbaggerung von Sanden und Kiesen (Akademie für Raumforschung und Landesplanung et al. 2001: 16). Ortsfeste Nutzungen im Meer wurden bisher als kleinräumige Ausnahmen gesehen (Bohrinseln). Die jüngste Zeit zeigt aber eine starke Zunahme solcher Raumansprüche, was verdeutlicht, dass es künftig nicht mehr um die sektorale Regelung einer Nutzung allein gehen kann, sondern dass eine die unterschiedlichsten derzeitigen und künftigen Nutzungen und Nutzungskombinationen koordinierende Raumordnung und vorausschauende Raumplanung für die deutsche Nordsee notwendig ist.

Vergegenwärtigt man sich die bereits vorhandenen oder unmittelbar bevorstehenden Inwertsetzungen von Meeresbereichen, so wird schnell deutlich, dass das bisherige Vorgehen nicht mehr ausreicht. Innerhalb der deutschen Nordsee finden sich Fischerei, gewerbliche Schifffahrt und Freizeitverkehr, Transportleitungen für Energie, Rohstoffe, Kabel, bauliche Anlagen für Zwecke der Rohstoffgewinnung, des Transportes und der Schifffahrt, militärische Übungsgebiete und Anlagen, Sand- und Kiesgewinnung, Verklappung von Baggergut, Öl- und Gasexploration und -förderung, Marikulturen und künftig Windenergieanlagen. Nicht zuletzt nimmt der Nationalpark Niedersächsisches Wattenmeer große Räume ein. Es stellt sich in den Meeresbereichen eine Nutzungsvielfalt ein, die zunehmend der an Land vorhandenen gleicht.

Mehr und mehr werden so gerade die küstennahen Meeresgebiete in den Lebensraum des Menschen integriert, bzw. der Mensch dehnt seinen Lebensraum auf diese Meeresbereiche aus. Da aber niemand im eigentlichen Sinne auf dem Meer wohnt, werden die aus den Nutzungen resultierenden Konflikte nicht entsprechend der eigentlich für das gesamte Bundesgebiet geltenden Grundüberlegungen geregelt. Allerdings werden zunehmend Fragen nach einer Übertragung der Raumordnungsinstrumente des terrestrischen Bereiches auf die maritimen Räume geäußert (Akademie für Raumforschung und Landesplanung et al. 2001: 12).

Verwaltungstechnisch bedeutet dies, dass unterhalb der MThw in Deutschland eine Raumordnung und Raumplanung auf Länderebene nicht stattfindet. Aus Sicht eines integrierten Managements der Küsten (Integriertes Küstenzonenmanagement, IKZM), wie es seit den vergangenen 15 Jahren auch zunehmend für die deutschen Küstenbereiche gefordert wird, widerspricht das der Forderung nach räumlicher Integration von Land und Wasser im Küstenraum.

Die für eine solche integrierte Vorgehensweise notwendigen Voraussetzungen sind eigentlich gegeben, da die Bundesländer bis zur Staatsgrenze, also der 12-sm-Grenze, reichen und somit auch die darin eingeschlossenen Meeresflächen in die Raumordnung und Raumplanung einbeziehen müssten, was bisher nicht geschieht. Tatsächlich findet dies nur bis zur MThw-Linie sowie auf den vorgelagerten Inseln statt. Die Wasserbereiche sind nur sektoral betroffen, etwa bei Fragen der Schifffahrt oder des Natur- und Umweltschutzes.

Trotz dieses Fehlens einer eigentlichen räumlichen Planung in den deutschen Meeresbereichen gibt es Regelungen für die meisten Dinge und Abläufe in diesen Gebieten. Die sich dabei aufdrängende Frage ist, ob dies angesichts neuer Nutzungen wie etwa Offshore-Windkraftanlagen oder Marikulturen in sinnvoller und bestmöglicher Weise geschieht, denn aus der Nichtwahrnehmung dieser Aufgaben durch die Länderebene ergibt sich eine dominierende Rolle der Bundesebene mit ihren Fachbehörden in den deutschen Meeresgebieten. Notwendig ist die Ausweisung von potentiellen Eignungsräumen für bestimmte Nutzungen, wie es etwa in den Niederlanden bereits geschieht (Ministerium für Wohnungswesen, Raumordnung und Umwelt der Niederlande 2001: 10), um tatsächlich in eine vorausschauende Planung einzusteigen. Eine solche Raumplanung in den deutschen Meeresgebieten gehört nicht zu den Aufgaben der genannten Bundesbehörden und infolge der fehlenden demokratischen Legitimation kann sie auch von ihnen nicht geleistet werden. Eine vielfach raumordnerische Auslegung der Tätigkeiten und Aufgaben dieser Behörden ist auf das Interesse und die Initiative der ausführenden Personen zurückzuführen.

Die unter der Leitung der Länder durchgeführten Raumordnungs- und Planfeststellungsverfahren stellen eine passive Anwendung von In-

strumenten dar, was in Verbindung mit dem Fehlen einer Raumord-
nungskonzeption für diesen Bereich das jeweilige Land ebenfalls auf die
Funktion einer Genehmigungsbehörde reduziert.

Der Vergleich mit den von den Ländern erhobenen Ansprüchen an
ihre Landesplanung unterstreicht dies zusätzlich. So möchte beispielsweise die Landesplanung Schleswig-Holstein die „wesentlichen raum-
bedeutsamen Entwicklungsvorstellungen erarbeiten und diese gegenüber allen öffentlichen und privaten Handlungsträgern als verbindliche
Ziele der Raumordnung festlegen“. Dabei soll sie orts-, regional- und
fachübergreifend ausgerichtet sein (www.schleswig-holstein.de/landsh/
mlr). Zumindest im Wasser werden diese Ansprüche nicht verwirklicht,
sondern das Feld wird weitestgehend den Fachbehörden des Bundes
überlassen. Entscheidend ist dabei die schon angesprochene Ausweisung
aller Meeresbereiche Deutschlands als Bundeswasserstraße, wobei die
langjährige Diskussion dieses Problems die Endgültigkeit dieser Entscheidung in Frage stellt.

Auch die Einbeziehung der AWZ in die Raumordnungskompetenz
der Länder erscheint möglich, da die Bundesraumordnung keine spe-
ziellen Planungsziele für die deutschen Meeresbereiche bietet. Das
Raumordnungsgesetz von 1998 bezieht sich auf den terrestrischen Teil
und nur der Küstenschutz stellt einen Bezug zum Wasser her (Raumordnungsgesetz, BGBl I 1997: 2081). Die Bundesraumordnungsgrund-
sätze aufstellend und Instrumente vorgebend, hat der Bund für die
Raumordnung nur eine Rahmenkompetenz und überlässt die eigentliche Durchführung den Ländern. Entsprechend könnte mit diesem Aufgabenbereich auch in der AWZ verfahren werden, insbesondere angesichts des föderalen und subsidiären Grundaufbaus der Bundesrepublik.
Gerade innerhalb der sehr schmalen deutschen AWZ in der Ostsee bietet sich eine solche Vorgehensweise an (Akademie für Raumforschung
und Landesplanung et al. 2001: 9).

Fazit

Zusammenfassend wird dringender Bedarf an einer integrierten Raumplanung im Küstenraum Deutschlands deutlich, wobei neben der Integration und Abstimmung verschiedener vorhandener und kommender
Nutzungen auch eine Integration von Land und Wasser notwendig ist.
Das Regeln von Einzelfällen wird den künftigen, vermehrten und zunehmend ortsfesten Nutzungsformen mit unterschiedlichsten Ansprüchen im Meer nicht mehr gerecht, da so keine vorausschauende Planung mit der notwendigen Festlegung und Ausweisung von Eignungs-

räumen erfolgen kann. Ein wesentlicher Grund für diese Situation liegt in der Aufgabenverteilung zwischen Bund und Ländern, wobei die Nichtwahrnehmung von Aufgaben seitens der Länder auffällt, die in der Folge die Rolle der Bundesebene mit ihren Fachbehörden stärkt. Zwar sind die Länder formal mindestens bis zur 12-sm-Grenze, der Nationalgrenze, zuständig, allerdings findet dennoch keine verbindliche, räumliche Planung statt. Landes- und Regionalplanung erfüllen lediglich in Einzelfällen und bei Großprojekten Koordinierungsfunktionen zwischen unterschiedlichen Interessen. Die Bundesebene trifft ebenfalls keine raumordnerischen Aussagen und beschränkt sich mit ihren sektoral zuständigen Behörden, denen sowohl ein entsprechender Auftrag als auch die dazu notwendige demokratische Legitimation fehlen, auf Genehmigungsfunktionen.

Offensichtlich führt hier eine generelle „Landorientierung" zu dieser Passivität der Länder, in deren Folge die gegebenen Möglichkeiten und Aufgaben nicht wahrgenommen werden. Schon die Ausweisung aller Gewässer als Bundeswasserstraßen wäre zu überdenken, aber auch die Vernachlässigung des Subsidiaritätsprinzips, das die Verantwortung möglichst auf die unteren Verwaltungsebenen verteilt. In diesem Zusammenhang muss auch die sehr schnelle, vielleicht auch vorschnelle Reservierung großer Teile des Küstenbereiches für den Naturschutz genannt werden, die Raumordnung in diesem Bereich scheinbar überflüssig macht. Auch das Nichtvorhandensein kommunaler Gebietskörperschaften mit dem resultierenden Fehlen koordinierender Kommunalplanungen lässt eventuell eine umfassende Raumordnung für diese Bereiche nicht notwendig erscheinen.

In der Folge kommt es zu sehr ausgeweiteten Kompetenzen der Bundesbehörden, die ihren Aufgaben und Möglichkeiten entsprechend sehr gut arbeiten, wie beispielsweise die Bündelung des Schiffsverkehrs in den Verkehrstrennungsgebieten zeigt. Dennoch werden künftig weitere Nutzungen eine vorausschauende Planung erfordern, die Benennung von Vorranggebieten und die Widmung von Räumen, um eine bereits stattfindende Entwicklung zu lenken, anstatt ihr hinterherzulaufen. In den derzeit erarbeiteten Landesraumordnungsprogrammen mit stärkerer Einbeziehung der Meeresbereiche wird diesen Prozessen hoffentlich Rechnung getragen, womit auch erste Schritte zur Umsetzung eines Integrierten Küstenzonenmanagements unternommen würden.

Literatur

Akademie für Raumforschung und Landesplanung, Landesarbeitsgemeinschaft Bremen/Hamburg/Niedersachsen/Schleswig-Holstein, Arbeitsgruppe „Küsten- und Meeresraumordnung" 2001. *Neue Aufgaben in den deutschen Küstenzonen. Gedanken über eine Weiterentwicklung der öffentlichen Verwaltung und räumlichen Planung an Nordsee und Ostsee.* Verlag der ARL, Hannover.

Beckert, E., G. Breuer 1991. *Öffentliches Seerecht.* De Gruyter, Berlin, New York.

Boelaert-Suominen, S., C. Cullinan 1994. *Legal and Institutional Aspects of Integrated Coastal Area Management in National Legislation.* Food and Agriculture Organization of the United Nations, Verlag der FAO, Rom.

Buchholz, H. J. 1983. Die seerechtliche Regionalisierung der Nordsee. *Geographische Rundschau,* 6: 274-279.

Buchholz, H. J. 1985. Regionalplanung zur See. *Geographie der Küsten und Meere.* Berliner Geographische Studien, 16: 153-168.

Brückner, H.. 2000. Küsten – sensible Geo- und Ökosysteme unter zunehmendem Stress. *Petermanns Geographische Mitteilungen,* Pilotheft 2000: 6-21.

Ministerium für ländliche Räume, Landesplanung, Landwirtschaft und Tourismus des Landes Schleswig-Holstein 2001. *Integriertes Küstenzonenmanagement in Schleswig-Holstein.* Zusammenfassung der Vorträge einer Informationsveranstaltung der Landesregierung am 07.09.2001. Eigenverlag, Kiel.

Fürst, D., E.-H. Ritter 1993. *Landesentwicklungsplanung und Regionalplanung. Ein verwaltungswissenschaftlicher Grundriß.* 2. Auflage. Werner-Verlag, Düsseldorf.

Hoppe, W., W. Spoerr 1999. *Bergrecht und Raumordnung.* Bochumer Beiträge zum Berg- und Energierecht, Bd. 31. Richard Boorberg Verlag, Stuttgart.

Krömer, E., H. Schmidt, H. van Lengen 1987. *Ostfriesland. Landschaften Niedersachsens und ihre Probleme.* Folge 5. Schriftenreihe der Niedersächsischen Landeszentrale für politische Bildung. Hannover.

Lagoni, R. 1982. *Ländergrenzen in der Elbmündung und der Deutschen Bucht. Verfassungsgeschichtliche, staats- und völkerrechtliche Aspekte des Zwischenländerrechts.* Veröffentlichungen des Instituts für Internationales Recht an der Universität Kiel, 86. Berlin.

Ministerium für ländliche Räume, Landesplanung, Landwirtschaft und Tourismus des Landes Schleswig-Holstein 1998. *Landesraumordnungsprogramm.* Kiel.

Ministerium für ländliche Räume, Landesplanung, Landwirtschaft und Tourismus des Landes Schleswig-Holstein 2001. *Integriertes Küstenzonenmanagement in Schleswig-Holstein.* Zusammenfassung der Vorträge einer Informationsveranstaltung der Landesregierung am 7.9.2001 in Kiel. Kiel.

Ministerium für Wohnungswesen, Raumordnung und Umwelt der Niederlande 2001. *Raum schaffen, Raum teilen. Zusammenfassung des fünften Berichts zur Raumordnung 2000/2020.* Den Haag.

Niedersächsisches Innenministerium 1994. *Landesraumordnungsprogramm Niedersachsen 1994.* Hannover.

Norcoast Project Secretariat 1999. *Norcoast – Review of National and Regional Planning Processes and Instruments in the North Sea regions – Full Study.* Aalborg.

Petersen, S. 1989. *Deutsches Küstenrecht. Eine systematische Darstellung.* Nomos Verlagsgesellschaft, Baden-Baden.

Streif, H. 1990. *Das ostfriesische Küstengebiet. Nordsee, Inseln, Watten und Marschen.* Sammlung Geologischer Führer, Bd. 57. 2. Auflage. Gebrüder Borntraeger, Berlin, Stuttgart.

Verwendete Gesetzestexte

Bundesministerium der Justiz 1994. Seerechtsübereinkommen. *Bundesgesetzblatt I* 1994: 1798. Bundesanzeiger Verlagsgesellschaft, Bonn.

Bundesministerium der Justiz 1997. Seeanlagenverordnung *Bundesgesetzblatt I* 1997: 57. Bundesanzeiger Verlagsgesellschaft, Bonn.

Bundesministerium der Justiz 1997. Raumordnungsgesetz. *Bundesgesetzblatt I* 1997: 2081. Bundesanzeiger Verlagsgesellschaft, Bonn.

Bundesministerium der Justiz 1998. Seeaufgabengesetz. *Bundesgesetzblatt I* 1998: 2987. Bundesanzeiger Verlagsgesellschaft, Bonn.

Bundesministerium der Justiz 1998. Bundeswasserstraßengesetz *Bundesgesetzblatt I* 1998: 3294. Bundesanzeiger Verlagsgesellschaft, Bonn.

Visionen
lokal umsetzen

Integriertes Küstenzonenmanagement (IKZM) als Instrument nachhaltiger Entwicklung: Probleme, Perspektiven und Empfehlungen

Bernhard Glaeser[1], Karin Gärtner[2], Marion Glaser[3], Gerold Janssen[4], Andreas Kannen[5], Gesche Krause[3] & Gerald Schernewski[6]

[1] Wissenschaftszentrum Berlin für Sozialforschung, Reichpietschufer 50, 10785 Berlin, E-Mail: bglaeser@wz-berlin.de

[2] BioCon Valley GmbH, Friedrich-Barnewitz-Str. 3, 18119 Rostock-Warnemünde, E-Mail: kg@bcv.org

[3] Zentrum für Marine Tropenökologie, Fahrenheitstrasse 6, 28359 Bremen, E-Mail: mglaser@zmt.uni-bremen.de, gesche.krause@zmt.uni-bremen.de

[4] Institut für ökologische Raumentwicklung e.V., Weberplatz 1, 01217 Dresden, E-Mail: g.janssen@ioer.de

[5] Forschungs- und Technologiezentrum Westküste, Hafentörn, 25761 Büsum, E-Mail: kannen@ftz-west.uni-kiel.de

[6] Institut für Ostseeforschung Warnemünde, Seestrasse 15, 18119 Rostock-Warnemünde, E-Mail: gerald.schernewski@io-warnemuende.de

IKZM als innovatives Feld für Forschung, Planung und Politik

Die Küstengebiete der Welt werden zunehmend überbeansprucht: durch starkes Bevölkerungswachstum ebenso wie durch steigende Nutzung der verfügbaren natürlichen Ressourcen oder durch globale Klimaänderungen. In vielen Regionen der Welt sind sie bereits übernutzt und ihr Erhalt ist stark gefährdet. Es ergeben sich gesellschaftliche Nutzerkonflikte, starke ökologische Belastungen und Folgeveränderungen, welche die soziale Stabilität und Leistungseffizienz dieser ökonomisch wichtigen Wirtschafträume beeinträchtigen. Vor diesem Hintergrund ist die dringliche Forderung nach integrativen Managementkonzepten zu sehen.

Auch in Europa stellen die Küstenregionen seit längerem Brennpunkte für Aktivitäten, Nutzungen und Konflikte dar (z.B. Europäische Kommission 1997). Die EU-Kommission hat sich daher intensiv mit diesem Themenfeld befasst und es zu einem Schwerpunkt der Arbeit gemacht. Im Reflexionspapier der Europäischen Kommission (1999:

16) wird integriertes Küstenzonenmanagement (IKZM) folgendermaßen definiert:

> „IKZM ist ein dynamischer, kontinuierlicher und iterativer Prozess,
> durch den das nachhaltige Küstenzonenmanagement gefördert werden
> soll.“

In der Erläuterung heißt es: „Obwohl sich das IKZM auf das ‚Management‘ bezieht, deckt der IKZM-Prozess tatsächlich den gesamten Zyklus
von Informationssammlung, Planung, Entscheidungsfindung, Management und Überwachung der Umsetzung ab.“ Der Begriff „integriert“
hat dabei mehrfache Bedeutung. Es sollen sowohl die Aufgaben und
Ziele, die verschiedenen Interessengruppen, Institutionen und Entscheidungsträger als auch die verschiedenen Werkzeuge und Instrumente,
die bei Analyse, Planung und Management verwendet werden, zusammen betrachtet werden. In Deutschland gibt in Bezug auf IKZM einen
erheblichen Nachholbedarf. Verschiedene Ansätze sind vorhanden, sie
stehen jedoch weitgehend isoliert nebeneinander.

   „Küste, Ökologie und Mensch: haben sie eine Zukunft?“, so lautete
das Thema der dritten deutschen Konferenz zum Integrierten Küstenzonenmanagement (IKZM) im Ostseebad Kühlungsborn. Ziel der Tagung war es, zentrale Themenfelder für ein Küstenmanagement national, regional und lokal herauszuarbeiten und auch im internationalen
Kontext zu diskutieren. Die Bereiche Tourismus, Kommunikation und
Partizipation sowie juristische, planerische und administrative Fragen
besaßen besondere allgemeine Bedeutung und sind im Folgenden ausgeführt. Weiterhin werden lokale Probleme der Küstenregion Kühlungsborn ausgeführt, um die Verbindung der IKZM-Konzepte zu den konkreten Fragestellungen zu gewährleisten. Abschließend werden Empfehlungen und Perspektiven für IKZM in Deutschland aufgezeigt.

Nachhaltige Entwicklung durch Tourismus?

Küstengebiete sind weltweit Regionen touristischer Aktivität, was
hauptsächlich auf ihre Landschaft und Natur zurückzuführen ist, und
sind somit ein unentbehrlicher Wirtschaftsfaktor oder gar Haupter-
werbsquelle der Küstenbevölkerung. Zugleich sind diese Gebiete aufgrund ihres Landschaftsbildes, ihrer Biodiversität und ihres biologischen
Produktionspotentials auch durch besondere Schutzwürdigkeit auszu-
zeichnen. Dies gilt ebenso für die deutsche Nord- und Ostseeküste.

   Touristische Aktivitäten in Küstenzonen konzentrieren sich insgesamt auf einen vergleichsweise schmalen, für Touristen attraktiven Küs-

tenstreifen. Gerade dort treten jedoch häufig Konflikte mit dem Naturschutz auf, und diese tragen zu einer Belastung der Umwelt bei (siehe
auch Tabelle 1 und 2). Zugleich stellen die jahreszeitlichen Schwankun-
gen des Fremdenverkehrs und der damit verbundene Umweltdruck ein
besonderes Problem für das Management der Küstengebiete dar.

Tabelle 1: Auswirkungen ausgewählter touristischer Erholungsaktivitäten auf Ökosysteme

Touristische Aktivität	Wirkfaktoren	Betroffene Ökosysteme
Sonnen, Lagern, Pickni-cken	Müll, Fäkalien, Tritt, Abbre-chen von Pflanzen, Lärm, physische Präsenz	Sandstrand, Dünen
Schwimmen	Wasserverschmutzung durch Seife und Sonnenöl	Küstennahe Gewässer, Lagunen
Nichtmotorisierter Was-sersport (z.B. Surfen, Se-geln)	Physische Präsenz, Bewegung	Küstennahe Gewässer, Strand, Wattenmeer
Tauchsport	Aufwirbelung von Sediment, Müll	Küstennahe Gewässer, Riffe, Wracks
Motorisierter Wassersport (Motorbootfahren, Was-serski, Jetskis, Parasailing)	Lärm, Wellenschlag, Vibrati-onen, Sedimentaufwirbelung, Öl- und Benzinverschmut-zung, Antifouling-Anstriche, Ankern, physische Präsenz	Küstennahe Gewässer, Lagunen, Flussmündun-gen, Wattenmeer
Angeln und Sportfischen	Überfischen bzw. -sammeln besonders attraktiver Arten	Offenes Meer, küstenna-he Gewässer, Lagunen, Flussmündungen, Strand
Naturbeobachtung	Physische Präsenz, Lärm	Sandbänke, Strand, Dü-nen, Salzwiesen, Felsen-kliffs
Spaziergänge, Fahrradaus-flüge	Müll, Fäkalien, Tritt, Abbre-chen von Pflanzen, Lärm, physische Präsenz	Strand, Dünen, Uferzo-nen, Salzwiesen, Kliffs, Hinterland

Quelle: verändert und gekürzt nach BfN (1997: 51)

Neben den in Tabelle 1 genannten Aktivitäten spielen für die touristische Attraktivität jedoch ergänzende und von Strand oder Meer, zum
Teil auch vom Wetter unabhängige Aktivitäten eine große Rolle. Dies
umfasst z.B. Besichtigungsmöglichkeiten, Veranstaltungen oder urbane

Aktivitäten wie Shopping und Barbesuche, die eine wichtige Ergänzungsfunktion erfüllen und ebenfalls negative Auswirkungen auf Natur und Umwelt haben (siehe Tabelle 2).

Tabelle 2: Auswirkungen touristischer Infrastruktur auf Ökosysteme

Art der Infrastruktur	Wirkfaktoren	Betroffene Ökosysteme
Wege, Strandpromenaden	Flächenverbrauch, Tritt, Müll Baumaßnahmen, z.B. Betonierung von Felsen	Strand, Dünen, Feuchtgebiete
Häfen	Ausbaggern flacher Küstenabschnitte, Baumaßnahmen	Strand, Uferstreifen
Gebäude	Überbauung, Flächenversiegelung, Rodungsarbeiten, Drainage von Feuchtgebieten	Strand, Dünen, Felsküsten, Feuchtgebiete, Hinterland
Grün- und Sportanlagen	Einführung fremder Arten, Einsatz von Kunstdünger und Pestiziden, hoher Wasserverbrauch	Küstengewässer, Dünen, Feuchtgebiete, Hinterland
Energieversorgung	Leitungen, Generatoren	Strand, Dünen, Hinterland
Wasserversorgung	Hoher Wasserverbrauch durch Touristen	Feuchtgebiete im Hinterland, Dünen (als Trinkwasserreservoir)
Müllentsorgung	Ungeregelte Müllentsorgung, Verkehr	Offenes Meer, Meeresboden, Dünen, Feuchtgebiete, Hinterland
Abwasserentsorgung	Unzureichende Abwasserklärung	Offenes Meer, Meeresboden, küstennahe Gewässer, Seegraswiesen, Strände
Verkehrsinfrastruktur	Flächenversiegelung, Lärm, Abgase	Strand, küstennahe Uferbereiche, Orte im Hinterland
Küstenschutzmaßnahmen	Veränderung von Strömungsverhältnissen, Gewinnung von Baumaterialien	Küstennahe Gewässer, Sand- und Kiesstrände, Salzwiesen, Dünen

Quelle: verändert und gekürzt nach BfN (1997: 52)

Einige küstenbezogene Aktivitäten werden aus Sicht des Tourismus dagegen eher negativ wahrgenommen. Dazu zählt z.B. die Befahrung der Schifffahrtsstraßen, wobei Unfälle nicht auszuschließen sind, die potentiell die Wasser- und Strandqualität und damit die wirtschaftliche Grundbasis vieler Touristenorte gefährden. Selbst Unfälle mit eher geringen Schäden können aufgrund der Medienberichterstattung zu erheblichen Imageeinbußen führen. Außerdem wäre hier die Errichtung von Offshore-Windenergieanlagen zu nennen. Wegen ihrer optischen Wirkung werden sie als Störfaktor angesehen, da sie die Illusion einer unbegrenzten Weite beim Blick auf das Meer beeinträchtigen.

Die Bedeutung des Küstentourismus als führender Wirtschaftsfaktor wird gestärkt durch indirekte wirtschaftliche Folgewirkungen, welche im Groß- und Einzelhandel, im produzierenden Gewerbe oder durch sonstige Dienstleistungen, z.B. von Steuerberatern oder Versicherungsfachleuten, erbracht werden.

Ebenso profitieren die jeweiligen Gemeinden durch erhöhte Einnahmen aus Steuern und Abgaben sowie die lokale Bevölkerung durch eine bessere Infrastruktur, die sich z.B. in längeren Ladenöffnungszeiten, Hallenbädern oder Wellness-Einrichtungen ausdrückt. Einschließlich der Folgewirkungen betrug z.B. der Anteil des Tourismus am Volkseinkommen an der Westküste Schleswig-Holsteins Mitte der 1990er Jahre 19,4% (zum Vergleich: Schleswig-Holstein gesamt: 4,6%, Bundesdurchschnitt: 2,8%; Zahlenangaben des DWIF, dargestellt und diskutiert in: Nordseebäderverband 1998).

Daher stellen die Tourismusentwicklung und ihr Verhältnis zu Naturschutzmaßnahmen in der Regionalentwicklung der Küstengebiete ein zentrales Thema dar, welches zugleich aber im Zusammenhang mit anderen Wirtschaftsaktivitäten (z.B. Fischerei, Hafenentwicklung, Industrie) im Küstenraum selbst, aber auch im Binnenland bzw. in den Einzugsgebieten der großen Flüsse (über die Gewässerverschmutzung) gesehen werden muss.

Transdisziplinarität, Kommunikation, Partizipation

Die klassischen disziplinären und auch die interdisziplinären Formen der Wissensschaffung stoßen im Bereich Planung an Grenzen. Hieraus entwickelte sich das Konzept der Transdisziplinarität, worunter die Einbeziehung von Nichtwissenschaftlern (lokal Betroffenen, Praktikern) in einen neuen, problemorientierteren Prozess der kooperativen Wissensschaffung verstanden wird.

In diesem transdisziplinären Prozess tauchen zunächst Kommunikationsprobleme auf, und dies vornehmlich zwischen Naturwissenschaftlern und nichtwissenschaftlichen Betroffenen- und Interessengruppen. So äußerten lokal Betroffene in der Diskussion wiederholt, die Wissenschaften seien durch eine übermäßige Naturschutzlastigkeit geprägt.

Kommunikationsprobleme zwischen Natur- und Sozialwissenschaftlern, wie etwa das Problem des Misstrauens der Naturwissenschaftler in die Konfliktforschung, wurden von K. Bruckmeier im Kontext des schwedischen SUCOZOMA-Projektes angesprochen (in diesem Band).

Des Weiteren wurde durch die Kommentare erprobter Praktiker besonders deutlich, dass verschiedene nationale und regionale Gesprächskulturen, die durch die diversen sozialen und historisch-politischen Hintergründe der Gesprächsteilnehmer zu erklären sein mögen, Verlauf und Form eines transdisziplinären, partizipativen Dialogs zentral beeinflussen.

Allgemeine Übereinstimmung herrschte darüber, dass die Nichteinbeziehung der Bevölkerung sowie „Planung von oben" zur Vernachlässigung des Menschen in der Ökosystemforschung und zu Reibungs- und Energieverlusten führen, was eine effektive Entwicklung von Wissen und die Durchführung von Umweltmanagement verhindert. So wurde die Einbeziehung der lokalen und regionalen Betroffenen in das Küstenzonenmanagement zu einem Hauptziel der Tagung (B. Glaeser). Es wurde jedoch betont, dass Partizipation schnell zur „Beschäftigungstherapie" degeneriert, wenn sie Entscheidungsfindung und Aktionsimplementierung nicht klar beeinflussen kann (H. Lange).

In diesem Zusammenhang besteht das Problem der Repräsentativität bei der Beteiligung an Managementprozessen besonders für die nichtorganisierten Betroffenen. Hierbei hängt die Möglichkeit effektiver Partizipation verschiedener Nutzergruppen und anderer „Stakeholder" von deren jeweiligem kulturellen und wirtschaftlichen Stellenwert ab (L. Fischer). Dies wurde ebenso deutlich am Beispiel der nordbrasilianischen Krabbenfischer (M. Glaser) wie im Falle der arbeitslosen und sozial ausgegrenzten Bevölkerungsteile des unteren Odertals (T. Reinsch) oder gar bei den Schwierigkeiten der Tagungsorganisation, zur Podiumsdiskussion lokaler Probleme in Kühlungsborn auch Repräsentanten der Landwirtschaft und Fischerei des Raumes Kühlungsborn hinzuzuziehen.

Als weiteres Problem der Partizipation sind soziale Ausgrenzungsmechanismen zu nennen, die nicht nur die Beteiligung traditioneller Nutzer an der Entwicklung von Managementlösungen verhindern, sondern auch massive Proteste verursachen können. Mit seinem Vortrag über soziale Ausgrenzungen im Flusseinzugsgebiet Unteres Odertal berichtete

T. Reinsch (in diesem Band) über die nach 1989 parallel verlaufenden Prozesse der wirschaftlichen und sozialen Transformation in den neuen Bundesländern sowie die in diesem Zeitraum parallel verlaufende Entwicklung des Nationalparks Unteres Odertal. Die spezifisch deutsche „Ost-West-Dynamik" der 1990er Jahre spielte hierbei ihre besondere, nicht konstruktive Rolle (Stichwort „Besserwessi") bei der vor Ort als Imposition betrachteten Entstehung des Nationalparks.

Während eine ständige Beteiligung der lokalen Bevölkerung und der sie vertretenden Institutionen auf möglichst offener Basis im Rahmen der Partizipationstheorie und -praxis wünschenswert ist, lassen oftmals über Generationen gewachsene und legitimierte administrative und legale Institutionen mit klarem Mandat gerade diese Prozess- und Ergebnisoffenheit nicht zu.

Administration und juristische Fragen

Die Küstenzone unterliegt einer Vielzahl von Nutzungsansprüchen, sowohl an Land und seit geraumer Zeit auch im Meer. Ein aktuelles, in der Bundesrepublik zurzeit stark diskutiertes Beispiel bildet die Errichtung so genannter Offshore-Windparks in Nord- und Ostsee. Dabei besteht in den der Bundesrepublik vorgelagerten Meeresbereichen eine verwirrende Vielfalt von Zuständigkeiten des Bundes und der Länder. Zum Teil herrscht hier sogar noch eine ungeklärte Rechtslage. Dies gilt vor allem für die staatsfreien Gewässer, die nicht der Souveränität der Bundesrepublik unterstehen.

Zu unterscheiden sind neben den inneren Gewässern, die zum Teil die deutsche Küste bilden, das Küstenmeer (12-Seemeilen-Zone) und die Ausschließliche Wirtschaftszone (200-Seemeilen-Zone). Während das Küstenmeer deutsches Hoheitsgebiet ist und die Zuständigkeiten in diesem Meeresbereich noch überwiegend klar sind und bei den jeweiligen Küsten-Bundesländern liegen, ist eine Aussage für die Ausschließliche Wirtschaftszone (AWZ) nicht so leicht zu treffen. Das liegt an dem Umstand, dass entgegen der Rechtslage im Küstenmeer der Staat in der AWZ lediglich über funktionale Rechte verfügt. Diese nimmt die Bundesrepublik mit Proklamation aus dem Jahre 1994 für sich in Anspruch. Die AWZ ist ein Gebiet eigener rechtlicher Art mit einem besonderen völkerrechtlichen Status.

Meeresschutz und -nutzung unterliegen in beiden Meereszonen einem stark international geprägten Rechtsregime (vgl. dazu Janssen 2002). Das Seerechtsübereinkommen (SRÜ) der Vereinten Nationen stellt die umfassende völkerrechtliche Rechtsgrundlage zum Schutz und zur Nutzung der Meere und Ozeane auf. In der Ausschließlichen Wirtschaftszone genießt der Küstenstaat gemäß Art. 56 Abs. 1 lit. a SRÜ souveräne Rechte zum Zweck der Erforschung und Ausbeutung, Erhaltung und Bewirtschaftung der lebenden und nicht lebenden natürlichen Ressourcen der Gewässer über dem Meeresboden, des Meeresbodens und seines Untergrundes sowie hinsichtlich anderer Tätigkeiten zur wirtschaftlichen Erforschung und Ausbeutung wie Energieerzeugung aus Wasser, Strömung und Wind. Davon erfasst ist z.B. die Errichtung von Offshore-Windenergieanlagen. Hinsichtlich des Schutzes und der Bewahrung der Meeresumwelt stehen dem Staat indes „nur" Hoheitsbefugnisse zu (Art. 56 Abs. 1 lit. b (iii) SRÜ). Aufgrund der Kompetenzordnung des Grundgesetzes der Bundesrepublik besteht hier ein Konflikt zwischen Bund und Ländern. Während der Bund beispielsweise die Wirtschaftskompetenz (Art. 74 Abs. 1 Nr. 11 GG) inne hat, liegt die Kompetenz für Naturschutz an sich bei den Ländern. Hier hat der Bund lediglich eine Rahmenkompetenz (Art. 75 Abs. 1 Nr. 3 GG).

Diese Konstellation hat in der Vergangenheit dazu geführt, dass Vorhaben in der AWZ verwirklicht wurden, ohne dass eine naturschutzrechtliche Prüfung erfolgt ist. Beispielsweise fand beim Anlagenbau die Eingriffsregelung keine Anwendung, da sie vom Grundsatz her nicht vom Bund durchgeführt wird, sondern Ländersache ist.

Eine weitere Folge der Unsicherheiten in der Rechts- und Kompetenzfrage ist der derzeitige vollständige Ausfall einer räumlichen Planung, sei es die Fachplanung oder gar die Gesamtplanung. Obwohl die Küstenländer ihre Zuständigkeit für das Küstenmeer als gegeben betrachten, fehlen entsprechende Planungen.

Umstritten ist bereits, ob Bundes- und Landesvorschriften in der AWZ überhaupt Geltung beanspruchen, wenn dies nicht, wie beispielsweise in der Seeanlagenverordnung geschehen, ausdrücklich angeordnet wird. Während dies von einigen zwingend gefordert wird, wird die Anwendbarkeit in der AWZ auch ohne eine solche „Erstreckungsklausel" angenommen, es sei denn, die Regelungen enthalten entsprechende Einschränkungen.

Planungssicherheit wollen nicht nur die Anlagenbetreiber, sondern auch die Naturschützer. Von vorsorgender Planung kann derzeit – wie gesehen – nicht die Rede sein. Das für die Anlagengenehmigung in der AWZ zuständige Bundesamt für Seeschifffahrt und Hydrographie (BSH) in Hamburg prüft die Anlagen bislang nur im konkreten Einzelfall.

Praktische IKZM-Aspekte in der Region Kühlungsborn

Die Region Warnemünde-Kühlungsborn stellt bezüglich Struktur, Nutzung und Entwicklung ein typisches Beispiel für den ländlichen Küstenraum in Mecklenburg-Vorpommern dar. Aus ökonomischer und ökologischer Sicht, vom Standpunkt der regionalen Entscheidungsträger und aus Sicht der Urlauber sind Tourismus, Küstenschutz und Umweltqualität die drei zentralen Themen in der Küstenzone. Der Aspekt Umweltqualität umfasst Naturschutz und Wasserqualität als zentrale Elemente. Detaillierte regionale Hintergrundinformationen finden sich im Beitrag von Schernewski in diesem Band.

Ein zentrales Anliegen der Tagung „Küste, Ökologie und Mensch: haben sie eine Zukunft?" im Ostseebad Kühlungsborn war die Intensivierung des Informationsaustausches zwischen Wissenschaft, Behörden, lokalen und regionalen Beteiligten. Im Rahmen eines Podiumsgesprächs stellten sich W. Methling (Umweltminister Mecklenburg-Vorpommern) und H.-J. Meier (Leiter des StAUN Rostock) sowie D. Hinz (Bürgermeister Kühlungsborn), A.-K. Freundt (Leiterin der Kurverwaltung Rerik), A. Krechlok (Tourismusausschuss IHK Rostock), A. A. Jagdfeld (Fundus Gruppe Berlin-Heiligendamm), H. D. Matthes (Vorsitzende des Biopark e.V. Karow) sowie B. Nähring (Fischer in Kühlungsborn) der Diskussion. Die Kernthemen dieser Diskussion mit stark regionalem Bezug sollen im Folgenden kurz wiedergegeben werden.

Tourismus

Aufgrund der großen lokalen Bedeutung des Tourismus als Wirtschaftsfaktor, von dem (laut Angaben des IHK Rostock) 30.000 Arbeitsplätze in der Region Mittleres Mecklenburg direkt abhängen, hat dieser erheblichen Einfluss. Entscheidungen, Meinungen und Abwägungen werden deshalb wesentlich aus touristisch-wirtschaftlicher Sicht getroffen, deren Nachhaltigkeit aufgrund mangelnder naturwissenschaftlicher Kenntnisse jedoch nicht bestätigt werden kann.

Aufgrund der Abhängigkeit der touristischen Attraktivität von Natur und Umweltqualität einerseits und der Gefahr der Zerstörung eben dieser Qualitäten andererseits wird die Bedeutung einer umweltschonenden und naturbewahrenden Tourismusentwicklung auch von Seiten des Tourismusgewerbes vielfach betont. Zugleich hoffen die Regionen, mit derartigen Strategien eine hohe Wiederkehrquote zu erreichen und damit unabhängiger von kurzfristigen Trends oder Preisentwicklungen zu werden.

Aufgrund der großen wirtschaftlichen Bedeutung des Tourismus, vor allem in ansonsten strukturschwachen ländlichen Regionen, erscheint eine Verknüpfung mit ergänzenden Wirtschaftssektoren sinnvoll. Die lokalen Podiumsteilnehmer betonten in diesem Zusammenhang besonders die Fischerei und den ökologischen Landbau. So könnte eine stärkere Verwendung lokaler Bioprodukte in den Restaurants und Hotels der Küstenorte zugleich die nachhaltige Entwicklung im Hinterland fördern und dieses stärker in die wirtschaftliche Entwicklung einbeziehen.

Als wesentliches positives Element des ökologischen Landbaus erachtete Frau Matthes die Erhaltung der Kulturlandschaft mit gleichzeitigem Arten- und Naturschutz. Damit würde eine Attraktivitätssteigerung der Region für den Tourismus erfolgen. Für die Nachhaltigkeit des ökologischen Landbaus wurden die bis zu 60% erhöhte Biodiversität sowie die Reduzierung des CO_2-Ausstoßes genannt.

Wasserqualität

Zum Themenkomplex Wasserqualität gab es Stellungnahmen unter verschiedenen Blickwinkeln. Die Strand- und Wasserqualität ist von zentraler Bedeutung für einen Kurort, der vom Badetourismus lebt. Wenngleich die Wasserqualität vor dem Ostseebad Kühlungsborn aus hygienischer Sicht durch den Austausch mit der offenen See als gut bis sehr gut einzuschätzen ist, zeigte sich der Vertreter der Fischerei, Herr Nähring, besorgt über die Probleme bei der Reinhaltung der Gewässer für die Fischerei.

Insbesondere wasserseitige Nutzungen werden mit Aufmerksamkeit und Sorge verfolgt. Als große potentielle Gefahren wurden Unfälle in der Schifffahrt angesehen, zum einem durch den Transport oftmals hoher Mengen von Chemikalien im Fährverkehr, zum anderen durch den Öltransport. Insbesondere die Ölunfälle der letzten Jahre blieben nachhaltig in Erinnerung. Es wurde darauf verwiesen, dass generell rund 200 Unfälle pro Jahr im Ostseeraum stattfinden. Eine Ursache für eine besondere Gefährdung der Region durch Schiffsverkehr ist die vorgelagerte enge und stark befahrene Kadetrinne zwischen Dänemark und Deutschland.

Kritisiert wurde, dass Forderungen der Länder, wie z.B. eine Lotsenpflicht für Öltransporte, einen langen Prozess auf Bundesebene durchlaufen müssen, bis letztendlich eine Vorgabe verbindlich wird. Die Region und auch das Land haben nur geringen Einfluss auf solche Entscheidungen, können aber politisch auf den Bund einwirken. Durch die-

ses Beispiel wurde die komplexe und vielfältige Problemlage im Küstenraum deutlich.

Die Lobby-Haltung des Tourismussektors beim Problemfeld Öl ist
nicht ausgebildet, obwohl ein grundsätzliches Problembewusstsein vorhanden ist. Einerseits wurde die Vermutung angestellt, dass erst mehrere Unfälle stattfinden müssten, bis es zu Aktionen der lokalen Bevölkerung komme. Andererseits hat die Tourismusbranche kein Interesse
daran, Unfälle und ihre Folgenwirkung länger im öffentlichen Bewusstsein zu halten und damit eine Negativwerbung für die Region zu verursachen.

Windkraft

Die geplante Errichtung von Offshore-Windkraftanlagen war auch Gegenstand mehrerer Wortbeiträge. So wurde darauf hingewiesen, dass
Offshore-Windkraftanlagen z.B. in Dänemark von der Bevölkerung sehr
gut angenommen würden. Es wurde argumentiert, dass eine solche An-
lage ein überwiegend ästhetisches Problem sei. Außerdem wurde der
Vorschlag gemacht, die geplanten Windparks verstärkt als Symbol für
die Zukunft und Harmonie mit der Natur und deren Ressourcen zu
vermarkten. Ein weiterer Diskussionsbeitrag regte an, Offshore-Windkraftanlagen als eine Art Immobilienspekulation anzusehen. Aus dieser
Sichtweise heraus könne sich eine Möglichkeit der Länder ergeben, luk-
rative Standorte zu verpachten und dadurch zusätzliche Einnahmequel-
len zu erwirtschaften.

Als wesentliches wirtschaftliches Potential Mecklenburg-Vorpommerns wurden von Herrn Jagdfeld die Schönheit der Natur, des Meeres, des Waldes und die historische Architektur entlang der Küste angesehen. Es wurde die Ansicht vertreten, dass Natur und Schönheit mit
einem Gespür für Harmonie als wirtschaftliches Potential ausgebaut
werden sollten. Deshalb wurden Forderungen an die Planung der Verwaltung gestellt, keine Verbauung der Region zuzulassen sowie keine
Windkraftanlagen vor der Küste zu genehmigen. Die wirtschaftliche
Argumentation ging dahin, nicht ausschließlich auf kurzfristige Gewinne abzuzielen, da Fehler in der wirtschaftlichen Erschließung Mecklenburg-Vorpommerns langfristig negative Folgen haben könnten. Vielmehr sollte das Ziel sein, das wirtschaftliche Potential dieser Küstenregion für die Zukunft zu erhalten.

Ebenso war die Errichtung eines Offshore-Windenergieparks vor
dem Küstenstreifen Warnemünde-Kühlungsborn im Gespräch, was
schließlich am Widerstand des Tourismussektors scheiterte. Die Akteure

der Tourismusbranche betrachteten die geplanten Anlagen als zukünftiges Gefährdungspotential, da sie hierdurch eine ästhetische Verschlechterung im Küstenvorfeld des Standortes Kühlungsborn befürchteten. Ein weiteres Argument gegen solche Anlagen waren die potentiellen Auswirkungen der erzeugten Schwingungen auf das Wanderungsverhalten, bzw. die Ortung von marinen Säugern und Fischen.

Als zukünftige Aufgaben im Küstenraum sah der Umweltminister Beiträge zur Lösung der Energieversorgung an. Eine mögliche Strategie wäre, Offshore-Windkraftanlagen in nur zwei bis drei Gebieten mit geringeren räumlichen Konfliktpotentialen zuzulassen. Hierbei müssten Aspekte des Landschaftsschutzes berücksichtigt werden. Allerdings bestünden im Umweltministerium Mecklenburg-Vorpommerns selbst zurzeit Probleme im Hinblick auf Nutzung und Standortwahl der geplanten Offshore-Windkraftanlagen, da hier ein Zuständigkeitskonflikt zwischen der Abteilung Naturschutz und der Abteilung Immission- und Klimaschutz vorhanden sei.

Ein weiteres Augenmerk sollte auf die Entwicklung neuer Konzepte im Umgang mit Widersprüchen bei Planung und Konsensfindung gerichtet werden.

Küstenschutz

Für den Tourismus sowie für die Anwohner der Küsten hat dessen Küstenschutz erste Priorität. Gegenwärtig trägt man sich im Umweltministerium Mecklenburg-Vorpommern mit dem Gedanken, der Natur in unbewohnten Gebieten Raum zur Entfaltung natürlicher Kräfte und Entwicklungen zu geben. Das Zurückziehen der „Verteidigungslinie" weiter in das Hinterland würde die natürliche Küste und ihre zukünftiges Potential erhalten. Dieser Ansatz würde nicht mit dem Auftrag des Landes zum Hochwasserschutz in Konflikt kommen, da bewohnte Gebiete auch weiterhin durch die Vorgaben des Generalplans zum Küsten- und Hochwasserschutz Mecklenburg-Vorpommerns geschützt werden würden.

Die derzeit vorgenommenen Sandaufspülungen vor Kühlungsborn werden von den verschiedenen lokalen Akteuren positiv wie auch negativ aufgefasst. Als positive Auswirkung der Aufspülung wurde eine Strandverbreiterung vor Kühlungsborn erreicht, die eine größere Strandfläche für mehr Touristen liefert. Vorspülung im Rahmen von Küstenschutzmaßnahmen des StAUN Rostock wurde als Potentialerhöhung für den Ort dargestellt. Der verbreiterte Strand fördere lokale Entwicklungsmaßnahmen wie z.B. die Attraktivität der örtlichen Mutter-Kind-Klinik, da der Strand aufgrund des flacheren Überganges zum Wasser jetzt für Kinder besser geeignet sei.

Sandaufspülung stellt auch eine Küstenschutzmaßnahme dar, die einen Schutz für die dahinter befindlichen Häuser bietet. Wissenschaftliche Studien bezüglich der Beeinträchtigungen der Ökologie des Strandes und der Sandentnahmestellen fehlen bislang jedoch.

Ähnlich verhält es sich mit den Sanddünen vor Warnemünde, die im Laufe der Zeit an Höhe gewinnen, sodass Touristen wie Anwohner sich über die blockierte Sicht und den erschwerten Zugang zur Ostsee beklagen. Als Reaktion hierauf initiierten manche Hotels das teilweise Abtragen der vor ihren Einrichtungen befindlichen Dünen.

In seiner Eigenschaft als Leiter für die Planung und Umsetzung des Generalplans Küsten- und Hochwasserschutz in Mecklenburg-Vorpommern wies Herr Meier darauf hin, dass es wichtig sei, während der Planungsphase schon möglichst alle Akteure und Betroffenen anzusprechen. Durch diese partizipative Herangehensweise wären bislang erfolgreich mögliche Konflikte bereits im Vorfeld minimiert worden. Als ein wesentliches Element in der Umsetzung von Küstenschutzmaßnahmen sei daher der Schritt anzustreben, bereits vor formellen Planungsverfahren die Zusammenarbeit mit Kommunen und Investoren vor Ort zu erreichen. Nach seiner Auffassung stellten der derzeitige Aufbau und die interne Struktur des StAUN eine Gewähr für die nachhaltige Umsetzung von Küstenschutzbelangen dar. Als Beispiel hierfür gab Herr Meier an, dass Konflikte oftmals auftreten würden, wenn schwierige Probleme auf den letzten Erörterungstermin verschoben wurden. Aus dieser Erfahrung heraus fänden derzeit im vierteljährlichen Zyklus Gespräche mit allen Verbänden Mecklenburg-Vorpommerns statt, um eine gemeinsame „Sprache" und einen Konsens über geplante Maßnahmen im Küstenraum zu entwickeln.

Als problematisch wurde die Rolle der Medien angesehen, die den Hochwasserschutz in Mecklenburg-Vorpommern oftmals als mangelhaft in Anbetracht eines möglichen Meeresspiegelanstieges ansehen würden, obwohl die Bemessungsspielräume bereits im Generalplan Küsten- und Hochwasserschutz berücksichtigt sind.

Regionale Konfliktlösung

Alle Teilnehmer des Podiums betonten, dass beständige Kommunikation, gemeinsame Sprache, bewusste Konsensfindung und unmittelbare, ständige Partizipation und Information zwischen allen betroffenen

Gruppen wesentliche Elemente darstellten, um Konfliktpotentiale im Küstenraum zu entschärfen.

Der erste Schritt bei dieser Vorgehensweise sollte die Festlegung der Prioritäten der lokalen Gemeinden sein, welche zwar streitbar, aber dennoch lösungsorientiert handeln sollten, wie Herr Hinz, Bürgermeister des Ostseebads Kühlungsborn, vorschlug. Zur weiteren Lösung der vielfältigen Probleme im Küstenraum wurde angemerkt, dass nicht die Konflikte in den Vordergrund zu stellen seien, sondern das Hauptaugenmerk auf die Gemeinsamkeiten in einem Konflikt gelegt werden sollte. Bei der Moderation seien Politiker gefragt, die es sich zur Aufgabe machen sollten, gemeinsame Schnittstellen zu finden, und nicht, Grenzen zu suchen.

Vor allem seien, nach Auffassung von Herrn Krechlok (Tourismusausschuss der IHK Rostock), Kompromisse zwischen Umweltaspekten und Wirtschaftsaspekten unbedingt erforderlich. Da eine Konsensfindung nicht konfliktfrei ablaufen könne, würden in Diskussionen Negativ-Beispiele von Planungswegen in anderen Küstengebieten herangezogen. Durch diese Beispiele sei es eher möglich, einen für alle Beteiligten annehmbaren Konsens zu finden.

Als Forderung für die Zukunft wurde angemerkt, dass Entscheidungen über Probleme der weiteren wirtschaftlichen und ökologischen Entwicklung von denjenigen getroffen werden sollten, die vor Ort wohnen und mit den Planungsentscheidungen leben müssen. Die Partizipation auf lokaler Ebene wird somit als zentrales Element in der weiteren regionalen Entwicklung im Küstenraum des Landes Mecklenburg-Vorpommern gesehen.

Perspektiven und Empfehlungen

Aus den Vorträgen und der Podiumsdiskussion ergaben sich einige konkrete Punkte, die nach Meinung der Tagungsteilnehmer innerhalb des integrierten Küstenzonenmanagements berücksichtigt werden müssten. Nur mit diesen Schritten, auf die im folgenden Kapitel näher eingegangen wird, sei eine nachhaltige Nutzung der Küste gewährleistet:

- Vision zur Küstenzonenentwicklung umsetzen,
- systemübergreifende, räumlich integrative Sichtweisen fordern,
- integrative Ansätze in der Wissenschaft fördern,
- Forschungsförderung an Bedürfnisse anpassen,
- wissenschaftliche Kenntnislücken schließen,
- lokales Wissen einsetzen,

- Partizipationsstrategien entwickeln,
- Kommunikation durch Foren und Konsultation fördern,
- aus internationalen Erfahrungen lernen,
- Öffentlichkeitsarbeit für IKZM betreiben,
- administrativ-planerische Defizite ausgleichen,
- Tourismus im IKZM systemorientiert berücksichtigen,
- soziale Nachhaltigkeit unterstützen,
- Fazit: IKZM in Deutschland stärken.

Vision zur Küstenzonenentwicklung umsetzen

Aus den Nutzungen, die sich durch den Tourismus und andere Interessenbereiche ergeben, sowie aus sozioökonomischen Aspekten und unter der Berücksichtigung der Partizipationsstrategie sollte eine Vision zur Küstenzonenentwicklung erstellt werden, die in der Planung umgesetzt wird.

Über die Inhalte der Visionen herrschte während der Tagung schnell Einigkeit. Die Ziele der Nachhaltigkeit und die Optimierung ihrer drei Grundpfeiler Ökologie, Ökonomie und Soziales sind zu verfolgen. Als wesentlich schwieriger erweist sich allerdings die Frage nach der Umsetzung selbst.

Eine solche gemeinsame Vision einer wünschenswerten Zukunft steht am Anfang einer Szenariobildung, die wiederum als Instrument zur Transdisziplinarität dient. Die Betonung liegt auf der Notwendigkeit zeitlich nicht begrenzter, prozessualer Kontinuität im transdisziplinären IKZM-Ablauf, wobei die Phasen Schaffung einer Informationsbasis, Folgenabschätzung, Planung der Politik sowie Entscheidungen miteinander verzahnt sind.

Eine realistische Vision kann aber nur mit Blick auf die Geschichte entwickelt werden, weshalb Beiträge der Kultur- und Geschichtswissenschaften zu diesem Thema gefordert sind.

Systemübergreifende, räumlich integrative Sichtweisen fordern

Land *und* Wasser einbeziehende Raumplanung ist ein wichtiger Schritt für eine räumliche Integration. In vielen Gebieten sind aber großräumigere Betrachtungsweisen erforderlich. Die Wasserqualität der Küstengewässer beispielsweise erfordert Managementkonzepte für ganze Meere und Flusseinzugsgebiete. Dieses Problem kann auch mit den Ansätzen eines IKZM nur bedingt gelöst werden. Einen Ansatz zum räumlich und inhaltlich integrativen Management der Wasserqualität bildet die EU-

Wasserrahmenrichtlinie. Es wird deutlich, dass regionale Probleme die Unterstützung von nationaler und internationaler Ebene benötigen.

Integrative Ansätze in der Wissenschaft fördern

Kooperationen über die Land-Meer-Grenze hinweg muss zumindest in Deutschland als unzureichend angesehen werden. Dies gilt nicht nur für die Raumplanung, sondern durchaus auch für die Wissenschaft. Notwendige räumlich und fachübergreifend integrierte Betrachtungsweisen stellen eher die Ausnahmen dar.

Aquatische Forschung richtete sich bislang kaum auf Bedürfnisse des Küstenzonenmanagements aus. Aus Sicht des Küstenzonenmanagements muss deshalb gefordert werden, dass die Forschung verstärkt zur Lösung konkreter praktischer lokaler Probleme beiträgt und die konkreten Nutzer der Ergebnisse frühzeitig einbindet. Zudem muss durch Verbreitungsstrategien sichergestellt werden, dass die Ergebnisse die potentiellen Nutzer erreichen und andere Projekte auf der vorhandenen Wissensbasis aufbauen können, statt sie zu duplizieren. Es sollte ferner Wissen generiert werden, welches überregionale Bedeutung hat.

Forschungsförderung an Bedürfnisse anpassen

Anwendungsorientierte Forschung zum Küstenzonenmanagement stellt allerdings – wie auch IKZM selbst – einen komplexen Prozess dar, in dem verschiedene, aufeinander aufbauende Phasen durchlaufen werden. Die Länge einzelner Phasen deckt sich gewöhnlich nicht mit der Förderdauer der verschiedenen Förderinstitutionen. In der Regel ist keine langfristige Förderung von Projekten möglich. Um ein Ziel langfristig zu verfolgen, müssen verschiedene Finanzierungsquellen genutzt werden. Durch wechselnde Förderung – in zudem ständig wechselnden Forschungsverbünden – ist eine kontinuierliche Entwicklung beispielsweise von Modellwerkzeugen für das Küstenzonenmanagement nicht möglich. Erfolg versprechende Ansätze müssen ausreichende zeitliche und personelle Kontinuität der Arbeit gewährleisten. Zudem sollten sie die Möglichkeit beinhalten, Daten und Ergebnisse für Anwender und eine Nutzung im Küstenzonenmanagement aufzubereiten. Ansonsten ist zu befürchten, dass die Entkopplung von Forschung und Management im Küstenraum erhalten bleibt und Forschungsergebnisse nur zu einem geringen Teil Eingang in Management-Erwägungen finden.

Wissenschaftlicher Kenntnislücken schließen

Es bestehen unter anderem erhebliche Defizite sowohl bezüglich der ökologischen Kenntnisse der Küstenökosysteme als auch der planerischen Grundlagen in den Küstengewässern. Eine detaillierte Dokumentation der aktuellen Nutzung, zukünftiger Nutzungsansprüche in den Küstengewässern sowie deren räumliche Ausdehnung sind sowohl regional, national als auch ostseeweit eine unentbehrliche Grundlage für Küstenzonenmanagement. Sie bedarf dringend der Vervollständigung.

Lokales Wissen einsetzen

Oftmals mangelt es an relevantem Wissen, um eine Basis für Entscheidungsfindungen zu formen. Sobald gesicherte Kenntnisse über die Umweltwirkungen etwa von Windkraftanlagen vorliegen, muss ein Gesamtplan erarbeitet werden, in dem entsprechende Eignungsgebiete und Ausschlussgebiete festgelegt sind.

In vielen Fällen jedoch existiert das benötigte Wissen bereits vor Ort. Das lokale Expertenwissen z.B. der Fischer ist für nachhaltiges Küstenzonenmanagement einzusetzen.

Partizipationsstrategien entwickeln

Wie bereits erwähnt, ist Partizipation Hauptbestandteil eines integrierten Küstenzonenmanagements. Das Wissen um regionale kulturelle Hintergründe ist von großer Bedeutung, um Naturschutzstrategien kulturell anzupassen. Ebenso wichtig sind die Entwicklung einer gemeinsamen Vision und die Integration aller Beteiligten, unter anderem auch durch die Verwendung integrativer Symbole. In der Praxis ist eine schrittweise Vorgehensweise zur Organisation der Partizipation der lokalen Bevölkerung und der Administration erforderlich, wie das Beispiel des Nationalparks Niedersächsische Elbtalaue zeigte, wo auch der Tourismus Haupteinnahmequelle ist. IKZM muss folglich als kontinuierlicher Prozess angesehen werden, in dem von Beginn an die Gleichverteilung von Wissen in gut dosierten Informationen unter den Beteiligten angestrebt wird. Sozial kompetente Moderation partizipativer Prozesse ist wichtig, wobei Moderatorenfunktion und Moderator als unabhängige Institution ohne Partikularinteressen anerkannt werden.

Ein zentraler Diskussionspunkt zu den Bedingungen effektiver Partizipation war das Spannungsverhältnis zwischen der Notwendigkeit der Prozess- und Ergebnisoffenheit partizipativer Prozesse mit lokalen Ak-

teuren einerseits und der demokratischen Legitimation etablierter, auf
institutionellen Zuständigkeiten beruhender Strukturen andererseits.
Wie solche konkurrierenden Legitimationen in repräsentativen (nicht
auf Referenden ausgelegten) Demokratien miteinander vereinbart werden können, bleibt ein Thema für die Zukunft. Ein Vorschlag von L.
Fischer war, in Anlehnung an das Prinzip des Schöffenamtes Planungs-
zellen zu schaffen, in denen neben den Schöffen zufällig ausgewählte,
aufwandsentschädigte Laien an der Planung beteiligt werden. Der Einwand von G. Janssen, dass die Unmöglichkeit, das Schöffenamt abzu-
lehnen, zu Desinteresse und automatischem Anschluss an Fachmeinun-
gen führe, zeigt, dass Diskussions- und Forschungsbedarf hier noch
groß sind.

Probleme existieren in Abhängigkeit vom Prozess ihrer Formulierung. So sind ohne die Teilnahme der Betroffenen weder adäquate
Problemdefinitionen noch problemadäquate Lösungen und Lösungswege möglich.

Kommunikation durch Foren und Konsultation fördern

Verständnisunterschiede, divergierende Einstellungen und mangelnde
Kommunikation zwischen Forschern, Anwendern und praktischen Ma-
nagementverantwortlichen wurden in dem Workshop erneut deutlich.
International zeigt sich dies aufgrund von Sprachbarrieren in noch stär-
kerem Maße. Es deutet sich an, dass nur durch kontinuierliche Diskussionsforen eine Annäherung der Standpunkte und ein Verständnis der
gegenseitigen Probleme verschiedener Akteure erreicht werden können.
Foren dieser Art bedürfen verstärkter finanzieller Unterstützung. Auf
internationaler Ebene bleiben hierbei Universitäten und Forschungseinrichtungen in der Pflicht. Zudem ist es notwendig, die Möglichkeiten
und Einrichtungen internationaler Organisationen wie der European
Union of Coastal Conservation (EUCC) zukünftig intensiver zu nutzen,
um den Informationsaustausch im Ostseeraum zu fördern.

Durch die geplante Ausdehnung der Raumplanung auf die Küstengewässer kommt die Rolle der federführenden Institution im nationalen
und regionalen Küstenzonenmanagement in Deutschland zunehmend
den Planungsverbänden zu. Es ist zu fordern, dass sie sich dieser Verantwortung aktiv stellen und entsprechende Foren einrichten, in denen
die verschiedenen Interessengruppen sowie die Wissenschaft eingebunden sind und die sich mindestens jährlich treffen. Beispiele und Konzepte hierfür sind in Großbritannien und den Niederlanden vorhanden.

Für das regionale Management erscheint zudem eine mit Personen unterschiedlichen Hintergrunds ausgestattete Koordinierungsgruppe sinnvoll. Sie sollte die regionalen Foren ergänzen, begleiten, moderieren sowie kontinuierliche regionale Öffentlichkeitsarbeit zum Thema IKZM, den Aufbau eines Informationssystems sowie eine Intensivierung des Informationsaustausches auf und zwischen allen Ebenen fördern. Diese Koordinierungsgruppe muss die Möglichkeit haben, finanzielle Mittel den inhaltlichen Erfordernissen entsprechend zu lenken.

Auf der staatlichen Ebene ist die Koordination extrem schwierig: zwischen den verschiedenen Ministerien des Bundes ebenso wie zwischen Bund und Küstenländern. Hier haben insbesondere die Nutzer und Betroffenen Lobbyarbeit zu leisten und die Notwendigkeit des Küstenmanagements zur nationalen Frage hoch zu stilisieren, wie das in den USA mit Erfolg betrieben wurde. Regelmäßige Konsultation ist erforderlich.

Eine Koordinationsstelle für nationale und internationale Vorhaben zum IKZM wird als sinnvoll erachtet.

Aus internationalen Erfahrungen lernen

Das Beispiel der IKZM-Foren in anderen Ländern macht deutlich, dass internationale Erfahrungen auch für IKZM in Deutschland wegweisend sein können. Es sollten folglich alternative Ansätze für nachhaltiges Küstenmanagement begutachtet werden, insbesondere in föderal organisierten Staaten wie Brasilien oder den USA. Neben dem regionalen und nationalen ist deshalb auch der internationale Austausch zum Küstenzonenmanagement von großer Bedeutung. Internationale Tagungen zum IKZM sollten nicht als rein wissenschaftliche Veranstaltungen ablaufen, sondern versuchen, alle am IKZM beteiligten Institutionen und Behörden zu interessieren und zu integrieren.

Öffentlichkeitsarbeit für IKZM betreiben

Integriertes Küstenzonenmanagement bedarf größerer Öffentlichkeitsarbeit. Noch immer ist nicht allen Verantwortlichen deutlich geworden, dass langfristig auftretende Folgekosten einer einseitigen, nicht nachhaltigen Nutzung von Küstenressourcen den relativ kurzzeitigen Gewinn um ein Vielfaches übersteigen können. Um dieses Missverhältnis aufzuzeigen und den wirtschaftlichen Nutzen von Küstenzonenmanagement zu verdeutlichen, sind regionale, nationale und ostseeweite sozioökonomisch gewichtete Kosten-Nutzen-Analysen dringend erforderlich. Erfolgreiche Beispiele und Methoden hierfür sind international zu sichten und auf deutsche Verhältnisse zu übertragen.

Administrativ-planerische Defizite ausgleichen

Die auf der Landseite gut funktionierende Raumplanung muss auf die Seeseite ausgedehnt werden. Die unsichere Rechtslage muss dabei sowohl aus umwelt- und naturschutzfachlicher Sicht als auch aus Gründen der Planungs- und Investitionssicherheit verbessert werden. Eine gesamträumliche Planung kann die Steuerung und Koordinierung verschiedenster Nutzungsansprüche und den Schutz mariner Gebiete leisten. Des Weiteren sind rechtssichere, alle konfligierenden Belange für die Zulassung von Vorhaben erfassende Zulassungsverfahren zu schaffen, welche qualitativ vergleichbare Rahmenbedingungen gewährleisten, die für Nutzungskonkurrenzen und Schutzbelange an Land selbstverständlich sind.

Tourismus im IKZM systemorientiert berücksichtigen

Tourismusplanung stellt in vielen Gebieten eines der zentralen Elemente einer integrierenden Raum- und Regionalentwicklung dar. Um Monostrukturen vorzubeugen bzw. deren negative Effekte zu vermindern, aber auch um Konflikte mit anderen Raumnutzungen zu minimieren, muss Tourismus im Rahmen eines IKZM besonders hinsichtlich seiner Wechselwirkungen mit den naturräumlichen Elementen wie auch mit anderen anthropogenen Nutzungen des Küstenraumes betrachtet werden.

Anhaltende Probleme, zum Teil resultierend aus wachsenden Touristenzahlen und einer zunehmenden Anzahl Kurzurlauber, sind sehr vielschichtig. Daher scheinen integrierende Verfahren (unter Einbezug der lokalen Bevölkerung) am ehesten geeignet, umsetzbare Konzepte und Lösungswege zu entwickeln, die eine nachhaltige Entwicklung im Hinblick auf ökologische und sozioökonomische Aspekte gewährleisten.

Tourismusplanung bildet somit nicht nur einen wesentlichen Bestandteil von IKZM-Konzepten, sondern erhält umgekehrt durch den umfassenden, systemorientierten Ansatz eines IKZM eine langfristige Perspektive mit erhöhter Investitionssicherheit für den öffentlichen wie privaten Sektor.

Soziale Nachhaltigkeit unterstützen

Eine langfristige Perspektive wird durch eine nachvollziehbare Definition und integrierte Berücksichtigung der sozialen Nachhaltigkeit als Entscheidungskriterium unterstützt. Hier befinden sich sowohl die politische Akzeptanz als auch die Methodenentwicklung noch in den Anfängen. Das IKZM unterstreicht die Notwendigkeit einer zukünftig systematischeren Auseinandersetzung mit der Thematik im Kontext von Umwelt- und Ökosystemmanagement. Dabei werden die Einbeziehung betroffener und interessierter Gruppen und der „Naturschutz durch Nutzung" tendenziell zum „Königsweg" des IKZM.

Fazit: IKZM in Deutschland stärken

Die kritischen Betrachtungen und daraus resultierenden zahlreichen Forderungen an integriertes Küstenzonenmanagement in Deutschland mögen den Eindruck erwecken, dass die Küstenzone völlig vernachlässigt sei und Deutschland im internationalen Vergleich in Bezug auf IKZM weit abgeschlagen dastünde. Die EUCC hat bereits 1999 eine Bewertung des IKZM in den Staaten der europäischen Union durchgeführt. Nach dieser Studie lag Deutschland hinter den Niederlanden und Großbritannien auf dem dritten Platz. Ursache für die gute Platzierung war die weit entwickelte und flächendeckende Raumplanung, die wesentliche Kriterien des IKZM erfüllt. Ist die Unzufriedenheit mit IKZM in Deutschland also nur ein Wahrnehmungsproblem? Teilweise ja, aber Defizite zeigen sich in Deutschland im internationalen Vergleich vor allem bei den Küstengewässern sowie der öffentlichen Partizipation. Die unzureichende nationale und internationale Wahrnehmung und die Unterschätzung der IKZM-Situation in Deutschland können auf verschiedene Ursachen zurückgeführt werden:

- Es hat zahlreiche Projekte mit IKZM-relevanten Inhalten in Deutschland gegeben, aber eine dauerhafte Etablierung regionaler IKZM-Strukturen ist daraus nicht erfolgt. Durch die begrenzte Laufzeit der Projekte sind die Ergebnisse nach Beendigung in Vergessenheit geraten. Eine systematische und nachhaltige Verbreitung der Ergebnisse hat regional und national kaum stattgefunden.
- Deutsche Beispiele zum IKZM waren international nicht präsent. Regionalplanung ist in Deutschland selbstverständlich und wird international deshalb nicht vorgestellt. Gleiches gilt für Projekte, deren Ergebnisse lange als nicht geeignet für internationale, meist wissenschaftliche Tagungen angesehen werden.

- Die Wissenschaft in Deutschland hat sich des Themas IKZM nur zögerlich angenommen und ist mit Beiträgen hierzu international klar unterrepräsentiert.

Erfreulicherweise hat sich in jüngerer Zeit eine Trendwende bereits vollzogen. Drei positive Beispiele der Neuorientierung seien abschließend herausgestellt. Auf Grundlage der EU-Ratsempfehlungen vom 30. Mai 2002 begann im März 2003 am Wissenschaftszentrum Berlin für Sozialforschung (WZB) das erste länderübergreifende IKZM-Forschungsprojekt in Deutschland mit dem Ziel, aus Sicht der Raumordnung Vorschläge für eine nationale Strategie zum IKZM zu erarbeiten. Diese Strategie soll die Aufgaben der verschiedenen Verwaltungsakteure im IKZM klären, angemessene Koordinierungsverfahren für eine erfolgreiche Umsetzung vorlegen sowie diese je nach Erfordernis durch entsprechende Instrumente, Rechtsvorschriften oder Programme ergänzen. Räumlicher Geltungsbereich des Projekts ist der Küstenraum der Nord- und Ostsee, der sich seewärts bis zur Ausschließlichen Wirtschaftszone (AWZ) erstreckt. Auftraggeber ist das Bundesamt für Bauwesen und Raumordnung (BBR). Die nationale Strategie soll 2006 der Europäischen Union vorgelegt werden (Glaeser et al. 2004; siehe auch Glaeser in diesem Band).

Seit Frühjahr 2004 Werden mit Finanzierung durch das BMBF zwei Verbundprojekte durchgeführt, eines an der Westküste Schleswig-Holsteins und eines im Bereich der Odermündung, die in umfassender Form Grundlagen sowie Modellerfahrungen für die Gestaltung des IKZM in Deutschland erarbeiten sollen (Kannen 2004; Schernewski et al. 2004; Gee et al. 2004). Die Ergebnisse der Forschungsprojekte werden die Entwicklung eines IKZM in Deutschland voraussichtlich maßgeblich beeinflussen. Auch werden sie zur nationalen IKZM-Strategie beitragen.

„Zukunft Küste – Coastal Futures" integriert zwei Perspektiven der nachhaltigen Nutzung von Küstenräumen: die Zukunft der Küste als Lebens-, Wirtschafts- und Erholungsraum für die dort lebenden Menschen sowie den potentiellen Beitrag des Küstenraums für die nachhaltige Entwicklung auf nationaler, europäischer und globaler Ebene, z.B. durch Gewinnung regenerativer Energien und Bereitstellung bzw. Sicherung wichtiger natürlicher Ressourcen. Dies erfordert eine Bewertung von Wechselwirkungen sowie eine sozioökonomische Trade-off-Analyse einschließlich der Bewertung ökonomischer, ökologischer und sozialer Chancen und Risiken. „Zukunft Küste – Coastal Futures" verbindet somit natur- und sozialwissenschaftliche Methoden und verschiedene Maßstabsebenen.

Im Projekt „IKZM Oder" stehen die grenzübergreifende Zusammenarbeit mit Polen und die Entwicklung modellhafter, regional abgestimmter IKZM-Strukturen im Vordergrund. Die besondere Herausforderung besteht in der Kombination zwischen anspruchsvoller Wissenschaft und der Integration von Behörden und Bevölkerung, um gemeinsam zu einer nachhaltigen Entwicklung der regionalen Küstenzone beizutragen. Das Projekt zielt darauf ab, eine räumlich integrative Betrachtung von Prozessen, Strukturen und Planwerken zu liefern und Strukturen zu schaffen, die als dauerhafter Schirm für IKZM über die Projektlaufzeit etabliert werden können. Ein wichtiger Schwerpunkt ist die Verbesserung der grenzübergreifenden Kommunikation, Information und Zusammenarbeit sowie die Förderung des Küsteneinzugsgebiets-Dialogs. Es geht dabei nicht um die Einrichtung weiterer oder neuer Strukturen, sondern um die Unterstützung, Nutzung, Bündelung und Optimierung bestehender Aktivitäten und Strukturen für das Thema IKZM.

Literatur

BfN (Bundesamt für Naturschutz) (Hrsg.) 1997. *Biodiversität und Tourismus. Konflikte und Lösungsansätze an den Küsten der Weltmeere.* Springer Verlag, Berlin, Heidelberg.

Europäische Kommission 1997. *Die Ressourcen der Küstengebiete – ein besseres Management.* Amt für Veröffentlichungen der Europäischen Gemeinschaften, Luxemburg.

Europäische Kommission 1999. *Eine europäische Strategie für das integrierte Küstenzonenmanagement (IKZM): Allgemeine Prinzipien und politische Optionen. Ein Reflexionspapier.* Amt für Veröffentlichungen der Europäischen Gemeinschaften, Luxemburg.

Gee, K., B. Glaeser und A. Kannen 2004. Neue Perspektiven im deutschen IKZM: Eine nationale Strategie und interdisziplinäre Forschungsinitiativen. *GAIA – Ecological Perspectives in Science, Humanities, and Economics,* 13 (4): 301-302.

Glaeser, B., K. Gee, A. Kannen und H. Sterr 2004. Auf dem Weg zur nationalen Strategie im integrierten Küstenzonenmanagement – raumordnerische Perspektiven. *Informationen zur Raumentwicklung* (Bundesamt für Bauwesen und Raumentwicklung), (7-8) 2004: 505-513.

Janssen, G. 2002: *Die rechtlichen Möglichkeiten der Einrichtung von Meeresschutzgebieten in der Ostsee. Unter besonderer Berücksichtigung des deutschen und schwedischen Naturschutzrechts.* Rostocker Schriften zum Seerecht und Umweltrecht, Band 19. Nomos Verlagsgesellschaft, Baden-Baden.

Kannen, A. 2004. Holistic Systems Analysis for ICZM: The Coastal Futures Approach. In: G. Schernewski, T. Dolch (Hrsg.). *Geographie der Meere und Küsten*. Coastline Reports (1) 2004: 177-181.

Nordseebäderverband (Hrsg.) 1998. *Meer-Wert: Wirtschaftsfaktor Tourismus – Bestandsaufnahme und Perspektiven für die Westküste Schleswig-Holsteins*. Nordseebäderverband, Husum.

Schernewski, G., H. Behrens, S. Bock, S. Dehne, W. Erbguth, B. Glaeser, G. Janssen, W. Kazakos, T. Neumann, T. Permien, B. Schuldt, H. Sordyl, W. Steingrupe, V. Lutz und K. Wirtz 2004. Integriertes Küstenzonenmanagement in der Odermündungsregion (IKZM Oder). In: G. Schernewski, T. Dolch (Hrsg.). *Geographie der Meere und Küsten*. Coastline Reports (1) 2004: 183-193.

oekom verlag – Wir publizieren Zukunft

oekom verlag – Wir publizieren Zukunft